대안문화의 형성

대안문화의 형성
_한국 문화운동의 최전선

지은이 | 이동연

초판인쇄 | 2010년 6월 16일
초판발행 | 2010년 6월 22일

발행인 | 손자희
발행처 | 문화과학사
출판등록 | 제1-1902 (1995. 6. 12)
주소 | 120-831 서대문구 연희동 421-43호
전화 | 02-335-0461
팩스 | 031-972-0466
e-mail | transics2@gmail.com

값 18,000원
ISBN 978-89-86598-93-3 93300

ⓒ 이동연, 2010
* 저자와의 협약에 의해 인지는 생략합니다.

문화과학 이론신서 58

대안문화의 형성

한국 문화운동의 최전선

이동연 지음

문화과학사

서문

 이 책은 2005년에 썼던 『문화부족의 사회』, 그리고 이 책과 함께 발간한 『문화자본의 시대』와 함께 이른바 본격 신자유주의 시대로 진입한 한국의 문화현실을 입체적으로 분석하기 위해 기획되었다. 물론 이 책에 실린 글들은 지난 10년 동안 『문화/과학』을 비롯해 다른 저널에 기고한 글들이 주를 이루지만, 모든 글들이 대안문화 형성과 관련해서 무리없이 묶일 수 있다는 점에서 오래 전부터 기획했던 문제의식을 담고 있다. 새로운 세기에 대안문화를 형성하기 위해 역사적 계보를 그리고, 이론적 지형을 재구성하며, 예술운동, 생태주의, 세대문화, 문화권과 같은 토픽을 통해 그 실천적 구체성을 발견하려는 이 책의 내용들은 새로운 문화운동론으로 보아도 무방하다. 『문화부족의 사회』에서는 새롭게 생성된 문화주체에 대한 분석을, 『문화자본의 시대』에서는 문화의 독점화에 대해 분석을 했다면, 이 책 『대안문화의 형성』은 새로운 문화주체들이 문화자본의 독점에 저항해 대안문화의 다양한 공간을 창출할 수 있는 가능성에 대한 탐색을 담고 있다. 나에게 '문화주체', '문화자본', '문화운동'은 2000년 이후 현장에 기반을 둔 문화연구를 수행하는 데 있어 중요한 토픽들이었을 뿐 아니라 서로 긴밀하게 연관되어 있는 것들이었다. 대안문화의 형성에 대한 담론은 문화자본의 독점 조건들에 대한 탐색과 비판, 그리고 새로운 문화주체의 등장에 대한 현실분석 없이는 불가능하기 때문이다.

나에게 대안문화는 어떤 의미일까? 20대 문학연구자로서 사회주의 리얼리즘 이론에 경도되었을 때 '대안문화'에 대한 생각은 분명 당파적 이념에 대한 상상이 강했다. 그러나 문화이론과 문화연구에 관심을 갖게 된 1990년대 중반 이후 나에게 대안문화는 이념이나 계급 중심의 상상을 넘어서려는 자율적이면서도 다원적인 어떤 것이었다. 청소년 하위문화에 관심을 갖게 되면서 세대문화의 저항과 인디문화의 자율성에서 대안을 찾고자 했고, <문화연대>에 참여하면서 다양한 사회적 이슈들을 가로질러가는 문화행동과 신자유주의 문화에 저항하는 문화적 권리에서 문화운동의 대안을 발견하게 되었고, 한미FTA 국면에 이르러서는 『문화/과학』 편집위원회에서 오랫동안 논의했던 '생태적 문화사회론'에서 지속가능한 대안을 모색하고자 노력했다. 그리고 2008년 촛불집회 사건 이후로는 문화적 다중들의 출현에 주목하면서 세대와 감수성을 급진적으로 구성할 수 있는 문화행동에서 대안을 찾고자 했던 것 같다. 당파적 현실주의에서 실제적인 대안보다는 이념적인 전망을 찾고자 했던 20대 시기를 제외하고는 시기와 사건별로 대안문화를 상상하는 초점은 조금씩 달라지긴 했지만, 따지고 보면 내가 생각했던 대안문화는 모두 문화의 독점을 넘어서는 개인들의 자유로운 삶의 자유를 상상한 것이었다.

이 책은 문화의 독점 논리를 간파하고, 이를 넘어설 수 있는 대안문화를 상상하는 새로운 문화운동론을 제안하고 있다. 책의 각 부분은 신자유주의 문화현실에 맞설 수 있는 문화운동론의 다양한 대안들을 제시한 것들이다. 1부에서는 문화운동의 역사적 궤적을 '문화사회론'의 관점에서 재구성하고자 했고, 2부에서는 대안문화의 한 흐름으로 문화사회와 생태주의의 가능성과 한계들을 짚어보고자 했다. 3부에서는 세대문화가 야기한 다양한 사건들을 분석하면서 참여정치의 문화적 힘에 주목하고자 했고, 4부에서는 표현의 자유와 같은 감수성의 정치와 개인들의 자발적인 문화연합들이 대안문화의 형성에서 중요한 지점이라는 것을 강조했다. 이 책에서 언급되고 있는 다양한 문화운동의 관점들은 이론과 현장 사이를 가로질러갔던 지난 10여 년간의 개인적 경험에서 나온 것들이다. 1999년 새로운 시민운동과 사회운동의 연대를 내걸고 출범한 <문화연대>에서 상근활동으로 시작해 줄곧 문화정책센터와 대안문화행동과 관련된 일들을 맡아 오면서 많은 현장경험들을 했고, 『문화/과학』 편집위원회에서 논의했던 문화사회, 생태문화 네트워크와 같은 새로운 문화운동을 위한 이론 구성에 매진했는데, 문화연대에서의 현장경험과 『문화/과학』에서의 이론적 실천이 이 책을 쓰는 데 결정적으로 기여했다.

대안문화와 문화운동과 관련된 글들을 쓰고 이렇게 한 권의 책으로 묶으면서 또 다른 대안의 단계로 나아갈 수 있는 계기를 찾은 것 같아 홀가분한 마음이다. 신자유주의가 전면화하면서 문화가 갈수록 독점화되고, 사회적 양극화가 심화되는 상황이 생산적인 대안문화를 만드는 데 어려움을 더 가중시키기는 하지만, 어려운 시절에도 불구하고 지난 3-4년 동안 한국사회에서 발견되었던 대중들의 자발적인 참여의 열정과 민주주의의 열망들은 더 나은 문화사회로 가기 위한 징검다리가 되었다고 확신한다. 대안문화의 형성은 그런 점에서 언제나 현재진행형이다.

앞서 언급했지만, 이 책은 『문화부족의 사회』와 『문화자본의 시대』와 함께 기획된 것이어서 서로 참고하고 연관해서 읽으면 의미가 더 할 것이라고 본다. 또한 이 세 권의 책은 오랫동안 문화연구의 이론과 현장에 개입했던 개인적인 활동을 정리하는 의미도 곁들이고 있다. 앞으로 현실문화에 개입하는 터가 크게 바뀔 것 같지는 않지만, 그래도 한 차례 숨을 돌리고 지난 연구활동과는 다른 새로운 지형과 토픽을 찾아서 나갈 생각이다. 문화운동을 장기적으로 구상할 수 있는 토대연구에 좀 더 집중할 생각이다. 이 책의 내용들은 사실 나 개인의 글쓰기만이 아닌 그동안 함께 활동했던 분들과 소중하게 나누었던 것들이다. 내 나름대로는 새로운 문화운동에 대한 고민을 담은 책이라 생각하기 때문에, 부족하지만 함께 활동했던 분들과 이 책의 모든 부분들을 나누고 싶다. 참고로 이 책에 실린 글들의 출처를 밝히면 다음과 같다.

「'역사적 문화운동'에서 배우기: 문화사회로의 이행을 위한 인식적 지도그리기」(제3회 맑스코뮤날레 발표 글, 2007), 「예술운동의 죽음과 생성」(『문화/과학』 53호, 2008년 봄), 「문화권의 사회적 실천과 문화운동의 미래」(제2회 맑스코뮤날레 발표 글, 2005), 「문화연대가 꿈꿔온 '문화사회'의 궤적들: '표현의 자유'에서 '광장의 정치'까지」(문화연대 10주년 기념토론회 발표 글, 2009), 「생태주의 대안운동의 가능성과 한계: 공정무역운동에서 생협운동까지」(『문화/과학』 56호, 2008년 겨울), 「문화사회로의 전환과 생태문화코뮌 만들기」(『문화/과학』 50호, 2007년 여름), 「치욕스런 새만금 록페스티벌의 교훈들」(『문화/과학』 51호, 2007년 가을), 「세대문화의 힘과 참여정치의 전망」(『기억과 전망』, 2003년 봄호), 「청소년은 저항하는가?—청소년 주체형성의 다중성 읽기」(『오늘의 문예비평』 72호, 2009), 「촛불집회와 스타일의 정치」(『문화/과학』 55호, 2008년 가을), 「'문화적 다중'의 출현과 대안문화행동」(『문화/과학』 60호, 2009년 겨울), 「'표현의 자유'를 다시 생각한다」(『문화/과학』 57호, 2009년 봄), 「대중음악의 대안은 가능한가?—대중음악 지형을 읽는 세 가지 토픽들」(『비평』 19호, 2008).

2010년 6월

_이동연

| 목차 |

서문 ■ 04

I. 문화운동의 유산과 미래

01_ '역사적 문화운동'에서 배우기:
문화사회로의 이행을 위한 인식적 지도그리기 15

문제설정—개인들의 자유로운 연합과 사회적 공공성 15 | '역사적 문화운동'의 특이성—문화대혁명과 68혁명 20 | 1987년 민주화 체제와 문화운동의 전화 30 | 역사적 문화운동의 토픽들: 1970-1999 34 | '생태적 문화사회'를 준비하며 44

02_예술운동의 죽음과 생성 48

예술운동 죽음의 징후—몇 가지 사건들 48 | 문화권력의 장과 예술운동의 딜레마 56 | 예술운동의 '사회미학적' 생성 67 | 예술운동의 새로운 지도그리기 | 74

03_문화권의 사회적 실천과 문화운동의 미래 77

문화운동의 공백과 문화적 권리 77 | 문화권 정의를 위한 국제 담론과 국지적 특수성 81 | 문화권의 문화정세 88 | 문화적 권리 투쟁을 위한 문화운동의 전개과정 91 | 사회운동의 장으로서 문화운동 96

04_문화연대가 꿈꿔온 '문화사회'의 궤적들:
'표현의 자유'에서 '광장의 정치'까지 99

'문화연대'가 닻을 올리다 99 | 문화연대의 '연대기' 103 | 문화연대 문화운동의 쟁점들 110 | '문화연대'의 또 다른 10년을 상상하며 115

II. 문화운동과 생태주의

05_생태주의 대안운동의 가능성과 한계:
공정무역운동에서 생협운동까지 119

반생태적 "삼색 공포" 119 | "공정무역"과 윤리적 소비주의 124 | 생태운동으로서 '생협'의 딜레마 133 | 생태문화코뮌 운동으로의 이행 141

06_문화사회로의 전환과 생태문화코뮌 만들기 147

포스트 FTA 시대 문화운동의 진로 147 | 생태문화코뮌의 이론 구성 151 | 생태문화코뮌을 위한 '사회적' 문화운동의 전화 166 | 생태문화코뮌 메니페스토 173

07_치욕스런 새만금 록페스티벌의 교훈들 179

라이브 어스 VS 새만금 록페스티벌 179 | 새만금 록페스티벌의 두 개의 정체 183 | 살살페스티벌만의 언어 189 | 다시 생태문화코뮌을 위한 문화행동으로 191

III. 세대문화의 힘

08_세대문화의 힘과 참여정치의 전망 197

세대론 논쟁의 의미 200 | 주체형성의 계열과 과정들 204 | '2030'세대의 구별짓기와 연대 207 | 새로운 세대의 참여정치의 가능성 210

09_청소년은 저항하는가? ―청소년 주체형성의 다중성 읽기 214

알레고리로서 '촛불소녀' 214 | 가설을 해체하기 219 | '청소년'의 표상과 장치를 넘어서 226 | 청소년은 저항하는가? 232

10_촛불집회와 스타일의 정치 236

<1박 2일 콘서트>―스타일의 충돌 236 | 촛불집회의 두 가지 '유산'과 '진화' 240 | '촛불'의 주체형성과 스타일의 의미 246 | '촛불'―상상력의 언어와 그 이상의 것 253

IV. 대안문화와 감수성의 정치

11_'문화적 다중'의 출현과 대안 문화행동 259

문화적 다중의 출현: '촛불주체'에서 '붉은 악마'로의 회귀적 시공간 259 | 다중의 발생원리 264 | 다중을 넘어선 대안문화행동 279

12_'표현의 자유'를 다시 생각한다 291

신검열 체제의 등장 291 | 팬옵티콘적 통제술 296 | 문화자본의 논리 301 | 정치적 무의식―'공포'의 귀환 305

13_대중음악의 대안은 가능한가?―대중음악 지형을 읽는 세 가지 토픽들 311

한국대중음악상의 가능성과 딜레마 311 | 온라인 음악시장의 지배구조 319 | '온라인 음악'로부터의 탈주, 공연현장에서 유목하기 324

1부

문화운동의 유산과 미래

01

'역사적 문화운동'에서 배우기:
문화사회로의 이행을 위한 인식적 지도그리기

1. 문제설정—개인들의 자유로운 연합과 사회적 공공성

1999년 시애틀 'WTO 3차 각료회의'를 계기로 촉발된 반세계화운동에서 한미FTA 반대운동에 이르기까지 한국사회에서 문화운동은 이제 사회운동[1]으로의 전환과 확산이라는 시대적 과제를 부여받고 있다. 문화운동의 성격 전환과 그에 따른 실천적 이행은 시기마다 다르게 나타났지만, 자본의 세계화가 더욱 공고해지고 사회적 공공성이 크게 위협받고 있는 현실에서 문화운동은 좁은 의미의 예술운동이나 NGO식 시민운동을 넘어서, 사회운동 내 문화적 실천들을

---

1) 이 글에서 언급하고 있는 사회운동은 범주적인 구분이라기보다는 자본의 세계화에 반대하고 사회적 공공성을 수호하기 위한 노동, 교육, 인권, 생태 운동 등 일련의 운동들을 의미한다.

강화하는 방향으로 나아가고 있다. 넓게는 1990년대 후반 신자유주의 세계화의 공세에 맞서 문화주권을 지키기 위한 스크린쿼터 사수운동에서 좁게는 지난 1년간 강도 높은 투쟁을 벌인 '한미FTA' 반대 운동에 이르기까지, 한국에서 일련의 문화운동의 실천들은 반세계화 운동의 최전선에서 사회적 토픽들을 생산하는 데 주도적인 역할을 담당했다.[2] 가령 "협정 상대국의 문화정책을 용인한 미국이 이 문제가 해결되어야 FTA 협상에 들어갈 수 있다는 강한 압력을 행사하는 것은 그만큼 한국의 스크린쿼터가 간단한 문제가 아님을 증명하듯이"[3] 스크린쿼터 사수를 둘러싼 문화운동은 한미FTA 반대운동의 전선에 있어 전초기지 역할을 담당했다. 이는 과거 문화운동이 사회변혁의 이념논쟁[4]을 대변하거나, 아니면 운동 현장에서 정치적 도구 역할을 했던 방식과는 다른 맥락을 갖는다. 재현과 반영으로서의 미적 실천이나 이념적 전위 역할을 담당했던 1980년대의 문학과 예술운동은 최근에는 오히려 기초 예술의 위기 국면을 맞으면서 예술의 장을 지켜내기 위한 존재론적인 싸움에 올인하는 경향이 지배적이다.

문화운동이 사회운동으로의 전환을 위한 실질적인 내용들을 공급하고 사회운동 전분야를 연계하여 통합적으로 프로그램화하는 행동에 중심 역할을 할 수

---

2) 스크린쿼터 사수운동은 영화주권을 지키기 위한 운동만이 아니라 금융세계화의 초국적 지배에 대한 국지적 실천으로서 의미를 갖는다. 한미FTA 반대운동의 확산을 계기로 스크린쿼터 사수운동은 1990년대 말부터 반세계화의 흐름을 차단하는 사회운동의 흐름에서 나름의 중요한 역할을 담당했다.
3) 심광현, 「한미FTA가 영화와 문화예술에 미치는 악영향」, 『한미FTA 국민보고서』, 그린비, 2006, 423쪽.
4) 대표적인 것이 1980년대의 민족문학이념논쟁이라 할 수 있다. 민족문학이념논쟁은 1987년 백낙청 교수의 민족문학론을 소시민문학론으로 비판한 문학평론가 김명인의 '민중적 민족문학론'으로 시작되어, 이후 한국사회 변혁이론의 핵심 두 축을 담당했던 노동해방문학론과 민족해방문학론으로 전개되었다. 민족문학이념논쟁은 계급적 당파성과 민족 분단성에 대한 서로 다른 이견들로 분화되었지만, 이러한 이론들을 생산했던 문화운동 조직들의 해체와 계간지들의 폐간으로 더 이상의 논쟁을 벌이지 못하고, 1990년대 초 이른바 포스트모더니즘 논쟁에 자리를 내주었다.

있었던 것은 문화운동에 대한 사회운동 진영의 기대와 요청 때문이기도 하지만, 근본적으로는 문화운동의 내적 전화 때문이기도 하다. 교육, 복지, 의료, 지역 등 사회 재생산 영역에 대한 문화적 관점의 강화가 적극 제기되면서 문화운동은 사회적 공공성을 전화·확산하는 실천들을 피해갈 수 없었다. 한국사회에 신자유주의 지배체제가 강화되는 상황에서 사회적 공공성을 강조하는 문화운동은 교육, 복지, 환경, 노동, 인권, 지역, 생태운동과의 일상적 연대를 강화했다.5) 사회적 공공성은 생산양식의 사회화에 대한 복잡하고 다양한 자원들의 연합을 이룰 뿐 아니라 '국가-자본'이 지배하는 약육강식의 경쟁체제로부터 '노동자-다중들'의 삶의 자율적인 권리들을 지켜나가는 문화적 공동체의 생태원리를 의미한다. 따라서 개인들의 자율적 삶과 사회적 공공성을 확산하기 위한 경로로 문화적, 생태적 실천들은 신자유주의가 주도하는 사회공공성 파괴 시나리오에 저항하는 가장 강력한 힘을 가질 것이다. 한국사회의 진보의 위기를 극복하고, 사회진보의 거시적, 미시적 시각의 확보와 위-아래로의 실천의 현실적인 힘을 찾기 위한 대안으로 "사회적 공공성 강화를 위한 연대와 생태문화적 코뮌적 실천의 지역적-전국적-국제적 네트워크의 구성을 통한 자본-국가에 대항하며, 자본-국가를 넘어서는 생태사회로의 지속적인 이행"6)을 강조하는 것도 이런 이유에서이다. 이제 문화운동은 예술운동인가 문화운동인가 하는 협소한 논쟁에서 벗어나 사회운동 내에 문화적 공공성과 문화적 감수성을 활성화할 수 있는

---

5) 가령 문화운동과 사회운동의 절합을 강조했던 문화연대가 지난 2-3년 동안 중점적으로 염두에 두었던 운동의제들은 대부분 좁은 의미의 문화적 틀에서 벗어나 사회적 공공성을 강화하는 연대활동이었다. 범국민교육운동연대, 새만금, 천성산 지키기 생태문화운동, 평택미군기지이전반대운동, 한미FTA반대운동, 신개발주의반대운동에서 문화연대의 활동이 두드러졌던 것은 문화운동을 교육, 생태, 지역, 인권, 그리고 반자본주의적 투쟁으로 확산하려는 것 때문이다.
6) 심광현, 「문화사회적 사회구성체론을 위한 시론」, 『문화/과학』 46호, 2006년 여름, 162-163쪽.

질적 전화가 필요한 때이다.

그러나 모든 문화운동의 유산들이 자신들의 한계를 내파하고 새로운 길을 발견한 것은 아니다. 신자유주의 세계화에 저항하는 사회운동의 다양한 흐름과 연대 안에서 문화운동의 역할과 지위가 커졌음에도 정작 역사적 문화운동의 자원들이나 실천양식들은 위기를 맞이하고 있다고 말하는 것도 이러한 예외적 상황과 무관하지 않다. 문화운동의 위기를 주장하는 사람들은 1987년 민주화 체제 이후 문화운동이 실천적, 자생적 의제들을 상실하고 시간이 지날수록 국가의 문화정책에 흡수당하고 있다고 주장한다. 문화운동의 좌표를 상실했거나 과거 진보운동의 유산을 권력 취득을 위한 경력쯤으로 환산하려는 상황들은 문화운동의 위기의 원인이라기보다는 결과라고 볼 수 있는데, 말하자면 문화운동의 새로운 대상을 발견하지 못하고 과거의 낡은 방식에 안주하려는 예술가 혹은 예술가 조직들이 지속적으로 일정한 헤게모니적 지위를 행사하려는 정치적 행동들이 현재 문화운동의 위기의식을 조장하고 유포하지 않았나 싶다. 문화운동을 예술운동이나 예술의 진정성의 좁은 틀로 스스로 가두려는 인식으로부터 벗어나는 근본적인 자기성찰이 없는 한 문화운동의 위기와 문화적 개량화에서 벗어날 길이 없다.

어쨌든 예술운동의 한계를 극복하고자 했던 문화운동의 새로운 실천들이 반신자유주의 운동과 반세계화 운동의 정세를 통과하면서 이른바 포스트 FTA 시대의 대안적 삶의 동력을 추동시키는 중요한 자원을 제공할 수 있다는 신념들은 일정한 사회적 동의를 얻지 않았나 싶다. 한미FTA를 저지하기 위한 사회운동 진영의 끈질긴 투쟁에도 불구하고, 미국과의 굴욕적인 FTA는 체결되었지만, 현 시기 문화운동은 '포스트 FTA 시대'를 대비하는 문화・생태코뮌사회 만들기라는 구체적인 이행과제들을 남겨놓고 있다. FTA 체결 이후 한국사회에 야기될 생태적, 문화적 파국들[7]에 대한 적극적인 대응이 필요한 것은 포스트 FTA를 극복하는 대안사회를 구상하는 데 있어 문화적 실천이 더없이 중요해졌기 때문이다. 포스트 FTA 사회를 어떻게 구성할 것인가 하는 문제는 한미FTA를 저지했던 연대조직의 구성보다 더 중요하며, 그 운동의 이행과도 직결된다. 현재 많은 진보진영의 사회운동 조직들은 한미FTA 이후의 사회적 공공성에 대한 장기적이고도 유쾌한 저항의 프로그램에 대해 구체적인 언급을 회피하고 있다. 최근 '한국진보연대'의 출범에서 알 수 있듯이 이른바 '포스트 한미FTA' 운동을 계기로 새로운 운동 조직들의 재구성이 가시화되고 있는데, 한국과 미국의 '경제-안보 동맹'이 새로운 단계로 접어드는 국면에서 한국진보연대와 같은 운동조직들의 재구성은 마치 역사적 자본주의 지배체제의 국지적 변형에 그대로 상응하는 이데올로기적 짝패 같아 보인다. 이런 식의 진보운동의 재구성은 한국사회의 지배체제에 '방어적인' 전략을 짤 수는 있어도, 새로운 사회지형의 객관적 변화와 그에 따른 사회적 공공성을 새롭게 구성하는 능동적인 전략을 짤 수는 없을 것이다.

문화운동이 사회적 공공성을 대안적으로 상상하는 데 있어 어떠한 유용한 지적, 실천적 자원을 제공할 수 있을까? 문화운동이 사회적 공공성 내의 다양한 차이들을 활성화하고, 물질적 토대로서 공공성만이 아닌 감성적, 생태적 의미로서의 공공성을 확산하기 위해 어떤 가로지르기를 할 것인가? 사회적 공공성의 대안적 힘을 만들어내기 위한 문화운동의 자기 테크놀로지는 무엇인가? 이러한 질문들은 앞으로 문화운동이 사회운동으로 전환되기 위해 해결해야 할 과제들

---

7) 가령 한미FTA 체결로 인해 문화 서비스 지적재산권 부문에서 예상되는 물질적, 상징적 피해는 막대하다. 『스크린쿼터제의 경제적 효과와 한미투자협정』(이해영, 스크린쿼터 경제효과 프로젝트팀 연구보고서, 2004)에 따르면 스크린쿼터 일수가 50일 감소되면 1조 1,094억 원의 감소가 예상되고, 지적재산권의 경우 70년으로 연장할 경우 연간 200억 원의 저작권료 손실과 54억 원의 추가 손실이 예상되고, 방송통신 서비스 시장의 경우 해외 자본의 자유로운 진출을 허용하여 결과적으로 방송통신의 공공성이 크게 훼손될 것으로 보인다.

이다. 이러한 동시대 문화운동에 대한 질문들은 "아래로부터의 개인들의 자율성의 확대"와 "사회 공공의 민주적 네트워크"를 화학적으로 절합하는 어떤 새로운 대안을 요구하는 것이라 할 수 있는데, 이는 역사적 문화운동의 유산을 비판적으로 성찰하는 과정에서 그 단서를 발견할 수 있을 것이다. 특히 1960년대 유럽의 자본주의체제와 중국의 사회주의체제 내파에 기폭제가 되었던 유럽의 68혁명과 중국의 문화대혁명에 대한 비판적인 성찰은 동시대 문화운동에서 필요한 "개인들의 자유로운 연합"과 "사회적 공공성의 확산"이라는 문제설정의 해법을 찾아가는 데 단초를 제공해줄 수 있을 것이다. 또한 1970년대 이후 한국의 문화운동의 역사적 궤적을 해독하는 과정에서도 '문화적 공동체주의'와 '문화적 자율주의'의 상반된 진자운동의 특이성을 발견할 수 있을 것이다. 이 글은 1960년대 유럽과 중국에서 발생했던 역사적 문화운동의 두 상이한 사건들과 1970년대 이후 한국의 역사적 문화운동의 토픽들을 "공공성과 자율성", "이상과 현실", "이데올로기와 욕망"의 교차 관계로 대면하면서 이른바 문화사회를 준비하는 '포스트 FTA' 시대의 문화운동이 어떤 성찰과 전화가 필요한지를 지도 그리고자 한다.

2. '역사적 문화운동'의 특이성—문화대혁명과 68혁명

포스트 FTA 시대의 대안적 문화운동을 구상하는 데 있어 유럽의 1960년대 문화운동과 한국에서의 1980년대 문화운동은 중요한 역사적 시사점을 던져준다고 하겠다. 서구에서 1960년대는 정치적 격변의 시기였다. 미국의 베트남 전쟁 개입에 따른 반전 운동의 확산, 케네디 미대통령의 피살, 인종차별에 반대하는 흑인인권운동의 확산, 성차별에 저항하는 여성운동들, 문화적 해방을 외치는 히피들의 반란, 소련의 체코 침공, 그리고 전면적 사상개조의 기치를 내건 중국의 문화대혁명 등 1960년대는 세계적 차원에서 정치적, 윤리적, 이념적 혼란기를 겪었다. 월러스틴의 말대로 세계 혁명의 두 번째 분기로서 1968년은 "자본주의 문명에 대한, 그리고 이 문명의 직접적이고 주된 지지 구조, 곧 세계체제 내 미국의 헤게모니에 대한 반란의 표현"[8)]이었다. 미국 헤게모니에 대한 반란은 곧 1960년대의 정치적 격변기가 동서 냉전체제의 지속과 자본주의 세계체제의 유연축적의 결과에 따른 것이라는 점을 짐작할 수 있는데, 중요한 점은 이러한 반란의 양식들이 다양한 사회운동의 형태로 분화되었다는 점이다. 예컨대 1960년대 자본주의 문명에 대한 저항들은 반문화운동과 생태환경운동, 교육개혁운동과 인권 소수자운동으로 분화되었다고 볼 수 있다. 68혁명을 주도한 신좌파들의 문화 상상력은 "민주주의 확산"과 "일상에의 혁명"이라는 두 개의 슬로건을 내걸었는데, "금지를 금지한다"는 이들의 슬로건대로, 68혁명의 주체들은 "정치, 경제, 사회, 문화 등 모든 면에 자리잡은 지배적인 권위체제를 타파하고 자율과 자치에 기반한 새로운 사회적 이념과 질서를 내세웠다."[9)] 따라서 포스트 FTA 대안 문화운동을 구상하는 데 있어 1960년대의 사회운동의 다양한 기류들은 적절한 참고자료가 될 수 있을 것이다.

한국 문화운동의 특이성과 토픽을 설정하는 역사적 교훈으로서 1960년대 동서양에서 일어났던 두 사건을 거론할 수 있다. 이 두 사건은 중국에서 일어난 문화대혁명 사건과 유럽 전역을 들끓게 했던 1968년을 기점으로 한 신좌파들의 문화운동이다. 1960년대 중국의 문화대혁명이나 1968년 문화운동은 같은 시기에 벌어진 사회주의 진영과 자본주의 진영의 서로 다른 문화적 함의들을 내포하고 있다. 전자는 전적으로 국가가 주도한 인민에 대한 일상의 혁명을 촉구한

---

8) 이매뉴얼 월러스틴, 『역사적 자본주의/자본주의 문명』, 나종일·백영경 옮김, 창작과비평사, 1993, 168쪽.
9) 송충기, 「68운동과 그 역사화」, 『역사비평』 78호, 2007년 봄, 54쪽.

운동이었고, 후자는 어떤 점에서 개인들, 혹은 개인들의 연합들이 국가의 권위주의와 엘리트주의에 저항하는 자주관리 운동이었다. 2차 세계대전 이후 동서 이데올로기와 세계자본주의체제에서 첫 번째 동요 시기라 할 수 있는 1960년대에 사회주의와 자본주의 진영에서 서로 상이한 문화운동이 전개된 것은 역사적 문화운동의 두 가지 궤적을 이해하는 데 중요한 토픽들을 생산한다고 볼 수 있다.

중국 문화대혁명의 특이성은 문화에 대한 인식에서 비롯된다. 통상 문화운동에서 문화의 규정은 인간의 일상적인 삶에서 재현되는 정신적이고 심미적인 가치의 총체로 말할 수 있지만, 중국 문화대혁명 기간에서 문화의 의미는 공산주의 내부의 상부구조 전체, 말하자면 "한 사회의 총체적 존재방식을 결정하는 무형의 함"으로 정의된다.10) 문화대혁명에서의 문화운동은 문화의 개념 자체가 상부구조 전체를 포괄하고 있기 때문에 대중적 기반에 근거한 직접적 정치성의 발휘를 보여주었는데, 말하자면 문화대혁명은 문학과 예술에 관한 협의의 개념을 넘어 자본주의적 길에 대한 타도를 통한 민중문화의 정치적 기반을 다지는 것이라 할 수 있다.11) 문화대혁명의 기원을 어디로 볼 것인가에 대해서도 다양한 의견12)이 개진되고 있지만, 가장 폭넓게 보면 1940년대 초반 중국인민을 이끌고 있던 모택동의 '연안공동체'에서 기원한다. '연안공동체'는 문화 지식인들의 민중과 농민에로의 복귀를 목표로 한 것이었다. 모택동은 「신민주주의론」, 「당의 작품을 바로잡자」는 글들을 통해서 지식인들의 정신에 대한 새로운 개조

---

10) 이희옥, 「중국 문화혁명기의 문화와 정치성」, 김정환 외 엮음, 『문화운동론 2』, 공동체, 1986, 311쪽.
11) 같은 글, 같은 곳.
12) 통상 공식적인 문화대혁명은 북경대학교에 대자보가 붙은 1966년을 시작으로 1969년까지 3년 동안을 의미하지만, 문화대혁명에 대한 비판작업을 강조할 때는 통상 1969-1979년까지 "10년 재앙"을 의미하기도 한다. 반면 아리프 딜릭은 1956년 중국공산당 8차당대회에서 1979년까지 20년간을 주장하기도 한다.

운동을 벌였다. 도시에서 온 지식인, 교수, 학생, 예술가들은 연안을 중심으로 한 해방구에 정착하여 교육과 문맹퇴치를 위해 시골로 들어가 자신들의 구습을 버리고 새로운 문화에 조응하고자 했다. 문화대혁명은 생산력발전에 조응하지 않는 사회구조를 인간의지에 의해 전복하려 했다는 점에서 문화의 상부구조 역할을 중시하였다.13) 이른바 '문예강화'로 잘 알려진 1942년의 '연안문예좌담회'에서 모택동은 "우리 인민의 해방투쟁에는 여러 전선이 있으나 문화군대와 문화전선으로 대별될 수 있다"14)고 언급하면서 문화군대는 아군을 결속하고 적을 공격하는 데 필요한 역할을 해야 한다고 말한다.

문예강화 정신은 1960년대 초 중국공산당 혁명주의 노선의 대약진 운동의 실패와 함께 등장한 수정주의 노선15)에 대한 사상적 방어의 원류였다. 수정주의 노선이 강화되면서 사회주의 문화운동에도 변화가 일어났는데, 이 노선의 문예 창작자들은 모택동의 문예 강화를 수정하고자 하였다. 이들은 교조주의적 종파주의적 영도에 대한 반대뿐 아니라, 작품의 공식화, 개념화, 제도화를 반대하였다.16) 그리하여 1962년 4월 '중국공산당 문화부'와 '전국문연'이 공동으로 "당면한 문화예술공작에 관한 의견"이라는 문건을 제출하는데, 이 문건에는 예술로서 정치를 대신할 수 없다는 점, 테마와 스타일의 장려, 창작의 질과 양을 향상시키고 문학을 보편화하는 것, 민족문학의 유산 계승과 외국문화의 흡수, 예술의 자유보장 등 10여개의 강령이 나와 있다.

이러한 수정주의 노선에 대해 모택동을 중심으로 하는 혁명주의 노선은 1966

---

13) 이희옥, 앞의 글, 317쪽.
14) 모택동, 『在延安文藝座談會上講話』, 人民出版社, 1953, 1쪽.
15) 수정주의 노선의 핵심 사안은 소유관계의 자유화 정책이다. 소유관계의 자유화 내지 사유화 인정은 필연적으로 상품과 시장이라는 시장경제적 개념을 전제로 한 것이라 할 수 있다.
16) 허세욱, 「중국문학의 발전과정과 현황연구」, 『중국연구』 5, 1981, 146쪽.

년 당중앙위원회 정치국 확대회의를 개최하여 문화대혁명의 "중국공산당중앙위원회통지"(5.16통지)를 채택하였는데, 핵심내용은 "부르주아 계급과 모든 착취계급의 이데올로기를 비판하고 교육을 개혁하고 문학예술을 개혁하고 사회주의 경제적 토대에 적합하지 않은 모든 상부구조를 개혁하는 것"17)이었다. 5.16통지에 대해 수정주의자들은 학술영역에 한정하자고 주장했지만, 결국 모택동은 이들과의 사상투쟁을 통해 문화예술 분야의 일대 개혁정신을 전 인민에게 공표하였다. 1966년 8월에 작성된 「무산계급문화대혁명에 관한 결정」이라는 문건에서 혁명주의 노선은 "문화혁명 추진 기구를 당 조직에서 각급 학교 단위로 바뀌게 하였으며 또한 대중 사이의 새로운 조직은 문화혁명 소조, '문화혁명위원회', '문화혁명대표회'를 설치하여 수정주의 세력의 근거인 당 기구를 해체하고 그들의 사상 및 교육제도로 대체하고 착취계급의 사구(구사상, 구문화, 구관습, 구습관)를 일소하는 것이었다.18)

문화대혁명은 당대 혁명노선과 수정주의 노선 사이의 지식인들의 사상투쟁에서 비롯되었지만, 중국인민의 정신과 생활을 일신하는 차원에서 사회주의체제의 정치성과 대중성에 관한 것이라 할 수 있다. 인민을 통한 정치성과 대중성의 복원을 위해 가동한 장치가 바로 '대자보운동'과 '홍위병운동'인데, 이 두 가지 운동양식들은 전형적으로 사회주의 계몽운동의 선동적인 수단이다. 문화대혁명은 대약진의 실패 이후 중국사회주의가 자본화, 개방화, 서양화로부터 중국인민을 구해낸다는 사상적 사명을 갖고 있었지만, 아래로부터의 인민들의 자발성에 근거하지 않았다는 점에서 국가주의적이고 관료주의적인 한계를 벗어날 수 없었다. 문화대혁명의 지도부는 "일반적 사회주의의 사회관계나 중국 사회주

---

17) *CCP Documents of the Great Proletarian Cultural Revolution 1966-1967* (Hongkong: Union Research Institution, 1967), p. 33; 이희옥, 앞의 글, 321쪽에서 재인용.
18) 이희옥, 앞의 글, 326쪽.

의의 특수한 사회관계 모두에 대해 어떤 정교한 분석도 결코 내리지 못했다. 일반적 사회관계 가운데 단지 하나의 표현방식에 불과한 계급관계로 모든 사회관계를 환원하려는 경향이 시종일관 존재했을 뿐이라는" 지적[19]처럼, 문화대혁명의 이념은 계급뿐 아니라 소유관계, 자급자족, 인민의 자주권에 있어 심각한 단순논리에 빠졌다고 볼 수 있다. "혁명을 장악하고 생산을 증진하자"라는 문화대혁명의 구호로 표상되는 혁명의 단순논리는 결론적으로 위로부터의 혁명개조가 안고 있는 한계를 그대로 보여준다.

위로부터 통제되는 문화혁명은 쉽게 문화적 전제주의로 타락했다. 그것은 상위문화 영역에서 모든 대안적인 문화적 활동을 침묵시켰던 것이다. 일상생활의 차원에서 생활습관의 변혁은 마오 숭배와 너무나 밀접하게 연결되어 있다. 자신과 사회의 발전에 대한 추구는 종교적 불관용성의 모든 특징을 지닌 열광적인 편협성으로 변형되었다.[20]

문화대혁명 당시 사상개조를 위한 대중들의 자발성은 대개 동원된 자발성에 기반한 것인데, 인민들의 일상 혁명의 슬로건은 자발적이고 자율적이기보다는 짜여진 프로그램에 의한 집체적 반응이었다. 이는 중국문화의 서양문화화에 대한 유행이 일어난 1980년대 '문화열'(cultural fever) 논쟁에서도 이어진다. 1980년대 중국 지식인들 사이에서 일어났던 '문화열'은 마오 이후의 현대성을 어떻게 토착화할 것인가에 대한 논쟁이었는데, 논쟁의 대상은 1980년대 중국에 유입된 서양 대중문화, 혹은 서양화된 중화권의 대중문화였다. 문화열은 "중국의 현대화의 문화적 전제조건이 무엇이며 중국의 전통문화가 중국의 현재와 미래에

---

19) 아리프 딜릭, 『포스트모더니티의 역사들』, 황동연 옮김, 창작과비평사, 2005, 57-68쪽.
20) 같은 책, 70쪽.

적절한가에 대해 뜨겁게 토론을 한 것"[21])이며, "현대화를 향한 뿌리 깊은 지적 갈증과 열망에 의해 추동"[22])된 것이다. 문화열이 "중국과 서양 사이의 부단한 대면으로부터 제기된 문제들"[23])을 지시하는 만큼 서양이론과 문화에 대한 토론들은 당대 문화적 생산의 통합적 일부가 되었는데, 문제는 이러한 토론의 담론 주체들이 국가를 상대로 저항하기보다는 일정한 협상을 시도했다는 것이다. 즉 문화열의 문화적 성찰은 중국 문화의 현대성의 지배적 요소들을 안전하게 만드는 기제로 활용되었다는 점이다.

문화대혁명은 따라서 역사적 문화대혁명이라는 일정한 시기에 대한 규정을 넘어서 지금까지 지속된다고 볼 수 있는데, 그 이유는 바로 문화대혁명 초창기의 문제의식이 아직도 해결되지 않은 채 자본주의 시장경제로의 편입과 사회주의적 전망 사이의 충돌이 여전하기 때문이다. 아리프 딜릭의 "문화대혁명의 깊은 애매함"이라는 표현의 의미는 바로 문화대혁명의 해석의 다의성과 그 다의성의 저변에 깔려있는 동시대적 맥락의 고려가 들어가 있다. "혁명의 유산들과 혁명을 불러일으킨 것에 대한 탐색이 국가사회주의가 관료국가라는 동인을 통해 실현하려고 했던 것을 아래로부터 이룩하자는 운동들 속에서 오늘날에도 살아있다"는 지적[24])은 "'무산계급독재하 계속혁명론'이야말로 문화대혁명의 진정한 동기이자 문화대혁명을 통해 성취하려 했던 이상적인 미래구상이었다"[25])고 말한 마오의 생각과 일치한다. 문화대혁명은 엘리트주의, 계급의 부활, 소비문

---

21) Gu, Edward X, "Cultural Intellectuals and the Politics of the Cultural Public Space in Communist China(1979-1989): A Case Study of Three Intellectual Group," *The Journal of Asian Studies*, 58:2 (1999), p. 389.
22) Zhang, Xudong, "On Some Motif in the Chinese 'Cultural Fever' of the Late 1980s," *Social Text* 39 (Summer 1994), p. 137.
23) Ibid., p. 143.
24) 아리프 딜릭, 『포스트모더니티의 역사들』, 56쪽.
25) 전인갑, 「근현대사 속의 문화대혁명」, 『역사비평』 78호, 183쪽.

화의 만연과 사회적 소외, 사회분열, 농민들에 대한 도시인들의 사회적 경멸, 지식인들의 비지식인들에 대한 사회적 경멸26)에서 비롯된 것인바, 당대의 당파적 권력투쟁의 산물로 한정되지 않는 사회주의 혁명 그 자체의 전망을 담고 있다고 볼 수 있다.

이에 비해 1960년대 유럽의 신좌파들이 주도했던 문화운동은 국가와 관료들이 지배하는 일상의 규격화된 삶에서 문화의 자율성과 감수성을 찾고자 하는 운동이다. 프랑스의 68혁명은 신좌파의 문화정치의 성격을 단적으로 보여주는 것으로 당시 혁명에 참여했거나 동의를 했던 주체들의 입장은 좌우를 막론하고 사회 속에 뿌리내린 관료주의와 국가주의의 타파였다. 이는 다른 말로는 개인의 욕망과 자율적 삶을 극대화할 수 있는 새로운 정치적 요구이자, 스스로에 대한 자기 삶의 자율적 결정을 담보하는 것이다.

> 신좌파의 문화정치는 경제적으로 발전한 국가에서 등장하고 있는 급진적인 저항운동 형식을 아직까지도 규정하고 있다. 1968년에 정점에 달했던 이래로 이탈리아의 메트로폴리탄 인디언, 또한 영국과 독일 그리고 폴란드의 펑크좌파들에게서 이런 운동의 윤곽을 찾아볼 수 있다. 신좌파가 추동했던 탈집중화와 문화적 자율성은 유럽에서 증가하고 있는 지역주의와 각 지역의 공동체 관리운동, 그리고 원자력과 핵무기 가부장제에 의한 약소국가의 국제적 지배에 저항해 급격히 증가하고 있는 집단들에게서 오늘날 그 양태를 찾아볼 수 있다.27)

유럽 신좌파 문화운동은 자신의 내부에 존재하고 있는 중산층의 권위주의와

---

26) 아리프 딜릭·황종연 대담, 「문혁의 세계사적 의의—아리프 딜릭을 만나다」, 『역사비평』 78호, 255-256쪽.
27) 조지 카치아피카스, 『신좌파의 상상력』, 이재원·이종태 옮김, 이후, 1999, 389-390쪽.

엘리트주의, 인종주의와 남성지배, 경쟁, 갱스터리즘, 그리고 사회에 대한 반지성주의 등에 대한 반대였다. 68혁명은 "억압적 교육제도, 가부장적 기성질서, 소비사회, 폐쇄적인 문화"에 대한 감성적인 혐오와 문화정치적 행동으로 요약할 수 있을 것이다. 신좌파들의 문화적 에너지는 특히 사회의 재생산 부분에 대한 국가주도성을 거부하는 방향으로 모아졌는데, 이는 자율적인 개인들의 공간을 최대한 창출하려는 '히피'와 '펑크'와 같은 청년문화운동으로 대변되었다.

> 꿈, 상상력, 유희원칙과 같은 기성의 문화와는 완전히 다른 문화적 코드들이 68운동을 전후하여 독일과 프랑스를 중심으로 한 유럽의 일상생활에 관철된다. 60년대, 특히 그 후반기에 접어들면서 젊은이들의 의상에는 화려한 원피스, 꽃이 그려진 혹은 꽃을 수놓은 청바지, 미니스커트가 등장하고, 비트와 록음악이 보급되면서 마약을 보급하는 사례가 급증했다. 그러나 코뮌이 결성되면서 원시공동체적 삶을 부활시키려는 시도들이 목격된다.[28]

'68혁명'의 에너지이자 그것의 문화적 산물이라 할 수 있는 청년문화는 기존의 노동자 조직이나 진보 정당 조직과는 다르게 국가와 관료 사회로부터 자유로운 문화공동체를 지향하는 자발적 코뮌을 형성하고자 했다. 예컨대 1960년대 히피문화와 1970년대 영국의 펑크문화의 확산이 그 한 예가 될 수 있는데 스타일의 과도한 표현을 통한 이들의 문화적 세력권은 코헨의 지적대로 "부모문화에서 드러나지 않고 해소되지 않은 채로 있는 모순들을 '마술적'으로나마 표현하고 해소하는 것"[29]에 불과했지만, 최초의 노동자계급 청년들의 코뮌주의를 표

---

[28] 오제명 외, 『68·세계를 바꾼 문화혁명: 독일·프랑스를 중심으로』, 길, 2006, 210쪽.
[29] 필 코헨, 「하위문화 갈등과 노동계급 공동체사회」, 이동연 편역, 『하위문화는 저항하는가』, 문화과학사, 1998, 33쪽.

현한 것이다. 1980년대 미국에서는 1천 개에서 1천 8백 개에 달하는 대안적 공동체들과 토지협동체들이 곳곳에 존재했다고 알려졌다. 1979년에는 미국 내 각 도시와 농촌에 3만개에서 10만개에 달하는 실험적 생활 집단들이 존재했다.30) 신좌파의 정치적 직관은 다른 방식으로—새로운 가치에 따라—살아남았으며, 이 운동의 급진적인 동력이 소멸되고 난 이후에도 다르게 살아가고 생각하려는 개인적, 집단적 시도들은 사라지지 않았다. 수많은 사람들이 현존사회의 제도들에 반대하는 자주관리적인 제도와 공동체적 대안체 내부에서 살아가며 작업하고 있는 것이다.31) 68세대들의 코뮌 활동과 관련하여 중요한 것은 정치적 차원의 활동이 아니라 이들의 새로운 삶의 방식이었다. 예컨대 이들은 공동육아, 공동가사를 통해 전통적인 가부장제에 저항하고자 했고, 공동생산과 공동소유를 통해 자본주의체제의 사적재산과 착취 관계의 전복을 꿈꾸기도 했다.32)

중국의 문화대혁명과 유럽의 68혁명을 기반으로 하는 신좌파들의 문화운동은 국가가 주도한 위로부터의 문화운동과 개인들의 자발성에 기초한 아래로부터의 문화운동이라는 근본적인 차이가 있지만, 동서를 가로질러 포획하기 시작한 세계자본주의체제에 대한 대항이라는 공통의 문제의식을 공유한다. 1960년대 세계자본주의체제는 국가주도의 노동유연화와 자동기술의 발전에 따른 산업구조의 재편, 금융과 기술이 주도하는 자본의 세계화의 본격적인 축적시기로서 사실상 초국적 자본주의의 패권을 가시화하는 시기라 할 수 있다. 중국의 혁명주의 노선은 국가사회주의의 강화로 세계자본주의체제에 대항하려 했고, 유럽의 신좌파들은 관료화된 국가의 지배로부터 개인의 자율성을 지켜내고자 했다.

중국의 문화대혁명과 유럽의 68혁명의 "상이하지만 서로 공유하고 있는 운

---

30) 카치아피카스, 앞의 책, 411쪽.
31) 같은 책, 410쪽.
32) 오제명 외, 앞의 책, 234-236쪽 참고

동의 유산들"은 서로에게 있어서는 반성적 거울로 기능한다. 문화대혁명의 개인에 대한 국가적 폭력에 대한 반성적 거울은 68혁명의 문화적 자율성이라 할 수 있다면, 68혁명의 개인주의적인 문화주의로의 후퇴에 대한 반성적 거울은 문화대혁명의 사회적 전망이라 할 수 있다. 이는 개인들의 자유로운 연합이나 문화적 공동체를 위한 사회적 공공성이라는 상호보완적인 요소들이 역사적으로 재현된 것이라 할 수 있다. 탈주가 되든 자율주의가 되든 중국의 문화대혁명을 우회하지 않고는 1968년 사상의 논지를 성공적으로 전개할 수 없다는 지적[33]은 문화혁명기의 대중의 가공할만한 폭발력이 어떻게 사회적 열망으로 결집되었는지를 강조하기 위함이다. 중국의 문화대혁명은 인민의 사상개조를 수행하는 과정에서 문화의 차이와 개별성의 변수를 고려하지 않은 반면, 신좌파들의 문화운동은 개인의 일상 혁명과 감수성의 해방에 호소하는 과정에서 사회적 공공성의 연대와 이데올로기적 국가장치들에 대한 개입과 말 걸기가 부족했다. 이러한 각각의 한계들은 세계자본주의체제에 맞서 코뮌주의적 노동자-다중의 자율적 삶과 사회적 공공성을 동시에 강화해야 하는 현재 문화운동의 과제에 시사하는 바가 크다.

3. 1987년 민주화 체제와 문화운동의 전화―다이아그램

그렇다면 1960년대 역사적 문화운동의 세계적 궤적에서 한국의 문화운동은 어떤 연관성을 갖고 있을까? 유럽의 68혁명과 중국의 문화대혁명의 문화효과들이 한국사회에 나타난 것은 대체로 1987년 민주화운동 시점이라고 할 수 있다. 87년 민주화 운동은 낡은 지배정치 체제에 대한 국민적 저항이었고, 학생운동―

---

33) 백승욱, 『자본주의 역사강의』, 그린비, 2006, 228쪽.

노동운동으로의 확산과 문화와 일상의 자유의 중요성을 각인시켜 주었다는 점에서 유럽의 68혁명에 비견될 수 있다. 또한 사회주의적 생산관계와 인간학에 대한 문화적 논쟁들이 87년을 기점으로 논의되기 시작했다는 것도 중국의 문화대혁명의 본래의 진정성과 무관하지 않다. 또한 87년 민주화 운동이 개인들의 문화와 일상의 자유를 중시하면서도 구체적인 대안 없이 곧바로 소비자본주의 문화에 주도권을 넘겨주었던 것이나 문화대혁명의 진정성이 현실성을 얻는 과정에서 다양한 차이들과 다양성의 감각들을 고려하지 않았던 것이 87년 민주화 운동의 유산이 지배계급의 유연화 정치의 구성적 요소로 치환된 것과 비슷한 맥락을 갖고 있다. "정치적 민주화는 성취되었지만, 사회경제적 민주화는 지지부진한 오늘의 현실을 두고, 양자를 모두 내실 있게 추진할 수 없었던 것이 6월 항쟁이 탄생시킨 과도기적 사회체제의 한계"라는 지적[34]은 일리있는 말이다.

68혁명의 유산이 "문화적 자유를 꿈꾸는 새로운 세대들의 코뮌적 상상력"과 "계급결정론으로 환원될 수 없는 사회 구성원들의 차이와 연대의 절합적 실천"임에도 그러한 희망들은 곧바로 이루어지기보다는 상당히 오랜 시간을 거쳐 불균등하고 부분적인 계기를 통해서 실현되거나, 아니면 68혁명의 효과로 등장한 신보수주의적 반동과 소비자본주의로 흡수되듯이, 87년 민주화운동의 결실들도 많은 반작용을 거쳐 더디게 결실을 맺거나 아니면 문화적 구별짓기의 강화, 혹은 사회적 문화적 양극화의 심화로 표백처리되는 것들을 발견할 수 있다. 이른바 '87년 체제'와 '한국사회 민주화'라는 담론에 대한 문화운동적인 접근은 1987년을 기점으로 그 이전과 이후가 어떻게 달라졌으며, 문화운동이 87년 체제의 경계를 타고 넘으면서 어디로 달려갔는지를 살펴보는 것이 관건이다. 앞서 이 글의 문제의식을 언급하면서 "개인들의 자유로운 연합"과 "사회적 공공성의

---

[34] 김명환, 「6월 항쟁 스무 돌에 돌아보는 한국사회」, 『역사비평』 78호, 31쪽.

확산"이라는 문화운동의 두 가지 엔진을 역사적 문화운동 속에서 11집어내려면 87년 민주화운동과 그 체제를 골격으로 하는 문화운동의 토픽적 지도그리기가 선행되어야 하겠다. 내가 정리하기에 87년 민주화운동 체제를 분기점으로 하는 한국 문화운동의 토픽과 배치는 다음과 같이 다이아그램화할 수 있다고 본다.

다음 쪽의 표에서 볼 수 있듯이 87년 민주화 체제를 기점으로 한국의 문화운동은 세 가지 차원에서의 이행 경로를 갖고 있다. 첫 번째 경로는 예술창작 중심의 미적 반영 운동에서 문화적 일상의 자유를 위한 사회적 생산운동으로의 이행이고, 두 번째 경로는 현실주의적 창작활동을 통해 총체적 변혁 이념을 귀납하려 했던 방식에서 문화적 공공성 확대를 위한 차이와 연대를 연역해내는 방식으로의 이행이고, 세 번째 경로는 국지적 차원에서의 문화운동이 글로벌한 차원에서의 문화운동으로의 이행이다. 첫 번째 경우 예술가들의 창작활동을 넘어서는 문화운동의 확장이라는 토픽을 제시하는데, 특히 문화운동의 개념에 대한 과학적 유물론적인 이해를 통한 실천 지형의 확대와 대중문화와 문화산업의 급격한 변화에 따른 문화적 대응을 말할 수 있겠다. 두 번째 경우, 첫 번째와 연계되는 문제이긴 하지만, '문학과 예술'에서 '문화와 일상'으로라는 슬로건으로 이행하는 문제의식이 담겨있다. 문화적 실천이 개인들의 다양한 문화적 감수성의 차이를 발견하는 데 관심을 기울였고, 총체적 조직화보다는 차이에 기반을 둔 연대의 강화를 강조했다고 볼 수 있다. 세 번째의 경우는 문화운동의 위치가 국지적인 구체성을 바탕으로 문화의 권역화와 글로벌화에 적절하게 대응하는 것을 의미하며, 이는 이른바 WTO체제와 FTA 국면을 통해서 확인할 수 있을 바이다. 물론 이러한 이행의 경로는 이분법적으로 분할되는 것은 아니며 각각의 요인들이 서로 절합된 상황에서 시대마다 다르게 경향적으로 관철되는 상황을 지적하는 것이다. 중층결정된 역사적 문화운동의 유산들은 이데올로기와 욕망, 구조와 주체 사이의 진자운동을 통해 현재 당면한 포스트

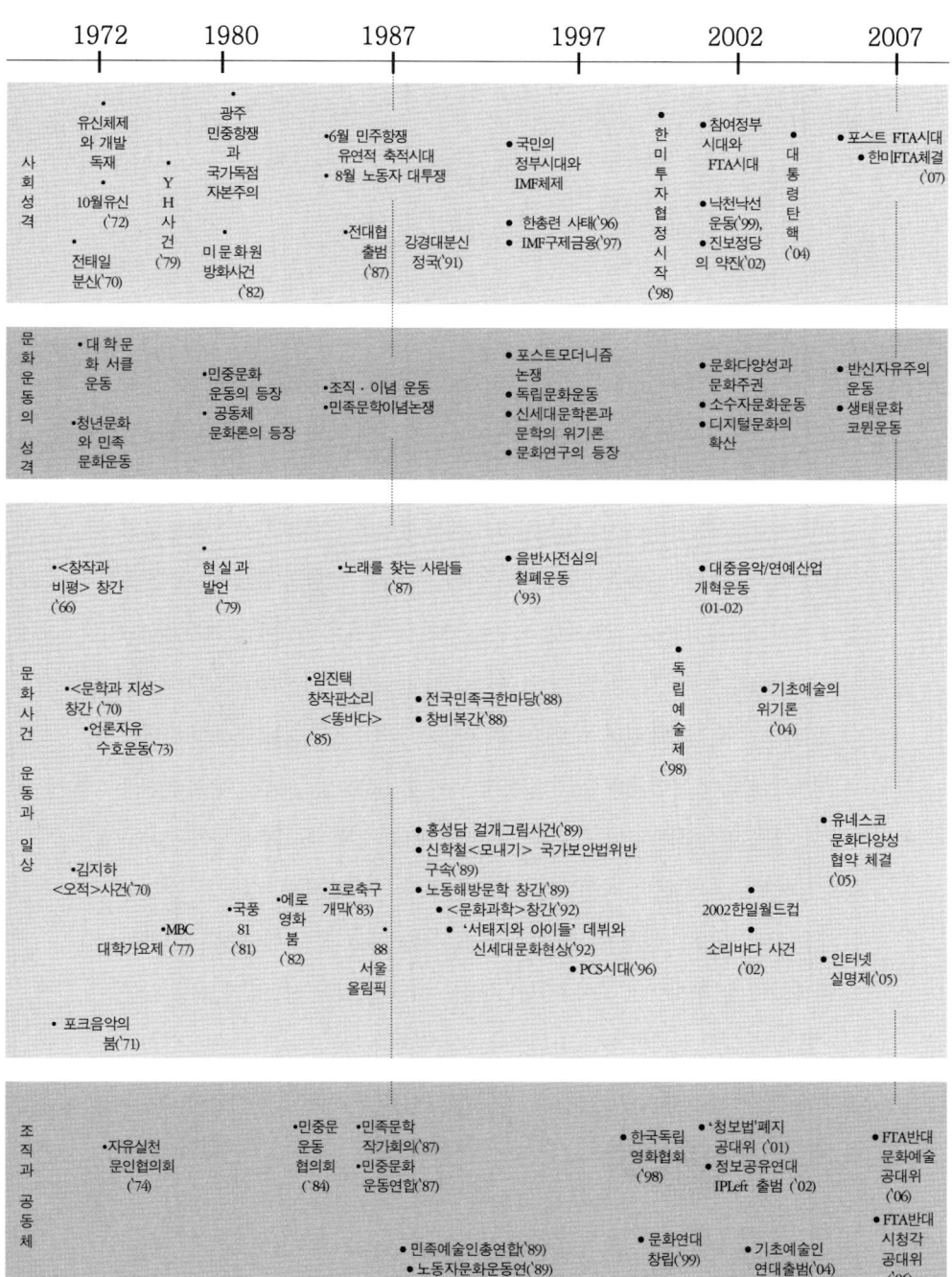

FTA 시대의 대안문화운동에 어떤 교훈을 줄 수 있을까? 이제 이 토픽들을 시대별로 검토해보자.

4. 역사적 문화운동의 토픽들: 1970-1999

1970년대 '대학가문화 서클 운동'이 주도했던 문화운동의 핵심토픽은 문화주의와 탈문화주의에 대한 논쟁이었다. 1970년대 탈춤부흥운동으로 시작된 대학문화 서클들의 문화운동은 서양문화에 오염된 현실에 대해 전통문화의 창조적 계승을 통한 민족문화의 건설을 주창하는 것을 기반으로 유신독재에 저항하는 것을 목적으로 했다. 당시 '대학문화 서클'에서 있었던 논쟁은 문화주의와 문화주의의 배격으로서 "문화주의라는 이름 아래 문화운동 서클의 문화예술적 전문성에 대한 자기동일성이 약화되면 될수록 그리고 정치적 행동에의 자기욕구가 하나의 일반적 흐름으로 정착되어 가면 갈수록, 문화운동 서클의 내부적인 갈등이 심각"[35]하게 전개되었다. 문화주의와 반문화주의 논쟁은 예술운동의 전문성과 정치성에 대한 논쟁이라 할 수 있는데, 이는 문화운동의 주체와 대상, 실천방식의 논쟁을 함축하는 것이라 할 수 있다. 문화주의 반문화주의 논쟁은 문화운동의 주체는 누구인가, 문화운동은 예술운동인가 일상적 문화운동인가, 문화운동의 형상화 방법은 무엇인가라는 질문들을 내포하고 있기 때문이다. 따라서 당시 대학의 문화 서클의 문화운동은 아마추어리즘이라는 현실적 한계를 극복하는 방식에 대한 선택이 예술적 전문성인가, 정치적 행동인가라는 좁은 인식적인 틀을 벗어나기가 힘들었다. 결국 대학의 문화 서클의 문화운동은 노동현장으로 들어가 민중들과 노동자들을 위한 문화교육의 전위 역할을 담당하고자 했다.

---

35) 최승운, 「문화예술운동의 현단계」, 『문화운동론 2』, 17쪽.

1977년 동일방직 사건에서 대중집회를 수행하는 것을 시작으로, 1978-79년 반도상사노조 탈춤반 결성을 지원함으로써 전문성에 대한 현장성의 우위를 선언하였다. 그러나 1970년대 대학가의 문화운동은 "학생운동 속에서의 문화활동에 대한 위치설정이 모호한 만큼, 노동운동 속에서의 문화활동에 대한 위치설정도 그만큼 모호했다[36]고 볼 수 있는데, 이는 1980년대 학생운동의 부활에 따른 문화운동의 선전적 기능으로의 전환에서도 여전히 같은 메커니즘을 반복하는 것이었다.

주지하듯이 1970년대의 문화운동이 대학의 문화 서클을 중심으로 이루어졌다면, 1980년대의 문화운동은 노동자, 민중을 기반으로 하는 조직운동을 중심으로 이루어졌다. 1980년대 초반 노동문화운동은 대학가 문화운동 세력에 지원을 받아 사업장별 문화프로그램 중심으로 전개되었다. '성남 만남의 집', '영등포산업선교회', '청계피복 노동조합의 평화의 집' 등 물리적 공간을 확보하고 있는 종교기구나 노동조합 노동운동기구를 중심으로 연극, 노래, 그림, 풍물 등 예술장르를 활용하는 문화프로그램을 진행했다. 노동조합 중심의 노동자 문화운동과 대학가 문화 서클 그룹들 중에서 문화적 전문성을 강화한 그룹들이 1980년대 반독재민주화 투쟁의 정세를 계기로 본격적으로 조직적 활동에 매진하게 된다. 1980년대 초 미술운동의 커다란 분기점이 되었던 <현실과 발언>을 비롯해서 1980년대 중반의 <민중문화운동연합>, 1980년대 말에 발족한 <한국민족예술인총연합>, 그리고 노동자문화운동의 독자성을 주도했던 <노동자문화운동연합>, <노동해방문학> 등, 10년 사이에 민족과 노동의 문화적 접근에 대한 서로 다른 실천 강령을 가진 다양한 문화운동 조직들은 민족문화이념논쟁과 노동자계급 당파성문제, 민족예술의 실천성과 통일문화운동을 전개해 나갔다.

---

[36] 같은 글, 20쪽.

변혁이념의 차이에 따른 조직문화운동으로 표상되는 1980년대 문화운동의 토픽은 토대-상부구조의 반영에 근거한 상부구조로서의 문화의 실천적 지위를 이념화, 구체화하는 것이었지만, 다른 한편으로는 이념과 조직 건설의 상이한 정치적 입장 속에는 세 가지 내적인 논쟁들을 담고 있었다. 첫 번째는 1970년대에 별다른 의심없이 수용했던 민족문화 형식과 공동체 문화주의가 계급적 인식의 확대에 따라 비판받게 되었다는 점이다. 공동체 문화론은 근본적으로 자본주의적 발전에 의해 끊임없이 해체의 위협을 받는 소부르주아 계급의 문화이념이며, 공동체 문화론의 미적 원리인 신명론 초기의 진보적 의의에도 불구하고 민중적 창작을 절대화하는 민중주의 미학이자, 유희적 기능을 절대화하는 비합리주의적 미학이라는 비판을 받게 된다.[37] 이러한 비판의 기저에는 문화와 문화예술운동의 계급성의 강화, 즉 문화의 과학화라는 맑스주의의 일반적 명제를 주장하는 것이 깔려 있었다고 할 수 있다. 말하자면 1980년대 문화운동의 중요한 토픽은 문화적 실천의 과학성에 대한 것이다.

문화와 예술의 과학성이라는 토픽은 두 번째 논쟁으로 이어지는데 그것은 당파성의 형상화에 대한 상이한 입장에서 나온다. 이는 단순하게 보면 문화의 정치적, 계급적 입장을 구별하는 데 목적이 있는 것처럼 보이지만, 심층적으로는 당파성에 대한 미적, 인식적 차이를 드러내는 것이었다. 1980년대 말 민족문학이념논쟁은 크게 보아 '소시민적 민족문학론', '민중적 민족문학론', '민족해방문학론', 그리고 '노동해방문학론'으로 구별되는데, 이 각각의 분파들은 대개 당파성에 대한 계급적 정치적 차이를 드러내는 것이었지만, 다른 한편으로는 당파성의 미적 형상화에 대한 이견을 드러내는 것이기도 했다. 가령 소시민적 민족문학론에서 미적 당파성은 진리에 대한 진정성으로 설명되는 반면,[38] 민중적

---

37) 위성식, 「문예운동의 과학화를 위하여」, 『노동자문화통신』, 1990년 창간호 참고
38) 백낙청, 「민족문학의 현단계」, 『창작과비평』, 1975년 겨울.

민족문학론에서는 현실에 대한 비판적 인식으로,[39] 민족해방문학론에서는 주체사상에 입각한 수령관으로,[40] 노동해방문학론에서는 노동자 봉기를 위한 전투적 형상화[41]로 해석된다.

세 번째, 1980년대 문화운동은 진보적 전문예술가들의 성장에 따른 장르적 분화를 종합하는 조직적인 효과를 생산했다. 이는 당파성의 문제와는 별개로 문학, 미술, 연극, 영화 등에서 장르운동이 활성화되고 이에 따른 조직의 연합과정을 주목하는 것이다. 장르 예술운동의 활성화는 1970년대 대학문화 서클이 중심이 되던 문화운동과는 다른 성격을 갖는다는 것을 보여주는 것이며, 1980년대 문예운동의 성과이자 한계를 드러내는 것이라 할 수 있다. 문학 중심의 재현의 정치학의 극복, 문화운동의 전문적 활동의 토대 구축, 문화적 아마추어리즘의 극복이라는 성과와 함께 분과 예술운동의 고착화, 현장운동과의 연계 부족이라는 한계는 1980년대 조직문화운동의 딜레마라 할 수 있다.

1980년대 문화운동에서 우리가 눈여겨볼 점은 문화현실이 문화운동조직과 문화담론으로 표상될 수 없으며, 문화운동의 유산도 다른 시각으로 보아야 한다는 것이 아닐까 싶다. 물론 1980년대 문화운동의 유산은 거의 대부분 조직운동과, 이론적/비평적 논쟁을 통해서 형성된 것이다 1990년대 이후 지금까지 문화운동은 1980년대처럼 치열하고 급속한 방식은 아니지만 나름대로 조직적 실천과 담론적 실천을 지속시키고 있기도 하다. 조직과 담론 없는 문화운동은 사실 존재할 수 없다. 1980년대 만들어진 다양한 문화운동 조직들도 그냥 자의적인 것이 아닌 그 나름의 시대적인 요청과 문화운동 내부의 이행과정에서 생겨난

---

39) 김명인, 「지식인 문학의 위기와 새로운 민족문학의 구상」, 『전환기의 민족문학』, 풀빛, 1987.
40) 백진기, 「문예통일전선과 후반기 민족문학의 대오」, 『실천문학』, 1989년 가을.
41) 조정환, 「민주주의 민족문학론에 대한 자기비판과 <노동해방문학론>의 제창」, 『노동해방문학』 창간호, 1989.

것이다. 그러나 조직 실천과 담론 실천의 역사를 검토하는 것이 문화운동의 유산을 기록하고 검토하는 것이기도 하지만, 정작 중요한 것은 문화운동의 조직과 조직을 위한 담론들이 당대의 문화현실에서 놓치고 있는 부분들을 역산하여 문화운동의 자기성찰을 해보는 것이다. 문화운동의 유산에 대한 재평가는 문화운동 내부의 지배적인 조직과 지배적인 담론의 무의식을 읽어내는 것이고, 이는 지배적인 문화운동의 담론이 배제한 대상들과, 오인했던 문화현실을 표면 위로 끌어올리는 작업이라 할 수 있다. 문화운동의 유산에서 무의식의 형태로 존재하는 것은 바로 지배적인 담론으로 표상되지 않은 문화현실의 복잡한 층위들이 아닐까? 문화의 살아있는 현장에서 발견할 수 있는 실천적인 의제들을 문화운동의 새로운 대안으로 설정하기 위해서는 먼저 문화운동의 국면들에 대해 검토할 필요가 있다.

1990년대 문화운동은 1980년대의 관점으로 보자면 부재하거나 그 실체를 발견할 수 없을 정도로 쇠퇴했다고 볼 수 있다. 1980년대 문화운동 조직들이 대부분 해체되거나 명맥을 유지하는 데 그치고, 그 조직들이 이념적으로 지도를 그리고자 했던 문화적 해방은 현실과는 너무나 거리가 먼 것이었으며, 문화운동가 대부분이 현장을 떠나거나 새로운 작업에 몰두하기 시작했고, 상당수는 상업적인 대중문화 시장에 진출하기도 했다. 대학의 문화운동 역시 학생운동의 퇴조와 상업적인 대량 소비문화의 등장으로 그 정체성이 모호해졌을 뿐 아니라 대학문화의 파산을 선고하기에 이르지 않았나 싶다.[42] 그러나 거꾸로 생각해보면 1990년대 문화운동은 1980년대의 문화운동보다 더 활발하고 다양하게 전개되었다고 말할 수도 있다. 1980년대 문화운동은 대중문화와 시민문화를 배제한 진보적 사회운동 내부의 제한된 운동이었고, 그 과정에서 대중과 대중문화의

---

42) 대학문화운동의 비판에 대해서는 이동연 외 저, 『대학문화의 생성과 탈주』, 문화과학사, 1998, 서문과 1장을 참고하기 바란다.

자생성에 굴종하지 않으려는 계급과 민족을 이해하고 그 모순을 실천하는 데 있어 선명한 의식이 지배했다. 1980년대의 문화운동은 대중문화를 이념적으로 넘어서야 할 하나의 단일한 문화로 단정하면서 계급/민족문화의 대당으로 추상화시켰고 이 과정에서 대중문화에 대한 비판적 분석과 연구들이 제대로 이루어지지 않았다. 더욱이 80년대의 문화운동의 방식은 문화 없는 운동, 정치적 해방의 수단으로서의 운동에 대한 자기비판 없이 문화와 이데올로기, 문화와 정치를 혼동하는 일종의 문화적 의미와 표현의 기근현상에서 헤어나지 못했다. 이와는 다르게 1990년대 문화운동은 대중문화에 대한 새로운 이해와 개입, 다양한 문화적 차이들의 반란, 문화적 감수성과 욕망의 분출, 새로운 청년문화들의 활성화, 영상시각문화의 진보적 실험 등 오히려 문화적 콘텐츠들이 수면 위로 올라오는 사건들을 많이 경험했다. 문화운동이라는 것이 처음부터 자명한 것이 아니고 그 대상이 고정되지 않은 문화적 유물론의 과정이라면, 1990년대의 문화적 흐름들 속에서 새로운 형태의 문화운동의 흔적들을 발견할 수 있다고 본다. 정치경제적 이데올로기로 환원되지 않고 조직과 담론으로 동일시될 수 없는 다양한 문화적 흐름들이 새로운 형태의 문화운동을 가능케 하는 국면들을 낳았다. 1990년대 새로운 문화적 흐름들은 대체로 문화운동의 전화에 있어 몇 가지 국면들을 야기했다고 볼 수 있다.

먼저 문화운동의 새로운 이론적 실천을 들 수 있다. 물론 90년대 이전에도 문화운동의 이론적 실천이 있었지만, 이때 이론적 실천은 대체로 사회운동의 부문운동으로서 문화운동의 대상과 조직방향에 대한 이론적 검토가 주를 이루었다면 90년대 문화운동의 이론적 실천은 문화의 진보성 그 자체에 대한 유물론적인 이해와 새로운 문화운동을 전개하기 위한 이론적 점검들이 주를 이루었다. 1992년에 창간된 문화이론 전문지 『문화/과학』은 알튀세르의 이론적 실천의 독자성을 제기하면서 문화운동에서의 주체의 자명함과 문화의 본질을 비판하는 과학적 문화론을 주창했으며, 이데올로기 국가장치로서의 문화(이데올로기로서의 문화)와 감성적 해방의 장소로서의 문화(욕망으로서의 문화)의 중층결정을 해명하고자 했다.43) 한편으로 문화를 과학적으로 이해하려는 방식과는 다르게 새롭게 확대 재생산되는 대중문화 영역에 대한 비평적 개입이 이론적, 비평적 실천으로서의 문화운동의 전환을 가져왔다. 이 과정에서 문학 중심의 계간지와는 다른 형태의 다양한 문화이론지와 비평지들이 창간되었으며 대중음악, 영화, 만화, 광고, 미디어, 공간 등등에 대한 전문 문화비평가들이 생겨나기 시작했다.44)

이러한 문화의 이론적 실천들이 서로 다른 지향점을 가지고 있지만, 문화를 바라보는 새로운 관점의 변화를 가져왔다는 점에서 기존의 문학 중심의 인문주의적 연구와는 다른 흐름을 형성했는데, 90년대 중반부터 이러한 경향을 통상 '문화연구'(Cultural Studies)라고 명명했다. 문화연구는 1960년대 중반부터 영국의 문화신좌파 그룹들이 버밍엄 대학에 <버밍엄 현대문화연구소>(Center for Birmingham Contemporary Cultural Studies: CCCS)를 설립하면서 본격적으로 새로운 문화적 실천으로 자리잡았다. 이들은 현대 자본주의 대중문화에 대한 의식적, 정서적 비판보다는 꼼꼼한 현장연구와 기호학, 정신분석학, 페미니즘 등 다양한 방법론을 도입하여 경험주의에 기반한 문화이론의 한계를 극복하려고 했으며, 특히 문화운동의 담론적 실천의 새로운 전형을 낳았다.45) 우리의 문화지

---

43) 국내 최초의 문화이론 전문지로 등장한 『문화/과학』 창간선언문 중 다음의 언급을 보라. "문화를 과학적으로 인식하기 위해서는 과학적 문화이론의 수립은 필수다. 하지만 현재 과학적 문화이론은 그 정초조차 마련되어 있지 않다…과학적 문화이론을 수립하려면 문화이론에 침투한 관념론을 극복하는 길이다. 이 과제를 수행하기 위해서는 유물론적 문화이론의 정초를 놓아야 한다"(『문화/과학』, 1992 창간선언문 중에서).
44) 국내 문화담론의 등장과 문화론적 함의에 대해서는 졸고, 「한국문화연구의 전개과정과 실천토픽」, 『현대사상』 4호, 1997을 참고하기 바란다.
45) 버밍엄 현대문화연구소에 대한 자세한 소개로는 이동연, 「문화학의 대안적 교육과정에 대한 모색」, 『문화연구의 새로운 토픽들』, 문화과학사, 1997; 원용진, 「지식생산장

형에서 문화연구의 등장도 영국의 상황과 유사한 측면이 많다. 요컨대 문화연구는 문학 중심의 담론, 분과학문 중심의 담론, 그리고 문화예술의 위계화된 가치에 대한 담론에 이의를 제기하면서 거대담론, 낡은 실천 패러다임, 고정된 학문체제의 위기에 대응하는 새로운 '의미화실천' 방법으로 자리매김되고 있다. 문화연구는 앞서 말한 분과학문 지형이 탈영역화되는 구체적인 예증이 될 뿐 아니라, 담론적 실천방법이 전화되는 예증이 된다. 기존에 진보적인 문화예술의 담론적 실천은 주로 문학 텍스트가 중심이 되었는데, 비판하려는 대상이 부르주아 고급예술이었던 만큼 전유하려는 대상 역시 작가의 위대한 창조정신이 구현되는 소수의 고급예술이었다. 그러나 비판적 담론이 그 대안으로서 리비스의 '위대한 전통'을 연상시키는 고급예술의 형상화에 몰두하는 사이 문화현실은 이미 음악, 영화, 광고, 스포츠, 만화 등등의 엄청난 장르분산을 경험하고 있었으며, 문자형태만이 아닌 영상기호, 시각이미지, 스펙터클 공간과 같은 다양한 텍스트 형식으로 조직화되어 있었다.

둘째로, 1980년대 계급과 민족 중심의 조직운동과는 다른 형태의 문화적 실천이 다양하게 전개되었다. 이는 계급과 민족환원적인 문화운동과는 다르게 세대, 성, 성차, 환경, 생태 등 사회적 모순들과 차이들을 접합하려 했던 문화운동의 성격이 강하게 드러났는데, 가장 대표적인 경향이 청년문화운동이지 않을까 싶다. 1990년대 신세대문화론이 주로 소비자본주의 문화공간의 탄생과 문화자본의 확대재생산의 비판적 준거를 마련해 준다는 점에서 부정적인 문화담론으로 사용되었다면, 청년문화운동은 소비자본주의 문화공간과 자본의 지배적인 흐름에서 벗어나려는 새로운 세대들의 문화적 감성과 자율적 문화활동을 강조한다고 볼 수 있다. 표면적으로 보면 소비욕구가 강한 신세대들이 소비문화공간

치로서의 문화연구―영국 CCCS를 중심으로」, 『문화/과학』 11호, 1997년 봄을 참고하기 바란다.

의 중요한 고객으로 등장했고, 90년대 청년문화운동의 중요한 전투고지였던 대학의 문화운동도 학생운동의 위기와 맞물리면서 점차로 쇠퇴하는 과정을 놓고 보면 청년문화는 소비문화와 구별되지도 않을 뿐더러 문화의 정치적 실천에 대해 별다른 관심을 보이지 않았다고 말할 수 있다. 그러나 내면적으로 보면 젊은 세대의 문화적 감성들이 독점문화자본의 영역에서 독립하여 자신들만의 문화시장과 문화적 자유를 꿈꾸려는 다양한 실험모델들을 생산하여 소위 '청년인디문화'라는 새로운 실천공간을 만들었고, 대학문화운동은 문예 중심에서 시각영상 중심으로 방향을 선회하면서 대학 내에 다수의 영상문화집단들을 만들기도 했으며, 집단적이고 조직적이지는 않지만, 기존의 도덕률과 윤리관에서 벗어나려는 청년세대들의 문화적 취향과 라이프스타일이 소위 '하위문화적 실천'을 이끌어냈다.46)

셋째, 문화운동이 국가의 부정이나 자본주의 문화장치들의 전면적인 전복을 시도하려는 환상에서 벗어나 국가의 문화권력과 시장자본주의의 문화독점에 반대하는 제도적 개입을 하기 시작했다. 이러한 경향을 대체로 국가와 시장자본주의에 대한 문화정책 비판으로 정의할 수 있다. 문화정책의 개입과 비판은 앞서 설명한 문화연구의 새로운 실천의 요구에서 비롯된 것이다. 앞서 언급했듯이 그간에 진행된 한국의 문화담론들은 문학텍스트 중심의 제한된 텍스트와 글쓰기 실천을 확대하는 정도의 의미 이상을 가지고 있지 못했다. 문화연구는 대체로 장르 중심의 문화비평으로 동일시되는 경우가 많고, 새로운 문화현실의 복잡한 층위들을 실천의 관점으로 읽어내서 이론과 비평이 다시 문화현실의 운동력을 구성하려는 노력들이 부진했다. 문화담론이 새로운 문화현실의 대상에 걸맞

---

46) 청년문화의 취향과 스타일에 대해서는 졸고, 「하위문화연구, 어떻게 할까」(『문화연구의 새로운 토픽들』)와 딕 헵디지, 『하위문화: 스타일의 의미』, 이동연 옮김, 현실문화연구, 1998을 참고하길 바란다. 이 논문과 저서는 사회적 모순들을 상상적으로 해소해보려는 청년세대들의 스타일의 실천이 세대적 실천의 의미를 담고 있음을 강조한다.

은 '의미화실천'을 하지 못했던 것은 대부분의 문화비평가들이 장르에 묶여있거나 마니아적인 감수성에 젖어 문화현실을 전유하는 방식을 자신의 지식권력으로 환원해 버렸기 때문이다(문화연구는 많은 잠재적인 실천을 남겨놓고 있고 그 한 과정으로 문화비평/분석에서 정책/기획으로의 전환을 전망할 수 있다. 스튜어트 홀은 우리 시대에 '에이즈' 문제는 투쟁과 논쟁을 야기하는 매우 중요한 영역이며, 사람들이 죽게 되는 장소이자 욕망과 쾌락 역시 소멸되는 장소임을 언급하면서 이런 긴장감을 유지하지 못한다면, 문화연구가 무엇을 할 수 있고 무엇을 할 수 없는지에 대해 알 수 없을 것이라고 말한다. 문화연구는 "재현들 그 자체의 구성적, 정치적 본질과, 그것의 복합성, 언어의 효과들, 삶과 죽음의 장소로서의 텍스트성에 대한 문제들을 분석해야 한다"는 홀의 지적은 앞서 언급한 '에이즈'라는 당면한 현실의 문제에 문화연구의 표상적인 실천들이 주목해야 한다는 문제의식을 담고 있다.47) 홀의 지적에서 유추할 수 있듯이 문화연구의 재현 실천, 혹은 담론 실천이 문화현실의 억압성을 바꾸어 나가고 대중의 삶의 문화적 자유와 평등을 확대하는 프로그램들을 개발하지 못한다면 문화연구는 또 하나의 지적인 유희에 지나지 않을 것이다). 문화연구는 문화비평의 실천과는 다르게 새로운 의미화 실천, 혹은 현장 실천으로 전화해야 할 필요성이 요구되었다. 이 과정에서 문화연구는 문화비평 담론 중심에서 대안적 정책개발 중심으로 전화되어야 한다는 비판적 목소리가 제기되었다. 영국의 문화연구자인 토니 베넷은 문화연구가 '문화정책연구'로 대체되든지 그쪽으로 변형되어야 한다는 점을 강조한다.48)

    마지막으로 문화운동의 스펙트럼이 다원화되었다는 점을 지적하지 않을 수

---

47) Stuart Hall, "Cultural Studies and its Theoretical Legacies," in L. Grossberg, C. Nelson, eds., *Cultural Studies* (New York and London: Routledge, 1992).

48) Tony Bennett, "Putting Policy into Cultural Studies," in *Cultural Studies*.

없다. 1990년대 이후 한국의 문화운동은 새로운 패러다임을 갖고 다양한 형태로 재구성되었다. 문화운동의 새로운 패러다임은 문화운동의 주체, 대상, 방법에 있어서 기존의 예술운동과는 다른 실천을 지향하였다. 문화운동은 예술운동 중심에서 벗어나 교육운동, 환경생태운동, 사회운동과 연대하며 그 폭과 다양성을 넓혀갔다. 문화운동이 예술가에서 시민주체로, 부문운동에서 네트워크 운동으로 확산되는 데 가장 결정적인 역할을 한 것이 바로 1999년에 출범한 '문화개혁시민연대'(이하 문화연대)이다. 문화연대는 문화운동을 부문운동으로 보지 않고 우리 사회의 시민운동과 사회운동을 연대할 수 있는 네트워크 운동으로 폭넓게 생각하였다. 예컨대 문화연대가 주도했던 문화교육운동, 용산미군기지생태공원화 추진운동, FTA반대운동, 생태문화네트워크운동 등은 시민운동과 사회운동을 가로질러갈 수 있는 문화운동의 실천의 위상을 새롭게 정립한 사례들이라 할 수 있다.[49] 이러한 문화운동의 역할과 위상 변화는 교육·생태·공동체 문화 네트워크에 대한 실천들을 중시한다.

5. '생태적 문화사회'를 준비하며

이른바 자본이 "국경과 문화"와 합종연횡하는 FTA 시대를 넘어 대안문화운동을 구상하는 첫 번째 작업으로 역사적 문화운동에 대한 성찰이 필요한 것은 동시대 문화운동 역시 역사적 문화운동의 유산에서 비롯되기 때문이다. 문화운동의 단절과 전화는 문화운동의 유산들을 접고 펼치는 "주름운동" 속에서 그 계기를 발견할 수 있다고 생각한다. 반신자유주의, 반세계화를 위한 동시대 문화운동의 구상의 출발점을 역사적 문화운동 탐구로 삼은 이유는 현재 우리가

---

49) 문화연대의 구체적인 문화운동의 사례에 대해서는 본 책에 함께 수록되어 있는 「문화연대가 꿈꿔온 '문화사회'의 궤적들」을 참고하기 바란다.

새롭게 구성해야 하는 문화운동의 문제의식들이 대부분 역사적 문화운동 내의 성취와 좌절, 생성과 왜곡의 유산들 속에 존재하고 있기 때문이다. 1960년대 유럽과 중국의 문화격변 양상들도 문화사회를 만들기 위한 서로 다른 궤적과 감각을 보여준 것이며, "이념과 일상", "창작과 환경"의 선택의 상이한 경로들을 보여준 우리의 역사적 문화운동들도 문화사회로 가려는 역사적 전망과 한계를 고스란히 드러내고 있다. 물론 유럽의 68혁명과 중국의 문화대혁명, 한국의 문화운동의 역사, 그리고 포스트 FTA 문화운동 사이의 연계 지점을 찾으려는 이 글이 정상궤도에 진입했는지 자신할 수는 없지만, 결국 그 연계망의 꼭지점은 사회적 공공성과 개인의 자율성의 절합적 실천이라 할 수 있다. 그 실천은 문화의 생태적 순환을 확장하고 자생적인 문화네트워크를 만들고, 이를 가능케 하는 사회적 생산양식과 관계들을 창출하는 것이다.

이 글은 끝이 아니라 시작이다. 생태적 문화사회를 만들기 위해 앞으로 어떤 문화운동과 문화행동을 구상할 수 있을지에 대한 간략한 의제를 제안하고 이에 대한 구체적인 후속작업은 다른 연계된 글에서 정리하도록 하겠다. 무엇보다 중요한 것은 정보와 문화소비 과잉의 시공간을 극복할 수 있는 자유시간의 생성과 재배치에 대한 행동 프로그램들이 제안되어야 한다. "만일 창조성과 활기, 미학적 놀이가 노동에 따르는 효율성과 수익성이라는 가치를 압도하게 되면, 우리 사회에서 어떠한 대격변이 초래될 것인가를 우리는 생각해보아야 한다"[50]는 앙드레 고르(André Gorz)의 지적은 노동의 시간과 가치를 넘어서 문화의 시간과 가치가 새로운 사회변혁의 동력임을 강조하는 것이라 하겠다. 자유시간의 증대가 곧바로 문화적 시간의 증대를 보장하지 않지만, 문화의 자율성을 사회적 활동의 중요한 자원으로 활용하기 위한 시작은 바로 자유시간의 확보로부터 나

---

50) 앙드레 고르, 「경제사회에서 문화사회로의 이행」; 심광현·이동연 편 『문화사회를 위하여』, 문화과학사, 1999, 109-110쪽에서 재인용.

온다. 노동과 자본 중심의 지배적 사회를 가로질러 문화사회로 이행하기 위한 자유시간의 확보는 노동운동과 사회운동이 문화운동과 결합할 때 적극적으로 견인될 수 있다.

자유시간의 확보를 통한 문화활동은 자유시간의 질적 가치를 높여주는 것뿐 아니라 자본의 규율에 짜여진 시간으로부터 벗어나 스스로 혹은 집단적으로 자신의 활동을 결정한다는 것을 의미한다. 자율적 결정과 의지에 따른 삶의 선택은 개인의 시간과 공간의 생태적 질서를 새롭게 구성한다는 것과 다르지 않다. 주거환경, 여가시간, 커뮤니케이션, 문화와 예술의 참여활동의 생태적 환경을 자본과 시장의 규율에 맞게 따라가는 것이 아니라 스스로 생태적 질서와 역량을 배치하는 능력을 길러내는 것이 필요하다. 이른바 생태문화네트워크는 이러한 문제설정으로 시작해야 한다. 생태문화네트워크는 문화운동과 생태운동의 단순 결합이나 확장이 아니라 문화의 생태적 자기 선순환성과 정책을 가져야 하고 생태적 활동의 문화적 자원의 확대를 통한 다중적인 생산-소비자들의 연합을 만들어내는 것이다. 예컨대 가라타니 고진의 주장대로 비자본제 생산과 소비의 형태를 만들어내기 위해 자본제 경제의 바깥쪽에 만들어진 이러한 생산-소비 협동조합의 투쟁과 지역 교환 거래제도가 자본제 경제 안쪽에서 투쟁하는 것[51]이 생태문화네트워크의 출발이다.

그러나 생태문화네트워크의 독립성과 생태적 자율성만으로 초국적 자본이 지배하는 신자유주의 사회를 극복할 수 없다. 중요한 것은 생태문화네트워크의 토대는 자율적인 공간에서만 가능한 것이 아니라 사회적 공공성을 확장하는 투쟁을 통해서도 가능하다. 왜냐하면 생태문화코뮌을 만들기 위한 노동과 교육, 복지, 인권의 정치는 사회적 공공성의 적극적인 확보를 통해서 현실적 공간을

---

[51] 가라타니 고진, 『트랜스크리틱—칸트와 마르크스 넘어서기』, 송태욱 옮김, 한길사, 2005, 60쪽.

만들 수 있기 때문이다. 생태문화네트워크의 확장을 위한 노동운동과 사회운동과의 연계,52) 친생태적 산업과 에너지 체제로의 전환과 생활양식과 문화적 가치의 재구성53)을 위한 문화운동의 재편, 생태적 상상력을 우리 자신의 삶의 질의 향상으로 연계하는 생태적 생활방식으로의 전환54) 등이 포스트 FTA 시대를 넘어서는 문화운동의 사회적 투쟁의 핵심이 아닐까.

---

52) 강내희, 「문화사회를 위하여」, 『문화/과학』 17호, 1999년 봄, 29쪽.
53) 심광현 「'사회적 경제'와 '문화사회'로의 이행에 관하여」, 『문화/과학』 15호, 1998년 가을, 61쪽.
54) 홍성태, 「생태문화사회와 사회운동」, 『문화/과학』 46호, 2006년 여름, 190-191쪽.

02

예술운동의 죽음과 생성

1. 예술운동 죽음의 징후—몇 가지 사건들

지난 2008년 1월 11일 '민족문학작가회의'는 아현동 사무실에서 스스로 자신의 명패를 교체하는 현판식을 가졌다. 1974년 '자유실천문인협의회'에서 시작해 1987년 '민족문학작가회의'로 명칭을 변경한 뒤 20년간 줄곧 같은 이름으로 활동했던 작가회의가 저항의 상징이었던 '민족'이란 접두어를 떼고 '한국작가회의'라는 새 옷을 갈아입은 것이다. '한국작가회의' 회원들은 1월 8일 총회에서 새로운 문화환경의 변화에 대응하기 위해 모든 작가들을 아우를 수 있는 이름으로 변경하는 것은 불가피한 일이고, 설사 명칭이 바뀌더라도 민족문학의 정신을 계승하겠다고 말했지만, 이들의 선언으로 1980년대 이래 줄곧 문학예술운동의 중심에 있었던 '민족문학론'은 이제 시대적 효력을 다하고 역사 속으로 사라진 느낌이다. '민족문학작가회의'의 이미지 변신을 놓고 보수언론들이 대서특필[1]

한 것도 대체로 이들의 선언에서 탈이념적 실용주의의 분위기를 읽을 수 있었기 때문이 아니었을까.

민족문학론의 주창자인 백낙청 교수의 언급대로 '민족문학'(national literature)이란 명칭이 세계화 시대에 들어와서는 우파 국민주의의 담론으로 왜곡될 소지도 있고, "민족문학론이 더 이상 생산적 구호가 아"닐 수도 있기 때문에 민족, 혹은 민족문학이란 명칭의 폐기는 어쩌면 시대적 흐름에 따른 것으로 볼 수 있다.[2] 그러나 한국작가회의로의 전환은 단지 민족문학이란 기표를 한국작가로 대체했을 뿐, 문학운동의 새로운 실천을 선언하기에는 충분한 내용을 담았다고 보기는 어렵다. 오히려 명칭의 변경은 문학운동의 새로운 방향 모색과는 다른 기류를 느끼게 만든다. 한국작가회의는 특히 출범 선언문에서 더 이상 '민족문학'이라는 저항적 언어를 쓰지 않아도 '민족문학작가회의'가 문학의 장의 주류로 부상했다는 점을 강조했다. 그리고 작가회의의 많은 회원들은 이념적 선명성을 지키면서 문학의 특정 그룹을 정예화하기에는 문학의 장이 심각한 위기에 직면했다는 점을 인식하고 있다고 했다. 말하자면 민족문학작가회의에 대한 '자부심'과 문학의 절멸에 대한 '위기감'이 한국작가회의가 탄생하는 내적인 배경이 될 수 있다고 보는데, 사실 이 두 가지 서로 상반된 문제의식 속에는 문학운동의 실질적인 위기에 대한 근본적인 인식이 결여되어 있다.

창립선언문에서 명시했듯이 한국작가회의는 "'자유실천문인협의회'와 '민족문학작가회의'의 정신과 역사를 온전히 계승"하고, "민족화해와, 문학을 통한 민족통일의 길에 더 크게 기여"하겠다는 본래의 목표를 그대로 견지하고 있다.

---

1) '민족문학작가회의'의 명칭 변경에 대해서는 이미 1년 전부터 논란이 있었다. 그 당시 『문화일보』가 먼저 2007년 1월 24일자에 1면 톱기사로 다루어 '탈이념 시대'의 상징적인 사건으로 기사화했고, 이후 『조선일보』, 『동아일보』 등 보수 언론에서 이 사실을 비중있게 보도한 바 있다.
2) 백낙청, 「새로운 만남을 위하여」, '아시아아프리카문학페스티벌' 초청자 연설문, 2007. 12. 9.

단체의 본래 목적을 그대로 유지하겠다면서 왜 명칭은 굳이 바꾸려고 했을까? 생각해보면 '민족', '민족문학'이라는 단어가 삭제된 대신, '한국', 혹은 '한국작가' 가 그 자리를 대신하고 있다. 물론 '한국작가회의'를 문화예술 단체들이 일반적으로 사용할 수 있는 무난한 이름으로 볼 수 있지만, 오랜 내부의 논쟁 끝에 바꾼 명칭도 결과적으로는 '한국의 작가', 혹은 '한국적 작가'라는 국민주의 문학의 대표성을 표상하고 있다. '한국작가회의'라는 명칭은 내부의 심도 깊은 논쟁의 결과라고 보기에는 너무 진부하고 무기력하다. 이 명칭에서 과연 민족문학의 낡은 패러다임을 넘어서는 문학운동의 인식론적 전환을 느낄 수 있을까? '한국작가회의'는 단지 기표의 환유과정에 불과할 뿐이거나, 아니면 새로운 시대에 문학권력의 헤게모니 싸움에서 일정한 지배의 장을 형성하기 위한 자기변신 과정으로 볼 수 있다. 다음의 출범 선언문 내용은 그러한 욕망을 투사하고 있다.

> 그동안 우리는 작가로서 인간을 억압하는 제도와 폭력에 맞서 싸워왔고 인간해방을 위한 문학적 실천의 길에서 비겁하지 않았다. 시대정신을 잃지 않고 그것을 문학적으로 지켜나가기 위해 고뇌하였고, 문학작품으로 창조하여 한국의 문학사를 알차게 채워오고 이끌어왔다. 그러한 한국문학의 역사 속에서 이제 우리는 저항하는 소수가 아니며 당당한 주체이며 주인이 된 지 오래다. 우리가 한국작가회의로 이름을 바꾸는 것은 우리가 명실상부하게 한국의 문학을 대표하는 문인들이 모여 있는 단체이기 때문이다.[3]

"민족문학의 정신을 포기하지 않고", "문학정신과 정체성을 지키면서 창조적으로 쇄신하고자" 만든 한국작가회의의 또 다른 정체성은 바로 한국작가회의가

---

[3] 한국작가회의, 「한국작가회의출범선언문」, www.hanjak.or.kr 참고.

비판적 소수집단이 아닌 당당한 주인이며 한국의 문학을 대표하는 문인들의 단체라는 데 있다. 저항적 소수에서 당당한 주인으로 전환하고, 한국문학의 이단자, 주변자에서 당당히 한국문학의 대변자로 자처하려는 선언은 문학예술운동의 존재론적 위기를 스스로 문학권력의 중심임을 결단하는 방식으로 해소하고자 한다. 말하자면 한국작가회의는 문학의 장의 위기를 극복하는 대안으로 존재론적 내파를 선택하는 대신, '한국'이라는 중성적 기표의 대체와 '한국작가'라는 중심적 기의로의 진입을 선택한 것이다.

달라진 문화 사회적 환경에 대응하는 예술운동 그룹들의 자기중심주의는 비단 한국작가회의만의 문제는 아니다. 2004년 4월에 결성된 '기초예술살리기범문화예술인연대'(이하 기초예술연대)는 진보와 보수의 이념을 떠나 기아 상태에 빠진 기초예술을 살리겠다는 취지로 60여개 단체가 참여했다. 이들은 출범 선언문에서 "시대를 이끌어가는 선도자 역할을 해야 할 문학, 공연, 전통예술 등 기초예술이 현재 이루 말할 수 없는 위기 상황에 처해 있다"며 "예술이 위축되면 문화생태계는 파괴되고 문화적 자원도 고갈"되고 "예술의 성장 없이는 인문학의 발전도, 문화산업의 성장도, 지식정보산업은 물론 일반 제품업계의 발전도 기대할 수 없다"고 주장했다.[4] 기초예술연대는 기초예술의 가치 확산을 위한 토론회 등 공론의 장 마련, 기초예술의 현황 및 실태 조사연구, 언론매체를 통한 기초예술의 중요성 캠페인 전개, 기초예술의 중요성 인식 확산과 문화재정 확보를 위한 정부・국회・정당 방문활동, 문예진흥원의 문화예술위원회로의 전환을 구체적인 활동과제로 제시했다.

기초예술의 가치와 사회적 의미에 대한 공론의 장을 마련하는 일련의 노력들에는 문화자본의 독점화 시대에 의당 예술인, 혹은 예술인 그룹들이 해야 할

---

4) 기초예술연대, 「출범 선언문」, 『기초예술백서』, 2004 참고.

몫이 분명하다. 그러나 기초예술연대가 기초예술을 살려야 한다는 당위성을 외치기 이전에 예술을 둘러싼 사회적 환경변화에 적극 대응하고, 자신들이 새롭게 발견해야 할 사회적 실천의 영역들에 대해 스스로 얼마나 성찰적이면서 자생적이었나를 반문하지 않을 수 없다. 작가 황석영의 성토[5]대로 대다수 예술가들이 처절한 생존의 문제에 직면해 있고, 그래서 예술가의 '생계'가 아닌 '생존'을 말해야 하는 시점에 있을 정도로 기초예술이 심각한 상황을 인정한다 해도, 정작 더 중요한 것은 예술의 사회적 존재와 물질성의 전화, 예술이 사회의 장에서 끊임없이 비판적 소수자로 저항하는 운동의 계기를 놓지 않는 것이다. 기초예술의 위기와 기초예술인의 위기는 동일한 것은 아니다. 전자에 대한 자기 전환과 이행 없는 후자의 과도한 주장들은 근거 없이 자기 공포심을 사회적 책임으로 전가하는 것이 아닐까?

기초예술의 위기를 돌파하는 경로는 상반된 입장을 갖는다. 하나는 예술의 위기의 원인을 외부의 환경에서 찾아 예술의 '생존'에 필요한 제도적 개선을 요구하는 것과, 다른 하나는 위기의 원인을 내부로 보고 자신의 현실적 존재의 물질성과 의미를 내파해서 완전히 새로운 예술의 지위를 재구성하는 것이다. 기초예술연대의 대응은 아마도 전자에서 희망을 찾고자 한다. 이는 민주화 이후 예술운동의 현재적 상황과 수준을 그대로 반영한 것이다. 기초예술의 위기를 돌파하는 예술가 혹은 예술가 그룹들의 수많은 제안들은 모두 이 문제를 국가가 해결하라는 데 집중하고 있다. 예컨대 방현석은 기초예술을 살리는 당면 과제로서 기초예술의 기능과 역할에 대한 문화생태계 조사사업, 기초예술 살리기 범국민 캠페인의 확대와 다양화, 국가기초예술 센터의 건설, 창작지원 종합네트워크 센터의 운영 등을 제안하고 있다.[6] 더불어 기초예술의 경제적 가치를 입증하기

---

5) 황석영, 「기초예술, 왜 중요한가」, 『기초예술백서』 참고.
6) 방현석, 「기초예술연대의 과제와 전망」, 『기초예술백서』 참고.

위한 기초예술의 문화산업화 경로에 대한 조사, 기초예술의 사회적 가치규모에 맞는 국가정책의 수립, 재정투자의 당위성을 입증하기 위한 경제 및 사회화된 가치의 크기와 기초예술에 지불되고 있는 비용의 크기에 대한 비교조사 및 연구를 제안한 것[7])도 기초예술의 위기 극복의 해법을 문학예술의 경쟁력 입증과 국가 공공자원의 지원으로 집약된다.

기초예술의 위기만 아니더라도 기초인문학, 기초과학의 위기론은 일상적인 담론이 되었다. 상황은 조금 다르겠지만, 이 분야에 속한 원로학자들의 심각한 발언, 관련 지식인들의 연대서명과 선언문 채택, 국가기관에의 호소와, 관련 VIP 방문들 등과 같은 위기 수습 방안의 로드맵은 이제 하나의 정식 매뉴얼처럼 되었다. 기초예술을 살리기 위해 국가의 지원 자체가 절대적으로 필요한 것은 사실이다. 그러나 중요한 것은 국가의 공공지원이라는 요청의 전후 맥락이다. 기초예술의 위기를 왜 근본적으로 성찰하지 않을까? 기초예술의 위기가 모두 외부의 환경에서 오는 것일까? 오직 예술의 생존을 위해서는 서로 다른 입장과 아비투스를 가진 내부의 장들이 동일한 권력효과를 생산해야 하는 데 공모해야 하는 것인가? 스스로 예술의 죽음을 선언하지는 못하는 것일까?

이런 질문들은 예술운동의 현실을 되돌아보게 하고, 지배적 예술운동이 말하고자 하는 것의 현실논리를 직관하게 만든다. 민주화 시대 이후 예술운동은 그 동안 줄곧 예술의 존재와 물질성에 대한 급진적 전화보다는 예술가 생존의 위기를 극복하는 대안을 찾는 데 집중했고, 그 결과 민주주의 정부로부터의 지속적 공공지원을 이끌어내는 일련의 정책협상에 몰두했다. 방어적 형태이자 이기적 형태로서의 정책협상의 최종 지점은 예술가들의 생계를 국가가 책임지라는 것

---

7) 방현석, 「기초예술위기, 어떻게 돌파할 것인가」, 『기초예술연대 출범 연속토론회 1차 자료집』, 2004. 4. 2.

이고, 예술운동의 오랜 실천적 자원과 네트워크는 오로지 예술가들의 생계와 예술가 단체의 생존을 위해 소비된다. 한국민족예술인총연합(이하 민예총)과 민족문학작가회의가 국민의 정부 이후 역사적 예술운동의 생존 단체로서 해왔던 주요 사업들이 바로 생계와 생존을 위한 협상이다. 정책협상 과정은 반드시 예술운동의 국가 내 흡수와 저항이라는 싸움이 예상되는데, 역사적 예술운동의 주력 그룹들은 체제 내 흡수를 통한 안락한 동거를 선호했다. 예컨대 국민의 정부와 참여정부에서 역사적 예술운동의 중심에 있던 예술가들이나 예술가 단체들이 공공문화기관의 권력을 획득하는 그간의 과정들은 보수언론의 이념 공세의 진위 여부와는 상관없이 정책협상에서의 흡수(co-optation)의 수준을 가늠케 한다.

예술의 위기를 극복하려는 예술운동 그룹들의 일련의 활동들은 역설적으로 예술운동의 죽음의 징후를 보여주는 것들이라 할 만하다. 예술과 예술가, 예술운동과 예술운동가 그룹은 동일하지 않다. 한국작가회의로의 전환과 기초예술연대의 선언과 실천과제들, 그리고 진보적 예술가 조직으로는 가장 큰 범위를 아우르고 있는 민예총의 활동들은 예술과 예술운동의 위기에 대한 메타적 지도 그리기와 새로운 패러다임에 대한 자기정책의 전제 없이 예술가와 예술가들의 생존 극복을 먼저 선언했다. 동시대 지배적 예술가들의 생존 위기는 어떻게 보면 예술운동의 위기에서 비롯된 것이고, 예술운동의 위기는 예술의 위기에서 비롯된 것이라 할 수 있다. 말하자면 예술가들의 생존 위기를 외부로부터 찾기 전에 예술의 존재 자체의 패러다임의 위기, 그리고 그러한 패러다임의 위기를 끊임없이 질문하고 전화하려는 예술운동의 위기로 찾을 수 있다면 중요한 것은 예술운동이 예술의 새로운 패러다임에 걸맞게 어떻게 스스로 자신의 비판적 영역과 자생적 내러티브를 발견할 것인가에 있다. 아래의 인용문은 이러한 문제의식에 적절한 참고자료가 될 만하다.

내가 보기에 우리 시대 문학 및 예술의 모순에 찬 전개와 그 결과로 일어난 격렬한 논쟁에서 본질적인 것은 두 가지의 문제인데, 그것은 바로 비판이라는 문제와 미래에 대한 전망이라는 문제이다. 그 자체가 세계질서의 반영상이기를 요구했던 사회적 질서들이 파괴된 뒤에 문학과 예술에는 더 이상 비판적인 태도, 즉 생산적인 동요로서의 비판정신이 없다고 생각해서는 안 된다. 게오르크 루카치가 지적한 예술의 탈물신화 경향, 다시 말해 깃발에 의해 은폐되고 상투적인 관용어를 통해 왜곡된, 그리고 수많은 제도들 속에 갇혀 버린 현실을 폭로하려는 예술의 희망과 또 그럴 수 있는 능력은 어떤 조건 아래서도 옹호되어야 한다. 예술의 그러한 비판을 비방하려는 저의에서 '자기 둥지를 더럽힘'이라는 표현이 고안되었는데, 오히려 사람들은 자기 둥지를 깨끗이 하려는 노력을 대부분 그것을 더럽히는 것으로 의심한다. 하지만 비판은 현대예술과 문학에서 진정한 삶의 원리가 되었다.[8]

이것이 바로 내가 예술의 종말이라는 말로써 의미하는 바이다. 나는 이 말로써 수세기에 걸쳐 미술사 속에서 전개되어 오던 하나의 내러티브의 종말을 의미하고 있는 바, 이 내러티브는 선언문의 시대에서는 불가피했던 종류의 갈등들로부터 해방되면서 종말에 도달하였다. 물론 갈등으로부터 자유로워지는 데에는 두 가지 방식이 있다. 하나의 방식은 자신의 선언문에 들어맞지 않은 것이라면 모조리 제거해버리는 것이다. …다른 방식은 투치족이건 후투족이건 아니면 보스니아인이든 세르비아인이든 간에 당신을 만들어주는 그 무슨 차이이든 청소할 필요가 없는 상태에서 더불어 살아가는 것이다.[9]

예술의 위기에 대응하는 지난 몇 년간 예술운동 그룹들의 활동은 예술운동의

---

8) E. 피셔, 「예술의 미래」, 김문환·권대중 편역, 『예술의 죽음과 부활』, 지식산업사, 2004, 36-37쪽.
9) 아서 단토, 『예술의 종말 이후』, 이성훈·이광훈 역, 미술문화, 2004, 98쪽.

비판적 위치를 재설정하고 스스로 낡은 내러티브의 종언을 선언하면서 차이와 연대, 소수문화적 감성들에 대한 새로운 패러다임을 찾는 데 실패했다. 내가 말하는 예술운동의 죽음은 바로 이것을 의미한다. 예술운동은 이제 낡은 내러티브의 종언을 고하고 새로운 대상을 발견하고 실천하는 자기 정책이 필요한 시점이다. 예술운동의 새로운 대상은 새로운 미학적 감성과 실천을 통해 사회운동과의 적극적인 연대를 모색하고, 스스로 문화 권력의 장에서 '소수자되기' 전략을 통한 자기 생성의 에너지를 발휘하는 과정에서 발견할 수 있다. 사실 1987년 민주화 체제 이후 지배적 예술운동 그룹을 형성한 민예총이나 민족문학작가회의와는 다르게 소수집단의 예술운동 그룹들이 등장해서 새로운 문화운동을 전개하기도 하였고, 신자유주의 공세가 전면화된 현실에서 기존의 예술운동과는 다른 방식으로 사회운동의 진보적 의제들과 적극적으로 연대할 수 있는 사건들이 일어나기도 하였다. 신자유주의 자본의 세계화에 맞서 예술운동이 '예술의 공공성'이라는 진부한 논리를 내세워 그것을 예술의 장을 보존하기 위한 제도적 협상의 원칙으로 간주할 것인지, 아니면 자신의 지배적 권력의 장을 내파하고 다양한 사회운동과의 연대를 통해 새로운 사회적 미학을 생성할지, 중요한 귀로에 놓여있다. 이 글은 지배적 예술운동 그룹에 대한 비판적 검토와 미적 정념과 사회운동의 접속을 모색한 새로운 예술운동의 사건들을 언급하면서 예술운동의 대상과 내러티브를 재구성하고자 한다.

2. 문화권력의 장과 예술운동의 딜레마
—'민예총'과 '문단권력'의 비판적 검토

2007년 대선에서 승리한 이명박 당선자와 인수위원회의 신자유주의 공세 속도가 예상보다 훨씬 거세지고 있다. 당선자와 코드가 일치해서였을까, 흥미롭게도 이 분위기를 틈타 보수언론들이 문화예술계 코드 인사론을 다시 거론하고 나섰다. 주지하듯이 코드 인사론은 참여정부 집권 초기 노무현 정권을 길들이기 위한 보수언론들의 이데올로기 공세의 '전위 담론'이었다. 진보적인 문화예술계로 분류된 인사들은 내용의 진위와 상관없이 보수언론으로부터 지난 5년간 집요하게 시달려야 했는데, 돌이켜보면 언론에서 이렇게 심하게 문화예술의 장을 진보와 보수로 구별해서 맹공을 가했던 적은 없었던 것 같다. 보수언론의 이데올로기 공세로 인해 '보수−진보'의 이분법은 실제 사실보다 훨씬 강고한 블록을 형성하여 개인들의 정치적 미학적 스펙트럼을 조직과 단체로 환원해버리는 현상을 낳았다. 진보적 문화예술계 인사로 분류되는 특정한 개인들에게 각자 다양한 정치적 입장과, 미학적 태도가 존재함에도 불구하고 코드 인사론은 조직과 단체의 분류 원칙에 따라 그 장 안에 속한 개인들을 일괄적으로 보수와 진보로 구별짓는다. 이른바 '조중동'으로부터 좌파 문화집단으로 지목된 특정한 문화예술 단체들은 사실 서로 다른 문화예술운동의 방향을 갖고 있고, 좌파의 이념과 성격을 규정하기에 따라 더 이상 진보적 문화예술운동 그룹으로 분류되기 어려운 단체들도 발생했다. 그러나 이러한 차이를 거세한 채 보수 언론이 분류한 좌파 문화단체에 속한 개인들은 도매금으로 모두 노무현 코드인사로 일별된다.

사실 노무현 코드 인사론은 새 정부의 문화권력자로 부상한 개인들에게 대한 이념공세라는 형식을 띠지만, 실제 목표는 노무현 정부에게 정치적 타격을 주기 위한 전략이었다. 한동안 자취를 감추었던 코드 인사론은 한나라당이 집권하면서 방어적 문화전쟁에서 공세적 문화전쟁으로 전환한다. 지난달 8일 한국미술협회와 한국미술평론가협회는 성명을 내고 좌파들이 국민의 혈세로 만든 문화예술위를 통해 문화계를 장악했다고 성토했으며, 한국영화감독협회는 60주년 기념식에서 성명을 내고 영화진흥위원회가 국고를 자의적으로 전횡했다고 영화진흥위원장의 사퇴와 위원회의 해체를 주장하고 나섰다.10) 『조선일보』는 "문화계 쥐고 흔든 문화연대…노정권 버팀목 역할", "기득권 세력 발 못 붙이게 진보세력 전진배치하자"라는 예의 선정적인 제목으로 이명박의 신개발주의를 강도 높게 비판했던 문화연대를 의도적으로 노무현의 문화권력 그룹으로 설정한다.11)

그러나 한편으로는 보수언론의 정치적 구별짓기가 그동안 진보적인 문화운동계 내부의 차이와 균열을 더 분명하게 보게 만든 역설적인 계기를 마련해준 것이 아닌가 생각한다. 외부의 선명한 이데올로기적 구별짓기는 스스로 그 장에 공모하고 있다는 것을 인지하지 않았던 사람들에게 내부의 분명한 차이를 보게 만든 것이다. 우리가 정말 동일한 좌파 문화집단, 혹은 권력이라고 말할 수 있는 것일까? 이러한 질문은 '구별짓기의 구별짓기'라는 문제의식을 갖게 한다. 정치적 의도에 의해 자의적으로 구별된 장들 내의 실질적인 구별짓기는 이른바 코드인사론의 문제틀을 전혀 다른 관점으로 보게 만든다.

보수언론이 특정한 정치적 목적을 갖고 공세를 펼쳤던 의도와는 상관없이 어쨌든 노무현 정부 시절 진보적 문화예술계 인사들이 문화부의 주요 공공기관의 장으로 참여한 것은 사실이고 이 과정에서 민예총은 새로운 문화권력 장의 중심으로 부상했다. 민예총은 참여정부 들어 한국문화예술위원회로부터 예술지원 단체로 선정되어 안정적인 예산을 지원받았고, 과거 장르위원회 대표였던 인사들이 문화관광부 산하 공공기반시설의 단체장으로 대거 참여했다. 지배적 정치권력, 문화권력에 저항했던 진보적인 예술운동 그룹들이 민주화 시대 이후 스스로 권력의 장으로 진입하면서 문화권력에 대한 가치논쟁이 일기도 했다. 말하자면 좋은 문화권력과 나쁜 문화권력은 구분되어야 한다는 것이다. 좋은

---

10) 『경향신문』, 2008년 2월 3일자 보도 참고.
11) 『조선일보』, 2008년 1월 25일자 참고.

문화권력은 국가와 시민에게 봉사할 뿐, 권력을 개인 용도로 남용하지 않기 때문에 스스로 문화권력으로 명명할 필요가 없다고 생각한다. 문화권력은 좋은 예술행정을 펼치기 위한 수단이지 목적이 아니라는 것이다.

그러나 문화권력은 이념적, 정치적 성향과는 무관하게 일정한 권력을 획득한 개인 혹은 그룹들이 행사하는 제도적 힘을 의미한다. 문화권력은 프랑스 사회학자인 피에르 부르디외의 언급대로 '전복'과 '배제'의 규칙이 작용하는 장의 논리를 갖는다. 부르디외에 따르면 장이란 공시적으로 파악할 때, "입장들의 구조화된 공간"으로 드러난다. 장에는 장의 일반적인 법칙이 존재한다. 부르디외는 그 법칙을 장의 전유와 배제의 법칙으로 간주한다. 모든 장에는 입회권의 빗장을 부수려고 애쓰는 신참자와 독점을 옹호하고 경쟁을 배제시키는 지배자 사이의 투쟁이 있다. 하나의 장은 다른 장들의 고유한 이해관계와 목표로 환원될 수 없다. 하나의 장이 가동되기 위해서는 게임의 목표와 그 게임을 행할 사람들, 다시 말해 게임의 내재적인 법칙과 목표 등에 대한 인식과 인정을 함축하는 아비투스를 지닌 사람들이 있어야 한다. 장의 구조는 투쟁에 참여한 주체 혹은 제도들 사이의 역학관계, 이전의 투쟁을 통해 축적되어 이후 그 전략의 방향을 결정짓는 특정 자본의 분배관계의 상태이다. 장에서 발생하는 투쟁들은 해당 장의 특징을 나타내는 합법적인 폭력의 독점을 다시 말해 특정 자본의 분배구조의 전복, 혹은 보존을 목표로 삼고 있다.[12]

문화권력의 장은 서로 같은 입장을 가진 자들이 만든 구조적 공간으로서 장을 유지하기 위한 배제의 논리와 그것을 깨기 위한 전복의 논리가 치열하게 경합을 벌일 뿐, 애초부터 정치적, 윤리적 동일성은 존재하지 않는다. 말하자면 이념적으로 진보적이든, 보수적이든 자신들이 장을 지키려는 문화권력의 속성

---

[12] 피에르 부르디외, 「장들의 몇가지 특성」, 『혼돈을 일으키는 과학』, 문경자 역, 솔, 1995, 129쪽.

은 결코 변하지 않는다는 점이다. 따라서 참여정부의 코드인사 논란은 문화권력의 발생 원리로 볼 때 지극한 당연한 것이다. 권력의 남용과 사용 방식에 차이가 있겠지만, 문화권력의 발생 원리는 마치 독재정권 시절 정부의 시녀 역할에 충실했던 보수적인 문화예술계 인사들이 권력을 독식하여 예술 사교계의 장을 배타적으로 형성하려는 것과 같은 맥락을 가진다. 이 원리에 따르면 참여정부에서 요직을 맡고 있던 진보 문화예술계 인사들은 순수한 봉사와 헌신의 정신만 있을 뿐 문화권력을 행사한 바가 없다는 발언은 허구이다.13)

문화예술 권력의 발생 원리를 특정한 개인이 아닌 민예총과 같은 대표적인 예술운동 조직에 바로 적용하는 것이 무리일 수는 있지만, 국민의 정부 이후 민예총의 주요 활동방식을 따져보면 오히려 문화예술 권력의 장에서 일정한 헤게모니 전복의 전략을 구사하고 있다는 점을 주목할 수 있다. 민예총이 문화예술 권력의 장에서 스스로 중심에 편입되기를 시도했던 시점이 역설적으로 예술운동의 실천적, 방법적 한계가 드러나기 시작했던 시기이다. 주지하듯이 민예총은 1987년 6월 항쟁 이후 민주화 열기에 부응하여 1989년 민족예술의 발전과 문화예술운동의 대중화를 목적으로 출범했다. 민예총은 1990년대 초 예술 장르별 분과위원회를 종합하는 연합적인 예술운동 단체의 성격을 갖고 1993년에 사단법인화를 추진하였고, 1990년대 초반 노동자 문예운동 조직들이 해체되면서 진보적인 예술운동을 주도한 가장 크고 대표적인 조직으로 성장했다. 1990년대 초반 시작한 '문예아카데미'는 대학의 교육과정에 들어 갈 수 없었던 진보적인 학술 담론들을 시민사회 영역에서 제공한 최초의 대안 교육프로그램이었고, 이후 월간 『민족예술』과 웹진 <컬쳐뉴스>와 같은 고정매체를 통해 진보적인 예술운동계의 담론들을 생산하고자 했다.

---

13) 이동연, "문화권력, 어떻게 만들어지나", 『경향신문』, 2007년 6월 3일자 참고.

민예총은 현재까지 전국을 포괄하는 지역 단위조직과 문학, 미술, 춤, 건축, 사진, 영화 등 장르별 분과조직을 아우르는 거대한 예술운동 조직으로 성장했으나, 조직의 생존과 재생산을 위해 예술운동의 주요 활동을 국가 문화정책에의 협상에 집중했다. 1990년대 말부터 민예총의 주요 활동은 조직을 안정적으로 유지하기 위한 정부의 직간접적인 지원을 이끌어내는 것이었고, 많은 협상 노력의 결과로 예총 수준에 준하는 단체지원금을 받아내기에 이르렀다. 민예총이 독자적으로 추진하는 사업들은 대부분 전통적인 예술 장르 분과에서 제작한 예술작품을 정기적으로 전시·공연하는 것과 문예아카데미의 운영 및 웹진 <컬쳐뉴스>의 발간, 그리고 정부의 문화정책을 새롭게 제안하는 토론회 조직이 대부분이다. 말하자면 민예총은 전통적인 예술운동의 관행에서 벗어나지 못한 채 조직의 운영을 위한 안정적 재원 확보를 위해 예술의 공공성 지원을 전제로 하는 '문화정책'의 선택적 개입을 선호했고, 이 과정에서 참여정부에 들어와서는 스스로 국가 문화정책의 대리자로 자처하려는 개인적, 조직적 이행을 시도했다. 2002년 대선과정에서 민예총의 많은 인사들이 노무현을 지지하거나 정책파트너로 자처했고, 이후 민예총의 장르 분과위원회를 책임지던 인사들이 대안적인 성찰 없이 대거 문화관광부의 산하 단체의 장으로 들어가 새로운 권력의 장을 형성했다.

물론 이러한 비판적인 문제제기는 보수언론이 감행했던 문화좌파 길들이기 공세와는 다른, 예술운동의 진보적이고 자생적인 대안에 관한 것이다. 민예총이 그동안 추진했던 사업들은 대부분 국가와 지역의 문화정책에 대한 협상과 조정에 관한 것이었고, 본래의 예술운동을 문화정책 사업으로 환원함으로써, 문화운동의 지형에 일정한 한계상황을 경험하고 있어 보인다. 물론 민예총이 한국사회의 진보적 운동의제들에 전혀 무감했던 것은 아니다. 민예총은 '이라크파병반대운동', '한미FTA 반대 범국민운동', 새만금과 평택투쟁, 비정규직 투쟁 등 한국

사회운동의 연대모임에 줄곧 이름을 올리긴 했지만, 문제는 이름을 올리는 것을 넘어서 이러한 사회운동의 실천들의 지형 속에서 예술운동, 예술적 실천이 어떤 대안을 마련할 것인지에 대한 구체적인 행동을 기획하지 못했다. 민예총이 생각하는 진보적 예술운동은 기존의 상식과 관행에 기초한 사업의 재생산 수준을 넘지 못했다. 민예총이 한때 주력 사업으로 추진했던 남북문화예술교류 사업도 예술가교류, 창작교류의 일반적인 문화교류 사업 관행에서 벗어나지 못했고, 어떤 점에서는 통일부의 문화선교사적 사명과 크게 다르지 않은 한계를 드러냈다.

민예총의 운동들은 그런 점에서 두 가지 현실적 한계를 가지고 있다. 첫째는 예술운동의 인식이 여전히 낡은 패러다임 안에 갇혀서 예술운동의 새로운 실천 토픽들과 내적 진보성에 대한 자기 정책이 부재하다는 점과 둘째, 민주화 시기 이후 스스로 문화권력의 중심 장으로 이동하려는 욕망을 투사함으로써 예술운동의 이념과 예술가 집단들과의 연대, 문화적 감수성의 변이와 차이 등에 대한 소수자적 관점이 실종되었다는 점이다. 민예총은 예술의 사회미학적 성격, 즉 예술의 미적 특이성이 대안적 사회구성의 중요한 자원으로 확산될 수 있는 문화행동을 고민하지 않고 기초예술장르의 반영과 제도 마련이라는 문제에 천착했으며, 새로운 젊은 세대들의 예술적 감수성과 차이의 정치학을 적극적으로 지지하지 않았다. 가령 예술 장르 외부에 있는 새만금, 평택, 동대문운동장 철거, 코스콤 및 이랜드 비정규직 노동자 연대 운동과 같은 사건에서 개인 소속회원의 차원이 아닌 민예총 자체의 집단적 행동 차원에서 어떤 실천을 해야 하는가에 대한 인식의 전환이 이루어지지 않았다. 예술의 자기물질의 진보성, 새로운 디지털 문화환경에서의 예술적 실천의 대상 발견, 예술의 다양한 힘을 예술의 외부로 투사하는 사회미학적 실천 등에 대해서 민예총은 적어도 자신의 실천과제로 인지하지 않은 듯하다. 또한 2000년 초반에 논쟁이었던 이른바 '표현의 자유' 논란에 있어서도 민예총의 일부 인사들은 작품성을 담보하지 않은 표현의 자유는 옹호할 수 없다는 입장을 드러내기도 하였는데, 정치적 진보와 문화적 진보 사이의 이러한 균열현상은 소수자의 문화적 감수성과 소수집단들의 문화권리를 옹호하는 데 있어 민예총의 선택을 보수적으로 만들었다. 또한 예총의 목동예술인회관 이전 관련 파행·비리 사건에 대해 적극적인 비판을 자제한 것에서 알 수 있듯이, 민예총은 진보적 원칙과 투명성보다는 조직의 이해관계에 따른 이른바 예술계의 '동업주의'를 선택한 듯하다.

1987년 민주화 운동 이후 민예총은 한동안 한국의 예술운동을 주도하였지만, 20년이 넘도록 동일한 패러다임과 방법론을 고수하면서 스스로 새로운 예술환경에 대처하여 장기정책과 정치학을 구성하지 못했다. 민예총의 예술운동은 장르-분과적이고 재현-중심적이며, 정책-환원적이다. 민예총은 신자유주의의 전면 도래를 예고하는 이명박 정부 들어서도 대안적인 예술운동의 자율성을 강화하기보다는 기존의 조직사업을 재생산하기 위한 '정책협상'의 전략을 강화할 것으로 예상할 수 있다. 이는 대선 국면에서 지금까지 민예총이 주로 대선에서 문화정책을 어떻게 제안할 것인가, 이명박 정부 하에서 문화정책이 어떻게 구성되어야 하는가, 예술인들의 복지를 어떻게 확대할 것인가 등의 정책협상의 의제에만 몰두하고 있다는 것을 통해서도 확인할 수 있는 바이다. 국가의 문화정책과 일정한 협상과 타협의 '기술'을 연마하는 것 외에 자생적인 예술운동의 공간과 시간을 연계하는 프로그램과 주체형성에 있어 민예총은 심각한 공백을 안고 있고, 이는 바로 예술운동의 현재적 한계를 반영한다. 민예총이 예술운동의 진보적인 자기 정책을 기획할 수 있는 내적 주체형성을 실현하기 어렵고, 사회적 문화행동과 접속하려는 독립적인 젊은 예술가로부터 지지를 받지도 못하면서, 문화권력의 장에서 일정한 헤게모니를 행사하기 위해 정치적 협상을 시도한다면 바로 이로부터 예술운동의 죽음을 목도할 것이다.

한국의 대표적인 예술운동 조직인 민예총의 한계는 사실 예술장르와 지역주의를 모두 포괄하려고 했던 1990년대 초반에 이미 예견된 것이다. 민예총은 사단법인을 통해 제도적 힘을 강화했지만, 운동조직으로서의 자율성을 스스로 포기하면서 예술운동이 사회운동의 수단과 도구가 아니라 가장 강력한 매개적 힘을 행사할 수 있다는 점을 운동의 현장에서 설파하지 못했다. 사실 2000년 이후 한국 사회운동의 경로에서 예술운동이 운동의 자원과 에너지를 확대할 수 있는 기회는 많았다고 할 수 있다. 새만금간척사업, 청계천복원, 동대문운동장철거 같은 신개발주의 국면에서 문화와 생태의 중요성을 많은 사람들에게 알릴 수 있는 급진적 예술행동의 기회와 요청이 많았다. 또한 신자유주의 시대 한미FTA에 반대하는 문화행동과 창작활동에 대한 현장 실천을 활성화하고, 자본의 세계화, 문화의 독점화에 저항하는 자율적인 예술행동을 조직하는 것도 예술운동이 사회운동과 접속할 수 있는 중요한 지점이다. 그러나 이러한 연대활동은 개인적으로 관심을 갖고 있는 독립적인 창작자 이외에는 민예총이 조직적인 차원에서 관심을 기울이지는 않았다.

예술의 사회적 지위의 변화와 그에 따른 예술운동의 새로운 도전이라는 전망과는 다르게 주류 예술운동 조직들은 대부분 새로운 환경에 대응하지 못하고 낡은 수목적 위계구조와 낡은 창작자의 지위에 안주하면서 예술, 혹은 예술운동의 위기를 외부의 환경 탓으로 돌렸다. 예술운동 조직은 당대의 권력에 맞서기보다는 스스로 권력의 대상이 되고자 했고, 자기 권력의 재생산을 위한 사회적 권력의 장으로의 개입과 협상이라는 시나리오를 정당화했다. 권력의 장에서 끊임없이 자기권력을 정당화하려고 했던 것이 이른바 '민족문학작가회의'와 '창비'가 주도한 진보적 문단-권력이라 할 수 있다. 1980년대만 해도 문단, 혹은 문학권력은 순수 대 참여, 진보 대 보수라는 간단한 대립구도 하에서 형성되었다. 전통적으로 문단권력은 문인, 혹은 본격 예술가들에 의해 행사되었다. 한국에서 문인의 힘은 다른 어떤 예술 장르에 비해 윤리적, 도덕적 리더십을 발휘하는 상징적 권위를 누렸다. 또한 굳이 문인이 아니더라도 본격 예술가들은 미디어를 통해 혼탁한 세상을 구원해줄 '감성의 메시아'로서의 지위를 얻었다. 시국사건 때마다 문인들과 본격 예술가들은 항상 시대의 전위에 있었고, 시인의 언어는 민중을 구원할 상징적 권위를 부여받곤 했다.

그러나 1990년대 후반부터 진보적 문단 권력은 학벌, 담론, 장르, 저널리즘의 분파들 속에서 복잡하게 분화되었다. 가령 '창비'와 '문지'라는 전통적인 문단 권력은 '문학동네'가 등장하면서 이른바 주류・비주류로 구분하는 상업적 경계로 분할되고, 이후 문학의 제도적 실천은 문학시장의 주도권을 누가 잡는가에 집중한다.14) 이 과정에서 진보적인 이념을 표방한 '창비' 역시 시장경쟁의 논리에 가세해 문단 권력의 핵심 축으로 자리잡으며 '작가−잡지' 동맹을 강화하는 경향을 보인다. 계간지로서 '창비'는 1970년대와 1980년대 시민문학론과 민족문학론의 이론적 이행을 거치면서 현재는 동아시아와 한반도의 문제를 공동으로 사고하는 문학의 권역주의적 실천의 가능성을 모색하고 있다. 문제는 '창비'의 문학적 권역주의로의 모색이 창비의 문단권력을 재생산하는 중요한 토픽으로 재생산된다는 점이고, 이것이 노무현 정부의 대북노선과 통일문화정책의 기조에서 일정한 헤게모니를 행사했다는 점이다. 계간지로서 '창비'는 백낙청, 염무웅, 최원식 등으로 이어지는 민족문학−분단문학론의 계보를 재생산하는 중

---

14) '문학권력' 논쟁은 2000년 문학평론가 권성우씨가 특정 문예지의 동인그룹, 학벌과 사제지간으로 묶여있는 인맥, 한국문학을 특정한 그룹이 주도하도록 만든 문학상제도 등을 비판하면서 시작되었다. 이에 대해 반론으로 남진우씨 등이 『문학동네』 2000년 여름호에 '비평과 권력'이란 특집을 실었고, 이에 대해 권성우와 남진우가 『황해문화』에 재반론을 실으면서 논쟁이 촉발되었다. 2001년 말에는 강준만이 『인물과 사상』 제목을 '문학권력'으로 정해 문단권력을 한국문학의 왜곡된 상업주의, 주례사비평, 문단 패거리를 양산하는 문학상에 대한 강도 높은 비판을 가했고, 문학권력으로 지목받았던 『문학동네』에서 류보선과 남진우는 각각 권성우의 비평을 '폭로와 자해의 비평'으로 강준만을 '흥행사적 지식인'으로 다시 비판하면서 논쟁이 중심을 잃고 인신공격적 성향으로 흘렀다.

요한 통로였고, 담론들의 지속적 축적을 통한 권위의 발휘는 문학운동의 지형에서 막강한 상징적 힘을 행사한다. 한편 계간지로서 '창비'와는 다르게 출판사로서 '창비'는 문학의 이념보다는 문학시장의 논리에 충실한 사업들을 펼쳐왔다. '창비' 역시 베스트셀러 작가들의 영입을 위해 많은 공을 들였고, 문학시장에서 진정한 경쟁자는 이제 '문학과 사회'가 아니라 '문학동네'가 되었다. 진보적 문단권력은 진보적 문학담론을 브랜드화하면서 독자적인 헤게모니 행사를 원했고, '창비'는 문학의 시장논리에 스스로 적응하면서 작가를 배타적으로 전유하고자 했고, 출판의 장에서 취할 수 있는 문학운동의 자기 위치를 수정하기에 이르렀다.

문단권력이 문학예술운동에 가장 보수적인 지위를 행사하고 있다는 것은 진보와 보수의 이념을 떠나 문학의 카르텔주의를 가장 원시적으로 행사하고 있다는 점에서 확인할 수 있다. 예컨대 1990년대 후반 젊은 문학평론가 이명원이 제기한 김윤식 비평의 표절 논란은 비평의 윤리와 인용의 도덕성에 대한 논쟁이 아닌 출신학교의 카르텔주의 논쟁으로 이행하기도 했다.[15] 김윤식 비평의 표절 논란은 표절의 진위 여부에 대한 논쟁과는 상관없이 김윤식의 제자들에 의한 혈연적 방어주의의 폐단과 문단의 학벌자본에 대한 논쟁으로 번지게 되었는데, 이명원은 이 논쟁을 거치면서 권위에의 복종 경향, 지적 선정주의와 패거리주의, 문단의 안정적 입지를 확보하기 위한 문학 지식인의 지적 비즈니스 등이 결국 문학의 비판정신을 실종케 했다고 고백하고 있다.

민주화 이후 예술운동의 위기는 결국 진보 이념의 해체 때문이라기보다는 제도화된 진보적 문학예술의 장이 지속적인 자기성찰 없이 자신의 존재와 정체성을 너무 자명하게 정의했기 때문이다. 이는 진보와 권력, 이념과 재현, 물질과

---

15) 이명원, 「김윤식 비평에 나타난 '현해탄 콤플렉스' 비판」, 『타는 혀』, 새움, 2000 참고

표현이 서로 일치하지 않을 수 있다는 점을 간과하고 스스로 자신의 존재가 문학예술의 장에서 지배적 중심으로 이동했다는 것을 망각한 데서 비롯한다. 부르디외가 장의 역동성을 설명하면서 말했던 정통성(doxa)과 이단(heterodox)의 끊임없는 투쟁의 법칙들은 기존의 진보적 예술운동 조직들과 문화양식들이 스스로 지배적 '위치'(position)에 있음을 일깨워줌으로써 새로운 '위치지우기'(position-taking)의 가능성16)을 열어두고 있는데, 이미 지배적 위치에 서있는 민예총, 창비, 민족문학작가회의 등과 같은 기성 조직들은 새로운 예술운동의 패러다임을 스스로 견지할 수 있는 전망을 발견하기가 어렵게 되었다.

3. 예술운동의 '사회미학적' 생성

물론 2000년 이후 모든 예술운동이 예술일반의 위기에만 적극적으로 매달렸거나 자기 권력화에 매몰된 것은 아니었다. 수목적이고 위계적이며 재현 중심적인 기성 예술운동 조직과는 다르게 소수 집단들의 예술가 그룹들은 기존과는 다른 감수성을 갖고 새로운 예술운동의 지평을 열어나가는 시도들을 감행했다. 이러한 소수집단들의 예술운동, 혹은 문화운동은 크게 보아 두 가지 흐름을 생성하는 듯하다. 첫째, 예술스쾃운동을 통해서 예술가들의 창작 권리의 사회적 의미들을 기존과는 다른 방식으로 생산하는 것과 둘째, 청계천, 평택, 새만금의

---

16) "장이 위치들 사이의 객관적인 관계들(지배나 종속, 보충이나 적대성)의 그물"(부르디외, 『예술의 규칙』, 하태완 역, 동문선, 1990, 231쪽)이라고 했을 때, 위치는 그 장 내부의 안정된 배치관계를 의미한다. 위치는 그런 점에서 장의 자본과 권력관계들을 배분하는 구조에 종속된다. 이에 비해 위치지우기는 안정된 장을 내파시키고 장의 새로운 형성을 유도하는 행위자의 실천을 말한다. 사실 모든 문학의 장은 이러한 위치와 위치지우기라는 객관적인 두 구조 사이의 관계에서 생성된다. 부르디외는 이 두 관계를 "생산장 속에서 위치들 사이의 객관적 관계들의 구조와 작품들의 공간 속에서 위치지우기들 사이의 객관적인 관계들의 구조"(233쪽)라고 불렀다.

신개발주의 논리에 맞서는 예술행동의 생태적 전망들이 두드러졌다는 것이다. 이러한 두 가지 예술운동의 새로운 흐름들은 전통적인 재현 중심의 예술의 미적 실천과는 다르게 예술적 감수성의 요소들과 미적효과가 어떻게 사회운동의 의제들 안으로 녹아들어갈 것인가에 관심을 기울이고 있다는 점에서 미학의 사회화를 실천한 것이라 할 수 있다. 이와 반대로 한미FTA, 평택미군기지 이전반대, 경부대운하 반대 등 사회운동 안에서 예술가들의 역할을 적극적으로 모색한다는 점에서 예술운동의 새로운 흐름은 사회의 미학화를 위한 실천이라고도 말할 수 있겠다. 이른바 사회미학적 실천은 미학적 요소들이 상품미학과 개별성에 근거한 부르주아 미학을 거부하되, 사회운동의 주체형성에 있어 미적 자율성이 얼마나 중요한가를 현장에서 보여주는 것이다.

먼저 한국에서 스쾃운동은 예술가들에 의한 공간의 불법점거라는 다소 비현실적인 행동처럼 소개될 수 있었지만, '목동예술인회관사태'를 통해 비교적 이해하기 쉽고 설득력 있는 문화행동으로 인지되었다. 원래 스쾃은 오스트리아 목동들이 자신의 초지가 아닌 다른 곳으로 양떼를 몰고 가는 행위에서 비롯되었는데, 이후 "어떠한 허가도 권리도 없는 점유"라는 사회적 의미를 부여받게 되었다.[17] 스쾃은 거주공간을 소유하고 있지 못하거나 도심개발로 인해 주거권을 박탈당한 도시 노동자들 혹은 이주민들이 자신의 주거 생존권을 위해 사용하지 않는 공간을 점유하는 행동을 의미한다. 스쾃은 단순히 빈 공간을 점거하는 것 이상의 상징적인 의미를 갖는다. "스쾃 공간은 주거지 문제가 단순히 가난한 개인의 문제가 아니라, 사회적 문제임을 정확히 하려는 의도를 갖는 만큼 신중하게 선택되는 것이다. 이러한 공간 선정의 신중함은 스쾃의 사회적 정당성과 자본주의 사회 시스템의 모순을 드러내는 역할을 한다"라는 지적[18]처럼, 스쾃

---

[17] 김강, 『스쾃—삶과 예술의 실험실』, 문화과학사, 2008, 26쪽.
[18] 같은 책, 36쪽.

운동은 점거를 통해 사회적 불평등이 일상적으로 얼마나 심화되고 있는가를 각인시켜 주는 충격효과를 생산한다.

초창기 스쾃운동은 집이 없는 노동자들의 연대조직에 의한 주거권 투쟁이 주를 이루었지만, 1980년 이후에는 예술가들의 사회적 존재를 드러내는 방식으로 스쾃운동이 주를 이루었다. 예술가 스쾃은 20세기 초의 다다이즘, 초현실주의로 대변되는 아방가르드 운동의 반지성주의에서 영향을 받았고, 정치적으로 1968년 프랑스 학생운동에서 촉발된 자율주의 운동에서 영향을 받아 예술적 삶에 대한 부르주아적 가설들을 해체하려는 실천들에 몰두했다. 예술가 스쾃운동은 예술 그 자체의 무의미함을 전도시키기 위해 예술적 삶의 어떤 위계질서도 해체하고자 했으며, 주변부적 삶의 소통과 공유를 위해 예술을 삶 속에 헌신케 하는 상황주의적 실천이라 할 수 있다. "스쾃예술가들은 '공간'에 대한 소유의 개념이 아닌 '사용'에 대한 개념을 주장하며, '사적' 소유권에 맞서고 있다. 이러한 사적 소유권의 부정은 사회변혁을 과제로 삼았던 과거 상황주의자 인터내셔널의 개념과도 맞닿아 있"[19]는 것이다.

스쾃의 문화행동은 그런 점에서 제도 권력과 미학적 권위로 무장한 지배적 예술의 장에 대한 전복의 게임이다. 이는 목동예술인회관의 스쾃행동을 둘러싼 '오아시스 프로젝트'팀과 민예총 사이의 상반된 입장을 통해서도 확인할 수 있었던 바이다. 오아시스 프로젝트는 한국의 예술운동의 장에서 주변화하고 새롭게 생성하는 예술가 그룹이었던 반면, 민예총은 기성 조직으로서 목동예술인회관을 통해 투기자본을 축적하려 했던 예총의 이해관계의 틀에서 완전히 자유롭지 못한 대당관계를 유지했다. 오아시스 프로젝트의 목동예술인회관에 대한 스쾃행동은 예총만 아니라 민예총 조직에게 있어서도 불쾌하고 불편한 사건이었

---

[19] 같은 책, 77쪽.

으며 이는 예총과의 이해관계를 떠나 민예총의 감수성으로는 수용할 수 없는 미학적 태도였다. 예술가 스쾃을 단지 예술가들의 작업공간을 보장하라는 불법적이면서도 이기적인 시위로 비난하지 않기 위해서는 적어도 이들이 갖고 있는 소수자적인 감수성과 공유할 수 있는 인식적 기반이 전제되어야 하는데, 민예총의 조직적 성격으로는 오아시스 집단의 감수성을 이해할 수 없었을 것이다.

오아시스 프로젝트에 의한 한국 최초의 공개적 스쾃운동은 오랜 시간을 끌지 못했지만, 목동예술인회관 사태를 수면위로 끌어올린 사건을 일으켰을 뿐 아니라 목동예술인회관을 둘러싼 기성 예술가 조직들의 권력의 장의 현실을 드러낸 정치적 효과를 일으키기도 했다. 물론 한국에서 예술가 스쾃운동이 부분적으로는 하나의 쇼케이스를 넘어서 일상적인 예술운동의 하나로 이행하기에는 현실적 동의와 자극이 부족해 보이고, 역설적으로 예술가들이 스쾃에 올인할 만큼 시간이 넉넉지 못하다. 예술가들에게 있어서 작업공간은 삶의 공간이다. 더욱이 그 공간을 스쾃의 행동을 통해 쟁취한다는 것은 우리 사회에 공간의 분배와 정의가 얼마나 불평등한가를 보여주는 그 자체로 사회운동의 한 형태이다. 한국의 사회운동에서 시위용 스쾃은 역사적으로 오랜 전통을 가지고 있고, 그 힘도 강력하다. 그러나 예술스쾃의 행동과 사용방식에 대한 미학적 도전들은 사회운동의 현장에서 일어나는 시위스쾃이 경험할 수 없는 감성의 자율성을 체감할 수 있다. 예술스쾃은 시위스쾃에서 사회운동의 생존권을 배우고, 시위스쾃은 예술스쾃을 통해서 삶의 자율성과 미적 감각을 배우는 상호 교접이 필요한 시점이다.

스쾃운동이 공간과 주거에 대한 미학적 의미를 설파했다면 신개발주의에 반대하는 예술가들의 문화행동은 자본의 공간지배에 맞서는 생태적 의미를 설파했다고 볼 수 있다. 예술가 행동주의는 서양에서는 20세기 혁명적 모더니즘에서 촉발되었고, 1960년대와 1970년대를 거치면서 상황주의자들의 급진적인 예술행동으로 발전하였다. 예술가 행동주의는 인쇄 텍스트나 캔버스에 존재하는 예술은 더 이상 살아있는 예술이 아님을 선언하고 사회적 모순들이 직접적으로 표출되고 있는 현장에서 행동으로 보여주길 원한다. 특히 1970년대 미술운동에서 노숙자, 에이즈, 성폭력, 환경, 이주노동자, 인종차별과 같은 사회 차별적인 이슈들에 대한 관심을 갖게 되었는데, 이들 그룹은 "미술관에서 벗어나 세상으로 나옴으로써 은유적인 방식이 아니라 자신의 의식과 행동을 세상 한가운데에서 실제로 표현하는 사고의 전환"[20]을 이루었다.

한국에서 예술가 행동주의는 공간을 문화적으로 리모델링하여 상업적인 프리미엄을 극대화하려는 이른바 신개발주의에 대한 생태적 저항의 과정에서 구체화되었다. 예컨대 이명박 당선자가 서울시장 재임 시설 추진했던 청계천 복원사업이나 서울시청 광장 조성사업, 그리고 새만금 간척사업과 부안 핵 폐기장사업, 경부고속철도사업, 경부대운하사업 등과 같은 대규모 개발 사업들이 진행되는 현장에 예술가들이 직접 찾아가 그곳에서 직접 작품을 설치하고 퍼포먼스를 벌이는 문화행동을 전개했다. 신개발주의에 반대하는 생태적 예술운동의 대표적인 사례들은 청계천 복원사업 기간 현장에 남아서 철거과정을 사진으로 기록하고 인근 주민들과 함께 시각예술작품들을 시도했던 '플라잉 시티' 그룹과 새만금 간척사업의 현장에서 장기간 반대운동을 펼친 작가 최병수씨, 새만금 간척사업의 이데올로기적 홍보를 맡았던 '새만금 록페스티벌'에 반대하여 부안 해창 갯벌에서 살살페스티벌을 열었던 '농발게'와 '에코토피아' 그룹, 그리고 최근 경부대운하 사업을 반대하고 생태적 소중함을 알리기 위해 현장 르포 기행을 선언한 '리얼리스트100' 그룹들을 들 수 있을 것이다.

'플라잉 시티 그룹'은 문화적 개발주의를 폭로하는 방법으로 공공미술의 의

---

20) 김희진, 「스콧은 '예술'이어야 한다」, 『희망의 예술』, 고영직 외 엮음, 솔, 2007, 130쪽.

미를 도입한 사례라 할 수 있는데, 통상 한국에서 공공미술이 비문화적 공간에 예술적, 미학적 감성을 가미시켜 안정된 시각성을 구축하는 데 주력했다면 '플라잉 시타' 그룹과 같은 공공미술 운동은 사건의 현장에서 공간의 공공성과 기억을 기록하고 체험하는 생태적 '에스노그래피'를 선택했다. 플라잉시티 그룹의 활동이 정작 청계천이 복원된 이후에는 자신들의 경험을 안정된 시각적 공간 리모델링 방법론으로 활용한 한계를 갖고 있지만, 이들의 예술행동에는 기존의 주류 예술운동이 시도하지 않았던 '현장에서의 사건과 의미의 배치'라는 특이성을 발견할 수 있다. 한편으로 새만금과 부안, 그리고 일본과 베트남에서 벌인 최병수의 설치 작업들은 예술과 생태 환경을 현장에서 접합하려는 문화행동으로 볼 수 있다. 그는 죽어가는 새만금 간척지에 장승을 깎고 솟대를 세우고, 부안 해창 갯벌에서는 이미 쓸모없어져 버린 어느 어부의 낡은 고기잡이배를 제단에 바친다. 1997년 일본에서 열린 '쿄토3차세계환경대회'에서는 지구온난화의 심각성을 알리기 위해 얼음 펭귄을 깎아 전시하기도 했다. 최병수의 설치 작업은 자연과 생태, 인간과 삶의 현장을 찾아 그것이 왜 중요한가를 은유가 아닌 실제 물질로 표현하고자 한다.

> 나의 작품이 그저 전시장에만 내걸렸다면 내 작업이 작업실에서만 이뤄졌다면 어땠을까? 그건 죽어있는 것을 그린 것과 다름이 없을 것이다. 내가 현장에 달려가는 첫 번째 이유는 바로 그 현장에서 내 작품이 생명을 얻기 때문인 것 같다. 나는 그림으로 민중과 만나고 소통한다. 독재정권에 항의하는 학생, 자본의 불합리와 싸우는 노동자, 농토를 빼앗기고 삶의 보금자리를 잃은 농민과 어민, 나는 나의 그림을 그들과 함께 나눈다.[21]

---

21) 최병수, 「나의 체험적 예술행동론」, 『희망의 예술』, 139-140쪽.

부안 해창 갯벌에서 열렸던 안티–새만금 록페스티벌인 살살페스티벌과 에코토피아 생태 학교도 예술행동과 생태문화가 결합된 사례라 할 수 있다. 생태적 예술행동으로서 살살페스티벌이 갖는 특이성은 개인들의 자발적인 연합에 있다. 실제로 살살페스티벌을 조직하고 운영한 주체들은 전문 예술가들이 아니라 블로그에서 생태문화활동을 하고 있는 생태주의자들이다. 살살페스티벌과 에코토피아캠프를 초기에 제안한 '대항지구화 행동'과 '농발게'라는 조직은 우리가 통상적으로 인식하는 위계적 조직, 개인들의 전위에 서있는 조직이 아니라 개인들의 행동을 연결해주는 터미널과 같다. 에코토피아캠프에서 활동하는 사람들은 특정한 조직이 운동의 의제를 대변해서 전체 행사를 끌고나가는 방식에서 벗어나 개인들의 자발적 의지와 동기에 의존하는 새로운 문화행동을 실험하겠다는 점을 분명히 했다. 갯벌에서 하나씩 만들어지는 장식물들, 생태적 화장실, 특별한 무대장치가 없이 열정적인 참여자들을 기다리는 살살페스티벌의 스테이지, 이 모든 것들은 새만금록페스티벌의 인공적인 설치물들에 비해 화려하지는 않지만, 적어도 문화행동의 취지와 그것을 표현하는 방식에 있어서는 일관된 가치를 보여주었다.[22]

지금까지 언급한 새로운 예술운동의 흐름들은 모두 예술이 텍스트를 재현하는 방식에서 벗어나서 사건이 벌어지고 있는 현장으로 달려가는 것을 강조한다. 물론 예술운동에서 행동주의는 앞서 설명한 생태적 활동만 있는 것은 아니다. 성차별에 대항해 여성들의 문화적 자유를 외쳤던 페미니스트 여성미술가 그룹인 '입감'의 아방궁 프로젝트, 팽택미군기지 이전에 반대하고 제주해군기지 건설에 반대했던 문화행동들, 한미FTA 반대운동의 전선에서 수많은 그룹들이 시도했던 문화적 퍼포먼스들, 그리고 이랜드와 코스콤 비정규직 노동자들의 투쟁

---

22) 이 책에 함께 수록되어 있는 글 「치욕스런 새만금 록페스티벌의 교훈들」 참고

의 현장에서 시도되었던 미디어행동들, 이 모든 것들이 기존의 기성 예술가 조직들과는 판이한 방식으로 전개되었던 사회미학적 실천들이다. 예술운동의 사회미학적 실천은 삶으로서의 예술, 사회적 생태계와 함께 가는 예술, 스스로 끊임없이 소수자가 되고자 하는 예술의 의미들을 사회운동의 실천 속에 투사하는 것을 말한다. 한국에서 예술운동은 그런 점에서 기존과는 다른 이념과 방법으로 새로운 지도그리기가 필요한 시점이다.

4. 예술운동의 새로운 지도그리기

그렇다면 예술운동의 새로운 지도그리기는 어떻게 가능할까? 마지막으로 다음과 같은 문제제기를 하는 것으로 글을 맺고자 한다. 먼저 문화자본이 갈수록 독점화되고, 신개발주의가 문화와 예술의 요소들을 포장해서 자신들의 산업자본의 폭력을 지우기 위한 알리바이로 사용하고 있는 상황에서 예술운동은 이제 문화적 공공성에 대한 새로운 사고를 통해서 국가의 문화정책으로 흡수되는 경로와의 인식론적 단절이 필요하다. 사실 예술가들의 일상 생계와 생존에 대한 공공적인 요청, 문화자원의 민주화를 위한 문화정책 개입, 예술시장의 확산을 위한 제도 개선 등이 예술운동의 동시대적 실천과 전혀 무관한 것은 아니다. 문제는 그러한 현실적인 문제들을 어떤 방식으로 해결할 것인가인데, 적어도 국민의 정부 이래 주류 예술운동 단체들이 해왔던 방식들은 국가의 문화정책 안에 일정한 권력과 헤게모니를 행사하면서 적절한 협상안을 찾고, 이 이해관계들에 '올인'하는 것이었다. 예술가들의 생계와 생존은 사회운동에서 비정규직의 문제와 무관하지 않다. 예술가들의 창작의 권리와 표현의 자유들은 모두 생존의 문제와 직결되지는 않는다. 소수집단성과 진보적 급진성을 운동의 가장 중요한 원리로 생각하는 국내외 많은 예술가들은 자신의 작업환경과 생존에 대한 국가의 요구를 말하기 이전에 스스로 자율적으로 해결할 수 있는 방법들을 적극적으로 찾는다. 바로 예술가들의 진보적인 환경을 적극적으로 찾으려는 행동 자체가 예술운동의 중요한 과정이다. 예술의 공공성은 개인이나 집단으로 환원되는 예술가 조합주의가 아닌 예술과 예술적 감성들이 사회적 의미를 획득하고 그것이 최소한의 물적 토대의 확보 속에서 지속적으로 재생산되는 과정에서 구현될 수 있다. 그런 점에서 예술운동의 생태문화적 실천은 예술운동 내부의 생태적 코뮌을 형성하는 과정에서 시작되어야 한다. 이른바 예술가들의 생태문화적 '어소시에이션' 운동이 모든 문화적 공공성 운동의 기초에 있어야 한다. 예술운동가 집단들의 자발적 코뮌 형성과 이를 기점으로 스스로 자급자족하며 사회 공공성 운동에 적극적으로 결합하는 것은 불가능한 것인가.

동시대 예술운동이 새로운 인식론적 전환을 이루어내기 위해서는 많은 회원을 보유하고, 분과장르들을 수목적으로 아우르는 거대 조직으로부터의 단절과 탈주가 필요하다. 세를 불리고 거대조직을 지향하는 예술운동의 시대는 이제 종말을 고했다. 조직을 위한 조직의 예술운동은 생존을 위해 다른 조건과 상황을 고려할 수밖에 없고, 이 과정에서 조직운동과 예술운동이 분리되는 결과를 낳는다. 예술운동은 끊임없이 권력의 장에서 스스로를 주변화하고 소수자로 남을 수 있도록 자기성찰이 필요하다. '소수자되기'로서의 예술운동의 자기 정책은 예술적 취향의 개인화, 개별화와는 다른 맥락을 갖는다. 그것은 예술운동 집단들이 자율성을 갖고 위계적 조직에 얽매이지 않고 활동하되, 문화운동의 현장에서는 리좀적인 네트워크를 형성하는 것을 말한다. 공공미술가 그룹, 행동주의작가 그룹, 급진적인 퍼포먼스 그룹, 대안적인 예술교육 그룹들이 사회적 모순이 벌어지는 현장에서 다중적인 네트워크를 구성할 수 있는 많은 실험과 연대가 이루어져야 할 것이다.

예술운동에는 기존에 의심하지 않았던 예술의 물질성과 재현의 방법에 대한 새로운 인식적 전환이 또한 요구된다. 이는 예술운동의 자명성에 대한 질문이다. 특히 과학과 예술, 테크놀로지가 통섭하는 새로운 디지털 환경에서 예술운동은 기존에 갖고 있는 기술혐오주의로부터 벗어나 디지털 예술 환경에서 새로운 실천을 찾을 시점에 와있다. 한국에서 예술운동은 대부분 과학과 기술을 예술의 적으로 간주해왔다. 예술의 진보는 재현된 의미의 진보로만 생각되었지, 예술의 물질성의 진보, 즉 과학과 기술의 진보와 연동되는 패러다임의 진보로 생각하지 않았다. 예술과 과학의 역사적 연관성과 패러다임의 상호 인지[23] 사례들은 20세기 아방가르드 예술운동에서 많이 발견할 수 있지만, 이러한 전통들은 사회주의 계급성과 당파성 논쟁을 거치면서 실종되었다. 사회주의 이념의 전망에 집중했던 1980년대 한국의 예술운동에서 과학과 기술의 문제 역시 논의될 여지가 없었고, 이후 예술운동의 어떤 쟁점 가운데에서도 이 문제는 본격적으로 논의되지 않았다. 디지털 세계는 예술의 재현과 표현의 방법에 새로운 경로를 열었다. 마이클 러시의 언급대로 "예술에 있어 시각적 이해능력은 더 이상 '사물'에만 제한되지 않으며", "컴퓨터 내에 존재하는 유동적이며 끊임없이 변화하는 세계, 또 컴퓨터가 조장하는 새로운 세계를 포용"[24]하는 감성적 전환이 예술운동의 재구성에 있어 중요한 관점 중의 하나이다. 예술운동은 예술의 사회적 실천이라는 의미도 있지만, 예술의 물질성과 표현에 대한 자기 실천의 의미도 있기 때문이다. 예술운동은 언제나 이미 자명하지 않다. 예술과 예술운동의 자명성의 신화에 도전하는 실천적 지점으로 예술과 과학 기술의 진보적 조우는 우리에게 불가피한 선택이 아닐까?

---

23) 홍성욱, 「과학기술과 예술」, 신정원 외, 『현대사회와 예술/교육』, 커뮤니케이션북스, 2007.
24) 마이클 러시, 『뉴미디어아트』, 심철웅 역, 시공사, 2003, 189쪽.

03

문화권의 사회적 실천과 문화운동의 미래

1. 문화운동의 공백과 문화적 권리

인권, 노동권, 정치권, 교육권, 환경권, 복지권 등등, 한국사회가 점차로 민주화되면서 다양한 영역에 걸쳐 시민들의 권리를 찾으려는 운동이 활발하게 진행되고 있으나, 문화적 권리는 아직 제대로 논의되고 있지 않다. 노동권, 인권, 여성권, 환경권, (참여)정치권에 대한 운동들은 역사적 유산을 가지고 있거나, 최근 활발하게 운동 이슈로 부각되고 있는 상황이다. 그러나 문화영역에서의 권리들은 다른 권리에 비해 상대적으로 덜 중요하게 취급되거나 부차적인 것으로 간주되고 있다. 문화적 권리는 노동권과 인권과 같은 기초권리들이 보장되고 나서야 획득될 수 있는 권리이며, 대중들이 적극 요청하는 권리라기보다는 국가가 국민들에게 부여하는 사회복지의 형태로 인식되고 있는 것이다. 또한 문화권을 문화예술 창작자나 생산자 권리로 축소해서 이해하는 경우도 일반적이다.

이렇듯 한국사회에서 문화적 권리가 심도깊게 논의되지 않은 것은 해방 이후 지금까지 경제와 정치가 가장 중요한 국가담론이었기 때문일 터이고, 더욱이 압축성장 과정에서 야기된 갖가지 경제적, 정치적 모순들이 문화를 항상 배제하거나 도구적 수단으로 활용했기 때문이다. 90년대 경제성장과 민주화과정 이후에도 '문화의 의미'를 경제적 발전 이후의 부수적인 것으로 인식하거나 상업적 소비문화와 연예산업의 재생산 도구로 인식하는 것이 지배적이었다.1)

그러나 지배문화와 상업문화에 저항해온 문화운동의 유산에서도 문화적 권리에 대한 적극적인 실천사례들이 많이 발견되는 것은 아니다. 1980년대 진보적인 문화예술운동이 활발하게 진행되었을 당시에도 문화는 저항과 투쟁의 산물이었지, 대중들의 권리의 대상으로 인식되지는 못했다. 1980년대 문화운동은 여전히 지배계급의 문화를 대당으로 한 대항 헤게모니 싸움이었지, 노동자나 일반 대중들, 혹은 사회적 약자들의 문화적 권리를 확보하려는 목적은 부재했었다. 70년대부터 지금까지 문화운동은 민족문화운동, 민중문화운동, 노동자문화운동, 시민문화운동과 같은 이름으로 전환되면서 마치 특정한 문화운동과 문화담론이 특정한 시대의 문화적 성격을 일방적으로 규정하거나 지배하는 것처럼 해석되어 왔다. 20여 년간 서로 다른 이름으로 명명된 문화운동론은 특정한 역사적 국면에 생겨나는 다양한 문화적 욕망의 흐름들을 활성화시키는 데 주력했다기보다는 그러한 흐름들을 특정한 문화운동집단과 세력들의 이념적 방향대로 표상하려는 지배논리가 배어있지 않았나 싶다. 문화담론이 시대의 문화적 성격, 운동의 성격을 규정하려는 '표상의 힘'은 표상되지 않은 부분대상들로서의 욕망의 흔적들, 무의식의 잔재들, 신체적 표현의 잠재적 욕구들을 배제하거나 심지어는 억압해온 것은 아니었을까?2)

---

1) 이에 대해서는 강내희, 「사회적 권리로서의 "문화적 권리"」, 『문화권의 개념 정립과 기본권으로서의 문화권 보장의 필요성 토론회 자료집』, 2005년 3월, 2-3쪽 참고

문화적 권리는 사회복지의 일반화된 권리나 소수 문화예술 창작자들만의 권리가 아니라 개인의 삶의 행동의 신체적 자율과 해방의 의미를 가지고 있다. 한편으로는 시민들의 일상에서 문화적 경험이 증가하고, 일상 자체가 점차로 문화화되면서 문화권은 인간 삶의 중요한 가치로 인식되고 있는 중이다. 다른 한편으로는 문화산업 분야의 증대, 문화자본의 독점화, 문화적 종다양성의 위협, 지역문화(국지문화)의 소외를 극복해야 하는 문화정세 속에서 대중들의 문화적 권리는 부차적인 것이 아니라 우선적인 것이며 이론적, 실천적으로 시급하게 정비해야 할 개념이다.

신자유주의 시대 문화적 종다양성의 파괴와, 노동환경의 유연화, 일상적 삶의 재편, 문화비용의 증대와 같은 새로운 환경에서 문화권은 계급투쟁의 과정과 무관한 것이 아니며, 동시에 계급투쟁 이후의 삶의 과제들을 전망한다. 그러나 한편으로 계급투쟁, 문화운동의 실천으로서 문화권의 확보는 시민운동의 대상이 되기 어려운 측면도 있다. 문화 권리찾기 운동은 진보적 지식인과 문화예술인 중심의 문화운동의 한계를 넘어서려는 취지도 있는바, 시민운동과 사회운동을 문화운동적인 관점에서 결합하는 접점을 형성하기도 한다. 문화 권리찾기 운동은 대중들의 일상적 권리와 감성적 권리들을 주장한다는 점에서 민주주의를 완성하는 권리이며, 문화사회를 구성하기 위한 구체적인 대중들의 문화적 네트워크를 구성하는 운동을 목표로 한다.

그러나 이러한 다분히 당위적인 진술들은 희망과 가설을 담고 있을 뿐 구체적인 실체를 가지고 있지 못하다. 문화적 권리를 위해 싸움을 거는 발화들은 부분적으로 가시화되었지만, 현재 문화운동에서 하나의 집중된 중심 의제로 설정되지 못하고 있다. 사실 2000년 들어 문화운동의 쇠퇴라는 일반적 정세 속에

---

2) 이동연, 「문화운동의 대안 모색을 위한 인식적 지도그리기」, 『대중문화연구와 문화비평』, 문화과학사, 2002 참고.

서도 표현의 자유운동이나, 소수자들의 문화운동, 문화자본의 독점에 반대하는 운동, 그리고 문화적 공공성을 위한 실천들은 나름대로 '역사적 문화운동'의 유산을 계승하고 있는 면들을 발견할 수 있다. 그리고 이러한 운동의 의제들은 포괄적으로 보아 문화적 권리를 위한 다양한 투쟁의 양식으로 정의할 수도 있을 것이다. 그러나 그럼에도 이러한 새로운 실천들이 문화운동의 새로운 전화의 징표로 간주되기보다는 역으로 문화운동의 쇠퇴의 징후들, 혹은 개량화의 선택들로 비판받는 데에는 기존 문화운동의 이념에 근거한 편견으로만 볼 수 없는 내적인 자기모순을 안고 있다고 할 수 있다. 예컨대 성적 표현물에 대한 일련의 표현의 자유 수호운동이나 연예문화자본의 독점화에 반대하는 일련의 캠페인, 그리고 성적 소수자들의 문화적 자기욕망의 표출, 주변부 문화들의 끊임없는 자율주의적 운동들로 집약될 수 있는 최근의 문화운동의 경향들은 일정한 사회운동적인 자기전망의 부재 속에서 부분적인 자기 영토화의 길을 걷고 있었다. 그래서 서로 다른 운동들의 사회적 연계라는 것이 정서적 동의를 넘어서 실제적 연대로 나가지 못하고, 공동의 문화적 전선을 형성하지 못하는 개별화의 딜레마에 빠지게 되었다. 이는 현재의 문화운동의 전선을 연계하고, 사회적 운동으로 확산하는 공동의 토픽들, 혹은 메타-내러티브의 상상력 부재에서 비롯되지 않았나 싶다.

문화운동이 쇠퇴하는 1990년대 중반 이후에 오히려 문화와 관련된 다양한 흐름들이 만들어졌다. 스타일, 세대, 성, 정보, 공공문화 분야에 새로운 문화적 흐름들의 생성에도 불구하고 문화운동의 구심점이 발견되지 않는 역설적인 상황은 문화실천에 대한 새로운 담론 구성의 필요성을 고려하게 만든다. 이는 1980년대를 주도했던 문화운동의 이념과 주체가 효력을 상실하거나 지배문화정책 안으로 흡수되는 현실에 대한 비판이면서 동시에 현실문화운동 내에서 제기되고 있는 다양한 실천 의제들을 새롭게 재구성하여, 새로운 문화운동의 이념과 방법을 마련하자는 제안이기도 하다. 문화운동의 사회적 성격을 재구조화하고 메타-내러티브의 담론을 재론하는 데 있어 '문화적 권리'는 중요한 담론으로 제기될 수 있다. 이는 발화방식을 조직하는 데 있어서 메타-내러티브적인 연역화의 효과를 기획한다는 의미이기도 하다. 말하자면 분산된 개별 문화운동의 징후들 속에서 문화적 권리의 흔적들을 발견하는 방식을 넘어서 '문화적 권리'라는 메타-내러티브적 실천의제 안으로 개별문화운동의 사례들을 재구조화하고 연계하는 방식으로 전환하는 계기를 모색하자는 취지를 가진다. 본 글은 문화운동 재구성의 중요한 실천 원리로 문화적 권리의 의미를 다루고자 하며, 지난 몇 년간 문화운동 안에서 진행되었던 문화적 권리 투쟁의 사례들을 검토하고, 이러한 운동이 새로운 좌파운동의 좌표를 설정하는 데 있어 어떤 의미들이 있는지를 진단해 보고자 한다.

2. 문화권 정의를 위한 국제 담론과 국지적 특수성

2차 세계대전 이후 문화적 권리에 대한 논의들은 주로 국제기구들에 의해서 주도되었다. 1948년에 제정된 「세계인권선언」 제27조는 "모든 사람은 공동체의 문화생활에 자유롭게 참여하고, 예술을 감상하며, 과학의 진보와 그 혜택을 향유할 권리를 가진다. 모든 사람은 자신이 창조한 모든 과학적, 문학적, 예술적 창작물에서 생기는 정신적, 물질적 이익을 보호받을 권리를 가진다"고 문화적 권리에 대해 명시하고 있다. 「세계인권선언」에서도 명시되어 있듯이 모든 사람은 자신들의 문화를 창작할 권리와 향수할 권리를 가진다는 점은 인권정책의 가장 기본적인 이념이다.

1970년대 말 인권의 개념은 「시민적, 정치적 권리에 대한 국제협약」(ICCPR)과 「경제적, 사회적, 문화적 권리에 대한 국제협약」(ICECR)으로 구분되었는데,

이 두 구분이 문화권의 정의에 있어 중요한 변화를 지시해준다. 전자의 경우는 주로 자본주의 시장 경제질서에 기반한 국가들이 주도한 조직이었고, 후자는 주로 사회주의 국가들이 주도한 협약이었다.3) 문화권이란 용어는 1980년대 인권정책이 발전하면서 영역별 인권정책의 개발과 연구의 과정에서 구체적으로 논의되기 시작했고, 주로 각 국민-국가의 문화정체성과 문화유산의 특성을 보존하기 위한 권리와 국민-국가 내 소수민족이나 종족들의 언어와 관습, 문화유산을 보호하기 위한 실천적 수단으로 논의되었다. 특히 문화적 권리에 대한 정의 및 이론적 연구, 영역의 개발은 유네스코에 의해서 주도되었다.4)

유네스코가 주도하는 문화적 권리에 대한 연구와 연대작업들은 국제적 수준에서의 협력을 강조한 것이라 할 수 있는데, 문제는 각국의 민족문화의 존속을 위한 국제 사회의 호소와 연대라는 실천영역과는 다르게 문화적 권리에 대한

---

3) 「경제적, 사회적, 문화적 권리에 대한 국제협약」에 있어 문화적 권리에 대한 조항은 제15조에 명시되어 있다. 15조 1. 현재의 당면한 계약에서 주의 정당은 모든 사람의 권리를 인식한다. a) 문화적인 삶에 참여하기 위해 b) 과학적인 진보와 그 적용의 이익을 즐기기 위해 c) 도덕적인 보호와 과학, 문학, 예술적인 생산과 그 저자로부터 나온 이익 물질들의 이익을 보기 위해 2. 각 주의 정당으로부터 각 단계는 성취되는데 과학과 문화의 전파와 발전, 보존을 필요로 하는 이런 것들을 포함하는 권리를 완전히 실현하기 위함이다.

4) 1950년에 유네스코의 첫 출판물 『자유와 문화』는 「세계인권선언」의 6가지 문화적 범위에 대한 내용을 수렴. 「교육의 차별에 대항하는 약정」(1960)은 유네스코의 가장 초기 표준협약 중의 하나이고 교육에 대한 권리를 확고히 했다. 유네스코에 의해서 발전된 문화적 권리에 대한 성과들은 다음과 같이 정리할 수 있다. 「인종과 인종차별적 편견에 대한 선언」(1978), 「국제 문화협력의 원칙에 대한 선언」(1966), 「문화적 삶에 많은 사람의 참여와 그에 대한 공헌에 대한 권고」(1976), 「문화정책에 관한 멕시코시티 선언」(1982), 「세계 언어 권리선언」(1996), 「문화적 자산의 소유권에 대한 무허가 수입, 수출 및 교류 방지를 위한 방법에 대한 협약」(1970), 「세계문화와 자연유산의 보호에 대한 협약」(1972), 「도난당했거나 불법으로 유출된 문화유산들에 대한 협약」(1995), 「전통문화와 민속 보호에 대한 권고」(1989), 「문화적 권리에 대한 초안 선언」(1997), 「고등교육 교원의 지위에 관한 권고」(1997), 「발전을 위한 문화정책 국제회의」(1998), 「유네스코 문화다양성 선언」(2003)과 같은 선언문과 권고안의 역사 속에서 문화권의 이념과 내용들이 수렴되었음.

국지적인 특수성이 남아있다. 유네스코의 문화적 권리는 보편성과 국제성의 높은 지위를 가지고 있고, 이러한 보편성과 국제성이 각국의 민족문화의 다양성에 기반하는 것임을 부인할 수 없다. 이 과정에서 문화적 자원은 보존할 가치가 있는 인류의 자산으로 인정받는다. 그러나 중요한 것은 각국의 문화적 권리의 국지적 특수성은 보편적 문제로 환원되기 이전에 고유한 문화운동과 실천의 역사를 가지고 있고, 또한 자본주의 문화독점으로부터 저항하는 소수집단의 문화적 권리를 중요시한다는 점이다. 한국에서의 문화적 권리를 확보하는 운동은 유네스코의 연대 노력에도 불구하고, 여전히 국지적인 실천과제로 남는다. 가령 한국사회에서 문화적 권리를 찾는 운동은 반드시 문화권의 '글로벌 스탠더드'로 대입할 필요는 없는 것이다. 가령 한국에서 스크린쿼터운동은 국제적인 지위에서는 민족문화의 종다양성을 지키기 위한 권리싸움으로 국제 표준화될 수 있지만, 국지적인 상황에서는 소수자 영화의 종다양성을 지키는 문제, 영화노동시장의 문제, WTO 반세계화 민중운동과의 문제로 연계된다.

유네스코가 주도하는 문화권의 국제담론은 국민-국가 간의 문화적 다양성, 혹은 종족문화의 유산을 지키기 위한 문화보존 운동의 차원에서는 의미있는 가치를 담고 있지만, 국민-국가를 넘어서 개인들의 문화자유를 실현하고 문화의 자원을 분배하고 문화생산 수단을 소유할 수 있는 기회를 구체적으로 보장하는 국지적인 실천 의제들에 대해서는 구체적으로 언급하고 있지 못하다. 유네스코와는 별도로 미국 중심의 문화 세계화에 반대하는 국제기구인 <세계문화연대기구>(Coalition for Cultural Diversity) 역시 문화권의 정의를 국민-국가 간 문화다양성의 관점에서 보고자 한다. 1998년 캐나다 퀘벡에서 첫걸음을 뗀 <세계문화연대기구>는 세계 90여 개국 600여 문화단체가 소속된 연대기구로, 문화예술을 자유무역의 대상으로 거래하는 신자유주의 세계화의 물결 속에서, 상품으로서의 경쟁력을 갖지 못한 소수 문화를 보존하여 세계 문화다양성을 증진시키자는 목적으로 결성된 기구이다.5) 지난 2005년 5월 9일 스페인에서 열린 제4차 세계문화연대기구 회의는 10월로 예정되어 있는 유네스코 총회에서 "문화콘텐츠와 예술적 표현의 다양성 보호를 위한 협약"을 채택하기 위한 최종 조정 철자를 거쳤는데, 이 협약의 기본 초안6)은 문화적 표현과 국가 간 문화교류의 다양성을 지지한다는 점에서 WTO나 FTA 무역협상에서 '문화적 예외'의 국제법적 지위를 보장하는 것을 강조하고 있다. 그러나 <세계문화연대기구>가 주도하는 '협약'의 국제법적인 지위 확보는 문화의 종다양성을 지키기 위한 국제 블록을 형성하기 위한 토대를 마련하는 것에 목적이 있는 만큼 국지적인 영역에서 벌어지는 문화운동의 실제적인 실천과제들을 모두 포괄하지 못한다.

문화적 권리에 대한 국제담론은 전통적인 문화의 가치를 존중하고, 국가 별 문화의 고유성을 활성화시키자는 일종의 '글로벌 스탠더드'로 기능한다. '글로벌 스탠더드'로서의 문화권은 집단, 종족, 국가의 문화적 주권을 보호하는 데 적절하지만, 개인들의 다양한 문화권을 옹호하기에는 한계가 뒤따른다. 이는 문화운동으로서의 문화권 투쟁이 글로벌 스탠더드로서의 문화권의 국제담론과 연계할 때 뭔가 구체성이 결여되어 있다는 점을 발견하는 것과 같은 맥락이다. 문화권

---

5) 『연합뉴스』, 2005년 5월 3일자 참고. <세계문화연대기구> 제1차 총회는 2001년 캐나다 몬트리올, 제2차 총회는 2003년 프랑스 파리에서 열렸으며, 제3차 총회는 2004년 6월 세계 57개국 400여 명의 문화전문가와 문화단체 대표들이 모여 서울에서 열렸다.
6) 문화다양성 협약의 제1조 목적 조항을 정리하면 다음과 같다. (a) 문화표현의 다양성에 대한 보호와 증진; (b) 정체성과 가치관, 의미의 전달 매체로서의 문화 상품과 서비스의 독특한 본성을 인정; (c) 문화적 표현의 다양성의 보호와 촉진을 위한 적절한 방안과 문화정책의 채택과 개발 촉진; (d) 여러 문화가 자유롭게 발달하고 상호작용 할 수 있는 체제를 제공; (e) 세계 각 국가들 사이에서 보다 광범위하고 균형 잡힌 문화교류를 보장하기 위해 각 문화와 문명 사이의 대화 장려; (f) 문화적 표현 다양성에 대한 존중을 촉진시키고 국내적·국제적 차원에서 문화적 표현의 다양성의 가치에 대한 인식 증진; (g) 특히 개발도상에 있는 사회가 문화적 표현의 다양성을 보호하고 증진하기 위한 역량을 키울 수 있도록 전 지구적 공동협력으로 국제적 협력과 연대의 강화 등을 규정하고 있다.

에 대한 국제 학자들의 정의7)가 국지적인 실천에서 모두 적용되거나 포함하는 것은 아니다. 문화권을 문화운동의 중요한 실천 아젠다로 설정한다면 추상적이고 보편적인 의미를 넘어서는 구체적이고 실증적인 실천 과제들을 도출해내는 것이 중요하다. 문화적 권리는 보편 대 특수, 전지구화 대 국지화, 제1세계 대 제3세계의 이분법을 넘어서 개인들에게, 혹은 다중주체들에게 부여되어야 하는 권리이기 때문이다.

그렇다면 구체적이고 국지적인 차원에서 문화권은 어떻게 정의될 수 있을까? 문화를 정의하는 방식에 따라 다양하게 기술될 수 있지만, 문화권은 인간의 감성적 활동을 위해 표현할 수 있는 권리, 참여할 수 있는 권리, 접근할 수 있는 권리 등을 주장한다. 문화권을 정의하는 방식에는 대체로 두 개의 서로 다른 함의들이 존재한다고 볼 수 있다. 첫째는 '차이'로서의 문화권이다. 문화권은 문화를 향유하고 있는 사람들의 다양한 차이들을 보호하고, 문화가 다양한 영역으로 발전하고 표현될 수 있도록 하는 권리이다. 차이로서의 문화권은 구체적인 다수의 삶의 양식과 문화적 취향을 차별하지 않는다는 점에서 감성적 차원에서

---

7) 문화권에 대한 학자들의 정의를 정리하면 다음과 같다.
   ○ 문화권은 인간의 보편적 가치를 담고 있는 권리이면서 인권의 구체적인 실천영역(Halina Niec).
   ○ 문화권은 문화유산이나 구체적인 사람들의 문화정체성, 문화발전을 보존하는 데 사용되는 것만이 아니라 어떤 상황에서는 대중들의 권리로 간주된다(Lyndel Prott).
   ○ 문화권은 문화적 발전을 요구할 권리. 집단성의 권리(Rodolfo Stavenhagen).
   ○ 문화권은 집단성의 권리라기보다는 개인적인 권리(Elizabeth Evatt).
   ○ 문화권은 보편성에 대한 욕망이라기보다는 다양성에 대한 욕망(Alice Tay).
   한편 문화권의 주요 항목을 다음과 같이 구분하는 경우도 있다(Birgitta Leander). ① 신체적 문화적 생존 권리, ② 문화공동체와 연계하고 동일화하는 권리, ③ 문화적 정체성을 존경할 권리, ④ 유·무형 문화유산에 대한 권리, ⑤ 종교적 믿음과 실천에 대한 권리, ⑥ 의사 및 표현과 정보의 자유에 대한 권리, ⑦ 교육의 선택과 학습에 관한 권리, ⑧ 문화정책의 내실화에 참여할 권리, ⑨ 문화적 삶에 참여하고 창조할 권리, ⑩ 내적인 발전을 선택할 수 있는 권리, ⑪ 사람들 스스로의 신체적 문화적인 환경에 관한 권리.

의 권리를 강하게 주장할 수 있다. 가령 성적 소수자들의 문화적 욕망이나 창작자들의 표현의 자유, 소수종족들의 언어와 일상 생활양식에서의 자기표현 등이 차이로서의 권리를 의미한다고 볼 수 있다.

차이로서의 문화권은 전통적인 의미에서의 사회복지의 요구를 넘어선다. 이 것은 문화복지의 영역으로 포함할 수 없는 감성의 자유를 함께 주장하는 권리이다. 물론 문화권은 문화복지를 중요한 구성요소로 간주할 수 있다고 본다. 그러나 문화권은 개인의 문화적 감수성의 활성화와 연관되기 때문에 소수자를 위한 혜택이나 배려로 환원될 수 없다. 요컨대 문화복지가 결핍에 따른 '필요'에 근거한 것이라면 문화권은 생산에 따른 '욕망'에 근거한 것이다.

둘째는 접근과 참여[8])로서의 문화권이다. 문화권은 표현의 자유를 확대하는 감성의 자유를 의미하는 것만이 아니라 생산수단을 확보하는 물질적 실천을 의미하기도 한다. 문화권은 시민들이 문화향수를 위해 필요한 각종 문화적 생산수단을 공적으로 확보하고, 문화적 활동에 쉽게 접근할 수 있는 환경을 요구하는 것이다. '접근'과 '참여'로서의 문화권은 문화적 평등과 관련된다. 모든 사람들이 계급과 연령과 성과 지역적인 불평등으로 인하여 차별받지 않고 평등하게 문화생산물에 접근하고 문화활동에 참여할 수 있는 권리가 이에 해당된다. 물론 이때 접근과 참여는 비주류문화가 주류문화로 접근하고, 소외된 주체들의 지배적

---

8) 문화권의 의미를 구체적으로 논의하기 위해 1976년에 유네스코 총회에서 제출되었던 선언문인 「일반대중의 문화생활에 대한 참여 및 기여에 대한 권고」의 내용을 살펴보자. 참고로 본문의 내용은 별도의 설명 없이 요약 제시한다. (가) 문화는 사회생활의 집약된 부분이기 때문에 문화정책은 일반적인 국가정책의 광범위한 분야에 나타날 수 있고, 문화는 그 진수로서 개인이 창조활동에 참여하거나 협력한 결과로서 나타나는 사회적인 현상이다. (나) 문화는 오늘날 인간생활에 있어서 중요한 요인이 되고 있으며, 인류발전에 필수요소의 하나이다. (다) 문화는 단순한 엘리트가 아니라 그것을 모든 도달 가능한 곳에 두기 위한 생산, 수집, 보존하는 작업이나 지식의 축적물이 아니라 한 민족이 과거의 문화나 문화유산 속에서 풍요롭게 생활했던 한 인간이 다른 사람들에게 제공해주는 모델이다.

영역으로의 편입을 의미하지는 않는다. 접근과 참여로서의 문화권은 경제적 평등 분배와는 다르게 자기 삶의 활성화와 연관되어 있다. 물론 문화권은 몇몇 문화예술생산자들의 표현의 자유를 보장하는 것만이 아니라 일반 시민들이 다양한 문화적 표현을 주장할 수 있는 권리를 의미한다. 그것은 또한 창작의 권리만이 아니라 수용의 권리이기도 하다. 즉 문화권은 생산자의 권리와 수용자의 권리 모두를 포함한다. 가령 모든 사람들이 문화예술교육을 받을 수 있는 권리,[9] 문화축제와 문화행사에 참여할 수 있는 권리 등을 생각할 수 있다. 문화에 대한 접근과 문화생활에 대한 참여는 동일한 두 가지 보완적인 양상을 지니는데, 이것은 하나가 다른 것에 영향을 주는 방법을 보면 명백해진다. 즉 접근은 문화생활의 참여를 증대시킬 수도 있으며, 참여는 문화의 참된 의미로서 그것에 부여된 문화에의 접근을 넓혀준다. 참여 없는 문화의 단순한 접근은 문화발전 목표에 반드시 도달하지 못한다. 이러한 접근과 참여의 문제는 생활의 다양한 분야와 생활양식과 연결되는 총체적인 접근에 의해 해결될 수 있다는 것, 그러한 접근은 각 사회 특성에 따라 다양화되어야 하고, 생활을 위한 진정한 설계를 전반적으로 구성하는 데 근본정책이 요구된다. 문화권에 대한 접근과 문화생활에 대한 참여는 대중노동자, 노동단체, 여가시간, 가족생활, 교육훈련, 도시계획 환경 등의 조건을 다루는 전반적인 사회정책에 필수적 요소이다.

---

[9] 2000년에 프랑스 자크 랑 교육부장관이 선언한 문화예술교육 5개년 계획의 기본 취지를 보라. 1) 더 이상 예술은 교육제도의 보완물, 우선적으로 다른 교과목을 교육한 이후에 실시하는 교육, "근본적, 기초적" 교과목에 치우쳐 도외시하는 과목으로 생각하지 않는다, 2) 예술실기활동을 활성화하고 문화에 대한 접근기회를 확대한다, 3) 예술교육을 위해 가장 적합한 곳은 학교이다. 어린 나이에 예술작품을 일찍 접할 수 있도록 해주기에 가장 적합하다. 또 예술, 문화에 대한 접근기회의 불평등을 해소할 수 있다. 이는 문화적 소외자, 불평등자에게 균등한 기회를 제공해 줄 수 있다, 4) 감성은 이성과 불가분의 관계이며, 어린이는 이성과 감성이 조화롭게 상호보완적으로 계발할 때만이 균형있고, 조화로운 자아계발을 할 수 있다. 5) 문화활동은 공동체 내에서 살아가는 법을 배우게 해주는 씨앗 같은 것이며 합창이나, 연극, 무용을 통하여 어린이들은 창의적이고 건설적인 토대 위에서 자신의 정체성을 정립할 수 있다.

차이로서의 문화권과 접근과 참여로서의 문화권은 감성적인 것과 물질적인 것, 주체화양식과 생산관계 사이의 관계라고 할 수 있다. 문화권은 제도나 법으로 실현할 수 있는 차원을 넘어서 개인의 표현과 감각을 통해서 획득된다. 문화권은 제도로서 실현되는 것도 있지만, 근본적으로는 인간의 욕망에 대한 것이기 때문이다. 물론 문화권이 욕망의 문제라 해서, 그것이 실현되는 과정에 일정한 제도적 장치나 정책적 개입이 불필요하다고 말하는 것은 아니다. 문화의 공공성 확보나 공적 서비스의 제도적 완성은 문화권 확보를 위한 중요한 실천과제 중의 하나이다. 그러나 문화권은 공적 서비스의 통합적 운영이나 공공성의 제도화로는 근본적으로 해결될 수 없는 개별성, 다중성의 차이들을 가지고 있다. 어떤 점에서 문화의 공적 서비스는 그러한 문화권의 차이를 극대화할 수 있는 제도적 장치로서 기능하는 점에서만 유의미하다. 사실 문화적 차이야말로 '보편적 공공성'으로 설명될 수 없는 부분이기 때문이다.

결국 문화권은 문화민주주의를 실현하기 위한 구체적인 시민의 요구를 담고 있다. 문화민주주의를 위한 시민들의 문화적 권리는 문화적 행복, 문화적 쾌락을 위한 권리이며 이는 하나의 권리로 말할 수 없다. 문화권은 '보편적인 시민'으로 단일화할 수 없는 서로 많은 차이를 가진 '다중'(multitude)의 문화를 의미한다. 노동자, 여성, 청소년의 문화적 권리들은 서로 동일한 것은 아니지만, 인간의 삶을 더욱 풍요롭게 만들 수 있다는 점에서 공통점을 가지고 있다.

3. 문화권의 문화정세

그렇다면 문화권의 국지적 실천들이 중요해지는 문화정세는 어떻게 파악할 수 있을까? 먼저 언급할 것은 문화적 종다양성의 위기이다. 문화적 종다양성의 위기는 이중적 위기에서 비롯된다. 주지하듯이 WTO, 한미일투자협정에 따른 문화 부분에 대한 개방 압력이 거세지면서 자국의 문화인프라와 정체성이 위협을 받고 있는 상황이다. 미국은 현행 스크린쿼터제를 폐지하거나 대폭 축소할 것을 요구하고 있고, 지적서비스업의 지적재산권을 배타적으로 독점하기 위해 문화산업 분야 전체의 시장개방과 철저한 저작권 보호를 주장하고 있다. 내적으로는 한국의 대중문화 산업의 인프라 역시 문화콘텐츠의 빈곤에 시달리고, 종다양성을 스스로 파괴하는 상황에 있다. 음반산업의 전체 규모는 갈수록 줄어들고 있지만, 오히려 소수 음반제작사의 독점율은 높아지고 있는 실정이고, 이로 인해 음악장르의 균형있는 공존은 이미 파괴된 지 오래다. 독립문화나 비주류문화 역시 90년대 중반까지 한 때 주목받기에 이르렀지만, 독점문화 자본에 흡수당하거나 취약한 자본으로 인해 자기시장을 잃고 있는 상황이다. 영화산업 역시 작년에 평론가들 사이에서 줄곧 지적되었다시피, 영화적 콘텐츠의 종다양성을 확보하는 데 실패했고, 이를 조장하다시피한 유통 배급망 역시 갈수록 독점화되고 있다. 문화적 종다양성의 위기는 단지 문화산업의 독점화 획일화가 심화되는 문제만을 낳는 것이 아니라 결과적으로 대중들의 문화적 소비의 다양성을 가로막는 악재로 등장한다. 이는 곧 문화적 감수성의 위기를 낳을 수 있으며 소수문화 주체들의 표현의 권리의 박탈과 소수문화적 취향들의 소멸을 야기할 수 있다.

둘째, 대량 소비문화의 확산으로 문화비용이 증대되었다는 점이다. 일상에서 일반 대중들의 문화체험은 갈수록 증가하고 있다. 극장관람객의 증가, 스포츠경기관람, 멀티미디어수용확대, 공연관람 등 문화생활 지수는 과거보다 크게 증가한 상황이다. 그에 따라 자연스럽게 대중들의 문화비용이 갈수록 증가하고 있다. 고가의 문화관람료, 과잉책정된 인터넷·모바일 통신요금, 늘어나는 관광여가비용 등 개인이 지불해야 하는 문화비용은 갈수록 늘어나고 있다. 이렇듯 해가 거듭될수록 대중들의 문화적 비용은 증가할 것으로 예상할 수 있는데, 대중들의 문화적 비용의 증가를 사적 문화자본의 시장에 그대로 방임할 경우 대중들의 문화비용의 부담이 클 것으로 예상할 수 있다. 문화비용의 증가는 문화적 소비에 있어 계층 간의 심각한 격차를 야기할 수 있고, 그에 따른 문화적 소외가 발생할 수도 있다. 물론 대중의 문화 소비는 전적으로 사적인 영역에서 선택의 문제일 수 있지만, 문화비용의 적정 수준에 대한 요구와 문화적 공공영역의 증대로 인해 비용의 공적 부담을 늘려나가는 적극적 제안을 제기할 수도 있겠다. 정부는 시민들의 문화향수권을 높이기 위해 문화의 집이나 주민문화센터 건립을 전국적으로 확대한다고 하지만, 실제적으로 프로그램의 빈곤과 열악한 재정으로 인해 시민들의 문화향수권을 높이기 위한 문화적 비용들을 부담하는 데는 큰 한계를 가지고 있다. 이러한 상황에서 문화의 공공성을 높일 수 있는 대안으로 문화적 생산수단을 공유할 수 있는 퍼블릭 액세스 운동이 필요한 시점이다.

셋째, 노동시간의 단축이다. 노동운동 진영에서 작년 2004년 중요한 이슈 중의 하나가 노동시간 단축이었고, 그와 연동하여 주 5일 근무제의 본격실시를 주장했다. 국정홍보처가 자체 조사한 바에 의하면, 국민들의 74%가 주 5일 근무제를 찬성하는 것으로 나타났다. 또한 주 5일 근무제 시행으로 인한 기대효과로는 같은 맥락에서 '근로자의 삶의 질 향상으로 인한 노동생산성 향상'(53.4%)이 가장 많았고 그 다음으로, 일자리 나누기로 인한 고용창출(25.5%), 관광·문화·교육산업의 활성화(18.5%) 등으로 생각하는 것으로 조사됐다.(『연합뉴스』, 2001년 8월 2일자 참고)

설문조사에서도 드러났듯이 주 5일 근무제에 대한 기대효과에서 문화여가 생활의 활성화 부분이 그리 높은 수치로 나타나지는 않았고, 실제로 주 5일 근무제에 따른 대중들의 문화생활의 변화에 대한 분석이 거의 나타나지 않은 점을 지적할 수 있다. 이는 노동운동이나 문화운동계 내부에서 주 5일 근무제의 실시에 따른 대중들의 문화생활의 변화에 대한 문화정책이 부재하는 것을 보여주면서, 노동시간의 단축에 따른 문화적 파급효과가 현재로서는 그리 크지 않을 것이라는 판단을 가능케 해준다. 한 여론조사에 따르면 한국인의 여가시간 중에서 가장 큰 비율을 차지하는 것이 수면과 텔레비전 시청, 그리고 종교생활이라는 결과에서 나타났듯이 주 5일 근무제가 실시되면 자연스럽게 문화생활의 시간투여나 만족도가 높아질 것으로 낙관할 수 없다. 그러나 이러한 전망이 주 5일 근무제에 따른 비노동시간의 증대가 대중들의 문화생활의 확대와는 무관하게 진행된다는 것을 지시하지는 않는다. 사실 비노동시간의 증대가 문화생활의 확대로 곧바로 이어지는 것은 아니지만, 노동시간 단축 본래의 취지에 부합하는 대안으로서 문화생활의 활성화는 중요한 실천과제인 것은 분명하다.

마지막으로 문화의 독점화 경향과 함께 다양한 형태의 소수문화의 출현도 중요한 문화정세로 읽어야 한다. 물론 문화의 독점화 경향으로 인해 소수문화의 자기시장이 그리 활성화되었다고 보긴 어렵지만, 비주류 문화공간의 형태에서 다양한 차이를 드러내는 문화행동들은 나름대로 자신의 공간을 넓혀나가고 있는 중이다. 예컨대 청년세대들의 문화적 커뮤니티의 확대, 여성문화운동의 다양화, 동성애자들의 문화적 참여의 확대, 섹슈얼리티의 진보에 대한 요구 등이 이른바 소수문화의 진지전을 가동시키고 있는 중이다. 소수문화의 활성화에서 우리가 주목할 점은 바로 문화적 차이의 인정이고, 이들의 표현의 자유를 최대한 보장해 주는 토대를 마련하는 것이다. 세대적, 성적, 성애적, 지역적 소수자들의 문화적 취향의 차이의 인정을 위해 지금 문화운동 진영에는 하나의 전선이 형성되었다고 볼 수 있고, 이러한 전선은 소수자와 국가권력과의 대립, 소수문화 주체와 주류문화 주체와의 대립을 낳고 있다.

4. 문화적 권리 투쟁을 위한 문화운동의 전개과정

1990년대 문화운동의 쇠퇴가 사회주의 이념과 조직 체계에 근거한 문화기반들의 해체로 이어졌지만, 반대로 새로운 형태의 문화행동과 실천 그룹들이 출연했다. 민중지향적인 노래패들의 다원화와 함께, 청년세대를 중심으로 비주류 음악신이 만들어지기 시작했고, 영화운동의 경우에는 독립영화협회를 비롯하여 다양한 영화단체들이 결성되었다. 미술운동 분야에서는 젊은 세대들이 중심이 되어 대안문화공간을 만들고자 하는 운동들이 일어났고, 프린지문화의 연대를 위해 독립예술제가 개최되기도 했다.10) 1990년대 말에는 기존 문화예술창작자들을 중심으로 하는 문화운동 조직의 쇠퇴 기로에서 새로운 시민문화운동을 표방한 조직이 만들어지기도 했다. 1990년대 후반부터 진행된 새로운 형태의 문화운동과 문화활동을 종합해보면, 대체로 문화적 독점에 대한 반대와 개인의 문화적 감성의 활성화, 문화적 공공성 확보를 위한 실천으로 요약할 수 있지 않을까 싶다. 이러한 세 가지 문화운동의 흐름들은 각자 나름의 특별함이 있지만, 점차로 상업화되고 독점화되는 문화현실에 대응하여 개인과 집단의 문화적 권리를 지켜내고 확대하는 운동으로 그 공통분모를 찾을 수 있지 않을까 싶다. 새로운 문화운동은 소수의 창작자들만이 아니라 대중들의 문화적 권리의 중요성을 인식시켜 주었고, 문화적 권리는 새로운 문화운동을 통해서 그 영역이 확대되었다. 문화운동은 이제 이념과 조직의 테두리를 벗어던지고 감성과 표현의 자율성을 극대화하고, 제도와 공공성의 문화정책에 개입하기 시작했다. 문화권을 적극적으로 실천하기 위해서 우리가 어떤 대상들을 발견할 수 있을지 본다면 다음과 같이 정리할 수 있지 않을까 싶다.

이상과 같은 문화권의 실천 사례들을 일일이 설명하는 것은 지면이 허락하지 않을 뿐 아니라 문화권의 실천적 의미들을 강조하는 취지에도 적합하지 않다.11)

---

10) 이와 관련해서 이동연, 「프린지문화의 반란과 청년문화의 정치학」, 『대중문화연구와 문화비평』를 참고하기 바란다.
11) 문화권의 구체적인 실천사례들과 정책모델에 대해서는 국가인권위원회에서 발간한 『경제·사회·문화적 권리 국가인권정책 기본계획 수립을 위한 문화권 기초현황조사』(문

운동영역	문제설정	이론적 검토	구체적인 실천사례
표현의 자유의 권리	문화생산자의 권리 문화소비자의 권리	만들 권리 볼 권리 감수성의 정치	·표현의자유침해법률개폐 ·성인영화전용관 운영 ·음란물에 대한 사회운동 ·청소년들의 문화적 권리
소수자의 문화적 권리	·청소년 문화권 ·동성애 문화권 ·기층노동자문화권 ·노인장애인문화권 ·이주노동자문화권	소수자의 정의 소수문화의 검토	·대안적 청소년문화활동 확대 ·청소년관련시설의 개혁 ·동성애문화커뮤니티 확대 ·노인들의 문화교육프로그램 ·이주노동자 문화적 활동보장
문화적 접근의 권리	·퍼블릭 액세스운동 ·문화시설의 공공성 ·정보격차 극복 ·주 5일근무제 실시 ·시청자주권운동	공공문화의 정의 퍼블릭 액세스운동의 과정학습	·문화기반시설의 이용확대방안 ·영상미디어센터의 활용방안 ·시민들의 자치문화활성화 ·문화공공시설 개혁운동 ·방송, 언론 시민프로모니터링
문화공공 서비스의 권리	·문화비용의 증가 ·문화수용의 공공서비스강화 ·주 5일 근무제실시	공공문화서비스의 개념, 노동과 여가의 이론적인 쟁점	·문화이용료 인하 운동 ·문화공공시설 이용 개혁 ·문화소외자의 문화향수권 확대 프로그램
문화교육의 권리	·평생교육권 ·문화재생산교육 ·문화 사교육비 증가	문화교육의 이념과 방법	·주민자치센터 프로그램운영 ·가정에서의 문화교육프로그램 ·문화노동인력의 활용 방안
공간환경의 권리	·도시생태권 ·도심속에서 걷기 ·일상문화와 라이프스타일	·문화, 도시, 생태에 대한 이론학습	·난개발반대 문화행동 ·보행권 확대 ·도시생태공간의 확대

따라서 이 글에서는 이러한 문화권의 영역이 갖는 문화운동적인 맥락을 설명하고 그것이 우리 시대의 문화운동의 새로운 좌표를 그릴 때 왜 중요한지를 제안하는 것으로 국한하고자 한다.

첫째, 표현의 자유 운동은 이념, 사상의 표현의 자유를 옹호하는 것에서 성표현물에 대한 자유를 옹호하는 것으로 확대되면서 이른바 문화적 진보와 정치적 진보의 균열을 낳게 만들었다. 이러한 균열은 표현의 자유를 주장할 수 있는

화사회연구소, 위탁연구, 2004)을 참고하기 바란다.

문화적 권리의 주체에 대한 재고, 문화적 표현물의 창작 행위와 가치의 분화, 문화적 표현의 확대를 위한 제도적 실천의 중요성을 일깨워주게 했다. 기존의 문화운동에서 표현의 자유는 대체로 본격 예술의 범주에 국한되는 경우가 많았다. 적어도 1990년대 초반까지만 해도 마광수나 장정일의 소설들이 진보적인 문화운동 진영에서 옹호를 받을 수 없는 것이 사실이었다. 그러나 2000년 들어 장선우 감독의 <거짓말>, 이현세의 『천국의 신화』, 박진영의 <게임>과 같은 대중매체의 표현물이 진보적인 문화운동진영으로부터 옹호를 받게 된 것은 창작자의 문화적 권리에 대한 급진적인 지지에서 비롯된 바가 크다. 표현의 자유를 옹호하는 이면에는 창작의 가치보다는 창작의 행위를 더 중요하게 보려는 논리가 숨어있는데, 이는 작품의 가치와 상업성 이전에 창작행위는 고유하게 보호되어야 한다는 이유 때문이었다. 따라서 표현의 자유 운동은 개별 창작자들에 대한 지지와 옹호를 넘어서 표현할 수 있는 환경을 바꾸는 운동으로 나가는 것이 자연스러웠다. 즉 특정한 창작자에 대한 옹호가 아닌 모든 사람들이 표현의 자유를 보장받을 수 있는 환경을 제도적으로 마련하는 것이 더 중요한 운동이 되는 셈이다. 청소년보호법 폐지운동이나 포르노그래피 허용, 성인영화전용관의 도입과 같은 제도적 실천들은 표현의 권리의 사회적 보장을 획득하기 위한 것이었다.

둘째, 소수자에 대한 문화적 권리를 주장하는 것이 문화운동의 중요한 전환점을 지시해주는 것이었다. 특히 성적소수자와 여성 청소년, 장애인의 문화적 차별에 반대하는 운동들은 인터넷 내용등급제 폐지운동, 청소년보호법 폐지운동, 가부장제 문화이데올로기에 대한 문화반란, 장애인의 문화접근권 확보운동 등의 사례들을 남겼다. 소수자에 대한 문화운동이 갖는 의미는 계급과 민족 모순을 중심으로 하는 문화운동이 문화의 다층적인 주체화과정에 대한 관심으로 전환했고, 급진적인 문화적 표현과 욕망의 의미화과정을 중시했고, 사회 적대

계급의 이데올로기 다층성을 이해했다는 것에 의의를 찾을 수 있을 것이다. 가령 청소년보호법 시행령에 명시된 청소년유해매체 고시 부분에 동성애 조항이 삭제되기까지 2년이 넘게 걸린 것이나, 청소년들의 문화적 볼 권리가 18세 연령으로 제한되고 이것이 갈수록 더 강화되고 있다는 점을 고려해볼 때, 문화적 보수주의 정서가 얼마나 내면화되고 있는지를 알게 한다. 우리 사회 소수자들에 대한 문화적 권리투쟁은 제도적인 싸움이면서 대중들 속에 내면화된 관습을 벗겨내는 일이기도 하다.

셋째, 문화의 공공성을 확대하는 문화운동 역시 새로운 패러다임을 지향한다고 볼 수 있다. 문화공공성은 국가 영역과 시민사회 영역에 걸쳐져 있는 토픽이다. 과거 문화운동의 경우 문화공공성은 주로 국가장치의 영역으로 환원되곤 했는데, 시민사회가 관변화된 시대를 상기해보면 충분히 이해할 만하다. 시민사회의 관변화는 특히 문화기반시설의 관변화로 이어지는데, 권위주의 정권시절 공공문화기반시설은 국가의 문화관료주의를 재생산하는 국가장치였다. 그러나 문화에서 공공영역이 시민사회의 영역으로 넓어지는 과정을 거치면서 문화공공영역을 어떻게 재구조화할 것인가 하는 것은 문화운동이 개입하는 문화정책에 있어 중요한 실천 토픽이었다. 대중들이 문화적으로 접근할 수 있는 기회를 넓히고,[12] 사적인 비용을 최소화하여 문화향수를 즐길 수 있는 기회를 제공하는 것 등은 문화정책의 중요한 전환점을 몰고 왔다.

---

[12] 문화적 접근권은 문화적 비용을 들이지 않고, 다수의 대중들이 문화적 자기활동을 보장받을 수 있는 권리를 의미한다. 서구에서는 이미 '퍼블릭 액세스'(public access) 운동이 활발하게 전개되어 미디어, 문화시설 분야에 대중들의 접근을 용이하게 만들고 있다. 문화적 접근권은 크게 4가지로 구분되는데, 첫째는 미디어 수용과 생산과정에서의 시청자들의 의견을 적극반영하는 '미디어접근권'과 둘째는 문화시설을 쉽고 저렴하게 사용할 수 있는 '문화공간 접근권', 셋째, 디지털 시대에 정보격차(digital devide)를 줄일 수 있는 '정보접근권', 마지막으로 문화적 재능과 감성을 교육받을 수 있는 '교육접근권'이다.

마지막으로 문화운동이 환경과 생태운동과 접속하면서 문화공간과 일상영역에서의 문화적 의미가 강조되었다는 점이다. 이로써 문화의 권리는 문화텍스트의 생산과 소비에 국한되지 않고 도시경관, 자연환경, 일상의 라이프스타일 전체에 스며들게 된다. 가령 용산미군기지의 생태공원화, 난개발 반대와 녹지운동, 청계천의 역사문화공간으로의 복원운동과 같은 실천들은 문화적 권리에서 일상과 생태가 얼마나 중요한 것인가를 알게 해주었다.

5. 맺는 말 - 사회운동의 장으로서 문화운동

지금까지 언급한 문화적 권리 운동들은 단순한 나열에 불과하다. 단순하게 나열할 수밖에 없었던 이유는 이러한 사례들이 서로 연계된 사회운동으로 발전하지 않았기 때문이다. 표현의 자유 운동은 그것대로, 문화적 공공성의 투쟁은 그것대로 각자의 발화방식에 의거하여 전개되었다. 이러한 문화적 투쟁들이 공동의 투쟁으로 연계되기 어려울 정도로 서로의 관심사와 목적이 분화된 것도 없지 않지만, 이러한 개별운동들이 왜 사회적 투쟁에 있어 중요하고 서로 연계해야 하는지가 제시되지 않는 탓이 크지 않나 싶다. 특히 좌파운동이 사회운동을 재조직화하는 과정에서 이러한 문화적 권리투쟁의 사례들을 자신들의 실천 의제로 적극적으로 전유하려는 노력들이 부족한 것도 지적되어야 할 듯싶다. 문화적 권리 투쟁이 좌파운동의 사회적 재조직화에 있어 새롭고도 중요한 연대지점이라는 것을 설득력있게 제시해야 하는 것은 현재 문화운동이 담당해야 할 몫이다. 물론 이러한 문제는 메타-내러티브적인 정의로 결정되기보다는 실제 문화적 권리 투쟁들의 사회적 조직화에서 결정될 것이다. 문화적 권리 투쟁이 사회운동의 새로운 실천 에너지가 되기 위해서는 어떤 토픽들이 논의되어야 할까?

먼저, 다양한 문화적 권리 투쟁의 사회적 의미에 대한 담론화가 필요하다. 지금까지 문화권 운동은 "계급 이후", 혹은 "계급을 넘어서"라는 슬로건을 강하게 주장했다면, 지금은 "계급을 포함해서"라는 슬로건으로 재조직하는 것이 중요하다. 지금까지 문화권 운동의 사례들 중에서 계급적인 관점에서 다룬 것들은 거의 없다고 해도 과언이 아니다. 문화권을 계급의 관점에서 재구성하는 것은 차이와 모순을 함께 보자는 취지를 가지고 있고, 문화적 권리 투쟁이 사회구성의 불평들과 모순을 위한 싸움이라는 것을 재고하는 의미를 가지고 있다. 차이와 모순이 함께 극복될 수 있는 문화권 투쟁은 노동자문화운동의 담론 속에서도 각인되어야 할뿐 아니라 다른 다원화된 운동의 담론 안에서도 각인되어야 한다.

둘째, 문화적 권리의 자율적 표현 수단과 공적 생산수단의 이중적 확보를 위한 투쟁이 필요하다. 앞서 언급했던 대로 문화권은 감성적인 권리이면서 생산수단의 권리이기도 하다. 생산수단 없는 감성의 권리는 물적인 토대 확보 없이 구호로 그치기 쉬우며, 반대로 감성이 없는 생산수단의 확보는 제도적인 관철이기 쉽다. 이러한 이중적 권리의 접속은 현실 속에서 관철시키기가 대단히 어렵다. 가령 미디어액트운동이나 정보운동에서 일정한 물적 토대를 확보할 경우에 항상 문화적 정서와 감수성의 영역에서 문화적 관료집단과 마찰을 빚는 경우가 많다. 그런 점에서 문화공공인프라의 형질전환에서 문화감수성의 정치는 헤게모니 전략에 있어 중요한 문화운동의 전략이다.

셋째, 서로 다른 문화적 권리 투쟁들 간의 연대와 네트워크가 필요하다. 노동자문화운동과 성적소수자와의 연대, 장애인과 여성문화운동의 연대, 정보문화운동과 표현의 자유운동과의 연대 등은 서로 다른 심급 하에 있는 문화집단들과 문화의제들이 서로 가로질러가게 만든다. 문화적 권리의 문제는 주체화양식에 있어서는 항상 보완적이다. 여성, 청소년, 장애인, 노동자의 주체화양식은 항상 다른 주체들과 상호보완적일 수밖에 없기 때문이다. 문화권 투쟁이 사회적 적대

계급에의 저항이면서 동시에 사회적 연대 주체들 간의 공동의 대응일 수밖에 없는 것은 주체의 권리는 언제나 동일하지 않기 때문이다. 문화권을 위한 문화운동의 그간 과정에서 특히 이러한 연대는 희박하게 이루어지고 있다. 서로 다른 문화적 권리의 차이를 가진 집단들 간의 연대와 네트워크를 통해서 상호보완적이고 삼투적인 사회적 관계를 형성하는 것이 중요하다.

마지막으로 문화적 권리투쟁에 있어 급진적 표현수단과 사건의 조직화가 필요하다. 문화권의 언어적 표현은 행동의 함의만큼 급진적이지 못한 측면이 많다. 내용은 급진적인데, 형식은 보수적인 문화운동의 일반적인 관행으로부터 벗어나기 위해서는 다양한 형태의 문화적 사건들을 현장에서 일으키는 시도들이 기도될 필요가 있다. 문화권을 행사하는 것은 행동을 통한 재현의 행위가 아니라 그 자체로 행위 속에 각인된다. 스쾃의 문화권리는 점거하는 행위를 통해 실현되는 것이며, 포르노그래피의 문화권리는 포르노그래피의 행위 속에서 실현되는 것이다. 지금까지 문화권 투쟁은 사건 안에서보다는 담론 안에서 구성되는 경우가 지배적이었다. 사건이 담론을 구성하는 현장에서의 문화적 권리의 발견이 더 요청된다. 이를 위해 사회적 소수자들에 의한(대한) 문화행동을 일상적으로 조직해보자.

04

문화연대가 꿈꿔온 '문화사회'의 궤적들:
'표현의 자유'에서 '광장의 정치'까지

1. 들어가는 말―'문화연대'가 닻을 올리다

　1999년 '영화인회의'에서 단칸방 셋방살이로 시작한 문화연대가 어느덧 열돌을 맞이했다. 10년 동안 많은 우여곡절을 겪긴 했지만, 살림살이는 그런대로 큰 빚은 지지 않고 지낼 만큼 지혜로워져 어려운 시절을 근근이 견뎌내고 있다. 문화연대의 지난 10년의 궤적은 어찌 보면 새로운 세기 문화운동의 희망과 한계를 그대로 보여준 파노라마 같다. 문화로 행복한 세상을 만들고자 출발한 문화연대의 활동들은 문화의 전 영역들을 가로질러가면서 우리 사회 문화민주주의, 문화사회로 가는 새 길을 닦는 데 기여했지만, 아직은 많은 사람들에게 가야 할 길에 대한 친절한 길라잡이 역할을 하지 못하고 있다. 문화연대는 본래 꿈꾸고자 했던 것들을 제대로 현실의 세상에 옮겨 놓고 있는 것일까? 초심으로 돌아

간다는 뜻에서 문화연대의 발족선언문 전문을 길지만, 모두 옮겨 놓고자 한다.

오늘 우리는 '문화연대'를 창립하고자 한다. 문화연대를 창립하려는 것은 문화가 꽃피는 사회, '문화사회'를 건설하기 위함이다. 문화사회는 개인들이 타인과 연대와 호혜의 관계를 유지하면서도 자신의 꿈과 희망과 욕망을 최대한 구현하며 공생할 수 있는 사회이다. 문화사회는 따라서 삶을 자율적으로 꾸려나갈 수단과 조건이 갖추어진 사회요, 인간과 인간 그리고 인간과 자연 사이에 착취나 억압, 파괴가 더 이상 일어나지 않는 사회이다.

그동안 우리사회는 경제발전을 사회발전의 유일한 방식인 양 여긴 결과 삶의 터전을 오히려 황폐하게 만들었다. 이제는 사회발전의 목표와 방향을 바꿀 시점이다. 사회발전은 인간을 위한 발전이며, '인간발전'을 이루려면 문화의 발전은 필수적이다. 문화의 시각에서 볼 때 경제적 이익이나 정치적 권력보다 꿈과 상상과 자아의 실현이 더 소중할 수 있다. 이제 이윤 축적을 위한 착취나 개발, 권력 획득을 위한 억압, 지배 유지를 위한 통제를 능사로 여기는 태도를 버리고 '문화적 관점'에서 사회발전을 시도할 때가 되었다.

문화발전을 위해서는 문화적 관점을 채택하는 것만이 아니라 문화의 중요성을 사회적으로 인식하고 새로운 문화발전의 과제와 전망을 본격적인 '사회적 의제'로 떠올리는 일이 필요하다. 현재 우리 사회는 곳곳에서 '개혁'의 필요성이 제기되고 있지만 문화 분야만 유독 개혁의 '사각지대'인 양 방치되어 있다. 우리는 문화연대의 창립을 통해 문화개혁을 사회적 의제로 만들어 강력하게 추진하고자 한다.

문화개혁에서 필요한 일은 우리의 삶과 문화를 왜곡시키는 관행, 의식, 제도, 전통, 정책 등을 근절하는 것이다. 우리문화의 수준을 낮추고, 문화를 왜곡하고, '인간발전'의 기회를 앗아가는 집단과 세력에 대한 감시도 필요하다. 오늘날 가장 큰 문화권력을 행사하는 것은 국가와 시장, 그리고 문화제국주의 세력이다. 문화연대는 국가기관과 자본에 의한 문화 권력 및 자원의 독점 경향, 다국적 문화산업의 문화주권 침탈에 따른 문제점을 비판하고 시정하는 노력을 기울일 것이다.

문화개혁의 목적은 우리사회의 문화 역량과 창조성을 높이는 데 있다. 한 사회의 창조성은 구성원들이 자유와 평등, 연대와 호혜 속에서 각자 꿈을 펼치고, 마음껏 자신들을 표현할 수 있을 때 마련된다. 이를 위해서는 모두 자유롭게 자기 생각과 행위를 표현할 수 있는 자유를 누릴 뿐만 아니라 표현 수단까지 확보할 수 있어야 한다. 계급, 민족, 성, 세대, 지역, 직업 등의 차이와 무관하게 '문화적 권리'를 보장받는 사회를 만드는 것도 필요하다. 문화 역량과 사회적 창조성은 이런 문화적 다양성이 전제된 이후 차이가 만들어낸 조화로 민족문화, 대중문화, 예술문화, 소수문화가 꽃필 때 비로소 확보될 수 있을 것이다. 문화의 영역에서, 문화의 힘으로, 시민과 전문가가 참여와 연대를 통해 문화의 민주화를 실현하고 문화의 사회적 공공성을 높여 '민주적 시민사회'를 구현하는 것이 우리의 목표다. 우리는 이를 위해 예술운동, 지식인운동, 시민사회운동과 연대할 필요를 느끼며, 각계각층, 제반 분야에서 활동하는 시민, 주민, 주부, 학생, 노동자, 여성, 전문가, 지식인, 예술가의 참여를 환영한다. 이제 우리 자신이 나서서 문화를 바꾸고 세상을 바꿀 때다. 자유와 평등과 연대의 토대 위에서 최대한 자아실현을 할 수 있는 사회를 우리 스스로 만들자. 창조성을 드높이 구현하고 개성을 표현하면서도 공생이 가능한 사회, 문화사회를 만들자. 문화사회 건설을 위한 문화연대 만세!

창립 선언문에도 언급되었듯이 문화연대는 "문화가 꽃피는 사회, '문화사회'를 건설하기"위해 발족했다. 문화연대는 현실사회주의의 해체, 문민정부의 출범, 후기자본주의와 소비사회의 본격 등장과 같은 한국사회의 새로운 사회성격의 변화에 조응하는 문화운동의 전화를 기획하고자, "문화개혁을위한시민연대"라는 이름으로 태동했다. 기존의 문화운동 조직들은 대개 전문 문화예술 창작자

중심으로 구성되었다. 기존의 문화운동 조직은 대부분 연합체의 성격을 가지지만, 전통적인 문화예술 장르들의 분과들이 단순하게 결합된 형태로 존재했다. 대표적인 예가 <한국민족예술인총연합>으로서 민예총은 지역별 장르별 분회·분과 조직을 가지고 민족예술의 진보적 운동과 전문예술가들의 창작활동을 지원하는 조직이다. 그러나 전통적인 문화예술의 영역이 점차로 해체되고 있고, 비전문가적 문화예술의 공간과 취향들이 확대되고 있으며, 글로벌 문화자본의 독점화가 강화되고 있는 새로운 문화환경에서 전문예술가 중심의 문화운동은 한계를 맞을 수밖에 없게 되었다. 문화운동은 점차로 전문문화예술인 중심에서 시민 중심으로, 창작적 실천에서 문화공공성 구축으로, 이념적 실천에서 제도적 실천으로 그 방향이 전환될 필요성이 제기되면서, 1990년대 말 시민문화운동의 조직화를 기획하려는 움직임들이 생겨나기 시작했다.

문화연대는 이러한 문화운동의 전화를 목적으로 결성된 최초의 문화 NGO 단체이다. 문화연대의 출범은 한국 문화운동의 역사에서 몇 가지 중요한 전환점을 시사해 준다. 먼저, 문화연대는 문화예술 분야에서도 시민운동이 필요하다는 문제를 제기함으로써, 그간의 문화운동의 방향을 전면적으로 수정하려는 기획을 가지고 있다고 볼 수 있다.[1] 시민 중심의 문화운동은 문화운동의 대상과 주체, 그리고 실천과제에 대한 인식의 전환을 가져왔다. 요컨대 문화운동은 문화예술들의 창작적인 실천을 중시하기보다는 그러한 창작활동을 가능케 하는

---

[1] 문화연대 창립선언문 전문 중에서 아래의 인용문을 보라. "사회발전을 위해서는 문화적 관점을 채택하는 것만이 아니라 문화의 중요성을 사회적으로 인식하고 새로운 문화발전의 과제와 전망을 본격적인 '사회적 의제'로 떠올리는 일이 필요하다. 문화개혁에서 필요한 일은 우리의 삶과 문화를 왜곡시키는 관행, 의식, 제도, 전통, 정책 등을 근절하는 것이다. 오늘날 가장 큰 문화권력을 행사하는 것은 국가와 시장, 그리고 문화제국주의 세력이다. 문화연대는 국가기관과 자본에 의한 문화 권력 및 자원의 독점 경향, 다국적 문화산업의 문화주권 침탈에 따른 문제점을 비판하고 시정하는 노력을 기울일 때다"(『문화연대 창립대회 자료집』, 1999).

제도개혁을 중시하며, 문화예술의 창작환경 개선 역시 전문문화예술가들만을 위한 것이 아니라 시민들의 문화적 향수와 문화적 권리를 확대하기 위한 것이다. 그런 점에서 전문예술가들도 특정한 창조자보다는 시민주체로서 문화활동에 참여하는 것으로 간주되어야 하며, 시민들도 문화예술의 소비자나 수용자만이 아니라 문화생산과 문화적 과정의 주체로 참여할 수 있도록 해야 한다. 둘째 시민문화운동은 국가와 시장으로부터 완전히 자유로운 독립적 영역을 구축하려했던 기존의 문화운동과는 다르게 국가와 시장을 지속적으로 견제하면서, 이 두 영역으로 환원되지 않는 제3의 영역을 창출하려는 기획을 가지고 있다. 문화예술운동에서 시민문화운동의 출현은 국가와 시장을 극복하는 제3항의 대안으로서 의미를 지니고 있지만, 제3항으로서의 문화적 영토가 개인들의 자율적 문화활동의 보장과 문화적 욕구의 극대화를 꿈꾼다는 점에서 국가와 시장에 대한 탈근대적 전복을 기도하고 있다고도 볼 수 있다. 마지막으로 문화연대의 활동방식과 실천의제들은 기존의 전통적인 문화개념과 문화장르들을 해체하려는 데서 출발한다. 문화는 정치경제의 부차적인 산물이고, 문화의 민주화 역시 정치경제적 민주화 이후에 자연스럽게 주어질 것으로 보려는 목적론에 반대하며, 문화와 비문화적인 것, 문화의 생산과 소비의 구별을 없애고자 하며, 문화개혁을 위한 법적 제도적 감시활동 이외에 영상매체와 시각문화의 다원화, 복합적 문화행동과 시민자치문화의 활성화를 중요한 운동의 대상으로 간주한다.

2. 문화연대의 '연대기'

문화연대는 창립초기 국가의 문화정책의 비판과 개입, 시민문화운동의 새로운 토픽발견이라는 활동에 주력했다면 중기에는 대중문화산업에 대한 비판과 문화교육운동과 같은 확장된 문화운동을 전개했고 현재에는 문화적, 사회적 공공성을 파괴하는 신개발주의 반대와 반신자유주의 운동, 그리고 새로운 대안문화를 위한 생태문화네트워크를 선언했다. 문화연대의 이러한 운동의 이행은 "국가-시장-초국적 자본"에 대응하는 문화운동의 사회적 성격을 강화하는 것을 목표로 하는 것이다. 지난 10년간 문화연대의 활동들은 연대기로 정리하면 다음과 같다.

<문화연대 문화운동의 연대기>

시기구분	성격 특징	주요활동 의제들	세부활동 의제들
제1기 (1999-2000)	문화정책 감시활동과 감성의 정치	·국가 문화예산 감시활동 ·국회의정감시활동 ·공간환경운동 ·표현의 자유 수호운동	·천년의문사업 중단운동 ·청소년보호법 폐지운동 ·용산미군기지생태공원조성 추진운동 ·문화감리운동 및 활동

제2기
(2001-2004)
	문화운동의
	대중화 선언
		·문화산업 구조개선과
		  대안문화운동
		·문화교육운동 선언
		·포스트월드컵 문화사회만들기
		·문화유산감시활동
			·가요순위프로그램 폐지운동
			·연예계 PR비 개혁운동
			·광화문 문화공간 조성운동
			·덕수궁 미대사관 이전 반대운동
			·청계천 역사문화복원 촉구운동
			·한국대중음악상 설립과
			  라이브활성화 캠페인운동

제3기 (2005-현재)	반신자유주의 사회운동과 대안문화사회 만들기	·신개발주의 반대운동 ·FTA 반대운동 ·미디어 문화공공성 확보운동 ·생태문화네트워크 선언 ·촛불과 문화정치	·서울시 개발주의 문화정책 반대운동 ·한미FTA 반대 문화행동 ·평택 미군기지 확장 반대운동 ·'민중의 집' 설립과 생태문화운동

1) 제1기: 1999년-2000년

첫 번째 시기 문화연대의 활동은 크게 보면 두 가지 영역으로 구분될 수 있다. 첫 번째는 문화정책 감시활동이다. 주로 이 시기에는 정부의 문화예산 낭비 사례와 불합리한 구조들을 개혁하려는 예산감시활동을 펼쳤다. 문화예산

감시활동은 특히 함께하는 시민행동과 연대하여 500억에 해당되는 천년의문 사업 건립을 중단시켜 이 예산으로 도서관의 도서구입비가 확충되는 성과를 거두기도 했다. 한편으로 공간정의에 대한 개혁운동에 집중하여 용산미군기지를 문화생태공원으로 만들려는 캠페인을 대중적으로 확산시키는 데 기여하였다. 다른 한편으로는 지방자치제 이래로 급증했던 지역의 문화축제에 대해 감리 개념을 도입하여 축제가 투명하고 의미있게 진행될 수 있는 사회여론을 조성하기도 했다.

두 번째는 표현의 자유 수호운동이다. 정부는 1997년 청소년보호법의 제정으로 청소년보호를 명분으로 문화예술 매체에 대한 광범위한 규제를 강화했다. 이로 인해 1980년대 국가보안법을 적용해서 이적표현물을 대대적으로 검열하던 것과는 다르게 주로 성표현물에 대한 검열이 강화되었다. 문화연대는 영화, 만화 등에서 발생했던 표현의 자유 침해 사건에 대해 적극적으로 대응하면서 새로운 단계의 표현의 자유 수호운동을 본격적으로 펼치기 시작했으며, 이에 조응하여 표현의 자유를 침해하는 새로운 법률인 '청소년보호법' 폐지 운동도 함께 진행하였다. '청소년보호법 폐지를 위한 연대모임'에는 문화예술단체뿐 아니라 교육단체, 학부모단체, 청소년단체들이 참여하였고, "청소년보호법"을 "청소년인권보호법"으로 대체입법화 할 것을 주장하기도 했다.

이 시기에 쟁점이 되었던 것은 문화감리활동에서 문화행사나 축제들을 '감리'하는 것에 대한 분명한 논리가 무엇인가 하는 것이었고, 또한 '표현의 자유 수호운동'에서 성표현물의 옹호가 대중매체에의 상업성을 어떻게 배제시킬 수 있는가에 대한 것이다. 전자는 주로 문화예술 축제의 모니터링을 넘어서는 감리활동이 문화의 영역에서 어떻게 가능할 것인가 하는 것이 쟁점이었으며, 후자는 표현의 자유 수호운동이 대중문화산업의 상업성을 이면에서 지원하고 있다는 지적에 대한 쟁점이었다.

문화연대의 초창기 문화개혁운동 중에서 용산미군기지를 문화생태공원으로 전환하려는 운동 역시 빼놓을 수 없다. 이 운동은 시민들로부터 가장 많은 호응과 지지를 얻어내는 데 성공하였고, 문화운동의 외연을 넓히는 데 있어 중요한 계기가 되는 운동이었다. '2000년 지구의날' 행사를 기점으로 시작된 '용산미군기지문화생태공원조성운동'은 환경단체, 문화예술단체, 반미운동단체들이 연대하여 벌인 운동으로서 기존의 생태운동과 반미운동의 접점을 문화적인 관점으로 접합하려는 새로운 형태의 시민운동을 제시하기도 하였다.

2) 제2기: 2001년-2004년

두 번째 시기는 문화연대가 다양한 대안문화운동을 통해서 본격적으로 대중적인 소통을 벌인 시기라 할 수 있다. 이 시기는 특히 대중매체산업에 대한 감시활동과 그에 따른 대안 문화운동을 선언했고, 2002년 한일월드컵 이후 세종로 일대를 역사문화공간으로 전환하려는 캠페인을 벌였으며, 또한 문화교육선언을 기점으로 문화교육을 통한 공교육 정상화운동에 개입했으며, 책읽기운동과 기적의 도서관 건립운동, 청계천복원운동, 문화유산운동과 같은 포지티브한 다양한 캠페인들이 전개되었다.

2001년 가요순위프로그램 폐지운동으로 시작된 대중연예오락 프로그램에 대한 개혁운동은 문화운동의 역사에서 새로운 이정표를 세웠다. 가요순위프로그램 폐지운동을 팬덤 그룹들과 함께 벌여 3개 방송사가 모두 폐지하는 성과를 거두기도 했고 연예오락프로그램 개혁운동으로 확산되면서 방송계의 연예제작시스템에 대한 감시활동을 강화했다. 2002년에는 연예계 PR비 비리에 대한 검찰고발을 통해서 방송가와 연예기획사 간의 비리구조가 밝혀지기도 했다. 2003년 연예계 PR비 사건은 방송가와 대중문화산업계에 상당한 파장을 몰고 왔고, 이 운동이 계기가 되어 라이브활성화 캠페인과 '올댓라이브' 공연이 이루어졌고,

방송사의 연말 가요시상식의 폐해를 극복하기 위한 대안적 음악 시상식인 "한국대중음악상"을 만들기도 했다.

2002년 월드컵을 기점으로 도심공간의 문화생태적 재구성에 대한 구체적인 의제들을 개발하였다. 이는 제1기에서 제안한 도시의 문화생태공간의 확장운동과 연계된 운동으로 월드컵 응원의 메카 역할을 했던 광화문 일대에 대한 문화광장 조성운동을 주도하였다. 광화문 문화광장 조성운동은 네거티브한 문화개혁운동에서 포지티브한 문화개혁운동으로의 확장을 열게 하였고, 행정수도 이전 계획과 맞물리면서 새로운 형태의 도시문화운동의 모델을 장기적으로 제시하는 데 단초를 제공해 주었다.

한편으로 제2기 시점을 기점으로 하여 문화연대는 내부 조직의 강화로 인해 다양한 사회운동과의 연대활동을 적극적으로 펼치기 시작하였는데, 특히 'WTO 반대 국민행동'과 같은 반세계화운동과 관련한 연대운동과 '교육개혁운동'과 적극적으로 결합하여 입시교육의 대안적인 의제로 문화교육운동을 주창하고, 그것의 사회적 확산에 주력했다. 문화연대의 문화교육운동은 한편으로는 참여정부의 문화예술교육정책에 이론적 토대를 제공해주었고, 다른 한편으로는 전교조와 같은 교육운동 단체들과의 연대를 통한 공교육 개혁운동의 대안으로 자리 잡기도 했다.

또한 이명박 서울시장 취임 이후 서울시의 문화정책에 큰 변화가 있었는데, 일련의 문화사업들이 전시성 사업으로 일관하는 것에 반대하여 서울시 문화정책에 대한 지속적인 감시활동을 벌였다. 이 과정에서 시청잔디광장 조성, 서울문화재단 개혁, 청계천 역사문화 복원운동을 벌였다.

이외에 대중문화산업의 유통 독점구조 개혁과 예술인회관 운동 등을 공론화하는 데 주도적인 역할을 담당했다. 특히 대중음악의 음원저작권의 징수체제와 음원유통의 비합리성을 개선하기 위한 노력을 기울였으며, 영화배급시장의 지나친 독과점에 대한 반대운동을 펼치기도 하였다. 다른 한편으로는 목동예술인회관 건립의 불법성을 고발하기 위한 문화행동(스쾃운동)을 주도하여 문화운동의 새로운 실천을 넓히고자 노력하였고, 이는 문화예술진흥원의 개혁운동으로 확장되었다.

3) 제3기: 2005-현재

세 번째 시기는 신자유주의 확산에 대응하는 반신자유주의 운동의 연대와 그 대안으로서 생태문화네트워크의 구축이라는 의제를 중심으로 활동했다. 반신자유주의 운동은 크게 '한미FTA 반대운동', '신개발주의 반대운동', 그리고 '미디어공공성 수호운동'으로 집약할 수 있다. '한미FTA 반대운동'은 문화연대가 구체적인 운동의 프로그램을 기획하고 조직하는 역할을 담당해서 시민운동과 사회운동의 적극적 연대를 강화하는 데 결정적인 기여를 하였다. '한미FTA 정국'으로 야기된 스크린쿼터축소 사태에 대한 적극적인 대응과 더불어 신자유주의의 한국적 심화의 상징적인 사건이라 할 수 있는 "한미FTA 선언"이 갖는 반문화적, 반생태적, 반계급적 성격에 대한 사회적 경고를 알리는 데 주력했다.

문화연대는 청계천 복원의 난개발로 시작된 서울시의 신개발주의에 대해 적극적으로 반대운동을 전개했다. 문화와 생태를 소재로 한 개발은 근대 산업화 시대의 개발에 비해 생태·문화적 고려를 하지만, 실제로는 생태적, 역사적 복원과는 거리가 먼 개발의 상징적인 가치를 높이기 위한 수단으로 활용되는 것에 대해 적극적으로 이의를 제기했다. 이러한 문제제기는 공간의 민주적 정의와 문화의 생태적 공공성에 대한 의미를 사회적으로 확산하여 신자유주의적 개발의 논리에 대응하는 것이라 할 수 있다. 한양주택개발반대운동과 서울광장사용에 대한 대응, '디자인 서울' 정책과 사업에 대한 대응, '용산참사 해결을 위한 문화행동' 등이 대표적인 사례라 할 수 있다.

문화연대는 한편으로 신자유주의 시대 미디어의 공공성 파괴에 적극적으로 대항하는 연대활동을 활발하게 벌였다. 미디어공공성연대를 통해 방송의 장악 음모에 적극적으로 대처하는 활동 등을 전개하였다. KBS 방송장악저지운동, TYN사태 대응, MBC PD수첩사태 대응 등을 통해서 미디어의 문화적 공공성의 의미가 얼마나 중요한지를 알리는 데 주력했다.

문화연대의 신자유주의 반대운동은 '한미FTA 협상 체결' 이후 한국사회에 야기될 수 있는 사회공공성의 위협과 문화의 양극화와 독점화, 그로 인한 개인들의 감성의 사물화에 대한 대응이었다. 신자유주의 반대운동은 개인들의 생태적 삶에 대한 파괴를 막기 위한 것이고 그런 점에서 신자유주의 시대를 견뎌낼 수 있는 대안적 삶에 대한 기획도 중요하다. '민중의 집' 만들기는 그러한 고민에서 출발한 것이고, 생태문화네트워크 구축을 통해 대안적인 문화적 삶이 결코 불가능하지 않다는 것을 보여주기 위한 프로젝트이다. 문화연대를 포함해 지역의 진보정당, 지역 시민사회단체들이 중심이 되어 2008년 마포에서 문을 연 '민중의 집'은 문화, 생태, 교육에 대한 대안적 삶을 구성하기 위한 생태문화네트워크의 지역 실천의 의미를 가진다. '민중의 집'은 "노동, 복지, 여성, 보건의료, 교육, 문화 등의 영역에서 지역 네트워크를 구성, 지역 주민들의 '돈'에 좌우되지 않는 자율적 삶을 지원"하고, "다양한 형태의 동아리, 학습모임, 소규모 네트워크들이 지역 내에 뿌리를 내리고 활발히 활동할 수 있도록 공간 및 각종 시설과 장비, 역량 강화 프로그램을 제공"하는 과정을 통해서 문화의 영역에서 풀뿌리 자치운동을 펼치고 있다. 신자유주의적 사회 양극화가 심화될수록 오히려 대안적 삶에 대한 담론들과 실천들이 구체적으로 논의될 수 있는 환경이 조성되었는데, 촛불정국에서 문화연대가 했던 운동들도 대체로 촛불의 에너지를 개인들의 삶의 영역에서 지속시킬 수 있는 문화적 행동들이었다.

지금까지 언급한 것들은 문화연대가 10년을 달려오면서 벌였던 일들에 대한 연대기적 담론들이다. 이 담론들이 어떤 문화의 쟁점을 야기했고, 어떤 문화적 전망을 담고 있는지는 각각의 운동들 속에 들어있는 성과와 한계를 가늠하는 자리를 통해 확인할 수 있을 것이다. 이를 위해 문화연대의 활동 전체를 평가할 수 있는 주요 쟁점들을 정리해 보고자 한다.

3. 문화연대 문화운동의 쟁점들

먼저 언급하고 싶은 것은 문화연대의 운동의 정체성에 대한 성격이다. '문화개혁시민연대'라는 이름으로 출범했던 초기에 문화연대는 문화 NGO 단체의 성격이 두드러졌다. 문화예산감시활동, 문화감리활동, 가요순위프로그램 폐지운동, 청소년보호법폐지운동, 용산미군기지생태문화공원운동 등 문화연대가 초기에 제기한 의제 도출방식과 활동방향들은 통상 환경, 교육, 생태, 경제, 여성, 지역 분야의 NGO에서 하는 것과 크게 다르지 않았다. 그러나 문화연대는 다른 NGO 단체들과 다르게 인권, 빈민, 노동, 정치와 관련해 사회운동 단체들과 지속적인 연대활동을 펼쳤고, 한미FTA범국민운동본부나 입시폐지범국민운동본부, 평택미군기지 관련 운동, WTO반대운동, 그리고 최근 용산참사 대응운동에 이르기까지 문화연대는 시민운동의 틀로 제한되어지지 않는 사회운동의 의제들을 적극적으로 끌어안았다. 또한 문화연대의 활동의 토픽들이 '문화와 예술'의 좁은 의미로만 한정되지 않고, 교육, 환경생태, 지역, 공간 분야와의 가로지르기를 시도했다는 점에서 구분과 영역에 비교적 분명한 다른 NGO 단체들과는 다른 스타일을 가지고 있다.

문화연대가 시민단체인가, 사회운동단체인가, 아니면 문화예술단체인가 종합운동단체인가를 규정하는 것 자체가 의미있는 것은 아니지만, 문화연대의 운동이념과 운동방향에 대한 심도 깊은 논의는 필요한 시점이다. 문화연대는 사실 어떤 의제에 있어서는 정부의 정책을 비판하고 시민참여를 중요시하는 NGO 단체의 성격을 갖지만, 어떤 의제들에 대해서는 사회운동의 성격이 강하다. 특히 사회적 연대활동이나 대안사회 구성의 목표를 보았을 때는 문화연대라는 이름을 사용하고 있긴 하지만, 다른 노동, 인권 단체들과 크게 다르지 않을 정도로 사회운동의 성격이 강한 편이다. 실제로 문화연대에 참여하고 있는 주요 인사들의 정치적, 이념적 입장을 고려했을 때도 문화의 영역에 한정된 NGO적 운동방식은 문화연대의 활동 성격과 맞지 않아 보인다.

문제는 시민운동과 사회운동, 문화예술과 사회를 넘나드는 가로지르기 식의 문화운동이 양쪽의 문제의식을 충분히 담아내거나 연계를 통한 시너지 효과를 충분히 생산했는가에 있다. 문화연대가 그동안 많은 사회적 이슈들 속에서 시민운동과 사회운동을 연계하는 매개 역할을 담당한 것은 분명 평가받을 만한 일이지만, 기획능력을 넘어서 통합적 운동의 전문성과 실천성을 강화하기 위한 지속된 활동의 축적은 부족했다.

문화연대의 다양한 운동들 중에서 가장 많은 논란을 일으켰던 것은 감성의 정치라 할 수 있다. 특히 표현의 자유 수호운동에서 주장했던 청소년보호법 폐지나 포르노그래피의 사회적 허용은 청소년, 교육, 여성 단체들과 충돌과 갈등을 낳았다. 1990년대 표현의 자유에 대한 검열이 이념에서 성 표현으로 이행하면서 예술적 완결성, 청소년 보호, 성차적 입장에 따라 진보적 단체들 내에서는 다양한 시각차가 존재했다. 전통적인 예술운동 그룹들은 문제가 된 성표현물에 대해 예술적 완결성의 미흡으로 지지를 철회했고, 청소년 단체들은 표현의 자유 자체는 지지하지만, 청소년들이 음란물에 무분별하게 노출되는 것에 대해서는 보호해야 한다는 입장을 견지했다. 반면 학부모 단체나 여성단체들은 포르노그래피의 사회적 허용이 청소년들의 정체성 형성에 있어 바람직하지 않거나 음란물을 주되게 소비하는 남성적 입장에서 주장되는 것들이라는 입장에 서있다.

인권이 침해되지 않는 한에서는 어떤 표현물이든 창작할 수 있는 권리가 보장되어야 한다는 문화연대의 입장은 사실 청소년보호나 성차적 결정권을 부정하는 것이 아님에도 불구하고 시민운동 내에서는 급진적인 아젠다로 간주되었다. 성표현의 자유와 성적자기결정권의 옹호는 예컨대 청소년운동이나 여성운동의 지형에서는 문화적 관점을 완전히 옹호할 수 있는 특이성이 발견되는데, 이러한 특이성을 넘어서 사회적으로 합의할 수 있는 감성의 자유의 수준은 여전히 딜레마로 남고 있다.

표현의 자유 수호운동과 더불어 문신합법화와 대마비범죄화 운동도 시민사회에 안에서 온전한 지지를 받기 어려운 토픽들이었다. 문신에 대한 정서적 불쾌감은 비단 보수적인 진영만 아니라 진보적인 진영에서도 일반화되어 있다. 문신합법화는 문신시술자에게는 유사의료행위로서의 법적 규정을 넘어서 예술행위의 한 형태로 볼 수 있는 여지가 있고 문신을 원하는 사람들로서는 자신의 신체를 표현할 권리를 갖는다. 문신의 합법화는 문신의 미학적 예술적 의미와 신체의 자기표현의 권리를 지지하는 것인데, 이것이 문신시술자들의 사업 정당화의 논리로 왜곡되거나, 신체의 표현에 대한 사회적 윤리와 표현의 가이드라인에 대한 합의 없이 문화행동주의자들의 급진적인 주장으로 받아들이는 경우가 있었다. 이러한 문화적 관점의 주장에 대한 왜곡과 배타주의자로 공격하는 것은 대마비범죄화를 주장하는 운동에서 가장 큰 충돌을 일으켰다. 대마가 갖는 정치적 의미는 생각 이상으로 대중들에게 깊게 각인되어 있기 때문에 소위 시민운동의 건강성과 합리성을 논거로 삼는 일반적인 시민 단체들에게는 문화연대의 이러한 주장이 과도하고 급진적으로 간주될 수 있다. 이러한 문화행동에 있어 개인들의 자기결정권에 대한 옹호는 시민운동의 대중성, 보편적 감성과는 다른 의미를 갖고 있기 때문에 처음부터 충돌할 여지를 안고 있었다. 문화연대의 이러한 주장들이 문화주의자들의 급진적 주장이 아니라 금기와 편견이 신체에 각인된 대중들의 내면화의 해체로 이어질 수 있는 설득력 있는 논리개발과 언어활용은 부족한 부분이다.

마지막으로 대안문화운동의 역량에 대해 문화연대를 냉정하게 평가해보는 것도 필요하다. 문화연대는 사실 어느 다른 단체보다도 다양한 대안적 의제들을 제안했다. 문화교육운동의 선언은 학교에서 예술교육의 강화만을 주장한 것이 아니라 공교육의 교육과정 자체를 문화적 관점에서 재구성하는 것을 제안하는 것이기 때문에 전교조의 참교육운동의 대안 프로그램으로 인식할 수 있다. 용산 미군기지와 시청 앞 광장, 세종로 광화문 공간을 생태적, 역사적 문화공간으로 전환하자는 의제 역시 공간에 대한 신자유주의적 독점화를 막기 위한 목적을 가지고 있다. 가요순위프로그램 폐지, 연예오락프로그램 개혁, 연예자본의 투명성 확보 등의 주장은 대중적 오락물의 다원화, 문화자본의 구조화된 커넥션에 대한 해체를 목적으로 한다는 점에서 문화소비의 대안을 제시하고 있다. 공연 및 음반부가세 폐지와 라이브공연의 활성화 캠페인도 네거티브한 대중문화개혁 운동의 한계를 극복하기 위한 대안제시의 의미를 가지고 있다. 또한 앞서 설명했듯이 신자유주의 사회 양극화를 견뎌내기 위한 민중들의 자발적인 연대를 구체화하기 위한 '민중의 집' 마련도 대안문화운동의 중요한 교두보이다. 이밖에 비주류 독립문화예술의 자생성을 살리기 위한 다양한 문화행동들과 대안 프로그램들도 현실비판을 넘어서려는 문화연대의 시민자치문화의 성격을 보여준다.

그러나 이러한 많은 대안운동의 제시가 과연 제대로 실효성이 있었는지, 얼마나 대중적으로 호응을 얻었는지를 따져보면 많은 성찰이 필요함을 느끼게 된다. 문화연대가 제안한 대안 프로그램들 중에서 문화교육운동이나 책읽기운동, 외규장각반환운동 등은 국민적 호응을 얻어 대안운동의 가능성을 보여주었지만, 모두 국가의 문화정책 사업의 일환으로 흡수되어 문화운동의 독립성을 확보하는 데 실패했다. 청계천복원운동 역시 이명박 서울시장 재임기에 추진되었지만, 제대로 생태적, 역사적 복원이 되지 않은 채 정치적 선전의 오브제로 활용되었고, '포스트월드컵문화사회만들기' 캠페인에서 주장했던 '세종로 역사문화공간만들기' 제안도 서울시가 수용하여 광화문 광장을 만들었지만 본래의 취지와는 전혀 다른 조경을 위한 테마파크로 변질되었다. 문화연대가 제안한 대안프로그램 중에서 '민중의 집' 정도만이 자생성을 가지고 운영되고 있지만, 사회적으로 충분히 확산되었다고 보기는 어렵다. 대중음악의 종다양성 확보를 위해 마련된 한국대중음악상에 대한 정부의 지원철회 사태를 겪으면서 정부의 지원을 받지 않고 독자적으로 운영했지만, 물적 토대의 취약성으로 인해 지속가능성을 보장받지는 못했다.

결론적으로 문화연대는 스스로 제시한 다양한 대안 프로그램들을 지속적으로 발전시켜서 구체적인 성과를 이끌어내는 책임있는 활동을 충분히 수행하지 못했다. 다양한 문화운동의 아젠다 중에서 실현가능한 운동들에 대해 선택하고 집중하는 일관성이 부족하여 결과적으로 제시한 의제들에 비해서는 성과를 거둔 것들은 소수에 불과하게 되었다. 문화개혁운동을 장기적으로 지원할 수 있는 연구체계가 부족했고, 특히 법률지원도 취약하였다. 즉 문화운동의 논리 개발과 특정한 운동의제에 대한 타당성을 검토하는 실증조사와 리서치가 충분히 반영되지 못하였다. 문화개혁의 법제화나 문화감시활동에서의 법률적 지원 역시 부족하였고, 기간이 지난 후에 법률지원의 상시적인 지원체계가 필요함을 인식하는 경우가 많았다. 무엇보다도 시간이 지나면서 대안적 문화운동을 일관되고 지속적으로 추진할 수 있는 전문 인력들의 배치와 협력이 부족하였다. 초기 문화연대의 부분 활동 영역에서는 자문을 구할 수 있는 전문가 풀이 어느 정도 형성되었으나 시간이 갈수록 전문가들을 충분히 활용하는 틀을 마련하지 못하여 결합력이 약화되었다. 이러한 현재의 한계를 극복하기 위해서는 어떤 노력들이 필요할까?

4. '문화연대'의 또 다른 10년을 상상하며

개인적으로 문화연대는 문화연구의 현장실천을 알게 해준 문화전쟁의 최전선이기도 하면서 내가 생각하는 문화운동의 폭과 다양성을 실험했던 랩과 같은 곳이었다. 지방의 모 대학에서 해직당하고 문화연대가 창립했던 1999년부터 4년간의 상근활동을 했던 나에게 문화연대가 특별한 것은 너무나도 당연하다. 연구자로서 가장 중요한 30대 중반에서 40대 초반의 세월을 문화연대 사무실에 보냈다는 것은 어찌 보면 비판적 문화연구자의 미래를 위해서는 너무나도 값진 경험이었다. 에어컨도 없는 다른 단체의 사무실 한 칸을 빌려 시작한 문화연대에서의 삶은 이제 막 결혼해서 단칸방으로 신혼살림을 시작하는 마음처럼 모든 것이 새로웠고 모든 것이 신기했다.

가요순위프로그램 폐지운동, 청소년보호법 폐지운동, 연예오락프로그램 개혁운동, 라이브활성화 캠페인, 연예인 피알비 제보 사건, 한국대중음악시상식, 그리고 문화사회연구소의 대안적 연구사업과 세미나 등 문화연대에서 중점적으로 활동했던 의제들을 찬찬히 되돌아보면, 비록 이것이 문화연대 활동의 일부분에 불과하지만, 문화연대의 과거와 현재 그리고 미래의 궤적을 읽을 수 있는 단서가 발견된다. 사실 내가 주되게 활동했던 영역이 대중문화여서 그랬는지는 모르겠지만, 문화운동의 지속가능한 토대를 만들기 위해서는 대중적 감성과 대중들의 지지에 대한 깊은 고민이 필요하다는 것을 새삼 깨닫게 되었다. 특히 대중음악개혁을 위한 연대모임을 통해서 여러 팬덤 그룹들과 함께 했던 경험들은 문화운동에서 대중적 지지와 호응 그리고 대중들의 자발적인 참여가 얼마나 강력한 에너지를 생산할 수 있는가를 알게 해주었다. 이는 거꾸로 말하자면 대중들이 호응할 수 있는 구체적이고 실질적인 문화운동의 의제들을 적극적으로 발굴하고 실천에 옮기는 자기정책의 중요성을 말하는 것이기도 하다. 비단 그것이 대중문화의 영역에서 발견되는 의제가 아니라 하더라도 대중들의 일상생활 속에서 찾을 수 있는 작지만 가치 있는 문화의제들을 끄집어낼 수 있는 지혜가 필요한 것이다.

다른 한편으로는 문화운동의 구체적 프로그램을 가동하는 과정에서 자생적이고 독립적으로 운영할 수 있는 환경을 마련하는 것이 절실하다는 것을 알게 되었다. 예컨대 문화연대가 제시한 대안적인 정책들이 공공사업으로 전환되는 과정에서 본래의 취지와 미션이 상실되는 사례들을 보아왔듯이, 공공정책으로의 전환 혹은 흡수 이전에 독립적인 영역 안에서 자생적 에너지를 상실하지 않고 활동할 수 있는 내적인 토대 구축이 무엇보다도 필요하다. 특히 신자유주의 정책이 전면적으로 확산되는 과정에서 문화운동의 독립성과 자생성은 다른 무엇보다도 중요한 운동의 가치이다. 국민의 정부와 참여정부를 거치면서 문화운동이 공공성의 원칙에 기반해 물적 토대를 어느 정도 확보하고 민주적 환경하에서 대안프로그램들을 가동하긴 했지만, 소위 '어려운 시절'을 견뎌낼 수 있는 내성을 갖지는 못했다. 민중의 집, 한국대중음악상, 문래동예술창작공간의 사례처럼 아직 가시적인 성과가 두드러지지는 않았지만, 자발적인 생태문화네트워크를 구축하는 또 다른 상상이 필요한 시점이다. 문화연대의 또 다른 10년의 상상은 결국 운동의 '대중성'과 '독립성'이라는 문제들을 피해갈 수 없지 않을까?

2부

문화운동과 생태주의

> # 05

생태주의 대안운동의 가능성과 한계:

공정무역운동에서 생협운동까지

1. 반생태적 "삼색 공포"

몇년 전부터 한국사회에서 가장 뜨거운 사회적 쟁점으로 부상한 것 중의 하나가 바로 '먹거리' 공포증이 아닐까 싶다. 평소 시민들이 안심하고 구입했던 대형 식품회사의 먹거리 제품들이 대부분 변형유전자 제품으로 판명났고, 2008년 초에 광우병 위험에 심각하게 노출된 미국산 쇠고기 수입을 재개하겠다는 정부의 충격적인 발표가 있었는가 하면, 최근에는 중국산 수입 제품에서 화학물질인 멜라민이 검출되었다. 이 세 가지 반생태적 공포들은 모두 불특정한 시민들에게 전방위적으로 노출될 위험을 안고 있는 것으로서 21세기 생태적 대재앙을 몰고 올 징후적 사건들이다.

주지하듯이 대형 식품회사들은 일반 가정의 식탁에서 일상적으로 소비되는 대부분의 식품들을 '변형유전자'(gmo: genetically modified organism) 원료로 만들어왔다. 특히 콩, 옥수수 등을 주원료로 하는 거의 모든 식품들은 변형유전자로 만들었다 해도 과언이 아니다. 변형유전자 식품은 조미료, 장류, 냉동식품뿐 아니라 케익, 피자, 시푸드제품, 심지어 포도당 주사에도 포함될 수 있어서 사실상 우리가 시중에서 구입하는 모든 것에 해당된다. 현행「식품위생법」에 의하면 변형된 유전자 재료를 3% 이상 원료로 포함시킬 경우 유전자변형 식품으로 표시할 의무를 가지고 있다. 그러나 많은 식품 회사들은 표시 의무를 제대로 시행하지 않을 뿐 아니라 변형유전자 원료가 얼마나 포함되어 있는지에 대한 정확한 정보를 제공하지 않고 있다. 2001년에 제정된「유전자변형생물체의국가간이동등에관한법률」은 변형유전자 제품이 국가 간 이동시에 발생되는 수입절차, 장소표시, 승인 등에 대한 법적 조치를 담고 있지만, 제품을 수입한 기업들은 제품의 유통 상태에 대한 정확한 정보를 기재하지 않고 있다.

사실 GMO보다 더 심각한 것은 'LMO'(Living Modified Organisms)이다. 「바이오 안전성 의정서」 제3조 정의에 의하면 LMO는 현대 생물공학을 이용하여 얻어진 새로운 유전물질의 조합을 포함하고 있는 모든 살아있는 생명체로 일컬어지는데 이는 생물체의 유전자 합성과 조작을 병행하는 좀 더 폭넓은 개념이라 할 수 있다. 즉 유전자 변형으로 인한 식품의 자가적 변형은 음식의 안정성에 근본적인 위협 요소가 된다. 이러한 유전자변형 프로젝트는 전세계 식량부족에 대한 사회적 필요에 의해서 이루어진 것이 아닌, 전적으로 생명공학회사들의 개입에 따른 것이다. 오히려 가장 생태적인 작물을 심어오던 전세계의 빈농들은 "생명공학 회사에서 온갖 종류의 '터미네이터 기술'을 적용하고 종자에 대해 특허를 받아"[1]내기 때문에 농사지을 권리조차도 박탈당하고 있다. 생명공학 회사들의 유전자 변형프로젝트는 결국 전세계 식량 생태계의 불안정한 구조를 더욱

---

1) 존 험프리스, 『위험한 식탁』, 홍한별 옮김, 르네상스, 2004, 226쪽.

불안정하게 만들었는데, 이로 인해 인류는 유전자 변형으로 인한 심각한 생태적 재앙을 감수하지 않을 수 없게 되었다.

그럼에도 더 큰 위기가 다가오고 있다. 새로운 유전자 변형 농산물이 어떤 결과를 가져올지 예측하기가 힘들기 때문이다. 생명공학 혁명 초기에는 유전자 변형의 표지로 유전자 변형식물에 항생제 내성 유전자를 넣곤 했다. 그때 항생제 내성 유전자가 미생물에 옮겨가 병이 걸려도 치료하지 못하는 심각한 결과를 낳지 않을지 우려하는 목소리가 있었다. 당시에는 이러한 우려가 비웃음거리가 되고 철저히 무시됐지만 오늘날 사실로 입증됐다.[2]

인류 건강의 내성적 위협과 공포는 비단 유전자변형 식품만이 아니라 광우병 위험이 있는 쇠고기에도 적용된다. 미국산 쇠고기 수입에 대한 이명박 정부의 일방적인 수입 재개 발표로 국민의 건강권에 대한 심각한 위협이 현실로 다가오면서 국민적 저항은 대규모 촛불시위로 나타났다. 봄부터 여름까지 한국사회를 뜨겁게 밝혔던 촛불시위는 굴욕적인 대미외교, MB 정부의 대의민주주의 파괴 행위, 사태 해결에 대한 정치적 무능함 때문에 증폭되었지만, 이 운동이 전국민적 관심을 받게 된 배경에는 자신과 가족의 건강에 심각한 위협이 올지 모른다는 반생태적인 공포 때문이었다. 실제로 광우병에 걸린 소를 먹을 경우 예상되는 건강에 대한 염려는 상상을 초월하는 것으로 이는 문명사적인 질병이자 재앙으로 볼 수 있다. 광우병 고통에 가장 많이 시달렸던 영국의 경우 17만 마리의 암소가 이 병에 걸렸고, 470만 마리가 도살되었으며, 총 피해액은 50억 파운드에 이르렀다.[3] 미국산 쇠고기 문제는 한국 식탁에 가져올 위험성뿐 아니라 상상을 초월하는 사회적 비용이 들 수도 있는 문제이다. 아직까지도 식품에 대한 안전의식이 철저하지 못한 한국의 먹거리 문화의 일반적인 유형을 예상하면 미

---

[2] 같은 책, 227쪽.
[3] 같은 책, 17쪽, 264쪽 참고.

국산 쇠고기는 광우병의 우려를 망각한 채 무차별적으로 유통될 수 있다.

미국산 쇠고기 수입이 재개된 후, 곧이어 중국산 수입 식품에 대한 멜라민 공포도 시작되었다. 멜라민 공포가 무서운 것은 유발되는 질병의 심각성 탓도 있지만, 멜라민을 첨가한 제품들이 대부분 일상생활에서 어린이들이 즐겨 먹는 것이라는 데 있다. 합성수지, 플라스틱, 도료 등에 많이 쓰이는 멜라민은 유사 단백질 형태를 갖고 있어 어린이들이 먹을 수 있는 건강식품을 조작할 가능성이 높은 데다, 많이 섭취하면 장기이상과 심장질환, 시력약화 등의 질병을 가져올 수 있다. 시중에 유통되는 과자제품뿐 아니라 제과점 빵, 자판기 커피 등 우리가 통상 일상에서 별다른 문제가 없을 것이라고 먹고 있던 제품에 멜라민이 첨가되었다는 충격적인 조사는 수입 식품들이 건강 안전에 대한 충분한 보호장치 없이 국경을 너무 쉽게 넘는다는 것을 알 수 있다. 한국에서 멜라민 공포는 GMO와 미국산 쇠고기 충격 중에서 나온 것이고, 그 수법과 범위가 상식을 초월한 것이어서 그 강도가 훨씬 크다.

이렇게 따지면 사실 시중에서 판매되는 기성 식품들 중에서 우리가 안전하게 먹을 수 있는 것들은 사실상 없다고 해야 할 것이다. 스스로 자급자족하든지 아니면 유기농 제품으로 분류될 수 있는 식품의 구매와 식단을 아주 제한적으로 짜는 수밖에 없다. 지구 한편에서는 아직도 기아로 죽어가고 있는 인구가 하루에도 1만 명이 넘을 정도로 식량 불평등이 심각하지만, 유전자변형, 광우병, 멜라민 공포처럼 매일 식탁에서 어떤 것을 먹어야 하는가를 걱정하는 먹거리 공포도 식량불평등만큼이나 심각하다.

생태적 먹거리의 근본적인 위기는 사실 전세계 무역 생태계의 파괴와도 연결되어 있다. 소비의 영역에서 발생하는 생산과 유통 생태계의 파시즘과 윤리의 몰락은 노동시장에서의 양극화 모순과 맞닿아 있다. 전지구적 차원에서 노동시장의 양극화는 단순한 임금격차와 노동환경 개선 문제를 넘어서 제3세계 노동자들의 생존과 직결된다. 특히 제3세계 1차 농업 및 가공식품 생산자들은 다국적 기업의 횡포에 시달리며 원가에도 못 미치는 불공정한 무역거래에 시달리고 있다. 불공정한 무역거래 환경에서 가공식품의 대량생산과 대량유통은 필연적으로 1차 현지 공급자에 대한 유통자들의 착취를 전제하고 있다. 일례로 연간 5,000만 파운드에 이르는 세계 바나나 무역시장은 델몬트(Delmonte), 돌(Dole) 등 5대 다국적 기업이 지배하고 있는데 이들이 에콰도르 바나나 농민들에게 납품받는 1파운드 당 가격은 불과 7센트에 불과하다.[4] 아시아, 아프리카, 라틴 아메리카 등 제3세계 농업노동자들에 대한 다국적 착취에 맞서 합리적이고 공정한 무역거래를 요구하는 운동들은 이미 1970년대부터 시작되었다. 소위 '공정무역'(Fair trade), 혹은 '대안무역'(alternative trade)으로 불리는 운동이 국제적으로 확산되기 시작한 것은 1980년대 중반부터이다. 이 시기는 전세계 자유주의 무역체계를 주장하는 WTO 시대가 본격화되는 시기이다. 한국에서 공정무역에 대한 관심은 2000년 들어서인데 이는 시민운동의 성장과 맞물려 있다. 공정무역의 원칙을 기반으로 제3세계 지역의 농업 생산자들과 직접 연계하여 직거래를 하는 방식은 대체로 YMCA, 환경운동연합 등 시민단체들의 새로운 소비자 운동에서 비롯되었다.

　한국사회에서 먹거리 위협에 대응하고 대안 유통 시장을 꿈꾸는 생협운동과 공정무역은 국내 현재 농수산물 생산자들, 혹은 제3세계 농업생산자들과의 연대를 목표로 하는 또 다른 대안운동의 형태로 볼 수 있다. 그러나 한국에서 생협운동과 공정무역운동의 방식들이 과연 먹거리 위협, 혹은 식량빈곤에 시달리는 대다수 기층 민중들의 삶에 대안이 될 수 있을지에 대한 새로운 실천적인 고민이 필요할 때이다. 또한 공정무역이 추구하는 '착한 소비 운동'이 거대한 WTO

---

[4] 마일즈 리트비노프・존 메딜레이, 『인간의 얼굴을 한 시장 경제, 공정 무역』, 김병순 옮김, 모티브북, 2007, 24-26쪽 참고.

무역질서에 맞서는 실질적인 대안운동으로 성장할 수 있을지에 대한 성찰이 요구되기도 한다. 이 글은 한국에서 새로운 대안운동으로 부상하고 있는 '생협운동'과 '착한 소비운동'이 생태주의 운동에서 어떤 의미를 갖고 그 한계는 무엇인지를 검토하고자 한다.

2. "공정무역"과 윤리적 소비주의

공정무역은 다국적 기업이 원산지 노동자들의 임금을 착취하고 유통시장에서의 독점을 행사하는 주류 무역시장과는 다르게 생산자 조합과 직접 연결하여 이들에게 정당한 가격을 지불하는 국제적인 대안 소비자운동이다. 공정무역의 고전적인 개념은 현재 보편적으로 사용하고 있는 것과는 정반대의 뜻을 갖고 있다. 원래 공정무역은 전세계 무역이 국가의 보호를 받지 않고 시장의 논리에 따라 움직일 수 있도록 하려는 자유주의 무역질서를 대변하는 개념이었다. 자유무역(free trade)은 덤핑을 하지 않고 생산 및 수출보조금을 받지 않으면서 이루어지는 무역이다. 그러나 자유주의 무역을 지지하는 국가들은 무역의 자유와 신장을 목표로 하고 국가의 불공정무역 행위를 제거하거나 시장개방을 목적으로 하지만, 자유무역의 원칙이 깨지면 시장에 일정한 규제적 개입을 감행하기 때문에 완전한 자유주의 무역이란 존재하지 않는다. 자유주의 무역은 오히려 시장에서 독점적 이익을 내기 위한 자본과 기업의 이데올로기이기 때문이다.

공정무역은 따라서 자유주의 무역질서에 대립하거나 보호주의 무역을 지지한다기보다는 주류 시장을 넘어서는 새로운 대안적 무역질서를 추구한다. 현재 사용되는 공정무역은 이러한 신자유주의적 무역질서의 시장 독점, 특히 농산물을 포함해 기초 생활필수품을 국제적으로 유통하는 독점기업으로부터 가혹한 피해를 입고 있는 제3세계 노동자들을 구하기 위한 국제소비자운동의 의미를 가지고 있다. '국제공정무역협회'(IFAT)의 헌장에는 공정무역을 다음과 같이 정의하고 있다.

공정무역은 대화, 투명성, 존경의 토대 하에 국제무역에서 좀 더 큰 공평함을 찾고자 하는 무역 파트너십이다. 그것은 특히 남반구에 사는 주변부 생산자, 노동자들에게 더 좋은 무역조건들을 제공하고 이들의 권리를 보호하는 것을 통해 지속가능한 발전에 기여한다. 소비자들에 의해 지원을 받는 공정무역 단체들은 생산자들을 후원하는 데 적극적으로 참여하고 인습적인 국제무역의 규율과 실행에 변화를 주기 위해 문제를 제기하고 캠페인을 벌인다.[5]

공정무역은 대부분 커피, 차, 바나나, 코코아, 목화, 과일, 그리고 수공업제품들이 주를 이루고 있는데 이는 개발도상국의 전형적인 대외 수출품목들이다. 공정무역은 2006년 기준으로 인증된 규모만으로는 총 16억 유로에 해당되며 매년 46.1%의 신장세를 기록하고 있다.[6] 공정무역 인증을 받는 전세계 생산자 집단은 58개국 580여개이며 100만 여명의 영세 노동자들이 공정무역 제품들을 생산하고 있다.[7]

공정무역은 미국에서 1958년 푸에르토리코의 가난한 생산자 집단의 제품을 정당한 가격을 주고 직거래 판매를 하면서 시작되었지만, 본격적인 운동은 유럽에서 시작되었다. 공정무역의 역사는 크게 보아 세 단계로 진화해왔다. 첫 번째는 태동기로서 1950년대 말에서 1970년 대 초까지 공정무역에 관심을 가진 미국과 유럽의 NGO 단체들이 산발적으로 공정무역운동을 전개했다. 이 당시에 거래되는 제품들은 설탕과 사탕수수 등 제한적이었으며 그 규모가 크지는 않았다. 1964년에 결성된 최초의 공정무역 기구는 '옥스팜 트래이딩'(Oxfam Trading)

---

[5] Fairtrade Labelling Organizations International & International Fair Trade Association, "A Charter of Fair Trade Principles," August 2, 2006(www.fairtrade.net) 참고.
[6] 국제 공정무역 상표등록 기구(2007). www.fairtrade.net 참고.
[7] 마일즈 리트비노프・존 메딜레이, 『인간의 얼굴을 한 시장 경제, 공정 무역』, 72쪽.

이었고 이어 1966년에는 네덜란드에서 '페어트래이드 오가니사티에'(Fair Trade Oganisatie)가 만들어져 제3세계 극빈 노동자들을 살리는 운동이 본격화되었다.

두 번째 시기는 도약기로서 1970년대 초반부터 국제공정무역협회(IFAT)가 결성되기 이전인 1980년대 말까지이다. 이 시기는 공정무역이 대중화하는 단계로서 특히 전세계 기호품인 커피 제품에 대한 공정무역운동이 본격화하면서 국제적으로 확산되었다. 1973년 네덜란드의 페어트레이드 오가니사티에가 과테말라 영세농민조합에서 생산한 커피를 공정무역으로 수입하면서 멕시코 등지로 확산되었고, 1988년 네덜란드에서 만든 '막스 하벨라르'라는 상표는 전세계 커피 시장에서 3%의 점유율을 보일 정도로 급성장했다.8) 공정무역의 대중화는 특히 1984년에 결성된 '유럽 세계 상점 네트워크'인 NEWS!(Network of European World Shops)에서 촉발되었는데, 1989년 국제공정무역협회 결성에 견인차 역할을 하였다.

세 번째 단계는 공정무역운동이 전지구적으로 확산되는 시기라 할 수 있다. 이 시기는 특히 WTO 출범으로 인해 신자유주의 세계무역체제에 대항하는 대안사회운동의 확산과 연결된다. 1989년에 결성된 국제공정무역협회(IFAT: International Federation for Alternative Trade)는 5대륙에 걸쳐 270여 개 단체와 조직이 참여한 전지구적 조직이다.9) 2004년 인도에서 열린 세계사회포럼에서 공정무역운동이 반세계화 운동의 중요한 실천전략으로 채택되었고, 이 회의에서 공정무역 단체 표시(FLO)를 통한 국제적 연대를 강화하였다. 1998년 공정무역에 관련된 국제기구들은 신자유주의 무역독점에 효과적으로 대항하는 공동연대기구들인 '파인'(FINE)이라는 조직을 만들었는데 이 조직에는 '국제공정무역

---

8) 같은 책, 74쪽.
9) 이 기구에는 '아시아공정무역포럼', '아프리카공정무역협의회', '올바른 무역을 위한 라틴아메리카 협회' 등의 대륙별 세부 기구들이 포함되어 있다.

상표기구', '국제공정무역협회', '유럽세계상점네트워크', '유럽공정무역협회'가 참여하여 개발도상국 노동자들의 임금을 착취하는 다국적 기업에 맞서고자 했다. 공정무역의 연대기구가 생기면서 거래되는 제품의 양이 늘어났고 주류 무역질서에서 벗어나 대안적인 무역시장을 구축하는 단초를 만들었다. <국제 공정무역 인증기구>의 2007년 보고서에 따르면, 공정무역은 앞으로 소비자들과 생산자들 사이의 연계를 강화하고, 생산자들과 인증조직들의 효율성을 향상시키고, 기후변화, 상품가격, 통화 변동과 같은 외적인 도전에 대응하는 데 좀 더 힘을 기울여야 할 단계에 있다.10)

<2007년도 공정무역에 의한 주요제품 생산량>11)

	바나나	코코아	커피	목화	꽃	꿀	주스	쌀	경기불	설탕	차	와인
2006	135,763	7,913	52,064	1,551	157,282	1,552	6,309	2,985	152	7,159	3,883	3,197
2007	233,791	7,306	62,209	14,184	237,405	1,683	24,919	4,208	138	15,079	5,421	5,740
단위	톤	톤	톤	천개	자루	톤	톤	톤	천개	톤	톤	리터

한국에서 공정무역운동이 본격화되기 시작한 것은 2000년부터다. 공정무역운동은 한국에서 크게 두 가지 흐름을 가지고 있다. 하나는 1980년대부터 환경단체 중심으로 조직되었던 생활협동조합(이하 생협) 그룹들이 생협운동의 영역을 국제적인 수준으로 확장하기 위해 그 대안으로 공정무역에 참여한 흐름과, 다른 하나는 환경단체는 아니지만 한국의 NGO 단체들이 국제연대활동의 일환으로 제3세계 노동자들의 정당한 이익을 대변해 공정무역에 참여한 흐름이다. 전자는 '두레생협'이나 '아이쿱'(iCOOP)과 같은 단체에서 행하는 국제적 생협운

---

10) Fairtrade Labelling Organizations International, "An Annual Report: An Inspiration for Change," 2007, p. 3.
11) Ibid 참고.

동을 들 수 있고, 후자는 참여연대의 '아름다운 가게'나 YMCA의 동티모르 커피 노동자 돕기운동인 '피스커피' 운동을 들 수 있다. 한국공정무역운동의 연합조직인 '한국공정무역협회'는 2006년 준비모임을 시작으로 해외사례연구와 관련 세미나 등을 개최하다 2007년 10월에 민간단체로 공식등록 하였다. 한국공정무역연합은 '울림'이라는 공정무역거래 사이트(www.fairtradekorea.com)를 운영하고 있다. 또한 여성환경연대, 여성민우회 등이 주축이 된 '페어트레이드코리아'는 2007년 7월에 설립하여 제3세계 노동자들과 한국 소비자들을 연결해주는 대안적인 공정무역 숍인 '그루'를 운영하고 있다.

IFAT에서 제시하고 있는 공정무역의 운영에 있어서 필요한 10가지 기준들은 대안사회운동으로서 공정무역의 실천적 효과를 이해하는 데 있어 적절한 지침서가 된다. IFAT의 10가지 기준은 '빈곤 생산자에게 기회부여', '투명성과 책임', '역량강화', '공정무역촉진', '공정한 가격 지불', '성평등', '노동환경', '아동노동', '환경보호', '무역관계'[12]로 요약할 수 있는데 제시된 기준을 살펴보면 공정무역운동이 빈곤, 지역, 노동, 환경, 성차 등 사회운동의 주요한 부분과 맞닿아 있음을 알 수 있다. 공정무역운동의 취지 안에는 저개발 국가들의 빈곤을 해소하려는 '국제지역운동'과 어린이, 장애인, 여성 등 사회적 소수자들에 대한 노동착취에 대항하려는 '노동정의 운동', 그리고 안전한 제품을 재배하고 유통 소비하는 '생태운동'의 의미를 내포하고 있다.

그러나 대안 사회운동으로서 공정무역운동이 추구하는 실천과제들과 전략들을 충분히 수행하고 있다고 보기는 어렵다. 현재의 공정무역운동이 갖는 복합적인 쟁점들과 그로 인해 파생되는 한계들은 다음과 같다. 먼저 공정무역운동이 사회운동으로서 궁극적으로 어떠한 실천을 하고자 하는지에 대한 지점들이 모

---

[12] www.ifat.org, "The Ten Standards of Fair Trade" 참고.

호하다. 공정무역운동이 제3세계 빈민노동자들을 위한 인도주의 운동을 목적으로 하고 있는지, 아니면 노동착취와 유통시장 폭리로 성장한 "나쁜" 다국적 자본주의에 맞서 실제로 "좋은" 대안적 국제시장 체제를 구축하려는 것이 목적인지, 아니면 믿을 만한 생산지를 확보하여 생태적으로 안전한 소비자들의 먹거리를 보장하려는 것이 목적인지가 분명치 않다. 물론 현재 진행되고 있는 공정무역운동은 이러한 세 가지 목적을 모두 지향하고 있다. 그러나 실제로 공정무역이 실천되는 과정을 살펴보면 이러한 세 가지 목적 중 어느 하나도 충분히 실현되었다고 보기가 어렵다. 물론 공정무역운동의 중요한 목적 중의 하나인 제3세계 농업과 수산업에 종사하는 노동자의 빈곤퇴치 운동은 부분적으로 성공하고 있다. 그러나 전세계 플랜테이션 농장에서 일하는 수많은 노동자들 중에서 공정무역의 혜택을 받고 있는 인구는 1%도 안 된다. 이들은 자기 나라의 최저임금에도 못 미치는 열악한 임금으로 살고 있는데, 인도 스리랑카의 차 플랜테이션 농장에서 일하는 노동자들의 하루 평균 임금은 1달러 이하이다. 2004년 3월 인도의 한 차 플랜테이션 농장이 문을 닫자 100만 명의 노동자들이 일자리를 잃고 이 중 800명의 노동자가 굶어 죽었다.[13]

공정무역운동은 특히 플랜테이션 노동자들에게 적정임금을 보장하는 것을 넘어서 사회적 초과이익으로 이들의 자립을 돕는 역할을 함께 수행했다. 이른바 소비자들이 생산자들에게 지불하는 "사회적 초과이악"은 빈곤지역의 삶의 리모델링에 결정적으로 기여하였다. 그러나 이러한 시도들은 전세계 빈곤국가의 빈곤노동자들의 문제를 근본적으로 해결하는 데 있어서는 역부족이다. 아프리카, 아시아, 라틴 아메리카 등에서 활동하는 생산자 조합들과의 연대에 있어서 개별 국가들의 정치적 정세와 국지적인 고려가 충분치 않은 상황에서 이루어질 경우

---

[13] 마일즈 리트비노프·존 메딜레이, 앞의 책, 53-54쪽.

지속가능한 관계가 유지되기가 어렵다. 공정무역이 추구하는 최저 임금 보장과 사회적 초과이익의 생산지 환원 원칙들은 해당된 생산자들에게는 분명 일정한 혜택이 있을 수 있지만, 정치적, 경제적 반세계화 운동의 다른 실천들과 연대하지 않는 '착한 소비'만으로는 제1세계에 의한 국제적 노동착취와 제3세계 노동자들의 순환적 삶의 파괴들을 근본적으로 막을 수 없다.

두 번째 공정무역운동이 과연 다국적 자본주의에 맞서 대안 시장을 형성할 수 있을 것인가에 대한 의문이다. 공정무역운동에 대해 비판적인 입장을 견지하고 있는 학자나 사회운동가들은 경쟁과 축적, 그리고 초과이윤이라는 자본주의의 충실한 사명에 대항하는 협동조합이나 연대조직 운동들을 긍정적으로 볼 수 있지만 그 자체가 다국적 자본의 논리에 대항하기에는 비경제적인 가치에 머물러 있음을 문제제기한다. 이들의 의견대로라면 공정무역이 생산자와 소비자 사이의 국제적인 연대를 건설하겠다는 생각은 제한적으로 수용해야 할 것이다. 왜냐하면 긍정적인 자유, 연대, 협력을 위한 사람들의 욕망은 필연적으로 소비자의 욕구와 충돌하는 반면, 이러한 욕망들을 충족할 수 있는 공정무역의 능력은 제한되어 있기 때문이다. 긍정적인 자유는 윤리적인 상품을 구매하는 데 제한적이고 연대는 공통의 명분과 대립하여 도덕적 호소에 기초한다. 그리고 소비자와 생산자와의 협력은 자신의 행동에 대한 공유된 책임감으로부터 소비자를 방어하는 시장에 의해 매개된다.

대부분 공정무역운동가들은 1차적인 투쟁의 장소로서 시장에 초점을 두고 있지만, 독특한 자본주의 시장—역사적으로 구체적인 자본주의적 사회적 관계들로부터 나오는 시장—이 유지되는 메커니즘에 대한 철저한 분석을 소홀히 한다. 공정무역의 윤리적 열망이 이러한 착취적 자본주의 사명의 나쁜 효과들을 다소 완화할 수는 있어도 공정무역의 네트워크는 글로벌 자본주의 시장의 힘에서 탈출하기는 불가능하다.[14]

또한 공정무역이 대안시장으로서 갖는 한계는 공정무역을 인증하는 제도의 시행이 소비자들의 요청과는 무관하여 유통과정에서 왜곡될 위험을 안고 있어 생산자로부터 제품을 수입하는 조직들의 안정적인 관리와 유지에 위험성을 안고 있다. 가령 공정무역 제품을 공인하는 조직인 FLO 외에 유사한 인증조직들이 등장하여 공정무역 상에서의 안정적인 거래가 의심을 받는 경우가 발생할 수 있고, FLO와 같은 조직들이 붕괴하거나 투명성에 스캔들을 일으킬 경우 공정무역의 취약한 선순환 구조들의 붕괴로 이어질 수 있다.[15] 또한 FLO와 같은 공정무역의 대안적인 조직과 별도로 스타벅스나 맥도날드, 델몬트 등과 같은 다국적 기업에서 공정무역 시스템을 일부 도입하여 공정무역 거래를 자신들의 거대한 거래 안으로 흡수하는 경우도 발견할 수 있다.[16]

마지막으로 소비자운동으로서 공정무역운동의 한계이다. 소비자 운동으로서 공정무역은 구매를 하는 행위만으로 그 1차적 목적을 실현할 수 있다. 그러나 건강한 양질의 식품들을 합리적인 가격으로 구매하는 행동만으로 공동체적 생태운동이 원칙으로 하는 생산과 소비의 유기적 순환 구조를 유지하기 어렵다. 이른바 "착한 소비"는 소비자들의 양심에 호소하는 윤리적 소비주의에 기반을 둔다. 윤리적 소비주의는 공정무역의 취지를 이해하는 소비자들의 양심에 호소하는 것으로 소비자들의 주권성에 의존하는 공정무역의 성격을 대변한다. 프리델의 지적대로 이 개념은 산업은 오직 소비자의 요구에 반응한다는 점, 사회적으로나 생태적으로나 생산 방법의 결핍은 최종분석에서는 소비자들의 윤리적 결정의 결과인 것이다.[17] 이러한 시각은 또한 소비자들이 자신들의 시장 결정에

---

14) Gavin Fridell, "Fair Trade Coffee and Community Fetishism: The Limits of Market-Driven Social Justice," *Historical Materialism* 15, no. 2 (2007), p. 14.
15) Cameron Baughen, "What are the limits of fair trade?", *Monday*, 15 December 2003.
16) 일례로 다국적 커피회사인 스타벅스는 사회운동가들의 압력에 못 이겨 2000년 이후부터 매장에 제한된 량의 공정무역 커피원두를 사용했는데 그 규모는 1-2%에 불과하다.

도움이 되는 완전하고 적합한 정보를 갖고 있지 못하다는 사실을 간과하고 있다는 비판을 받는다.18) 소비자들의 윤리적 태도와 결정을 강조하는 공정무역은 제품을 안정적으로 공급하는 생산자들의 경제효과를 강조하면서 정작 공정무역에 참여하는 소비자들의 구매 욕망의 구조를 파악하는 데는 소홀하다. 많은 공정무역 조직이나 단체들은 소비자들이 윤리적으로 착해질 것을 요청하거나 아니면 그것을 전제한다. 그러나 윤리적 소비자들 역시 공정무역 제품을 이용할 때 자본주의적 소비욕망을 완전히 거세하지는 못한다. 이는 공정무역에 참여하는 소비자들도 주류 자본주의 소비의 나르시시즘에서 완전히 자유롭지 못하다는 뜻이다. "윤리적 소비자들은 힘이 없고 불안에 빠진 감정을 가지고 자신의 그러한 감정을 해소하기 위해, 혹은 자신의 정체성을 윤리적 사람으로 만들기 위해 공정무역 상품들을 구매한다. 본질적으로 공정무역은 사회적 정의의 상품화를 수반하고, 소비자들로 하여금 시장에서의 상품구매를 통해서 더 좋은 세계로 가려는 욕망을 이끌어낸다는 지적19)은 윤리적 소비운동의 한계를 드러내준다.

한국의 공정무역 단체 역시 국제 인증단체들에 참여하면서 국제운동으로서 공정무역운동에 동참하고 있다. 한국 단체들은 단순히 착한 소비운동에 그치지 않고 직거래를 하고 있는 원산지에 대해 주택, 교육, 복지 봉사활동으로 확대한 자생력 프로그램에 관심을 가지고 있다. YMCA는 2005년부터 동티모르 사메지역에서 농촌개발지원사업 프로젝트의 일환으로 'East Timor Coffee Fair Trade' 사업을 시작하였다. 2007년 기준으로 원두 24톤을 직수입하고 현재는 2개의

---

17) Gavin Fridell, op. cit., p. 7.
18) Michael Dawson, *The Consumer Trap: Big Business Marketing in American Life* (Urbana: University of Illinois Press, 2003).
19) Henry Bernstein and Liam Campling, "Commodity Studies and Commodity Fetishism II: Profits with Principles?" *Journal of Agrarian Change*, 2006. 6. 3, p. 414.

공정무역에 참여하는 전문 커피매장과 커피쇼핑몰을 개장하였다. YMCA는 2007년에는 사메 지역에서 커피농사를 원활하게 할 수 있도록 생산현지인 로뚜뚜 마을에 커피원두 창고와 정수시설, 공동 작업장 건립과 각종 기기들을 지원하였다. '아름다운 가게'는 네팔과 페루의 유기농 커피를 공정무역으로 거래하고 있고, '여성 민우회'는 '한국생협연대'와 공동출자하여 '자연드람'이라는 공정무역 초콜릿 판매회사를 설립하였다.

이러한 노력에도 불구하고 한국에서 공정무역운동은 아직까지는 그 규모나 내용면에서 활성화되어 있다고 보기는 어렵다. 물론 아름다운가게, YMCA, 여성민우회 등에서 제3세계 농업이나 수공업 노동자들이 생산하는 커피, 직물, 면 등의 제품을 직거래해서 전용 숍을 운영하는 사례들이 늘고 있지만, 대안적인 규모로 확대되거나 대중적인 관심사로 부각되지는 못하고 있다. 또한 공정무역운동이 대체로 소비자들의 문화적 취향에 의존하는 경우가 많아서 대안적인 소비자운동으로 확산되기에는 한계를 가지고 있다. 한국에서 공정무역운동의 정체성과도 연관되는 것으로 중산층 소비자들이 주도하는 공정무역운동이 대안 사회운동으로서 얼마나 실천적 효과가 있을지 의문이다.

3. 생태운동으로서 '생협'의 딜레마

이러한 의문들은 일찌감치 한국적 공정무역운동을 실천한 생협운동이 안고 있는 문제이기도 하다. 알다시피 생협운동은 환경, 지역 단체들이 이미 오래 전부터 실천해오던 대안사회운동의 하나이다. 공정무역운동이 국제적인 차원에서 생산자와 소비자의 호혜적 관계를 유지한다면, 생협운동은 주로 환경 생태운동 조직이 매개가 되어 먹거리 제품을 중심으로 국내의 생산자와 소비자를 직접 연결한다. 공정무역운동이나 생협운동 모두 먹거리를 중심으로 한 대안적 소비자운동이지만, 생협운동은 공정무역운동에 비해 지역운동을 기반으로 하는 공동체운동의 생태적인 특이성을 강조한다. 공정무역운동이 주로 소비자들의 '착한 소비'에 호소하여 저개발 국가의 가난한 생산자들에게 삶의 환경을 개선하는데 더 큰 목적을 두었다면, 생협운동은 농산물의 직거래를 통해서 소비자가 안전하게 먹을 수 있는 소비자들의 생태적 요구에 부합하는 데서 출발한다. 말하자면 생협운동은 농산물의 가격정의나 생산자의 구제활동보다는 소비자의 생태적 만족에 호소한다. 일부 생협조직들은 물건을 구입하는 것에서부터 일상생활에서의 소비자연합으로 확대하면서 생태적 만족을 추구한다.

생태주의로서 생협운동은 한국사회의 시민운동에서 크게 보아 두 가지 큰 전환점을 시사한다. 첫째, 생협운동은 1987년 민주화운동 이후 운동의 현장성, 구체성의 슬로건을 내세우고 지역운동과 환경운동이 연합하는 과정에서 본격화되었다. 지역운동과 환경운동의 연합은 1987년 당시 지역에서 활동하고 있는 노동운동가들이 8월 노동자대투쟁 이후 새로운 운동으로 전환하는 과정에서 선택된 것이다. 둘째, 생협운동은 환경오염, 자연파괴 등 개발주의에 대응하는 전통적인 환경운동에서 인간의 몸과 생활의 생태적 전환을 요청하는 인간 생태운동으로의 전환에서 비롯된다.

한국에서 생협운동은 자발적 소비자운동으로서 오랜 역사를 가지고 있고, 서로 다른 운동적인 맥락을 갖고 있다. 현재 관료화되어 있는 농협이나 수협도 초기에는 지역 농민, 어민들의 지역협동조합 조직이었고, 1980년도 초에 결성된 소비자협동조합 중앙회도 생협의 운동적 가치들을 공유했다. 생협운동은 크게 지역 농촌운동을 기반으로 한 조직과 1990년대 시민운동의 성장으로 만들어진 조직으로 구분할 수 있다. 한국에서 가장 오랜 전통을 가지고 있는 '한살림운동'이 전자에 해당된다면, 환경, 여성 단체들이 중심이 된 연합적인 조직인 '아이쿱'(iCOOP)이 후자에 해당된다.

현재 국내에는 여러 단체들이 운영하는 생협 조직들[20]이 있다. 이 글에서는 지역과 생명운동의 원천을 가지고 있으며 한국에서 가장 오랜 전통을 가지고 있는 '한살림'과 환경 생태운동 단체들의 연합조직인 '아이쿱', 그리고 대표적인 환경단체인 환경운동연합에서 운영하는 가장 최근의 생협조직인 '에코생협'을 중심으로 논의하도록 하겠다.

한국에서 생협운동의 역사[21]는 1950년대로 거슬러 올라가지만, 본격적인 생태운동으로 자리잡은 것은 지역공동체 운동이 활성화되기 시작했던 1980년대 중반부터라 할 수 있다. 1986년 한살림운동이 '한살림농산'이라는 쌀가게를 오픈하면서 시작된 한살림생협은 1988년 '한살림공동체소비자협동조합'을 결성하여 협동조합으로서 면모를 갖추었고 1995년 회원 1만 명을 돌파한 후에 지금까지 독자적인 생협운동을 벌이고 있다. 현재 1,500여 농촌가구와 5만여 서울가구가 포함되어 총 12만 가구가 한살림생협에 참여하고 있다. 김종철의 지적[22]대로 한살림운동은 "자율적이며 협동적인 공생의 질서를 지향할 뿐만 아니라 그러한 공생의 논리를 지금 당장의 생활 속에서 실천"하려는 대안적 생활문화운동의 취지를 가지고 있다는 점에서 당시 주류 사회변혁운동과는 차별화된 목표를 가지고 있었다. 한살림운동은 무농약 쌀 사먹기운동, 우리 쌀 지키기 100인 100일 걷기, 수돗물 불소화반대운동, 북한산 관통도로 반대운동 등 환경과 생태 관련 시민운동과의 연대활동을 지속적으로 하고 있다. 한살림생협은 특히 노동

---

20) 대표적인 생협 사이트를 소개하면 다음과 같다. 한살림(www.hansalim.or.kr), 두레생협(www.dure.coop), 친환경상품에코숍(www.ecoshop.kr), 생협연대(www.icoop.or.kr), 아름다운 가게(www.beautifulstore. org), 여성민우회(www.minwoocoop.or.kr), 에코생협(www.ecocoop.or.kr).
21) 한국의 근대적 생협운동의 역사는 1958년에 이찬갑이 세운 홍성풀무학교에서 시작된다. 홍성풀무학교는 풀무고등공민학교라는 이름으로 학교에서 학용품을 판매하기 시작하면서 생협운동을 시작하였다. 당시 생협운동의 규모는 작았지만 지역의 사회개혁운동이라는 목표를 가지고 있었다(iCOOP생협연대,『협동, 생활의 윤리』, 푸른나무, 2008, 109쪽 참고).
22) 김종철,『간디의 물레-에콜로지와 문화에 관한 에세이』, 녹색평론사, 1999, 84쪽.

공동체 운동에 많은 관심을 가지고 있는데, 도시인들의 건강한 밥상과 농업생산지의 생태적 생산과의 연대를 중요시 여긴다.

하지만 인간의 생명을 지키는 밥상을 살리는 일은 대립적인 관계가 계속되면 이루어질 수 없습니다. 소비자의 밥상살림과 농업살림은 둘로 나눠진 대립관계가 아니라 하나입니다. 즉, '생산과 소비가 하나'라는 관점에서 출발해서 필요한 것을 서로 협력해서 만들어 내는 것입니다. 그래서 저희들은 이 운동을 농산물 직거래 운동, 도농간 삶의 연대, 도농공동체운동 등으로 표현하고자 한 것입니다. 한살림운동의 핵심은 생산하는 사람과 소비하는 사람이 같이 모여서 생산자는 밥상을 살리고 생태계를 살리고 땅도 살리는 생명의 농업, 즉 유기농업 운동을 해나가고 소비자는 그 운동이 지속되고 확장될 수 있도록 소비를 책임짐으로써, 농업도 지키고 건강한 밥상도 지키는 것입니다.[23]

지역 중심의 생협연합 중심인 'iCOOP생협연대'(이하 생협연대)는 1992년 부평지역에서 노동운동을 하던 활동가들이 모여서 만든 부평생협이 모태가 되었다. 부평생협은 당시 같은 지역의 생농회와 부천생협이 중심이 되어 1997년 경인지역생협연대를 조직하였고, 다음 해에는 21세기 생협연대로 확대 발전되었는데, 2001년 (사)한국생협연대를 거쳐서 'iCOOP생협연대'라는 현재의 이름으로 활동하고 있다. 생협연대는 1980년대 지역 노동운동의 활동가들이 중심이 되어 일종의 대안적 민중운동의 일환으로 지금에 이르고 있다. 생협연대는 특히 1990년대 후반에 그동안 전국적 연대조직으로 활동하였던 '생협중앙회'의 위기를 극복하고 이를 대신하는 연대조직으로서의 의미를 가지고 있다. 당시 생협중

---

[23] 한살림 서울 홈페이지(www.seoul.hansalim.or.kr) 참고.

앙회는 지역 생협들의 물류를 통합하여 대행하는 사업을 하였는데, 이 물류사업을 잘 경영하지 못하여 적자를 내면서 큰 어려움에 빠져들었고, 이런 상황을 극복하려는 논의가 활발하게 진행된 결과 한국생협연대(구 경인지역 생협연대)가 출범하게 되었다. 한국생협연대가 결성된 1997년은 지역생협운동의 분기점이 되었다고 볼 수 있다.[24] 특히 1997년은 IMF 구제금융사태가 일어난 해로서 경제파탄과 자본의 양극화로 인한 일상생활의 붕괴가 공동체문화에 심각한 위협을 가한 만큼 생협을 통한 공동체의 복원은 중요한 지역운동의 화두로 등장했다. 이러한 자본의 독점과 사회의 양극화 현상이 본격화되면서 대안적 삶에 대한 관심이 증대되었고, "생활협동조합을 비롯하여 사회적 기업, 커뮤니티 비즈니스, 지역화폐(LETS), 벼룩시장, 공정무역 등 최근에 활성화되고 있는 경제적 실험들은 비시장 내지 반시장의 영역을 확대하고 있다."[25] 생협연대는 생협회원들 간의 마을공동체 모임에서부터 FTA반대운동에 이르기까지 지역공동체 운동과 시민운동을 결합하려는 시도들을 지속적으로 보여왔다는 점에서 다른 생협조직에 비해 폭넓은 사회활동을 하고 있다.

환경운동연합이 주축이 되어 결성한 '에코생협'은 도농연대 중심의 '한살림운동'과 지역 공동체운동 중심의 '생협연대'를 절충한 운동적 지향성을 갖는다. 2002년에 발족한 '에코생협'은 '에코라이프'라는 자체 생태적 제품을 만드는 기구가 있으며 서울지역 중심으로 4개의 매장과 3,300여명의 조합원으로 운영되고 있다. '에코생협'의 설립 취지에는 "생명운동, 안정성, 민주적 참여, 투명성, 사회연대"라는 5대 운동 목표[26]를 표방하고 있는데, 이 목표를 관통하고 있는 실천정신이 생산자와 소비자를 격리시키는 유통 자본주의로부터 대안적 시장을

---

24) iCOOP생협연대, 『협동, 생활의 윤리』, 35쪽 참고.
25) 김찬호, 「iCOOP생협 10년의 사회문화적 의미」, 『협동, 생활의 윤리』, 125쪽.
26) 에코생협 홈페이지(www.ecocoop.or.kr) 창립취지문 참고.

창출하는 것이다. "우리는 지금 대형슈퍼마켓으로 상징되는 세계시장에 편입되어가고 있습니다. 시장 세력은 생산자와 소비자를 격리시키고 그 독점적 위치를 이용하여 소비와 생산활동을 조작합니다. 우리의 소비생활은 그들의 시장조작에 휘둘려 왔고 생활주권을 빼앗겨 왔습니다. 이제는 생산자와 소비자가 직접 손을 잡고 세계시장의 불투명성을 극복해야 합니다. 생활인으로서 우리의 주권을 되찾아야 합니다"라는 지적대로 생산자는 자율적 공급체계를, 소비자는 삶의 주권을 찾는 게 생협운동의 궁극적인 목표이다. 에코생협은 다른 생협 조직보다 폭넓은 사회참여 활동을 전제한다. 에코생협은 "조합원의 경제・사회적 생활문화 향상, 안전한 먹거리 및 생활재의 공급으로 생명보호와 소비생활 개선, 지역 사회 발전, 환경 보전 및 자원 보호 활동, 민주적・공동체적 의식 함양을 위한 각종 교육・홍보와 문화활동 등"을 구체적인 운동슬로건으로 제시하고 있다.

지금까지 개괄한 한국의 생협조직들은 앞서 언급한 공정무역운동의 소비자들보다 일상생활에서의 공동체 의식이 더 강하게 나타난다. 이는 생협운동이 단순히 '착한 소비'에 호소하는 공정무역운동과는 달리 지역 공동체운동과 환경 생태운동과 일상적으로 연계되는 프로그램들을 함께 수행하고 있기 때문이다. 생협운동은 "전근대적이고 비합리적인 힘들이 버젓이 작동하는 현실에서 자유롭고 합리적인 시민들의 연대를 실험한다."[27] 생협운동은 따라서 식단에 올라오는 식품의 생태적 선택만을 위한 것이 아니라 지역조합 공동체 안에서 공동학습, 공동육아, 공동노동을 실천할 수 있는 잠재적 능력을 가지고 있다. 그것은 지역공동체들 간의 정서적 연대만이 아니라 서로 다른 공간에서 활동하는 생산자와 소비자 간의 물적 거래와 화폐교환이 이루어진다는 점에서 대안적인 경제

---

27) 김찬호, 「iCOOP생협 10년의 사회문화적 의미」, 126쪽.

적 활동으로서의 가능성도 함께 가지고 있다.

그러나 생협운동의 공동체적, 경제적 실천의 잠재력은 생각만큼 쉬운 일이 아니다. 이는 마치 직접민주주의의 중요성을 인정하면서도 대의민주주의의 현실을 완전히 부정할 수 없는 것과 마찬가지이다. 생협운동은 제품의 직접거래, 안전한 먹거리의 확보에 대한 만족감으로 인하여 내적 결속력을 강하게 드러내지만, 거대유통 체제와 불안전한 식탁의 현실에 대한 모순들을 모두 생협의 문제설정 안으로만 환원하려 든다. 생협운동 역시 공정무역운동과 마찬가지로 안전한 먹거리의 순환적 활동을 가능케 하는 중산층 중심의 운동에서 쉽게 벗어나기가 어렵다. 미국산 쇠고기 수입 사태에 대처해 생협조직들은 그 대안으로 한우를 먹을 수 있는 생산 및 유통 네트워크 구축을 들 수 있지만, 현실적으로 안정적인 한우 공급을 받을 수 없는 저소득층들로서는 원천적으로 선택할 수 없는 대안이다.

생협운동이 비록 먹거리의 대안적 유통운동만이 아니라 학습과 자치의 지역공동체운동의 잠재성을 안고 있다 하더라도 실제로 이러한 확대된 운동을 실현할 수 있는 계기는 충분치 않다. 이는 가라타니 고진이 언급한 "어소시에이션의 어소시에이션 운동"이 생협운동에서 현실화되는 것이 쉽지 않다는 것을 말한다. 생협운동에서 "어소시에이션의 어소시에이션"은 "생협공동체의 공동체"를 의미한다. 생협공동체의 공동체는 생태적 먹거리 운동을 넘어선 운동, 즉 연합적인 지역운동의 다원화를 실천하는 것뿐 아니라 생협공동체의 외부의 구조와 현실에 대한 연대까지를 의미한다. 생협운동의 공동체의식이 배타적인 조합운동, 혹은 자신들만의 생활 활력운동을 넘어서기 위해서는 생협 외부의 운동에 대한 지속적인 연계 의식이 필요하다.

가라타니 고진은 공동체 내에서 호혜적 교환행위를 가능케 하는 지역통화제도인 'LETS'를 생협의 어소시에이션의 어소시에이션 대안으로 보고 있다. LETS

에서 화폐는 자본으로 전환하지 않고 단지 모든 재화와 서비스에 관계 지을 뿐이다.28) LETS 운동은 생협운동이 기업의 화폐증식의 논리에서 벗어나 지역 내 호혜적 공동체를 실천하는 데 유효하다.

중요한 것은 LETS가 '연합의 원리'와 완전히 합치한다는 것이다. 그것은 단지 경제적이 아니라 윤리적인 어소시에이션이다. 공동체의 호혜제가 공동체로 귀속되는 것을 강제하고 시장경제가 화폐의 공동체(국가)에 참가하는 것을 강제하는 것에 비해 LETS에서 맺어지는 사회계약은 프루동이 말한 '연합' 같은 것이다. …여기서 가장 중요한 것은 LETS가 유통과정에서 형성된다는 점이다. 즉 '소비자'가 주도권을 갖는다. 생산협동조합도 소비협동조합도 당장 자본제 기업과의 경쟁에 휩쓸리는 것에 비해 LETS는 '노동자로서의 소비자'가 자유롭고 주체적으로 형성할 수 있는 것이다.29)

가라타니 고진은 이윤과 착취를 근간으로 하는 자본제에 편입된 노동자에게 '일하지 않는 것'과 '사지 않는 것'이 되기 위해서는 일하며 살 수 있는 또 다른 어떤 것이 있어야 한다고 말한다. 가라타니는 그것이 바로 생산-소비 협동조합이나 LETS 등의 어소시에이션 선택밖에는 없다고 한다.30) 생협에게 있어서 LETS는 '어소시에이션의 어소시에이션'이다. 생협의 다원적 가치와 실천효과를 인정하면서도 LETS와 같은 호혜적 관계로 재구성되는 새로운 연합운동이 필요한 것이다. 물론 생협운동의 새로운 연합은 LETS와 같은 지역 화폐운동만이 있는 것은 아니다. LETS와 같은 운동은 오히려 생협의 새로운 연합의 재구성에 있어서 소극적인 대안이다. 생협의 새로운 연합운동은 생협의 삶의 원리와 실천적 의지를 다양한 사회적 실천의 지점과 접속하는 것이다.

---

28) 가라타니 고진, 『트랜스크리틱』, 송태욱 옮김, 한길사, 2005, 495-496쪽 참고.
29) 같은 책, 496-497쪽 참고.
30) 같은 책, 498쪽.

4. 생태문화코뮌 운동으로의 이행

공정무역운동과 생협운동이 갖고 있는 긍정적인 실천효과에도 불구하고 생태운동의 지평을 새롭게 열기 위해서는 이들 운동에 대한 새로운 '문제틀'이 필요하다. 이는 21세기 "에코시스템"(ecosystem)에 대한 새로운 지도그리기라 할 수 있다. 에코시스템은 기본적으로 생태계를 구성하고 있는 당사자들 간의 상호 신뢰와 존중을 근간으로 한다. 공정무역이나 생협운동과 관련된 에코시스템은 생산자와 소비자 그리고 이들을 연계해주는 매개 조직들 간에 상호 신뢰와 존중이 없이는 생태운동에서 에코시스템은 제대로 유지되기 어렵다. 에코시스템은 또한 생태계를 유지하고 활성화하기 위해 규칙과 문서에 기반한 기계적인 역할 분담이 아닌 구성원들 내부의 자생적 요청과 협력이 요구된다. 따라서 공정무역운동이나 생협운동에서 에코시스템은 두 가지 작동 원리를 가지고 있다. 먼저 구성원들에게 공동의 목표와 활동원칙, 실행방식을 공유할 수 있는 제도적 장치들을 강제한다. 가령 원산지 제품을 구매하는 과정이나, 가격형성과 지불방식, 생태적 공동체의 일원으로서 지켜야 할 도덕적 원칙들이 조합원들에게 일종의 윤리적 강령으로 제시되는 것이다. 공정무역에 참여한 생산자들은 직거래를 하는 매개그룹이 요구하는 생태적 기준에 맞게 농산물이나 수공업품을 만들어야 하며 소비자들은 이미 약속한 가격에 물건 값을 지불하고 '사회적 초과이윤'에 대한 공감을 통해서 공정무역의 원리와 목표에 일정한 동의를 가져야 한다. 생협에 참여하는 생산자 역시 유기농산물 재배를 위한 약속과 신뢰를 주어야 하며, 소비자들 역시 조합원으로서 물건의 구매 이상의 자기 역할을 수행해야 한다. 모든 생협조직이 정관과 규정집을 두는 것도 에코시스템의 제도적 장치의 필요성 때문이다.

에코시스템은 또한 제도적 장치들을 넘어서는 구성원들의 자율적 공생의 원리를 중시한다. 즉 이러한 제도적 장치들을 실행하는 데 있어 개인들의 자율적인 활동과 판단을 존중하는 것이다. 생협운동은 소비자들을 조직하는 그룹의 집단적 의지와 소비자 개인들의 자율적인 활동들의 상호작용 속에서 활성화될 수 있다. 생협운동의 제도적 장치가 생태적 삶의 필요조건이라면, 생태적인 개인들의 자율적 활동과 연합은 충분조건이라 할 수 있다. 특히 소비자들의 윤리적 미덕과 감성적인 연대의식만으로 생협운동이 유지될 경우 이는 그야말로 '착한' 소비주의의 틀에서 벗어나기가 어렵다. 21세기 생협운동의 가장 중요한 과제가 "조합원 자신이 시스템이나 조직, 제도를 움직이는 주체가 되는 것"[31]이라는 지적처럼, 대의적인 생협조직에 의존하지 않고 조합원 모두가 생태적 삶의 주체가 되는 것은 에코시스템의 중요한 구성 원리이다. "생활공동체운동이 권력의 확대와 집중화에 반대하여, 진정으로 공생의 논리를 실천하려는 자주적 노력이 되는 한, 그것은 이 시대의 가장 뜻깊은 역사적 실천이 될 것이다"[32]라는 지적 역시 소비주체들의 자율적 활동과 연합이 에코시스템의 핵심이라는 것을 보여준다.

 그러나 21세기 생태운동으로서 에코시스템의 재구성은 이것만으로는 부족하다. 소비의 어소시에이션 운동은 생산의 어소시에이션 운동에 일정한 실천효과들을 가져오지만, 그 운동만으로는 소비와 생산의 사회적 실천, 즉 어소시에이션의 어소시에이션 운동으로 이행하기가 어렵다. 그렇다면 에코시스템의 재구성을 위해 생태운동은 어떤 어소시에이션의 어소시에이션 운동이 필요할까?

 먼저 조합주의적 생태 공동체를 넘어서는 '자율적 공생'의 사회적 확산이 필요하지 않을까 싶다. 생태운동에서 '자율적 공생'은 개인의 연합, 즉 사회적 공동

---

[31] 일본 21세기 코프연구센터 엮음, 『생협인프라의 사회적 활용과 그 미래』, 한국생협연합회, 푸른나무, 2006, 188쪽.
[32] 김종철, 『간디의 물레—에콜로지와 문화에 관한 에세이』, 83쪽.

체들의 공생을 목표로 한다. 이반 일리히는 공생의 사회는 기술적 재앙의 대안으로서 각 구성원이 공동체의 도구에 대한 가장 폭넓고 자유로운 접근권을 보장하되 다른 구성원의 동등한 자유를 제한하지 않는 사회질서의 결과로 출현하는 사회[33]이다. 일리히는 공생의 사회를 가로막는 것이 기술적 도구들의 과잉발전이라고 보고 있는데, 이로 인해 '근본적 독점'(radical monopoly)이라는 사회적 위기가 야기된다. 근본적 독점은 "산업생산의 과정이 절실한 필요의 충족에 대한 배타적인 통제를 행사하며 비산업적인 활동을 경쟁에서 축출하는 상태"[34]를 말한다. 가령 자동차가 보행자의 권리를 빼앗는다거나, 공교육이 학습과정을 지배한다거나, 장의사가 장례식을 통제한다거나 하는 것이 근본적 독점의 사례이다. 역사적으로 자본주의는 이러한 근본적 독점을 자본의 분화라는 관점에서 장려했고, 사회주의는 국가 계획과 통제에 의해 조절하고자 했지만, 개인들의 자율적 공생을 위한 코뮌을 형성하는 데 실패했다. 근본적 독점으로부터 개인들이 보호되기 위해서는 공생할 수 있는 사회적 잠재력과 가치를 스스로 터득하고 연대하는 길밖에는 없다.

공정무역운동이나 생협운동은 이러한 근본적 독점을 극복하기 위한 자생적인 대안을 찾는 것처럼 보이지만, 생태적, 윤리적 소비주의와 제한적인 조합주의에 머물기 때문에 제품과 자본이 독점되는 현실 구조에 대한 근본적인 저항에서 한발 비껴서 있다. 일상의 소비와 여가 속에서 벌어지는 인간주의적인 생태운동은 주거, 교통, 교육, 의료 분야에서의 근본적인 독점의 장 외부에서 자기완결적인 공동체를 구성하길 희망한다. 물론 이러한 공동체들이 전사회적으로 확산되어 대중의 소비주의적 실천이 자본의 독점을 제어할 수 있거나, 다른 사회적 운동으로 확산과 연대가 원활하게 이루어진다면 근본적 독점체제에 위협을

---

33) 이반 일리히, 『성장을 멈춰라—자율적 공생을 위한 도구』, 이한 옮김, 미토, 2004, 33쪽.
34) 같은 책, 90쪽.

가할 수 있겠지만, 다수의 생협운동 조직들은 이러한 문제들을 중요하게 여기지 않는다. 생협운동과 같은 소비자 조합운동은 거대 독점자본의 권력이 대중의 '먹거리 문화'에 주도면밀하게 개입하고 있음을 인지하고 있지만, 그러한 억압적인 환경을 생협운동을 위한 조건으로 삼을 뿐, 근본적인 극복의 대상으로 인지하지 않는다. 생협운동은 마치 많은 대중들이 생협운동에 참여하면 할수록 인간주의적 에코시스템을 파괴하는 근본적 독점들은 자연스럽게 사라질 수 있다는 믿음을 가지고 있지만, 그 전제는 올바르다 할 수 없다.

생태주의적 실천에서 자율적 공생운동은 생태적 공동체 자치의 확대와 생태적 공동체의 외부에서 작동하는 근본적 독점에 대한 저항이라는 같지만 상이한 두 가지 실천을 동시에 하지 않으면 생태결정론에 빠지기 쉽다. 안토니오 네그리와 마이클 하트의 지적대로 이제 제국이 지지하고 있는 다국적 기업들은 "직접적으로 영토와 주민을 구조화하고 접합"하고, "직접적으로 노동력을 다양한 시장에 배분하며, 자원을 기능적으로 할당하고, 그리고 세계생산의 다양한 부문을 위계적으로 조직한다."35) 이러한 다국적 기업에 의해 착취당하는 전지구적 생산자와 소비자는 공정무역운동이나 생협운동에 참여하는 인구들과 비교했을 때 압도적으로 많다. 공정무역으로 인해 전세계 노동자와 그들의 식구들 700만명에게 혜택이 돌아가지만, 전세계 무역시장에 불과 0.01%의 점유율을 가지고 있다.36) 나머지 99.9%의 전세계 생산자와 소비자를 지배하고 있는 다국적 자본들을 극복하는 운동은 단지 소비자들의 착한 소비의 선택에만 의존할 수는 없는 일이다.

생태적 삶의 더 넓은 지평을 위해서 공정무역운동이나 생협운동 중심의 생태적 소비운동은 일상의 문화운동, 혹은 문화소비자운동으로의 이행이 필요하다.

---

35) 안토니오 네그리, 마이클 하트, 『제국』, 윤수종 옮김, 이학사, 2001, 64쪽.
36) 중앙일보, 2008. 3. 18.

공정무역운동에서 추구하는 '공정'의 원리는 선진국과 개발도상국 간의 경제적 정의, 생산자와 소비자를 연결하는 유통질서의 공정함, 그리고 거래되는 제품들의 생태적 안정성을 의미한다. 생협운동의 경우에도 국지적인 조합운동일 뿐, 먹거리운동의 원리는 공정무역운동이나 다르지 않다. 다만 좀 더 친밀하고 일상적인 생활 속에서의 생태운동을 요구할 뿐이다. 그러나 이러한 원리의 작동은 소비자가 물건을 구매하는 거래행위가 발생할 때에만 가능하다. 왜냐하면 소비자들은 커피, 바나나, 콩, 쌀과 같은 농산물들을 안전하게 먹는 것을 최종 목적으로 하기 때문이다. 공정무역과 생협운동이 원활하게 이루어지기 위해서는 기본적으로 적정 수준 이상의 소비가 전제되어야 한다.

그러나 안전한 제품 소비를 목적으로 하는 것이 아닌 정신적 심미적 활동을 목적으로 하는 생태운동이 있다. 생태적 소비를 목적으로 하는 생태운동의 원리를 일상문화 활동으로 전환하는 시도들이 그것이다. 문화적 활동에 대한 생태적 원리들의 적용은 자연물에 대한 생태적 소비를 중심으로 하는 생태운동에 있어 새로운 실천 토픽이다. 왜냐하면 문화적 소비는 반드시 문화생산물에 대한 반복적인 소비를 하지 않고서도 정서적 공감대와 미적인 즐거움을 공유할 수 있기 때문이다. 가령 농산물을 생태적으로 거래하는 것 대신에 조합원들 간에 서로의 문화적 능력을 공유하는 운동들은 화폐 거래의 이윤을 제로로 하는 LETS 운동의 핵심적 원리를 내장하고 있다. 제품을 생태적으로 거래하고 소비하는 일종의 '윤리적 소비주의'는 소비의 욕망에 대한 개인의 이해를 바탕으로 하고 있기 때문에 근본적으로 한계를 가질 수밖에 없다. 문화적 자원들의 생태적 교환행위는 소비행위이면서 동시에 생산행위이기 때문에 소비의 윤리적 강박관념이나 생산의 이윤 욕구에서 동시에 벗어날 수 있다. "상품화된 문화를 소비하는 것으로는 문화에 대한 갈증은 계속 남기 마련이다. 생협은 이러한 현실에서 문화의 대안적인 가능성을 실험하는 토대가 되어야 한다. 스스로 즐거운 체험을 만들고 함께 즐기면서 자기 안에 숨어 있는 창조적인 잠재력을 확인하는 관계가 디자인되어야 한다"[37]라는 지적처럼 현재 생태적 생협운동에 있어 중요한 것은 형식적인 생태적 원칙보다는 감성적 활동이다. 생협운동을 부문운동으로 인식하는 생태주의적 발상은 생태의 문화적, 감성적 원리를 포착하지 못한다.

문화운동에서 생태문화적 코뮌네트워크의 구상은 이러한 생태주의 운동의 형식주의의 한계에 대한 대안이 될 수 있다. 자신들이 소유하고 있는 문화적 자산들과 문화적 역능을 교환하는 행위는 반드시 새로운 재화의 교환을 전제로 하지 않기 때문에 생태적 원리에 가깝다고 볼 수 있다. 또한 공정무역운동의 소비주의와 생협운동의 조합주의를 극복하기 위해서 생태문화 코뮌네트워크는 생태운동의 전환에서 중요한 연대의식이라 할 수 있다. 문화운동에서 이러한 호혜적인 생태적 원리를 적용하고, 생태운동에서 비물질적 감성의 문화적 공유 원리를 적용하면 생태적 문화운동, 문화적 생태운동의 접합은 더 적극적으로 이루어질 것이다.

---

37) 김찬호, 「iCOOP생협 10년의 사회문화적 의미」, 155-156쪽.

06

문화사회로의 전환과 생태문화코뮌 만들기

1. 포스트 FTA 시대 문화운동의 진로?

민중생존권을 위협하고, 사회양극화를 가중시킬 미국식 신자유주의에 반대하는 민중진영의 끈질긴 투쟁에도 불구하고 '한미FTA'는 체결되었다. '한미FTA'가 양국 간 자유주의 무역협정의 문제만이 아닌 동북아시아 세력 구도와 연계된 정치적, 외교·안보적 문제를 함축하고 있어, 애초부터 미국의 통상 압력을 제대로 방어하지 못할 것이라는 우려가 협상개시 전부터 흘러나왔다. 결국 이러한 우려가 FTA 협상 체결 문서를 통해 현실로 드러났고, 협상 결과 국가적 차원에서의 손실뿐 아니라 서민들이 감내해야 할 생존권의 위기가 예상보다 심각한 수준으로 드러났다.[1]

---

[1] 한미FTA에 따른 전체 무역수지를 따져 봐도 대미수출은 10%-20%, 수입은 20%-40% 증가하여 무역수지는 오히려 후퇴할 것으로 보인다. 한미FTA로 인한 GDP 증가 기대

흥미로운 점은 스크린쿼터 축소에 항의하는 영화인들의 시위를 제외하고 '한미FTA' 협상 개시 직전까지 별다른 쟁점을 형성하지 않았던 문화 서비스 분야가 막상 뚜껑을 열어보니 가장 큰 타격을 받았다는 점이다.2) 특히 교육, 복지, 의료, 교통 등 서비스 분야의 사회적 공공성의 무력화로 인해 서민들의 생활경제를 파탄내는 결과를 몰고 왔다.3) 이는 노무현 정권과 FTA 협상에 임했던 한국 협상 대표단이 애초부터 기초 수준에서 국민의 생존권도 지켜내는 데 실패했을 뿐 아니라, 높은 수준에서 문화적 자원을 지켜내는 전략도 부재했다는 증거이다.

사실 '한미FTA' 체결이 아니더라도 한국사회는 이미 강도 높은 구조조정과 신자유주의적 시장개방체제를 서두르고 있었다. 공공부문의 민영화를 포함한 신자유주의적 시장체제로의 전환을 위한 강도 높은 구조조정은 이미 김대중 정부 때부터 가시화되었고, 노무현 정부 들어서는 더욱 노골적으로 진행되었다. '한미FTA' 체결의 손익대차대조표 작성에서 중요한 기준 중의 하나도 '한미FTA'를 통한 국내 시장과 공공분야의 강도 높은 구조조정이었다.4) 공공부문의 구조조정과 서비스 분야의 전면 개방은 비정규직 노동자들을 양산하고 사회적 양극화를 야기할 수밖에 없다는 것은 불 보듯 뻔한 일임에도, 노무현 정부가 이를

치는 0.22% 혹은 0.28%에 불과하며, 무역수지는 4조 정도 적자가 날 것으로 예상된다. (한미FTA저지 범국민운동본부, 『한미FTA 분야별 평가보고서 자료집』, 2007년 4월 27일)
2) 언론에 많이 보도된 대로 협상안에는 당초 정부가 약속했던 스크린쿼터 '미래유보'는 '현행유보'로 바뀌었으며, 저작권 보호조치도 밀레니엄 저작권법이 그대로 적용되었으며, '디지털시청각 서비스', 'PP간접투자 허용시기', 'IPTV 규제 권한 확보' 등 방송 멀티미디어 분야에서도 굴욕적인 양보로 일관했다.
3) 또한 공공분야의 개방으로 도로, 상수도, 전기, 교통 분야의 엄청난 비용 증대가 예상되며, 의약 분야의 특허연장과 약제비 적정화방안의 무력화로 향후 5년간 국민들이 부담해야 할 액수가 10조원에 이를 것으로 예상하고 있다(『한미FTA타결안 긴급 토론회 자료집』, 2007년 4월 3일자 참고).
4) 심광현, 「한미FTA가 영화와 문화예술에 미칠 악영향」, 『한미FTA 국민보고서』, 그린비, 2006, 421쪽 참고.

감행한 것은 서민들의 일상생활, 국지적 차원에서 문화주권, 사회재생산 영역에서의 분배의 원칙보다는 선별적 경쟁과 자본에의 예우, 미국 중심의 세계체제로의 편입 원칙을 더 중시했다고 볼 수 있다. 이는 곧 '한미FTA' 문제가 노동과 자본만의 문제가 아닌 우리 모두 일생생활의 '문화정치'의 문제임을 직시하게 한다.

그러한 연유로 사회적 공공성의 심각한 재앙을 막아보기 위해 많은 사회운동 단체들이 '한미FTA' 반대운동에 동참했고, 그 스펙트럼은 노동, 농민, 교육, 문화, 인권, 환경, 생태진영을 포괄하기에 이르렀다. 특히 '한미FTA' 저지투쟁에 동참한 문화운동은 부문운동이나 문화 선전의 도구적 역할에서 벗어나 사회 재생산 부분을 가로질러 이 개별 영역들을 연계하고 그 영역들에 문화적 관점을 강화하는 역할을 하였다. 이는 기존에 문화운동이 담당했던 역할과 기능과는 다른 사건을 만든 것이라 할 수 있는데, FTA 반대투쟁을 통해 문화운동은 사회운동 연대의 중요한 거점이 될 수 있다는 가능성을 보여주었다.

자본의 전지구적 확장과 사회공공성의 파괴, 노동유연화 정세에 대응하는 대안사회를 구상하는 이론적 모색에 있어 이른바 '문화사회론'이 1990년대 말부터 논의되었다. 그러나 이 당시에 '문화사회론'은 현실적인 실천의 과정 속에서 확보된 것이라기보다는 노동중심의 사회, 개발 중심의 위험사회로부터 탈주하자는 이행담론에 불과했었고, 그것의 전제 조건에 대한 담론 역시 노동시간 단축과 자유시간의 확보에 따른 개인 자율성의 증대, 기술자동화 혁명에 따른 인간의 필요노동의 감소에 따른 창조적 시간으로의 전화 등의 기대에 의존하는 수준이었다. 말하자면 '문화사회론'은 실제 삶의 현장에서 어떤 싸움들을 필요로 하는지에 대한 구체적인 행동 계획을 제시하지 못했다. 오히려 '문화사회론'의 실천적 이행은 신자유주의 자본의 공세가 강화되고 '한미

FTA' 정세가 가시화되면서 보다 구체화되기 시작했다. '한미FTA' 정세는 '문화사회론'이 막연하게 생각했던 극복대상과 이행과제들을 분명하게 보여준 사건이다.

'한미FTA'로 인해 분명해진 것은 민중생존권이 심각하게 위협받고, 그로 인해 사회적 비용 증대와 삶의 질적 빈곤을 몰고 올 것이라는 사실이다. 신자유주의 자본의 공세로 인해 노동강도는 더 높아지는데 임금은 오히려 하락하는 최악의 사태가 야기되면서 민중들은 이제 더 이상 자본이 주도하는 시장 일반 안에서 정상적으로 생존할 수 없는 상황에 직면했다. 그렇다면 이러한 사태에 맞서 무엇을 할 것인가? 자본에 길들여진 삶의 주변부에서 힘들게 버티고 앉아서 소비의 규율에 편입한 채로 최악의 임금 노동을 요구할 것인가? 아니면 자본에 길들여진 삶에서 벗어나 차라리 자율적인 삶의 양식들을 선택할 것인가? 이러한 질문 안에는 민중들 스스로가 자유로운 연합체를 형성하여 자본이 강제하는 일상생활과는 다른 그들만의 자생적인 삶의 공동체를 구성할 수 없는가에 대한 문제의식이 담겨있다. 민중들 스스로 일상생활에 필요한 자원들을 서로 공유하고, 금욕이지 않으면서도 소비의 과잉 쾌락주의로부터도 자유로운 생태문화적인 환경을 만들어야 하는 시점이 아닌가 싶다. 따라서 현실 사회운동 역시 FTA에 대한 네거티브한 대항 운동이 아닌 새로운 생태적 순환 공간을 만드는 포지티브한 방향으로의 전환이 요구된다. 그러한 사회운동의 방향전환에 있어 문화운동의 역할과 배치는 중요하며, 생태문화적 코뮌들을 구성하는 실천들이 문화사회로 이행하는 데 있어 중요한 자원이 될 것이다. 이 글은 문화사회로의 전화에 있어 구체적인 실천 운동이라 할 수 있는 생태문화코뮌의 이론적 구성을 검토하고, 역사적 문화운동 속에서 그러한 생태문화코뮌적 유산들을 추출해내고, 마지막으로 생태문화코뮌들을 구성하기 위한 구체적인 실천을 제안하고자 한다.

2. 생태문화코뮌의 이론 구성

생태문화코뮌의 이론 구성을 위해 검토해야 할 것들은 크게 네 가지이다. 첫째는 1990년대 말부터 제기된 『문화/과학』의 '문화사회론'이 신자유주의 공세가 전면화하는 국면들을 지나오면서 어떻게 진화했는가를 검토하는 것, 둘째, 안토니오 네그리를 중심으로 한 이탈리아의 자율주의 정치철학이 주장하는 노동과정의 변화와 다중 주체의 변이들을 검토하고, 이 이론을 수용한 조정환의 이론을 코뮌주의 관점에서 점검해보는 것, 셋째, 가라타니 고진이 칸트와 맑스의 가로지르기 독해를 통해 새로운 실천이론으로 제안한 '어소시에이션'이 생태문화 코뮌주의의 구성에 있어 어떤 성과와 한계가 있는지를 검토해보는 것, 마지막으로 맑스주의 외부(성)에 대한 지속적인 연구를 해온 이진경의 최근 인식 구성에 있어 중요한 이론 축을 담당하고 있는 '코뮌주의'의 원리와 실천양식들을 점검하는 것이다. 마지막으로 한 가지 추가해야 할 것이 있다면 생태문화코뮌의 이론 구성과 실천적 지평을 확장하는 데 각각의 이론들을 어떻게 배치해야 하는가이다.

1990년대 말에 『문화/과학』에서 제안한 '문화사회론'은 노동사회 혹은 경제사회에 대한 대안을 마련하기 위한 것이다. 따라서 '문화사회론'은 과도한 노동시간을 단축하고 자유시간을 확보하는 것을 당면한 주요 실천 과제로 인식하였다. "문화사회는 개인이 임금노동을 위해 바치는 시간이 최대한 줄어든 사회, 사회구성원들에게 가처분 시간, 자유시간을 최대한 제공함으로써 임금노동과 무관한 자율적인 활동을 추구할 수 있게 하는 사회이다. 문화사회를 구성하는 데 핵심적인 조건의 하나는 자유시간의 충분한 확보이다"[5]라는 지적대로 '문화

---

5) 강내희, 「문화사회를 위하여」, 『문화/과학』 17호, 1999년 봄, 15쪽.

사회론'은 기술혁신과 구조조정에 따른 노동환경의 변화에 대한 대응이라 할 수 있다. '문화사회론'의 초기 구성 과정에서 제레미 리프킨의 '노동사회의 종말론'과 앙드레 고르의 '문화사회로의 이행론'은 주요한 이론적 자원으로 활용되었다.

리프킨은 "1세기 이내에 시장 부문의 대량노동은 사실상 세계의 모든 산업 국가들에게서 사라져갈 것이다"라고 전망하면서 인간의 노동을 대체할 자동 기술 혁명은 전통적인 일자리를 파괴하지만, 새로운 일자리를 창출한다는 구시대 논리는 더 이상 받아들여지지 않으며, 오히려 노동시간을 절감하는 새로운 기술들이 생산성을 엄청나게 높였지만, 이로 인해 수많은 노동자들이 파트타임이라는 한계영역으로 몰리게 되거나 해고되어 결국 소득 및 소비자 수요의 감소와 경제성장의 저하로 이어졌다.[6] 리프킨은 이러한 문제를 해결하기 위해서는 기술혁명으로 늘어난 생산성 향상분에 대한 공정한 분배가 전제되어야 하는데, 그 대안으로 전세계적인 노동시간의 단축이 필요하고, 아울러 시장 부문에서 축출된 사람들에게 제3부문(사회적 경제)의 일자리를 제공하기 위한 정부의 노력이 필요하다[7]고 말한다. 그러나 제3부문의 창출은 정부나 국가가 주도하는 것을 넘어서는 "자발적 결사에 의한 문화적 제3부문을 창출"[8]하는 속에서 민중적인 전유가 일어난다.

이런 문맥에서 보면 노동조합은 임금투쟁을 위한 단체협상의 낡은 방식을 넘어서 "노동자들이나 실업자들이 밤늦게 찾아 갈 수 있는 개방센터, 개방대학, 지역사회센터, 생산학교를 만들어 모임장소를 제공하고 다양한 문화적 사회교육적 프로그램과 서비스를 제공하는 역할"과 같은 일들을 수행할 수 있다. '문화사회론'의 관점에서 노동운동과 문화적 제3부문의 결합은 노동조합활동에 새로

---

6) 제레미 리프킨, 『노동의 종말』, 이영호 역, 민음사, 1996, 59쪽, 18-20쪽 참고.
7) 같은 책, 69쪽.
8) 심광현, 「'사회적 경제'와 '문화사회'로의 이행에 관하여」, 『문화/과학』 15호, 1998년 가을, 80쪽.

운 활력과 전망을 열어줄 수 있다는 점에서 적극적으로 고려되어야 하고, 기술 자동화를 통한 생산성 향상분을 재사회화하는 리프킨의 주장은 사회적 공공성의 확산에 있어 제3부문의 증대에 대한 중요한 단초를 제공해준다.

리프킨이 노동환경의 변화에 따른 노동시간의 단축을 강조했다면, 앙드레 고르는 노동시간의 단축으로 가능해진 자유시간의 문화적 활용을 강조한다. 그는 노동에 기초한 생산주의 사회에서 자유시간 사회로의 이행이 문화사회임을 명명한다.9) 고르는 문화사회로의 전환이 기술적 야만성을 극복하는 근본적인 이행임을 강조하면서 문화사회는 노동시간의 단축이 최종 목적은 아니며 노동시간의 단축에 따른 자유시간이 개인의 자유로운 자아실현과 연계되어야 함을 강조한다.(111) 고르는 문화사회는 노동시간의 단축만이 아닌 노동시간의 자주관리와 일정한 소득의 보장을 요구하는 것으로 새로운 노동의 권리와 새로운 소득의 권리를 주장하는 것이라 말한다. 문화사회는 자유시간의 증대와 그것의 창조적 활용이라는 것을 전제로 하는 것이다.

> 만일 창조성과 활기, 미학적 놀이가 노동에 따르는 효율성과 수익성이라는 가치를 압도하면, 우리사회에서 어떠한 대격변이 초래될 것인가를 우리는 생각해보아야 한다. 노동에 기초한 생산주의적 사회에서 자유시간 사회—경제적인 것보다 문화와 사회활동에 더 커다란 중요성이 부여되는 사회—로의 이행과 연관된 문제이다. 한마디로 말해 독일에서 문화사회라고 부르는 사회로의 이행이다.(110)

그러나 리프킨과 고르의 이론에 따른 '문화사회론'의 구성은 자칫 노동시간

---

9) 앙드레 고르, 「노동사회에서 문화사회로의 이행: 노동시간의 단축」, 심광현·이동연 편, 『문화사회를 위하여』, 문화과학사, 1999, 110쪽. 이후 이 글에서의 인용은 본문에 쪽수만 표기한다.

의 단축과 자유시간의 확보를 너무 자명한 것으로 전제할 수 있다. 만일 이러한 가정만을 전제할 경우, '문화사회론'의 구성은 그래서 현실적인 담론이라기보다는 하나의 유토피아적 이행담론, 혹은 장밋빛 전망을 기술하는 것이라 할 수 있다. 단적으로 노동시간 단축이 현실화되어 개인들에게 자유시간이 확보된다 해도, 그 자유시간이 생산과 소비로부터 자유로운 삶으로 이어진다고 보장할 수 없다. 이러한 논지가 가능했던 것은 노동시간의 단축이 자동기술화로 인해 자동적으로 주어진다는 생각 때문이 아닌가 싶다. 따라서 문화사회의 조건으로서 노동시간의 단축은 기술혁명으로 자동으로 주어지기 때문에 문화사회로의 이행 역시 시간이 지나면 가능한 것으로 인식하고 있다. 가령 자율주의 진영에서 이해하는 '문화사회론'이 이런 생각이 아닌가 싶다. 가령 자율주의는 "'문화사회론'은 '다중의 자발성'을 개념의 소재로 활용하지 모티브로 활용하지 않으며, 자동기술화가 사회적 양극화를 심화시키지 않고 사회적 풍요를 가져오는 정책 개발을 목적으로 하고 있다"고 비판한다.10)

그러나 『문화/과학』의 문화사회론은 기술자동화에 따른 노동시간의 단축이 단순히 유토피아적인 이행을 보장하는 것으로 보지 않는다. 그것이 긍정적인 의미를 갖는 것은 자동기술화가 생산의 사회화를 증대할 수 있도록 하는 노동자-다중의 통제가 가능할 때이다. 말하자면 문화사회의 가능성은 명백하게 자동기술화와 노동자-다중의 통제라는 두 가지 조건에 달려 있으며, 생산의 사회화 경향에 따른 생산성 향상과 이를 필요노동시간의 감소로 연결할 수 있는 노동자-다중의 통제력 여부에 의존한다는 것을 의미한다.

결정론적 기술예찬론자들이 주장하는 자동기술화=테크노피아가 허구적인 것은 (2)

---

10) 조정환, 「생태적 문화사회론의 탈노동의 문화관 및 도식적 사회론의 문제점 비판」, <자율평론> 18호(2006. 10. 13) 참고.

의 조건(노동자-다중의 연합에 의한 자본-국가에 대한 통제-인용자)을 고려하지 않았기 때문이며, 조 선생이 우려하는 노동 일반에 대한 거부가 성립할 수 없는 것은 (1)의 조건(생산의 사회화 경향-자동기술화에 의한 생산력 발전-필자 주)을 생략하기 때문이라고 할 수 있다. 이런 점에서 문화사회론의 노동거부 테제는 이 두 가지 허구적 주장과는 무관한 것이며 (1)-(2)-(1)'-(2)'의 선순환 구조를 만들어냄으로써 필요노동을 최소화하면서 자유시간을 늘려가자는 적극적인 제안이라고 할 수 있다.11)

자율주의론의 비판과는 다르게 문화사회론이 자동으로 주어지는 것이 아니라는 사실은 현실에서 신자유주의적 자본의 공세가 민중생존권을 강하게 압박하는 상황을 통해 분명하게 드러난다. 자본의 공세에 따른 사회적 공공성의 위기 증대로 문화사회 앞에 바로 "위험사회"가 대면하고 있음을 인식하게 되기 때문이다. 다시 말해서 신자유주의로 야기되는 악화된 현실은 문화사회가 자동으로 주어지는 것이 아니라 위험사회와의 투쟁을 통해서 얻어지는 것임을 대중이 인식하게 되는 계기가 된다는 것이다. '위험사회론'으로의 우회가 중요한 것은 그것이 자동기술화로 인한 노동시간의 단축이라는 긍정적인 노동환경의 변화와는 정반대로 "노동에 대한 기계의 포섭"이라는 위험을 지적해줄 수 있기 때문이다. 노동에 대한 기술의 포섭은 노동시간을 단축시키는 것만이 아니라 기술의 과잉으로 인한 과잉생산을 유발한다. 과잉생산은 울리히 벡의 언급대로 "근대화과정에서 외연적으로 성장하는 생산력을 통해 잠재적 위협들이 유례없을 정도로 발생하는 사회"12)가 되었다. 과잉생산으로 인한 위험사회의 도래는 역으로 노동시간의 단축 근거가 된다. 위험사회는 기본적으로 생태적 위기를

---

11) 심광현, 「생태적 문화사회론과 코뮤니즘-<자본을 넘어 생태적 문화사회론>에 대한 조정환 선생의 논평에 대한 반론」, <자율평론> 18호 참고
12) 울리히 벡, 『위험사회-새로운 근대성을 향하여』, 홍성태 역, 새물결, 1997, 52쪽.

야기할 정도로 자본의 축적을 노골적으로 강화하기 때문에 "구조적 과잉생산이 일어나고 있는데도 비정규직이 늘어나는 것을 분석해보면, 지금이야말로 노동시간을 획기적으로 단축하고 문화사회를 앞당길 시점"13)이라는 지적이 타당하다 말할 수 있다.

'위험사회론'의 우회를 통해서 '문화사회론'은 생태적인 문제의식을 구체적으로 갖게 되었다. 초기 '문화사회론'에서의 생태적인 인식의 전환은 주로 사회성원들과 상생적인 상부상조와 공헌을 강조하고 대상화된 문화적 생산물 자체보다는 활동하는 소통행위의 측면을 강조하는 문화의 개념을 지향하고 들뢰즈적인 미적 윤리적 패러다임, 칸트의 미적 감각과 숭고미로 이야기하고 있는데14) 이것이 사회체제 내에서의 생태적 전환으로 구체화할 수 있는 계기가 된다. 위험사회의 도래에 따른 친생태적인 산업과 에너지 체제로의 전환과 생활양식과 문화적 가치의 재구성을 요구하는 것15)은 자본의 세계화가 주도하는 FTA의 지배에 맞서는 독자적인 민중적 삶의 실현과 같은 대안 문화행동의 요구와 부합한다.

'한미FTA 협정'이라는 대대적인 정세변화에 적극 대응하기 위해 문화사회론은 자본주의 극복의 전망을 명시하는 '생태문화사회'라는 대안을 제시하면서, 최근의 '문화사회론'의 담론들은 사회적 삶의 생태적 전환이 어떻게 구현될 수 있는지에 대한 실천적인 논의로 확장되고 있다. 이 과정에서 생태문화네트워크, 혹은 생태문화코뮌이라는 운동슬로건이 제안되었는데, 이 슬로건 안에는 "생태적 전환을 타당으로 한 문화사회, 자연의 한계를 존중, 우리 자신의 삶의 질의 향상으로 연계, 둘째 생태적 생활방식으로의 전환, 자연에서 미적 만족을 추구

---

13) 강내희, 「위험사회, 노동사회, 문화사회」, 『문화/과학』 35호, 2003년 가을, 129쪽.
14) 심광현, 「'사회적 경제'와 '문화사회'로의 이행에 관하여」, 86-88쪽 참고.
15) 같은 글, 61쪽.

하는 생태미학"이라는 기본적인 문제의식에서부터16) 사회 재생산 분야의 공공성 확산을 위한 문화운동의 실천기획까지 포함하고 있다.

둘째로 '문화사회론'이 조정환의 자율주의 이론과 어떤 차별점을 갖는지를 검토할 필요가 있다. 이 검토가 중요한 것은 자율주의가 주장하는 노동의 가치와 다중 주체들의 구성이 '문화사회론'에서 주장하는 사회적 공공성의 재전유와는 다른 입장을 갖고 있기 때문이다. 가령 조정환은 심광현이 강조하는 사회적 공공성의 개념은 끊임없이 국가적 공공성으로 미끄러지고, 이는 현실에서 교육, 의료, 문화, 에너지, 서비스 등의 공공성이 국가에 의해 보장되고 있다는 현실의 효과에서 비롯되는 것으로 판단한다. 그러나 조정환이 보기에 공공성은 신자유주의 이전에도 상품화를 뒷받침하는 것으로서 상품사회의 필수적 구성부분으로 기능했다고 비판한다.17) 자율주의론은 공공성의 개념을 국가가 개입하는 근대적 개념으로 비판하면서 다중들 스스로의 공통적 자기생산운동에 주목한다. 그렇다면 자율주의가 말하는 다중의 코뮌주의는 어떤 것인가?

조정환은 프롤레타리아의 코뮌주의는 자유로운 인간들이 '공통적인 것'을 생산하기 위해 움직이는 능동적이며 자율적인 운동이며, 이것은 인간 개체들의 공통적인 자기생산운동으로 정의한다.18) 그런데 그가 보기에 코뮌주의가 부재한 것으로 느끼는 것은 그것이 잠재적이기 때문인데, 그것이 잠재적인 것은 자유주의와 사회주의에 의해 시장과 국가에 의해 부과되는 한계 속에 갇혀있기 때문이다.(110) 자율주의는 이 코뮌주의적 생산활동의 주체성을 긍정하면서, 현실적인 것에 두어져온 관심을 잠재적인 것에로 가져온다. 또 자율주의는 자본과

---

16) 홍성태, 「생태문화사회와 사회운동」, 『문화/과학』 46호, 2006년 여름, 190-191쪽.
17) 조정환, 「생태적 문화사회론의 탈노동의 문화관 및 도식적 사회론의 문제점 비판」, <자율평론> 18호 참고.
18) 조정환, 「자율주의 이론이란 무엇인가」, 『한국의 맑스주의 지형연구』(문화사회연구소 2007 문화사회 아카데미 자료집), 108쪽 참고. 이하 이 자료집에서의 인용은 본문에 쪽수를 표기한다.

국가의 운동에 두어져온 관심을 노동의 자기운동에로 이전한다.

프롤레타리아 코뮤니즘을 현실에서 실현하려는 주체들은 바로 다중이다. 다중은 인간-인간 단계의 운명에서 프롤레타리아가 띠었던 형태인 노동계급과는 다른 특성을 가지는데, 가령 다중은 인간-기계의 운명 속에서 움직인다. 그것은 생산과 재생산의 전 회로에 산포되어 있는 산업노동자, 가사노동자, 학생노동자, 연구노동자, 언론노동자 등으로 명명된다. 조정환이 보기에 이러한 다중의 산포가 가능한 것은 바로 일반지성-다중지성에 부과된 탈근대적 생산협력 때문이다. 다중은 협력하지 않고는 생산할 수 없으며 그 협력은 점점 더 언어적, 지적, 정서적 성격을 띠어간다.(118) 조정환이 생각하는 다중의 주체구성 방식의 세 가지 양태는 생산-저항-탈주이다.

> 오늘날 생산은 직접적으로 정치적이다. 그것은 현존하는 것의 혁신을 통해서 삶을 바꾼다. 둘째로 착취가 다중의 생성에 대한 공통적인 것의 생산에 대한 저지의 형태를 띠는 한에서 저항과 반란은 필연적이다. 셋째로 사랑의 테크놀로지는 탈주의 테크놀로지이기도 하다. 왜냐하면 공통적인 것을 생산하는 내재적 주체성으로 자신을 생산함으로써 비로소 주체성의 생산을 저지하려는 명령의 기획으로부터 벗어날 수 있기 때문이다.(120)

이러한 다중들의 코뮌주의는 국가권력의 형태를 거부하는 자율적 혁명과, 그러한 자율성의 근간이 되는 '비물질노동'의 확산이라는 두 가지 목표를 가지고 있다. 그가 '스테이트'(state)와 '리퍼블릭'(republic)을 구분하는 것도 그런 이유에서이다. '스테이트'가 다중에 의한 공통적인 생산을 저지하는 것, 즉 멈추게 하는 것인 반면 '리퍼블릭'은 '스테이트'의 수중에 응고되어 있는 부와 권력을 다시 다중의 것으로 되돌리는 것이다. 한편 조정환은 다중들의 노동 개념을 이탈리아 정치철학자들의 비물질노동 개념으로 설명한다. 비물질노동 개념은 스피노자와 들뢰즈가 말하는 정동(affect) 개념에서 나온 것이다. 들뢰즈에게 정동 개념은 비재현적인 모든 것, 비재현적인 사유양식이다. 그는 관념과 정동을 구별하는데, 관념이란 재현적 특성에 의해 규정된 사유양식[19]인 반면, 정동은 연속적인 변이(34)이다. 마이클 하트는 스피노자와 들뢰즈의 '정동' 개념을 탈근대적 노동과정으로 설명하면서 "정동적 노동"이라는 개념을 만들어낸다. 그에 따르면 정동적 노동은 들뢰즈의 욕망하는 생산이라는 개념과 같은 것이며 "비물질노동"의 한 면이다. 정동적, 혹은 비물질적 노동은 탈근대적 자본의 기획이기도 하지만, "자본주의 탈근대화의 사슬에서 가장 강한 고리 중의 하나이기에 전복적이고 자율적인 구성을 향한 잠재력"이다.[20]

비물질적 노동이 갖는 잠재력은 분명 산업화 시대 노동자들의 노동의 힘과는 다른 정보적, 문화적 내용의 차별성을 갖는다. 비물질적 노동은 "서비스, 문화상품, 지식, 소통 등 상품의 정보적 문화적 내용을 생산하는 노동을 지칭한다."[21] 비물질적 노동은 사회적 협력 관계를 활성화하는데, 이 협력능력은 노동과정뿐 아니라 소비자와의 사회적 소통의 능력까지 포괄한다. 비물질적 노동자는 소비자의 필요, 욕구 취향 등에 반응하고 그것에 형태를 부여하며 물질화해야 하기 때문이다.

---

19) 질 들뢰즈, 「정동이란 무엇인가」(서창현 옮김), 마이클 하트 외, 『비물질노동과 다중』, 갈무리, 2005, 24쪽.
20) 마이클 하트, 「정동적 노동」(자율평론 번역모임 옮김), 『비물질노동과 다중』, 140-141쪽.
21) 마우리찌오 랏짜라또, 「비물질적 노동」, 이원영 편역, 『이탈리아 자율주의 정치철학 1』, 갈무리, 1997, 311쪽. 다음과 같은 인용문을 보라. "상품의 정보적 내용은 직접적인 노동과정에서 사이버네틱스와 컴퓨터 통제에 의해 발생하고 있는 변화를 지칭한다. 상품의 문화적 내용은 보통 노동이라 인식되지 않는 일련의 활동들, 예컨대 문화적, 예술적 표준들 유행들 취미들 소비규범들 그리고 공공여론의 형성에 기여하는 여러 활동들을 지칭한다. 구상과 실행, 노동과 창조, 작가와 청중의 분리는 노동과정에서는 지양된다"(133쪽).

비물질적 노동을 통해 생산된 상품의 특수성(정보적 문화적 내용으로서의 그것의 가치에 의해 주어지고 있는 그것의 근본적인 사용가치)은 그것이 소비의 행위 속에 파괴되지 않으며 오히려 그것이 소비자의 "이데올로기적"·문화적 환경을 확대하고 변형하며 창조한다는 사실 속에 존재한다. 이 상품은 무엇보다 노동력의 물질적 역량을 생산하지 않는다. 그 대신 그것은 그것을 사용하는 사람을 변형한다. 비물질노동은 그 무엇보다도 사회적 관계(혁신, 생산, 소비의 관계)를 생산한다.(135)

그러나 자율주의 철학자들과 조정환이 언급하는 비물질적 노동과 그 주체로서의 다중은 오히려 그 배경이 되는 탈근대적 사회의 도래로 인해 '잠재성'을 '현실성'으로 전환할 수 있는 기회를 상실하는 아이러니를 갖고 있다. 다중의 잠재력은 어떤 계급 주체들의 잠재력이며, 어떤 현실성 있는 잠재력인가를 질문하면 모호한 입장을 가질 수밖에 없다. 가령 "개인을 역사의 주체로, 다중을 민주주의 프로젝트의 구성요소적 세력으로 역전시켜 설정한 것은 이상주의적이고 관념적인 발상이며, 이런 발상은 현실의 사회관계들에는 아무런 변혁도 일어나지 않았는데도 머릿속 사고의 세계에서만 역전이 일어난 것과 같다"는 아민의 비판은 자율주의자들이 다중 출현의 전제로 언급하고 있는 '인지자본주의'(cognitive capitalism)로의 이행, 비물질적인 생산, 새로운 네트워크 사회, 탈영토화의 출현이 현실운동 속에서는 허구에 불과하다고 본다.[22]

자율주의 철학은 결국 국가-자본을 넘어서는 비국가적-비자본적 이행을 잠재성의 영역에서 해결하고자 하기 때문에 국가 혹은 국가적 공공성에 대한 현실적 투쟁들을 반동일시한다. 가라타니 고진이 주장하는 '어소시에이션'도 반국가적 이행에 대한 반동일시의 맥락에서는 자율주의 철학의 문제의식과 일맥상통

---

22) 사미르 아민, "'제국과 다중'론은 미국식 자유주의에의 투항", <프레시안>, 2005년 12월 26일자 참고. http://www.pressian.com/article/article.asp?article_num=30051226082837& section=02

하는 면이 발견된다. '어소시에이션'도 기본적으로 국가장치로부터 벗어나는 개인들의 자발적인 연합을 강조하고 있고, 그 구체적인 실천 방식으로 소비자로서의 노동자의 힘을 강조하고 있기 때문이다. 가라타니 고진은 소비자로서의 노동자 운동은 자본과 네이션에 대한 대항이어야 하고, '자본-네이션-국가'의 삼위일체의 강력한 힘에 대항하는 길을 자본-국가 공동체를 대신하는 맑스의 '어소시에이션'에서 찾는다. 그는 맑스의 코뮤니즘은 근본적으로 '어소시에이션'의 '어소시에이션'으로 정의할 수 있고 이는 비자본제의 생산과 소비의 형태를 만들어낸다고 말한다.23)

가라타니는 자본가와 노동자의 주인-노예 관계의 역전이 일어나는 곳, 즉 노동자가 유일하게 주체로 나타나는 장소를 "자본제 생산에 의한 생산물이 팔리는 장소, 즉 '소비'의 장소"로 본다. 소비의 장소는 노동자가 화폐를 가지고 '사는 입장'에 설 수 있는 유일한 장소이기 때문에, 노동자운동은 바로 이 지점에서 시작해야 한다는 것이 그의 주장이다. 소비자운동으로서 '어소시에이션'은 입장을 바꾼 노동자 운동이며 노동자운동은 소비자 운동인 한에서 그 국지적인 한계를 넘어 보편성을 갖는다.(56)

가라타니는 소비자운동으로서 노동자운동의 구체적인 사례로 1982년 마이클 린턴(Michael Linton)이 고안한 LETS(Local Exchange Trade System) 제도를 언급한다. LETS는 참가자가 자기 계좌를 갖고 자신이 제공할 수 있는 재화나 서비스를 목록에 올려 자발적으로 교환하며 그 결과가 계좌에 기록되는 다각결제 시스템이다.(58) LETS에는 화폐의 교환가치를 배제하기 때문에 화폐의 페티시즘으로부터 자유로울 수 있으며 LETS 식의 사회계약은 윤리-경제적인 개인들의 자발적인 연합을 이룰 수 있다고 말한다. 가라타니가 언급한대로 교환관계의 역사에 있어

---

23) 가라타니 고진, 『트랜스크리틱』, 송태욱 역, 그린비, 2005, 49쪽. 이하 쪽수 표기.

네 번째에 해당되는 '어소시에이션'은 상품교환을 통해 공동체에서 나온 개인들에 의해 형성되는 자발적인 교환조직이다.(48) 가라타니는 소비자로서의 노동자운동이 노동자들의 강력한 총파업과 맘먹는 힘을 발휘할 수 있을 것으로 전망한다.

> 소비자로서 노동자운동. 소비자나 보이콧운동은 이전부터 있었다. 그러나 그것이 중요한 의미를 가지는 것은 자본의 운동(G-W-G) 또는 변태를 가치형태에서의 장소변환으로 볼 때이다. 그러한 이론적 성찰이 없는 한, 소비자운동이나 시민운동은 기껏해야 사회민주주의로 수렴될 뿐이다. 정치적 총파업과 봉기 대신에 노동자가 평소대로 일하고 또 자본제의 생산물을 사지 않는 운동을 했다고 하면 어땠을까?(491)

가라타니는 방법으로서의 소비자-노동자 운동과 대항운동의 실천 주체로서 젠더나 섹슈얼리티, 에스닉, 계급, 지역과 같은 다원적 주체를 제안하며 차원의 자립성과 개인의 다중적 소속을 인정하면서 그것들의 다수 자원을 종합하는 '세미라티스'(Semilatice)형 시스템[24]을 주장하는데, 이는 복합적 조직망의 구조를 의미한다. 그러나 가라타니의 어소시에이션은 '소비자-노동자' 운동이라는 다중적인 생산협동 코뮌을 주창한다는 점에서 문화사회로의 이행에 필요한 노동자 조합운동을 뛰어넘는 노동자 지역-평의회 운동에 일정한 아이디어를 제공한다. 그러나 그의 운동 역시 사회적 공공성에 대한 어소시에이션 운동의 함의를 갖고 있지 못하다.

마지막으로 이진경의 코뮌주의는 위의 세 가지 코뮌적 이론에 비해 철학적 담론 중심으로 전개된다. 그에게 있어 코뮌주의 철학은 맑스주의 인간학에 대한 인식론적 성찰을 중심으로 하고 있다. 이진경은 코뮤니즘을 "차이의 철학이자

---

24) 세미라티스는 도시공학연구자 크리스토퍼 알렉산더가 1965년에 쓴 『도시는 나무 도식이 아니다』라는 책에서 사용한 개념으로 "복합적인 조직망의 구조"를 의미한다.

무아(無我)의 철학"으로 정의한다. "나의 불변의 본질을 고집하지 않고, 나를 둘러싼 이웃들, 내가 의존하고 있는 조건들과 호흡을 맞추고 살아가는" 것이 코뮌주의의 윤리학이다.25) 코뮌은 생산은 물론 생활이나 활동을 함께 나누는 의미를 갖지만, 공유지에 기초하여 공동노동의 기원을 갖는 공동체와는 다른 의미를 갖는다. 이진경은 하이데거의 "세계 내 존재로서의 현존재"가 공동체의 내부에 대한 친숙함을 표상하지만, 공동체 외부에 대해서는 닫혀있는 개념이라고 비판하면서 코뮌은 공동체의 외부와 내부를 동시에 생각하는 것이라고 말한다. 코뮌주의의 내부성은 "스스로의 문을 닫게 만들고 자신들만의 내부적인 친숙한 세계에 정주하려는 그런 태도"인 반면 외부성은 항상 열려있는 들어오길 원하는 누구든 있는 그대로 받아들여주는 공동세계를 의미한다.(405) "좀더 나은 삶, 상생적인 삶에 대한 욕망과 꿈, 그것이 나아가려는 곳"(533)을 통칭하는 코뮌주의는 "함께 생산하는 생산양식이라는 경제학적-경제주의적 공산주의 개념으로 환원 불가능한 아주 다양한 공유와 공속, 공생의 양상을 갖는 것"(535)이다. 이진경의 이러한 공존, 공생으로서 코뮌주의는 인간 대 인간의 생산관계뿐 아니라, 자연물과 인공물 간의 상생적 관계도 포괄한다. 자연물이나 사물들 사이에 설정된 존재자들 사이의 모든 선험적 위계를 벗어나 자연과의 긍정적 관계를 구성하는 것, 그것이 코뮌주의에 합치하는 자연주의의 개념이다.(543)

이진경의 코뮌주의는 차이를 배려한 열린 공동체의 윤리와 인간을 넘어서는 생태적인 가치를 중시한다는 점에서 생태적 문화사회의 기본 인식과 맥락을 같이한다고 볼 수 있지만, 지나치게 성찰적인 인식론에 의존하고 있어 코뮌주의의 사회적 실천 경로에 대해서는 별다른 언급을 못하고 있다. 물론 코뮌주의의 실천적인 양식들은 '수유+너머'와 같은 삶-공동체로서의 연구자 코뮌으로 구체

---

25) 이진경, 『미-래의 맑스주의』, 그린비, 2006, 309쪽. 이하 이 책에서의 인용은 그 쪽수만을 표시한다.

화했지만, 그것이 일종의 학문적 서클주의나 연구자 네트워크의 위치를 뛰어넘어 사회·생태적인 행동으로 전화하는 데는 인식적인 한계가 있어 보인다. 사실 이진경이 언급하는 코뮌주의는 다양한 실천적 양식들에 대한 깊이있는 고민보다는 일종의 성찰적인 인식론에 의존하는데, 문제는 이 성찰적인 인식론의 토대가 되는 '차이'와 '무아'로서의 코뮌주의가 결국 소극적이고 현실 관조적인 접속 이상의 실천을 이끌어내기는 어렵다는 점이다. 말하자면 상생과 공속을 주장하는 코뮌주의는 개인적 의사를 같이하는 특정한 '인지적 공동체' 안에서는 그 자체로 결점이 없어 보이고 외부에 열려있어 보이지만, 이른바 자본의 세계화 공세에 대응해 다양한 대안적 사회운동을 재구성해야 하는 코뮌의 사회적 필요성의 핵심에서는 비켜선 듯한 모습이다. 자율주의 이론에서 주장하는 '다중의 잠재성'이나, 코뮌주의에서 말하는 생산과 소유의 도식적 공유로는 환원될 수 없는 다양한 '공존과 종속의 윤리학'은 코뮌의 자율성을 극대화할 수 있는 실천적 가능성을 열어놓은 것처럼 보이지만, 현실운동 안에 존재하고 있고, 새롭게 구성해야 할 사회적 연대에 대한 묵시론적인 냉소주의와 소극적인 대응으로 인해 실제 실천 지형에서는 선택의 여지가 그렇게 많지 않은 인식론적인 한계를 갖고 있다. 이러한 인식론적 한계는 코뮌주의의 사회적 구성에 있어 '개인들의 자발적인 연합'이라는 한 축만을 고려하고 나머지 한 축인 '사회적 공공성의 전화'를 국가장치의 호명으로 단순하게 일별하는 실천적인 한계로 이어진다.

사실 현재 한국에서 주되게 논의되는 코뮌주의의 담론들이 서로 다른 입장을 견지하게 되는 핵심적인 논쟁지점은 이른바 시민사회의 영역, 혹은 사회적 공공성의 영역을 어떻게 볼 것인가에 있다. 자율주의 입장에서는 시민사회 영역, 혹은 사회운동 진영에서 벌어지는 다양한 투쟁들이나 사회적 공공성을 확보하기 위한 '국가장치에 말걸기'라는 전략·전술들은 거의 국가장치에 흡수당하는 것으로 비판하고 있다. 가라타니의 '어소시에이션'도 애초부터 '국민-국가'를 넘

<생태문화코뮌의 이론적 배치>

이론적 갈래	생산양식	주체화양식	실천지형
문화사회	개인의 자율성과 사회적 공공성의 확산	비자본적 개인들의 집합적 역능	문화과학·문화연대
자율주의	정동적-비물질 노동	비국가적 다중들의 잠재성의 확산	자율주의 평론
코뮌주의	동질적 생산/소유를 넘어 다양한 공생의 양식	개인들의 상생, 공속, 공존	수유 +너머 (연구자들의 코뮌)
어소시에이션	생산-협동조합, 윤리적 경제적 관계의 형태	소비자로서 노동자운동	NAM (New Associationist Movement)

어선 상황을 염두에 두거나 아예 국가나 공공성의 문제의식이 빠진 채로 논의되고 있다. 이진경의 코뮌주의 역시 '사회적 공공성의 코뮌적 전화'에 대해서도 부정적인 생각을 갖고 있어 보인다. 코뮌주의적 실천이론에 대해 관심을 기울이는 진영만 놓고 보면 '문화사회론'만 유일하게 이 문제에 대한 실천적 중요성과 가능성을 주장하고 있는 셈이다.

사회적 공공성의 코뮌적 전화를 위한 실천들의 모색 없는 생태문화코뮌은 역사적 문화운동의 궤적 속에서는 대개 이념적인 전위주의로 폐쇄적이게 되거나 아니면 문화적 자유주의로 전락하는 경우가 많았다.26) 문제는 개인들의 생태적, 문화적 자율성을 극대화하면서 동시에 사회적 공공성의 확산을 위한 코뮌적 운동들이 국가장치에 흡수되지 않고 그러한 개인들의 자율성의 공통의 토대가 될 수 있을 것인가에 대한 실천적인 고민이 아닐까 싶다. 이는 멀리는 1999년

---

26) '68혁명'의 여파로 1980년대 미국에서는 1천 개에서 1천 8백 개에 달하는 대안적 공동체들과 토지협동체들이 곳곳에 존재했고, 1979년에는 미국 내 각 도시와 농촌에 3만 개에서 10만개에 달하는 실험적 생활 집단들이 존재했다(조지 카치아피카스, 『신좌파의 상상력』, 이재원·이종태 역, 이후, 1999, 411쪽). 그러나 이러한 코뮌 생활 집단들은 사회적 공공성을 주장하는 집단이기보다는 개인의 문화적 자유를 추구하는 포스트-히피주의자들이 대부분이었다.

시애틀에서의 세계화 반대운동에서 가까이는 1년 6개월 동안 '한미FTA 저지 운동'에서 제기된 사회적 공공성의 의제들이 'FTA체제'의 파고를 헤치고 나갈 구체적인 대안을 마련해야 하는 시점에서는 더욱 절실하게 다가온다. 이는 역사적 자본주의체제의 최신판이라 할 수 있는 'FTA체제'를 비판만 할 것이 아니라 실제로 이를 견뎌내고 자립할 수 있는 새로운 대안운동의 모색을 말하는 것이다.

그렇다면 문화사회로의 이행을 위한 생태문화코뮌은 어떤 실천들을 할 수 있을까? 먼저 문화사회라는 기치를 내걸고 '사회적 문화운동'을 표방했던 문화연대의 최근 활동을 중심으로 그 경로들을 탐색해보자.

3. 생태문화코뮌을 위한 '사회적' 문화운동의 전화 —<문화연대>의 사례

'사회적 문화운동'으로서 문화연대의 활동은 문화운동의 사회적 성격의 강화와 사회운동의 문화적 성격의 강화라는 이중적인 실천을 목적으로 한 것이다. 기존의 예술(가) 중심의 운동의 한계를 극복하고 문화운동의 사회적 확산을 위해 1999년에 창립된 문화연대가 처음부터 사회운동과 적극적인 연대를 표방한 것은 아니었다. 물론 창립 초기부터 문화연대가 기존 시민운동 단체에 비해 민중운동이나 사회운동과의 연대를 강화했지만, 초기에는 국가의 문화정책의 비판적 개입을 위한 예산감시활동이나 국회 문화관광위의 의정감사활동과 같은 시민운동에 주력하기도 했다. 사실 문화연대의 운동 방향은 창립선언문에도 언급되었듯이 "개인들이 타인과 연대와 호혜의 관계를 유지하면서도 자신의 꿈과 희망과 욕망을 최대한 구현하"는 개인의 문화적 자유와 권리, 그리고 "국가기관과 자본에 의한 문화 권력 및 자원의 독점 경향, 다국적 문화산업의 문화주권

침탈에 따른 문제점을 비판"하는 문화적 공공성의 확산이라는 이중적인 목표를 가지고 출발했다. "천년의문 사업건립중단", "표현의 자유 수호운동", "용산 미군기지 생태공원화 운동", "연예오락프로그램개혁 및 연예계 PR비 고발", "덕수궁 미대사관 이전 철회운동", "문화교육운동"과 같은 초기 문화운동 의제들은 이러한 이중적인 목표들을 구체적으로 실현하는 것이었다.

문화연대의 활동은 2002년 월드컵, 촛불시위, 대선, 그리고 FTA라는 국면을 거치면서 개인의 자유로운 문화권리와 사회적 공공성의 확산이라는 이중적 목표의 외연들을 넓혀나갔는데, 이 외연의 확대는 '생태문화네트워크'라는 구상을 구체화하는 계기를 마련하였다. 가령 시민들을 위한 생태문화 공간의 확산, 공교육의 생산적 전화를 위한 문화교육운동의 확산이나, 문화와 생태적 자원을 지역개발의 도구로 활용하는 신개발주의 반대, 강도 높은 구조조정에 따른 사회서비스 분야의 공공성 파괴 대항, 그리고 공권력의 과도한 폭력에 맞서는 인권의 정치들과 관련된 일련의 실천들이 생산적인 결과를 얻기 위해서는 그야말로 비판의 대당을 넘어서는 독자적인 힘과 네트워크가 필요하기 때문이다. '생태문화네트워크'는 포스트 FTA 시대에 대응하는 대안 사회운동의 의미를 가진다. 생태문화네트워크는 문화산업의 독점화가 주도하는 상품의 과잉소비 체계에서 벗어나 독자적인 문화활동과 문화 소비재를 교환하는 것뿐 아니라 교육, 복지, 여가, 주거 등과 같은 사회 재생산 영역에서 새로운 공공성을 창출하는 것을 목표로 하기 때문이다. 문화연대가 생태문화네트워크의 구체적 실천 경로를 제시하고 있지는 못하지만, 그동안 활동했던 다양한 실천의제들이 이러한 생태문화네트워크를 만들기 위한 문제의식에서 비롯된 것들이고, 2002년 이후 다양한 사회운동의 접속자이자 촉매자[27]로서의 역할이 사회운동의 생태문화적 전화의

---

27) 일례로 『시민의 신문』 2006년 5월 29일자에 따르면, 2005년 사회운동 단체의 연대활동 평가에서 문화연대는 연결중심성과 지위중심성, 중간연계에서 최상의 평가를 받았다.

가능성을 보여주었다는 점에서 최근 문화연대의 활동들에 대한 이행가능성을 검토해볼 만하다.

문화연대의 최근 활동을 우회하면서 생태문화네트워크, 즉 생태문화코뮌 구성을 위한 실천 토픽들을 구상할 때 고려해야 할 지점들은 대체로 다음 네 가지이다. 먼저 가장 중요하게는 신개발주의를 넘어서는 생태문화적 저항과 생성이다. 앞서 언급했듯이 신개발주의는 '개발의 개발'이라는 특성을 갖고 있는데, 이른바 개발의 재생산의 논리를 위해 가동되는 원리가 바로 문화, 생태적 원리이다. 말하자면 신개발주의는 개발의 당위성을 도시공간의 문화적, 생태적 리모델링에서 찾고자 하는데, 여기서 문화적 생태적 논리는 개발자본의 중요한 구성요소가 된다. 예컨대 문화연대가 이명박 전 서울시장의 '청계천 복원사업'과 '노들섬 예술센터 건립', '광주문화중심도시 조성', '용산미군기지 이전과 공간의 생태복원', 그리고 '동대문운동장 철거와 공간 리모델링' 사업 등에 문제제기했던 일관된 관점은 문화와 생태적 원리가 도시개발의 수단으로 활용당하는 것에 대한 반대였다. 문화와 생태의 가치들을 도심 공간 안으로 끼워맞추는, 그래서 인공적인 시각성을 재생산하여 자본의 가치를 증식시키는 식의 공간 리모델링은 사실 아파트 재개발 사업이나 다를 바가 없다. 청계천 복원사업은 '고가철거─인공수로개발─조형물 설치'로 이어지는 개발공사 중심으로 불과 2년 7개월 만에 완성됨으로써 도심공간의 역사적 주름 안으로 스며들지 못하는 난개발 사업이 되었다.28) 노들섬 예술센터 역시 '한강 생태적인 가치'를 고려하지 않고, '한강의 랜드마크'라는 지리적 표상을 구현하기 위한 일종의 뉴타운 개발사업의 일환으로 볼 수 있고, 동대문운동장을 철거하고 최고층의 디자인센터를 건립하겠다는

---

28) 문화연대의 청계천 복원사업 대한 반대 입장은 '난개발 반대', '지속가능한 복원', '역사문화적 복원', '생태환경의 가치 고려'로 정리할 수 있다("[성명] 청계천복원사업은 보다 신중히 진행돼야 한다", 2002년 8월 1일자 성명서 참고).

사업 역시 도심의 시각성을 상품화하여 주변을 개발하려는 논리를 그대로 담고 있다.29) 서울시의 문화정책의 상당부분이 '역사-문화-생태'를 연계하는 사업들이지만, 역으로 그것의 추진방식과 목적은 반문화적이고 반생태적인 근대적 개발주의의 논리를 그대로 답습하고 있다는 점에서 생태문화네트워크의 실천은 바로 신개발주의를 극복하는 것이라는 교훈을 얻을 수 있다.

둘째, 국가장치로서의 학교의 경계를 넘어서는 문화교육의 확산이다. 2002년 12월에 작성된 21세기 문화교육운동선언에는 문화교육의 기본 이념이 들어가 있는데, 문화교육은 예체능교육으로 한정되는 것이 아니라 낡은 지식패러다임과 과열경쟁 입시체제에 휘둘리는 공교육의 체제를 전환하는 이념을 담고 있다. 문화교육은 "첫째, 21세기 새 교육이념의 지평을 여는 차원, 둘째, 발달단계에 따른 새 학제와 새 교육과정의 편성 및 교과영역들의 관계를 재조직화하는 원리의 차원, 셋째, 개별 교과목의 내용의 재조직화 원칙의 차원"과 같은 다층적인 역할을 담당한다.30) 교육운동의 이러한 세 가지 차원은 사실상 공교육 체제의 근본적인 전환을 요구하는 것인 바 '교육운동의 문화적 재구조화'를 의미한다고 볼 수 있다. 따라서 문화교육운동이 많은 교육단체와 연계하여 '교원평가제', '네이스(NEIS)', '자립형사립고설립', '본고사부활', '수능제도'를 반대하는 교육운동의 의제와 적극적으로 결합한 것도 그런 이유에서이다. 문화연대가 '범국민교육연대' 조직을 진보적 교육단체들에 제안하고 교육행동에 적극적으로 참여한 것도 신자유주의 교육지배 체제의 강화에 대응하기 위한 대안으로 문화교육 이념의 확산이 유의미하기 때문이다. 문화교육운동이 생태문화네트워크 구축과 관

---

29) 문화연대가 작성한 『민선4기 서울시장 선거 문화정책공약집』 자료에 따르면 노들섬 예술센터 건립 중단의 이유로 의견수렴의 부재, 노들섬의 자연생태파괴, 부적합한 입지조건, 연계 문화예술정책부재, 대형공연장의 불균형화를 들고 있다("문화와 생태가 어우러진 활력도시 서울 만들기" 2006년 민선4기 서울시장 선거 문화정책공약 제안, 2006년 5월 4일자 자료집 참고).

30) 「21세기 문화교육선언문」, 2006년 12월 6일자 참고

련하여 갖는 또 다른 의미는 문화교육이 공교육과 사교육, 중앙과 지역, 학교와 사회의 근대적 경계를 허무는 '카니발적인 페다고지'의 중요한 실천 이념과 방법을 제공한다는 점이다. 즐거운 교육, 감성의 확산, 교육주체의 전이, 학교-사회를 가로지르는 사회적 커뮤니케이션과 같은 문화교육의 실천 원리들은 대안학교, 공동육아교육, 지역공동체교육 등과 같은 코뮌적인 교육현장들에 문화적 의미를 강화할 뿐 아니라 사회적 공통장의 형성의 중요성을 알게 해줄 것이다.31)

셋째, '포섭'과 '규율'의 주체를 넘어서는 개인의 자발적인 일상・문화 권리의 확대이다. 생태문화네트워크의 구축에 있어 중요하지만, 많이 고려하지 않았던 부분이 바로 개인들의 문화적 권리이다. 생태문화네트워크는 연대와 연합의 가치를 언급하기 이전에 개인들의 다양한 문화적 감수성의 차이와 문화적 아비투스들의 경쟁과 갈등의 장을 고려해야 한다. 문화연대가 기존의 예술운동 조직과 차별화하는 지점 중의 하나가 바로 개인들의 문화적 감수성의 차이를 중시했다는 점이다. 문화연대의 초기 활동부터 꾸준하게 문화행동으로 보여준 것이 바로 '표현의 자유 수호운동'이었는데, 표현의 자유에 거부감을 드러내는 사회적 세력들의 비판32)에도 불구하고 문화연대가 이념적 예술 창작물에서 영화, 대중음악에 이르기까지 표현의 자유의 권리를 일관되게 강조했던 것은 개인들이 창작할 권리와 볼 권리를 스스로 결정하는 자율성이 문화사회의 구성 원리에 있어서

---

31) 문화연대 문화교육센터는 이러한 구체적인 실험을 위해서 노원 지역에서 생태문화교육네트워크를 구축하기 위한 워크숍을 진행하고 있다.
32) '표현의 자유'에 거부감을 드러내는 세력들은 크게 보아 모든 성표현물을 청소년유해매체로 금지하려는 '청소년호보론자', 표현의 자유보다는 작품의 예술성을 높게 평가하는 '본격예술가그룹', 성표현물에 대한 교육적 공포심을 갖고 있는 일반 부모세대, 성 표현의 '성차'(gender) 억압과 착취를 강조하는 여성주의 그룹, 그리고 성표현의 사회적 관리와 통제의 상한선을 규정하려는 문화 관료들로 구분할 수 있다(이동연, 「표현의 자유와 문화전쟁」, 『대중문화연구와 문화비평』, 문화과학사, 2002 참고).

가장 중요한 자원이기 때문이다.

개인들의 자율성은 '재현'에 의한 표현의 자유뿐 아니라 신체 그 자체로부터 나오는 자기행동의 결정권을 중시하는데, 가령 문화연대가 '대마초 비범죄화'와 '문신 합법화'를 선언한 것도 그런 맥락에서이다. 대마초 비범죄화 운동은 영화배우 김부선씨의 "대마관련법에 대한 위헌법률심판제청신청"에 대한 지지와 대마의 비범죄화 요구 선언을 통해서 구체화되었는데, 이 운동의 핵심은 대마의 중독성 정도를 가늠하여 의학적, 과학적으로 입증하는 것이라기보다는 국가의 공권력이 권력의 특수한 효과를 생산하기 위해 개인의 신체와 개인의 자기결정권을 박탈하는 것에 대한 저항이다. "개인의 자율성을 존중하는 태도야말로 다양한 개인의 연합으로 이뤄지는 다원화된 사회를 살아가는 기반이다. 이러한 새로운 질서는 다양한 삶의 방식에 대한 관용과 인정을 요구한다. 우리는 국가에 의한 개인의 지배를 토대로 '공포와 위험'을 강조하는 국가의 명령에 굴복한 채 나약한 주체로 살아가던 과거의 질서를 철저히 극복해야 한다"[33)]는 강한 성명의 어조는 대마의 금지와 허용이라는 제도적인 시비를 넘어서 '생체-정치학'(bio-politics)의 자율적 권리를 강조한 것이다. 문신합법화 운동 역시 '예술이냐 의료행위냐'의 논란을 넘어서 신체의 자기결정권에 대한 사회적 혐오와 국가의 의료기술적 통제에 대한 저항의 의미를 중시한다. 대마초의 비범죄화 운동이나 문신합법화 운동은 외형적으로는 제도적, 법적 개선을 위한 싸움을 표상하고 있지만, 문화적 자율과 신체의 자기결정권이 생태문화네트워크를 구성하는 데 있어 얼마나 중요한지를 사회적으로 의제화하는 데 있어 중요한 실천 사례들이다.

---

33) [성명] 대마관련법에 대한 위헌법률심판제청신청 지지 및 대마 비범죄화 요구 선언-단속과 처벌이 아닌 인권과 다양성이다"(대마관련법에 대한 위헌 법률심판 제청신청 지지 및 대마 비범죄화 요구 선언자 일동, 2005. 3. 2 참고).

마지막으로 상품소비와 문화자본의 독점화를 넘어서는 자율적 생활협동 공간의 창출이다. 주지하듯이 대중문화산업의 독점화는 개인의 문화적 비용을 과도하게 지불하도록 하고, 일상과 여가문화의 생태계를 교란하고 있다. 한국사회의 양극화는 비단 경제적 자산의 양극화만이 아니라 문화적 양극화를 몰고 왔다. 대중문화산업의 독점화는 영화산업의 수직계열화[34]와 이동통신자본의 문화산업 흡수,[35] 엔터테인먼트사들 간의 인수합병[36]을 야기했고, 이로 인해 대중들이 일상생활에서 문화적 활동으로 지불해야 하는 비용들은 갈수록 증가하고 있다. 문화연대에서 영화산업의 수직계열화와 이동통신사의 문화산업 시장 독점,

---

[34] 영화산업의 수직계열화는 멀티플렉스의 독점으로 직결된다. 1998년 강변 CGV로 시작된 멀티플렉스 상영관은 2006년 6월 현재 전국에 1,643개의 스크린을 보유하여 전체 스크린수의 77%를 차지할 정도로 영화상영 문화 전체를 뒤바꾸어 놓았다. 한국의 대표적인 4대 메이저 멀티플렉스 극장인 CGV, 롯데시네마, 프리머스, 메가박스가 보유하고 있는 극장은 총 95개 726개의 스크린을 보유하고 있어, 영화상영도 농수산물이나 전자제품처럼, 이제 대형유통 시장 안으로 흡수되고 있다(이동연, 「문화적 다양성의 관점에서 본 한국영화상영공간」, 문화사회연구소 주최, 『문화산업 혁신 연속토론회 자료집』, 2006년 9월 27일 참고).

[35] 대표적인 기업이 SK 텔레콤이다. SKT는 2005년 2월 144억 4천만 원을 들여 IHQ의 지분 21.66%를 인수했고, 2006년 4월 26일에 SK텔레콤이 IHQ의 주식 273억 5천만 원에 인수, 보유지분을 34.91%로 늘려서 최대주주가 되었다. 2005년 12월에는 YTN 미디어(YTN스타, 코미디TV)의 지분 51.42%를 176억 9,773만원에 인수하여 케이블방송 사업에도 진출한 바 있다. 한편, SK텔레콤의 자회사가 된 IHQ는 영화제작 역량의 강화를 목적으로 06년 8월 1일에 최근 영화 <괴물>의 성공으로 주목을 받고 있는 제작사 '청어람'의 지분 30%(9,600주)를 45억 9,100만원에 인수하여 청어람의 2대 주주가 되었고, SK텔레콤은 또한 음악서비스인 '멜론'에 필요한 음원을 확보하기 위해 2005년 5월에 YBM서울의 지분 60%를 292억 원에 인수한 바 있다.

[36] 올 초 KBS 간판 아나운서 중의 한 사람이었던 강수정씨가 프리랜서를 선언하면서 개그맨 신동엽이 대표로 있는 DY엔터테인먼트 소속으로 자리를 옮겼다. DY엔터테인먼트는 신동엽을 비롯해 유재석, 김용만, 지석진, 노홍철, 이혁재 등 지상파 3개 방송의 쇼·오락프로그램의 간판 진행자들이 포함되어 있다. 이들이 3개 방송사에서 진행하고 있는 오락프로그램은 모두 24개로 사실상 방송사 오락프로그램의 진행을 장악했다. 신동엽의 DY엔터테인먼트는 다시 영화배우, 가수, 개그맨을 거느리고 있는 팬텀엔터테인먼트와 전략적 인수합병을 하면서 국내 최대의 연예기획사가 탄생했다(이동연, 「대중문화산업의 독점화와 대안문화행동」, 『문화자본의 시대: 한국 문화자본의 형성 원리』, 문화과학사, 2010 참고).

그리고 강력한 저작권법 개정에 대한 비판을 통해 문화시장의 생태적인 균형을 유지하고자 했지만, 정작 이러한 문화산업의 독점적인 시장구조와는 다른 새로운 문화적 교환행위가 가능한 대안시장의 구성에 대해서는 별다른 대안을 제시하지 못했다. 특히 정보통신과 소프트웨어와 같은 디지털 테크놀로지의 강력한 독점화에 맞서서 대안적인 소프트웨어와 온라인 네트워크에 대한 사회적 연대와 공유에 대한 적극적인 문화행동이 잘 이루어지지 않은 것도 같은 맥락이라 할 수 있다. 생태문화네트워크는 오프라인에서의 문화적 '어소시에이션' 운동뿐 아니라 온라인에서의 정보 공유를 위한 '어소시에이션' 운동도 중요하다.

지금까지 언급한 사회적 문화운동의 네 가지 실천토픽들은 생태문화코뮌의 구성을 위한 단초들을 제공해 준다. 생태문화코뮌은 신개발주의로부터 공간의 생태적 상태를 보호하고, 교육적 '구별짓기'와 국가장치의 지식 체계만을 재생산하는 현실 교육을 넘어 '카니발적 페다고지'로서의 문화교육을 다양하게 실험하며, 개인의 문화적 권리와 일상의 자율적 결정을 극대화할 수 있는 사건을 일으키고, 주류 문화자본이 생산하는 소비의 시장에서 벗어나 대안적인 문화적 '어소시에이션' 운동을 확대하는 것을 의미한다. 이제 마지막으로 이러한 기본 인식을 토대로 생태문화코뮌의 구성을 위한 실천 경로를 탐색해보자.

4. 생태문화코뮌 메니페스토

생태문화코뮌의 구체적인 실천경로를 제안하기에 앞서 심광현과 조정환 사이의 문화사회-자율주의 논쟁 지점 중 국가와 공공성 부분을 짚고 넘어갔으면 한다. 왜냐하면 생태문화코뮌의 실천적 구성에서 국가와 공공성에 대한 개입이 갖는 의미들을 분명히 해둘 필요가 있기 때문이다. '생태적 문화사회론'은 국가의 생산관계의 착취들을 뛰어넘기 위해서 현실 국가장치에 대한 끊임없는 투쟁을 요구한다. 국가장치에 대한 끊임없는 투쟁은 "자본주의만이 아니라 과거의 사회주의 또는 공산주의에 내재되었던 국가자본주의 모델에 대한 비판에서부터 출발한다."37) '생태적 문화사회론'은 따라서 신자유주의 자본의 논리가 지배하는 공공부문이나 국가사회주의가 장악한 관료적 공공성 모두를 뛰어넘는 '비자본적-비국가적' 공통의 자원을 만드는 것을 중요한 목표로 한다.

이에 대해 자율주의는 자본과 시장 관계에 편입된 공공부문에 대한 강화는 오히려 자본을 방어하는 것으로 귀착된다고 비판한다. 그러나 심광현의 주장대로 자본과의 경쟁 속에서 국가를 장악하려는 투쟁은 자본을 넘어서기 위한 투쟁에서 매우 중요한 계기이며, 이런 투쟁 없이는 자본을 넘어설 수 없다는 것을 간과할 수 없다. 자본에 포획된 공공부문의 현실적인 조건을 그대로 안고 가는 것이라면 '문화사회론'은 굳이 사회적 공공성을 말할 필요도 없고 굳이 생태적일 필요도 없을 것이다. 문화사회론이 생태적인 가치를 중시하고 더불어 사회재생산 부분의 사회적 공공성을 주장하는 것은 바로 자본과 관료주의로 포획된 공공성에 대한 일정한 전복을 전제로 하기 때문이다. 국가와 시장을 근대적 범주로 전제하는 자율주의 주장은 결국 국가와 시장에 대한 탈근대적 전복의 기회를 상정하지 않는 한계를 드러낸다. "공공부문(공통성이라 해도)의 방어를 자본의 방어로 간주하고 이를 포기해야 한다는 것은 공공부문의 이중적 성격을 일면적으로 이해하기에 나타나는 태도이다. 공공부문의 성격과 기능의 민중적 전환이 필요한 것이지 그 연원이 국가자본의 성격에서 비롯되었기에 이를 버리자는 것은 목욕물 갈다가 애까지 버리는 격에 다름 아니다"라는 심광현의 반론은 사회적 공공성이 국가의 현존하는 공공성과 동일하지 않으며 그 차이가 바로 민중적 전환과 투쟁에서 나온다는 것을 강조하는 것이라 하겠다.

---

37) 심광현, 「생태적 문화사회론과 코뮤니즘―<자본을 넘어 생태적 문화사회론>에 대한 조정환 선생의 논평에 대한 반론」 참고.

그렇다면 생태문화코뮌이 개인들의 자유로운 생산적 연합과 사회적 공공성의 전환이라는 '문화사회론'의 기본 전제를 어떤 방식으로 실현시킬 수 있을까? 생태문화코뮌에 대한 다양한 실험들이 앞으로 전개되어야 하겠고, 이에 대한 구체적인 실천 담론들을 구성하는 것이 앞으로의 과제이지만, 이 글에서는 몇 가지 중요한 방향을 제시하는 것으로 글을 마치고자 한다.

첫째, 가장 중요한 것은 사회적 공공성의 민중적 전유를 위해 사회운동 조직, 특히 지역 단위 노조들과 농민운동 조직들의 생태문화적 전환이 필요하다. 이는 20세기 초반 사회주의 혁명기에 자발적 주체로 등장했던 노동자, 농민평의회의 혁명적 유산들을 성찰하고, 이를 생태문화적 관점으로 담론화하는 작업으로 시작하는 것이 필요하다. 노동자-농민의 평의회 조직들의 생태문화적 전환은 공장과 농촌의 현장을 임금노동의 범주로 한정하지 말고, 교육, 소비, 여가, 일상을 서로 공유하고 교환하는 공간으로 전환하는 것을 의미한다. 즉 현재의 노동운동과 농민운동이 공장의 조합주의적 투쟁에서 벗어나 공장과 농촌을 연계하고, 노동과 일상을 연계하는 자발적인 생산자-협동 네트워크를 구성하는 문화운동을 강화해야 한다. 거대 자본의 유통구조를 거치지 않고 대규모로 공동의 자발적 상품의 교환을 어떻게 할 것인가, 자녀들의 교육적 공통자본들을 어떻게 구성해서 현실적인 교육운동으로 확산할 것인가, 노동자 농민들의 일상과 여가를 어떻게 재구성할 것인가, 사회적 복지와 의료 지원 네트워크를 어떻게 만들 것인가 하는 구체적인 고민들이 노동운동과 농민운동의 생태적 문화적 전환에 있어 중요한 실천지점이다.

둘째, 개인들의 서로 다른 권리 투쟁들 간의 연대와 네트워크에 대한 실제적인 프로그램을 가동시키는 것이 필요하다. 노동자문화운동과 성적소수자와의 연대, 장애인과 여성문화운동의 연대, 정보문화운동과 표현의 자유운동과의 연대 등은 서로 다른 심급 하에 있는 문화집단들과 문화의제들이 서로 가로질러가게 만든다. 문화적 권리의 문제는 주체화양식에 있어서는 항상 보완적이다. 여성, 청소년, 장애인, 노동자의 주체화양식은 항상 다른 주체들과 상호보완적일 수밖에 없기 때문이다. 문화권 투쟁이 사회적 적대계급에 대한 저항이면서 동시에 사회적 연대 주체들 간의 공동의 대응일 수밖에 없는 것은 주체의 권리는 언제나 동일하지 않기 때문이다. 문화권을 위한 문화운동의 그간 과정에서 특히 이러한 연대는 희박하게 이루어지고 있다. 서로 다른 문화적 권리의 차이를 가진 집단들 간의 연대와 네트워크를 통해서 상호 보완적이고 삼투적인 사회적 관계를 형성하는 것이 중요하다. 이와 더불어 문화적 권리투쟁에 있어 급진적 표현수단과 사건의 조직화가 필요하다. 문화권의 언어적 표현은 행동의 함의만큼 급진적이지 못한 측면이 많다. 내용은 급진적인데, 형식은 보수적인 문화운동의 일반적인 관행으로부터 벗어나기 위해서는 다양한 형태의 문화적 사건들을 현장에서 일으키는 시도들이 기도될 필요가 있다. 문화권을 행사하는 것은 행동을 통한 재현의 행위가 아니라 그 자체로 행위 속에 각인된다. 가령 공간의 불법적 전유운동인 '스쾃'의 문화권리는 점거하는 행위를 통해 실현되는 것이며, 표현의 자유는 개인들의 급진적 상상력 속에서 실현되는 것이다. 지금까지 문화권 투쟁은 사건 안에서보다는 담론 안에서 구성되는 경우가 지배적이었다. 사건이 담론을 구성하는 현장에서의 문화적 권리의 발견이 더 요청된다. 이를 위해 사회적 소수자들에 의한(대한) 문화행동을 일상적으로 조직하는 것이 더욱 필요하다.

셋째, 독점적 소비자본의 시스템과는 다른 독립적이고 자율적인 소비-교환 시장을 실행에 옮기는 것도 고려할 수 있다. 가령 개인들이 소유하고 있는 문화상품들과 자원들, 그리고 지적능력들을 공유할 수 있는 사회화 프로그램들을 계획하여 소규모, 소집단 문화생활조합을 구성할 수 있다. 지역 라디오공동체, 자발적 지역 여가 생활을 위한 협동조합, 지역미디어 연합과 같은 문화행동의 네트워크를 통해 문화비용들을 절감하고 공통자본들을 확보하기 위한 공공투쟁을 강화할 수 있다. 특히 디지털 정보 독점과 디지털 저작권이 강화되는 시대에 온라인에서의 정보공유와 정보교환 공간을 다각적으로 펼치는 온라인 코뮌을 구상할 수 있다. 예컨대 정보공유를 위한 'IP Left' 운동이 사회운동 차원에서 확산될 수 있는 담론을 공유한다거나 '블로그'와 '미니홈페이지'의 체제를 극복하기 위해 '메타블로그 운동'이나 '정보 태그주의 운동'을 활성화하는 것도 온라인 생태코뮌을 활성화할 수 있는 대안운동이다. 주류 소비자본주의 시장과 정보시장에 대한 민중적 보이콧운동과 함께, 생산자-소비자의 경계를 없애는 자율적 문화공간을 만들어내는 '어소시에이션' 실천이 요구된다.

마지막으로 신개발주의에 저항하는 생태문화코뮌의 새로운 실천 네트워크를 구상할 수 있다. 가령 그동안 생태문화코뮌은 생태적 주거공간이나 휴식공간들을 요구하는 운동이 주를 이루었는데, 이제부터는 '부동산자본과 투기'에 대한 직접적인 민중운동을 전개해야 하는 시점이 아닌가 싶다. 일례로 독일의 뮌헨 경우 전통적인 도심 경관의 상징적인 장소인 뮌헨 개선문 뒤쪽 4-5km 떨어진 곳에 초현대식 고층 건물이 들어섰는데, 개선문의 아치 속으로 보이는 고층건물이 전통적인 조망권을 해친다는 이유로 시민들의 집단 청원이 이루어졌다. 결과적으로 뮌헨시는 시민들에게 사전 이해를 구하지 않고 고층건물을 건립한 것에 사과를 하고 이후 유사한 현대식 고층건물이 들어설 경우 찬반을 구하는 주민투표제를 실시한다고 발표했다. 주거공간의 생태적 전환과 일상생활의 자유를 위해 이제 부동산과 주거개발의 악순환의 고리를 끊기 위해서는 주민소환제, 혹은 생태적 코뮌들의 지역운동을 통해 대안적 선례를 만들어야 한다. 거대한 신개발주의 프로젝트부터 지역의 주거와 부동산 문제까지 생태적 지역-삶의 공간을 화폐자본으로 증식하려는 논리에 맞서 그것과 반대되는 대안들을 만드는 사례들이 중요하다고 본다.

지금까지 언급한 생태문화코뮌은 단지 큰 틀에서의 구상에 불과하다. 결국 이러한 형태의 운동들은 생태문화코뮌의 다양한 실천토픽들을 구체적으로 실현하기 위한 중간 단계로서의 매개 역할을 할 것이고 이런 문제의식을 바탕으로 이른바 포스트-FTA 시대에 대비하는 민중들의 생태문화코뮌적 삶을 구체화해야 할 때이지 않을까 싶다.

07

치욕스런
새만금 록페스티벌의 교훈들

1. '라이브 어스' vs '새만금 록페스티벌'

2007년 7월 7일 미국, 영국, 일본, 브라질, 남아프리카공화국 등 8개국 9개 도시에서 '라이브 어스'(Live Earth)라는 대규모 자선 공연이 열렸다. '메탈리카', '레드 핫 칠리페퍼스', '본 조비', '린킨 파크', 브루스 스프링스틴, 보노, 마돈나 등 내로라하는 세계적인 뮤지션들은 갈수록 심각해지는 지구 온난화의 재앙을 전세계인들에게 알리고자 이 공연에 참가했다. 2050년까지 온실 가스 배출을 반으로 줄이는 새로운 국제협약을 촉구하는 메시지를 담은 '라이브 어스'는 음악이 자연과 생태의 친근한 벗임을 외치는 자리였다. 평상 공연 개런티가 20~30만 불이 넘는 빅 스타들이지만, 지구 생태·환경의 미래를 지키기 위한 이날 공연에는 모두 무료로 출연했다. 이날은 127개국에서 7,000여개가 넘는 다양한 행사들이 개별적으로 열렸고, 텔레비전과 인터넷으로 줄잡아 20억의 지구인이 시청한 것으로 추산되었다.

<라이브 어스 공연 인터넷 실황 중계 장면>

그런데 엇비슷한 시기, 한국에서는 지구의 생태 시계를 거꾸로 돌려놓는 일이 벌어졌다. '청소년 경제교육재단 새만금 樂조직위원회'라는 단체는 21세기 가장 끔찍한 생태 파괴 사건으로 기록될 새만금 방조제에서 록페스티벌을 연다고 공표했다. 이들은 기자회견 자리에서 "새만금을 알리고 새만금 주변 서해안의 주요 관광지를 새롭게 알리는 행사로 새만금의 아픔과 상처를 보듬고, 새 생명의 무사를 기원하는 공익행사로 발전시켜 나가고자" 이 행사를 개최한다고 말했다.

출연진 면면을 보면 눈이 휘둥그레진다. 윤도현밴드, 마야, 강산애, 김C, 여행스케치, JK 김동욱, 윤미래, 다이나믹 듀오, 현진영, 김장훈, DJ DOC 등 국내 라이브 무대에서 잘 나가는 뮤지션들이 대거 참여했다. 당초 조직위원회에서 발표한 참가자 명단에는 공연에 실제로 참여한 이들 뮤지션들 외에도 김창완, 클래지콰이, 유리상자, 김건모 등 30여명의 뮤지션들이 있었지만, 새만금 록페스티벌에 반대하는 목소리가 높아지고, 출연 뮤지션을 대상으로 네티즌들의 적극적인 보이콧 운동이 거세지자 출연을 포기하는 상황이 초래되었다. 새만금에서 록페스티벌이 열린다는 정보에 대한 뮤지션들의 판단은 사회적 이슈에 대한 이들의 인식 수준을 그대로 보여준다. 어쨌든 한국의 이른바 '록 뮤지션', 혹은 인기가수라고 하는 거의 대부분의 사람들이 지난 17년 가까이 한국사회 중요한 논쟁의 하나였던 새만금 사건 자체에 대해 몰랐거나, 설사 알았다 해도 새만금의 문화적, 생태적 판단과 태도에 관한 한 거의 '무뇌아' 수준임이 드러난 셈이 되었다.

록페스티벌이 사회적 발언의 중요한 도구이자 무기로 사용된 경우는 역사적으로 수를 셀 수 없을 정도로 많다. 1969년 히피문화 행동의 정점에서 열렸던 우드스탁(woodstock)도 따지고 보면 세계 전쟁을 일으킨 기성세대의 파시즘에 분노하는 청년세대들의 카니발이었고, 1984년 아프리카 기아의 심각한 상황을 세계에 알리고자 마련된 '밴드 에이드'(Band Aid) 페스티벌도 록음악을 매개로 한 사회적 참여의 대표적인 사례였다. 에이즈의 재앙에 맞서기 위해 마련된 2005년 노르웨이 '트롬소'에서의 '46664 북극콘서트', 소수민족에 대한 무자비한 인종청소에 항의하는 'RATM'의 자선공연 등 록페스티벌은 항상 소수가 다수에 의해 차별당하고 환경이 개발에 의해 파괴당하는 현실을 전지구인에게 알리는 가장 효과적인 문화행동이다.

그러나 역설적이게 록페스티벌은 다수의 지배논리를 정당화하고 지구 난개발을 찬양하는 문화돌격대의 전위에 가끔 서기도 한다. 대형 개발공사의 시공식이나 준공식이 벌어질 때나, 지방자치 단체에서 어떤 커다란 지역개발 행사를 시작할 때면 록은 분위기를 띄워주는 미친 광대의 노래가 되고 록의 정신은 개발을 위해 앞으로 전진해가는 불굴의 프런티어 정신으로 동일시된다. 1970년대 말 펑크의 스타일이 소비자본주의에 왜곡된 것처럼, 록의 감성적 효과를 상품형식으로 흡수하려는 사례들은 1980년대 유럽과 미국의 신보수주의 문화가 본격화하면서 가장 빈번하게 사용되었던 자본의 전략이다. 새만금 록페스티벌은 그런 점에서 상식에서 한참 벗어나 있지만 새삼 놀랄 만한 것은 아니다. 록페스티벌은 지역의 개발권자들이 상징적 가치를 빠른 시간 안에 획득하기 위해서 내세울 수 있는 가장 탁월한 문화적 선택이었기 때문이다. 모든 록이 자본에 저항한다는 말은 사실 허구에 불과하다. 록은 특정 지역의 경제 발전과 접목될 때 항상 그 이권을 선점해서 행사하려는 자의 편에서 기꺼이 봉사할 수 있는 자세를 갖고 있고, 그 헌신적 에너지는 오히려 보수적 팝을 능가한다. 자본에 봉사하는 록, 혹은 자본을 좋아하는 로커는 새만금 록페스티벌과 같은 이벤트들과 기꺼이 공생하길 원한다.

　사실 '라이브 어스'와 '새만금 록페스티벌'은 지향하는 가치와 행동이 대조적이지만, 성격이 서로 다른 행사에 참여하는 뮤지션들의 선택과 태도는 그렇게 확실하게 구별되지는 않는다. 라이브 어스에 참여하는 세계적인 뮤지션들 역시 목적형 페스티벌이 아닌 일상적인 본업으로 귀환해서는 역시 스스로 자본으로부터 자유롭지 않기 때문이다. 사회적 이슈를 표방하는 자선공연에 참여하는 뮤지션들 중 일부는 그 참여를 통해 상징적 자산과 권위를 확보하기를 원하는 사람들이다. 그리고 음악시장 안에 편입된 일상의 공간에 생태적 실천을 지속적으로 펼치는 뮤지션들을 찾기란 그리 쉽지 않다. '라이브 어스'라는 대규모 공연 자체도 일종의 공연시장의 한 축을 형성하고 있는 것이 분명하고, 그 공연에 참여한 뮤지션들이 새만금 록페스티벌에 참여한 뮤지션들보다 기특하다고 볼 수는 있지만, 음악의 일상공간에서의 생태적 실천이라는 관점에서는 여전히 주류의 한계를 벗어나지 못하는 것이 사실이다. 그래서 우리는 이제 다시 새만금 록페스티벌을 '라이브어스'와 비교하지 말고 같은 시기에 부안 해창 갯벌에서 열렸던 에코토피아 생태학교와 살살페스티벌과의 '구별짓기'를 통해 일상에서의 생태적 실천에 주목할 필요가 있다. 이 구별짓기를 시도하기 전에 도대체 새만금 록페스티벌에서 어떤 일이 벌어졌는지를 먼저 살펴보도록 하자.

2. 새만금 록페스티벌의 두 개의 정체

표층적으로 보면 새만금 록페스티벌은 기표와 기의가 불일치하는 문제투성이 사건이다. 과거 갯벌 그대로의 모습을 간직한 새만금에서의 록페스티벌이라면 록의 생태적 전사에 어느 정도 부합할지는 모르겠지만, 부안에서 군산에 이르는 33Km의 물막이 공사가 끝난 지금, 새만금 록페스티벌은 무수히 죽어간 갯벌 생물들의 좀비처럼 다가온다. 천혜의 자연습지와 생태갯벌이 살아 숨쉬었던 새만금을 불도저와 포크레인으로 갈아엎고 그곳에 33Km의 방조제를 쌓아올린 끔찍한 자리에 이를 기념하는 록페스티벌이라니. 2,007명의 풍물인들이 33Km 세계 최장의 방조제에서 3만 3천명의 관객들과 길놀이로 기네스 세계 기록에 도전하는 행사가 도대체 새만금의 아픔과 상처를 보듬는 것과 무슨 상관일까. 록페스티벌이 '비나리', '해신제'도 아닐텐데 새 생명의 무사를 기원하다니.

그러나 이 행사를 주관한 단체의 실체를 파악하면 새만금 록페스티벌은 지극히 당연한 이벤트라는 것을 알 수 있다. 대중음악, 더군다나 록음악과는 전혀 관련이 없는 '청소년 경제교육재단'이란 단체의 이사장인 정재윤씨가 사재 20억원을 출연해서 성사된 새만금 록페스티벌은 자신의 고향인 군산의 발전과 청소년들의 문화해방을 위한 의지가 담겼다는 본인의 말과는 다르게 처음부터 다른 분명한 목적을 갖고 시작된 것이다. 주최 단체인 청소년경제교육재단의 정재윤 이사장은 국내 최대의 공무원 고시학원 '이그잼'의 대표이사로 있고, 2007년 7월 '에이스일렉트로'의 경영권을 200억에 인수하며 우회상장에 성공하기도 했다. 정재윤씨는 698억원 규모의 유상증자를 통해 '에이스일렉트로'의 최대주주가

부안군 새만금 간척지 시작 시점에 걸린
기네스 도전 현수막과 안내 표지판

되었다. 그리고 새만금 록페스티벌의 주관단체인 '시티줌'이란 회사는 주로 전북 지역의 건설관광 개발을 주로 하는 회사로, 이것 역시 정재윤씨가 대표이사로 되어있다. 말하자면 이 행사를 주도한 단체는 사실상 최근에 유상증자를 통해 우회상장을 한 학원업체이자 새만금 간척사업을 기점으로 이 지역의 개발을 목적으로 설립한 개발 컨설팅 업체라는 점이다. 이런 정보에 따른다면 새만금 록페스티벌에서 기네스 기록에 도전하는 행사를 펼치는 것은 지극히 당연하다.

당초부터 새만금 록페스티벌의 목적은 록페스티벌이란 이벤트를 활용한 새만금 개발에 대한 홍보였다. 어쨌든 이번 행사를 주도한 정재윤씨는 언론의 조명을 받았고, 록페스티벌의 반대운동으로 인해 홍보의 반사효과를 톡톡히 보았다. 20억이라는 예산은 겉으로는 록페스티벌 행사에 쓰였지만, 실제로는 개발의 교두보를 마련하기 위한 홍보비로 사용된 것이다.

흥미로운 것은 새만금 록페스티벌에서 선언했던 모든 내용들이 결과적으로 모두 크게 실패했다는 점이다. 정재윤 이사장은 행사 기간에 백 만 명의 관광객들이 올 것이고, 3만3천명의 풍물놀이패들이 간척지에서 기네스 도전에 성공할 것이라고 호언했지만, 실제로 5일간 록페스티벌에 참여한 인원은 2만이 채 되지 않았다. 기네스에 도전하겠다는 것도 참여인원의 부족으로 중도에서 중단되고 말았다. 이는 페스티벌의 결과와는 무관하게 홍보효과를 극대화하려는 신개발주의 페스티벌의 전형적인 포장술이다.

또 한 가지 우리가 주목할 점은 정재윤 이사장이 새만금 개발 사업을 가장 적극적으로 반대했던 환경운동연합의 장기회원이자 지도위원이라는 점이다. 정재윤 이사장은 지역의 한 라디오 프로그램 초대석에 나와 환경운동 이력과 활동의 불일치를 묻자 새만금의 자체 브랜드를 알리기 위해 축제를 활용했다는 대답을 한 적이 있다. 내가 보기에 이 발언이 바로 새만금 록페스티벌의 정체를 그대로 보여주는 것이라고 생각한다. 새만금 록페스티벌은 문화관광을 우회해서 신개발주의로 정착하는 미션을 갖고 있으며, 이로써 개인의 환경생태적 전사는 문화관광의 논리를 통해 망각되거나 면죄부를 받는 경로가 완성된다. 결국 이 대목에서 새만금 록페스티벌이 청년문화적 의미를 갖는다는 당초의 포장과는 다르게 새만금 브랜드 자체를 홍보하려는 정체가 드러났다.

단언컨대 새만금 록페스티벌 프로젝트는 문화축제를 가장한 개발업자들의 전형적인 잡종 쇼 케이스다. 나는 지난 10년 동안 '록' 혹은 '축제'라는 이름으로 지역개발에 기꺼이 봉사하는 이벤트를 수없이 보아왔다. 그리고 그 죽음의 굿판에 록이라는 특권을 들이대고, 젯밥에 눈이 먼 뮤지션들도 수없이 보아왔다. 개발주의자들의 거대 반짝 이벤트는 결코 두 번 이상 지속되지 않지만, 다른 개발 아이템이 생기기에 변신에 변신을 거듭한다. 생각하고 싶지도 않지만 만일 '경부대운하'가 건설된다면 이들은 540Km의 운하에서 540만 명이 펼치는 물놀이 '선상 쇼'를 준비할 거다. 하다못해 동네 경로잔치나 노래자랑 대회도 기본 윤리와 도덕이 있는데, 수많은 생물들이 거의 몰살당한 장소에서 새만금의 아픔과 상처를 보듬겠다는 록페스티벌의 정신은 아마도 심각한 '가학적 우울증상'에 빠져있는 듯하다.

이 공포스런 행사를 기획한 단체도 단체지만, 행사에 참여하는 뮤지션들이 과연 어떤 생각으로 출전을 결행했는지도 궁금하다. 이들이 과연 세계 최고의 철새 도래지이며 백합조개와 소라 갯지렁이가 꿈틀대던 새만금을 아는지, 그들이 무대로 삼을 방조제가 생태학살의 현장을 덮어버린 '아우슈비츠의 관'이라는 것을 아는지 묻고 싶다.

문화관광을 매개로 하는 신개발주의의 논리와 거의 유사하게 이 행사에 참여한 뮤지션들의 논리도 록의 자유를 가장한 상업적 선택의 전형이다. 그런 점에서 윤도현밴드의 참여도 행사를 기획한 정재윤 이사장과 유사한 자기합리화의 담론을 갖고 있다. 아시겠지만 윤도현밴드는 잠시 사회적 이슈에 관심이 많은 몇 안되는 주류 밴드로 인식되었다. 윤도현밴드 역시 새만금 간척지 사업이 한창일 때 이 사업의 중단을 지지하는 행동에 참여한 적이 있고, 비무장지대, 노근리, 대추리 등 역사의 한이 맺힌 지역에 대한 사회적 환기작업에 열을 올린 적도 있다. 그러나 이러한 행동들은 모두 일종의 로커로서의 스타일을 확보하기 위한 제스처, 혹은 일시적인 분장술에 지나지 않았다고 볼 수 있다. '비판적 록커'라는 상징적 자산은 2002년 한일월드컵을 거치면서 대중성까지 포획하면서 지금은 가장 많은 행사 개런티를 받는 밴드가 될 수 있는 토대를 마련했다. 이러한 상징적 자산의 획득이 완성도가 떨어지는 곡과 많지 않은 히트곡에도 불구하고 그를 장수할 수 있게끔 하는 자원이 된다. 윤도현밴드가 새만금 록페스티벌에 참여한 이유는 단 한가지이다. 새만금의 개발을 찬성해서도 아니고 새만금의 개발을 고발하기 위해서도 아니다. 다만 개런티를 많이 주기 때문이다. 아마도 윤도현밴드와 그의 같은 소속사 식구들인 강산에와 김C에게 새만금 록페스티벌은 록의 상징적 자산을 대가로 한 몫 잡을 수 있는 '허영의 시장'일 것이다.

그래서 다음과 같이 말하고 싶다. 한 때 "이 땅에 살기 위하여" 반전과 평화를 노래했던 윤도현밴드에게 새만금은 아마도 이 땅이 아니었나 보다. 윤도현밴드와 같은 소속사인 강산에의 최장 제목 노래 "거꾸로 강을 거슬러 오르는 저 힘찬 연어들처럼"은 아마도 갯벌 생물들에는 적용이 안 되는 모양이다. 여행스케치의 "별이 진다네"는 아마도 새만금에서 자연의 죽음을 예고한 개발유토피아를 위한 장송곡이었을까? "진달래 꽃"을 열창하는 마야에게 새만금은 갯지렁이를 말 없이 고이 보내드리는 저승길의 입구일까? 그렇다면 어차피 죽어 없어질 곳인데 이판사판 DJ와 함께 새만금 방조제에서 춤을?

아무리 여름의 각종 축제들이 뮤지션들에게는 한철 장사라 하지만, 이건 좀 너무 심했다. 지독한 돈의 노예가 아니라면 새만금 방조제의 생태파괴에 대해 한번쯤은 심사숙고하는 '생활의 철학'이 가동되어야 하지 않았을까? 행사의 취지나 정체성과 상관없이 개런티 많이 주는 곳이면 어디든 달려가는 뮤지션들의 습성은 마치 주인이 종을 치면 입가에 침이 고이는 '파블로프의 개'를 연상시킨다. 물론 록음악, 혹은 로커, 록페스티벌만이 엄격한 윤리적 기준을 지켜야 한다고 보지는 않는다. 그러나 수많은 부침 속에서도 록음악과 록페스티벌의 유산들은 우리에게 어떤 최소한의 윤리와 감성의 공감대를 전해주

부안 새만금 전시관과 군산 새만금 록페스티벌 무대

었다. 그것은 바로 인간을 사랑하고 우리가 살고 있는 자연을 배제하지 않는다는 정신이다. '우드스탁'이 그랬고 '글래스톤베리'가 그랬고, '라이브 어스'도 그랬다.

정재윤 이사장과 같이 문화관광을 가장한 신개발주의나 윤도현밴드 같은 사이비로커주의는 사실 출발하는 지점만 다를 뿐 종착점은 동일하다. 신개발주의나 사이비로커주의나 모두 자본에 너무 탐욕적이기 때문이다. 이것이 슬픈 일이지만, 이것이 현재 우리의 현실이다. 사망선고를 받은 새만금을 향해 슬픔의 진혼곡을 불러도 모자랄 판에 개발주의자들의 손에 놀아나 '뻘'인지 '시멘트'인지도 구별 못하는 것이 우리 음악판의 현실이다. 그리고 문화를 지역개발의 제물로 기꺼이 바치면서 창의적 문화도시를 외치는 것이 우리 지역문화 정책의 현실인 것이다.

3. 살살페스티벌만의 언어

그러나 작고 화려하지는 않지만 신개발주의와 사이비로커주의의 현실과는 다른 언어와 문법을 가진 살살페스티벌은 물막이 공사가 끝나 본격적으로 개발 기반 공사에 들어간 새만금의 죽은 영혼에 새로운 생태적 호흡을 불어넣어줄 가능성을 보여주었다. 갯벌도 살고 사람도 살자는 의미의 살살페스티벌은 애초에 개발을 정당화하려는 새만금 록페스티벌에 대한 안티 페스티벌로 기획된 행사였지만 정작 현장에서 펼쳐진 언어들은 반대를 위한 문화행동이라기보다는 새로운 생태문화적 대안을 모색하려는 그들만의 소통과 표현을 담고 있었다. 새만금 방조제 반대운동에 오랫동안 참여했던 생태 환경운동가들이 한동안 침묵하고 있었다가 새만금 록페스티벌이란 국면에 맞서 다시 생태운동의 가치를 표방한 선험적인 동기들이 존재하지만, 살살페스티벌과 에코토피아캠프는 전적으로 개인들의 자발적인 참여와 조직을 통해서 구성되었다. 살살페스티벌과 에코토피아캠프를 초기에 제안한 '대항지구화 행동'과 '농발게'라는 조직은 우리가 통상적으로 인식하는 위계적 조직, 개인들의 전위에 서있는 조직이 아니라 개인들의 행동을 연결해주는 터미널과 같다. 에코토피아캠프에서 활동하는 사람들은 특정한 조직이 운동의 의제를 대변해서 전체 행사를 끌고나가는 방식에서 벗어나 개인들의 자발적 의지와 동기에 의존하는 새로운 문화행동을 실험하겠다는 점을 분명히 했다.

부안 해창 갯벌에서 열린 에코토피아
생태학교와 살살페스티벌

물론 개인들의 자발성에 기초한 자유로운 활동이 생각만큼 원활하게 이루어지지 않았지만, 에코토피아캠프와 그 행사의 하이라이트인 살살페스티벌을 준비하는 개인들은 각자 자신의 역할과 미션들을 아주 느리고 엉성하지만 조금씩 완성해 나갔다. 갯벌에서 하나씩 만들어지는 장식물들, 생태적 화장실, 특별한 무대장치가 없이 열정적인 참여자들을 기다리는 살살페스티벌의 스테이지, 이 모든 것들은 새만금 록페스티벌의 인공적인 설치물들에 비해 화려하지는 않지만, 적어도 문화행동의 취지와 그것을 표현하는 방식에 있어서는 일관된 가치를 보여주었다. 에코토피아캠프에 사용된 모든 장식물들과 행사부스를 참가자 스스로 제작하고 살살페스티벌도 무명의 인디밴드들만이 참여했지만, 4일간 진행된 생태문화적 코뮌들의 모임은 대안문화행동의 작은 가능성을 발견할 수 있었다. 따라서 살살페스티벌의 교훈은 새만금 록페스티벌에 맞서 얼마나 효과적으로 신개발주의의 문제들을 대중들에게 알렸는가에 있는 게 아니라 생태문화행동을 수행하는 방식과 감수성에 있다.

물론 살살페스티벌을 준비했던 핵심적인 활동가들이 개인들의 자발적 연합을 지나치게 강조한 나머지 새만금 록페스티벌의 반대운동에 참여했던 조직들과 충분히 연대하지 못한 한계를 갖고 있는 것은 사실이다. 애초부터 개인들의 자발적인 참여를 원칙으로 했지만, 참여뮤지션들의 섭외와 하드웨어적 구축, 그리고 좀더 많은 개인들의 참여를 가능케 할 수 있는 대중적 지지와 호소에 그다지 관심을 갖고 진행하지 못한 측면들은 자발성에 기초하면서도 연대와 소통을 강화해야 하는 문화행동에 충분히 부합하지는 못했다. 생태문화행동은 항상 이러한 어려운 문제에 직면해 있다. 운동의 의제가 생태적이면 그 운동의 수행방식도 생태적이어야 하는데, 이 과정에서 지나치게 개인들의 자발성에 의존하는 데 그쳐 좀 더 확산된 연대를 어렵게 했다. 에코토피아캠프와 살살페스티벌을 준비한 '대항지구화행동' 그룹들과 '농발게' 대안블로그 생태주의자들에게 필요한 것은 새만금 록페스티벌 사태로 다시 제기된 새만금 개발사업에 대한 생태적 저항운동을 자발적이면서도 동시에 조직적으로 구성할 것인가에 있다. 이를 위해서는 또 다른 문화행동이 시작되어야 한다.

4. 다시 생태문화코뮌을 위한 문화행동으로

모르긴 몰라도 '새만금 록페스티벌'은 지구 역사상 가장 치욕스런 록페스티벌이 될 것이다. 수많은 환경 생태운동가들이 새만금을 지키기 위해 오랫동안 싸워왔던 생생한 기록들이 록페스티벌이라는 개발 부흥회로 인해 순식간에 공기 속으로 산화할지도 모를 일이다. 이로써 모든 것은 다 치유되었다고 배가 갈라진 채 뒤집혀 죽어있는 백합 조개와 바짝 말라비틀어진 채 부식된 갯지렁이를 제물로 삼아 펼쳐지는 새만금 록페스티벌은 인간이 자연에게 자행한 가장 끔찍한 레퀴엠일 것이다. 그 죽음의 굿판을 자처한 사람들은 록의 치욕, 페스티벌의 굴욕의 주인공들이다.

　새만금 록페스티벌은 끝나고 살살페스티벌도 끝났지만 새만금 개발 사업은 아직 끝나지 않았다. 아니 이제부터가 본격적인 개발이 진행될 시점이다. 물막이 공사가 끝난 현재 새만금은 여의도 면적의 140배인 1억 3천 만평을 복토하는 2차 단계를 추진하고 있다. 쉽게 생각하면 여의도 면적의 140배에 달하는 땅에 흙을 채워넣는 또 다른 개발공사가 기다리고 있는 것이다. 이 공사가 얼마나 걸릴지 모르겠지만, 복토사업이 완공되려면 최대 30년까지 걸린다는 조사결과를 감안하면 앞으로 새만금에서의 싸움은 적어도 30년 동안 지속될 수 있는 것은 분명하다.

　새만금 록페스티벌을 옹호하고 살살페스티벌을 비난하는 지역주민들의 정서는 대개 낙후된 지역경제를 회생시킬 수 있는 절호의 기회를 놓치지 말아야 한다는 것과, 문화적으로 소외된 지역에 좋은 볼거리를 제공한 행사가 뭐가 잘못되었냐는 것으로 집약될 수 있다. 전자가 신개발주의의 논리라면, 후자는 성찰 없는 문화관광주의의 논리이다. 일부 새만금 록페스티벌을 지지하는 네티즌들은 살살페스티벌 활동가들을 대규모 록페스티벌에 딴지를 걸어 자신들의 행사를 홍보하려고 하고, 새만금반대운동 재개를 위한 발판으로 삼으려는 이기주의자들로 매도하고 있다.

　지역의 소외와 균형발전의 논리를 내세워 새만금 개발사업과 록페스티벌을 찬성하는 사람들을 생태적인 관점으로 설득하기란 쉽지 않은 문제이다. 지역개발에 지독한 피해의식과 개발에 따른 막대한 이권을 가진 이들은 개발의 신속함과 대중적 지지를 위해 문화가 활용되는 것 자체를 반기는 사람들이다. 이들에게 새만금의 생태적 가치를 다시 말한다는 것은 생태주의자들에게 개발의 가치를 말하는 것만큼 어려운 문제이다. 다만 우리가 여기서 주시할 것은 일종의

'현실수용론'을 주장하는 대다수 지역시민들에게 싸움은 아직 끝나지 않았다는 것을 알릴 수 있는 이후의 생태문화행동 프로그램들이다. 지역의 많은 사람들은 새만금 방조제 사업으로 바다와 수많은 생물들을 잃은 것에 대해 안타깝게 생각하지만, 이미 물막이 공사가 끝난 상황에서는 어쩔 수 없지 않겠는가 하는 현실론을 피력한다. 새만금을 다시 원상태로 돌려놓을 수 없는 상황이라면 중앙정부에서 적극적으로 예산지원하고 기업들을 적극 유치해서 지역경제나 잘 풀려갔으면 좋겠다는 것이 내가 만나본 지역주민들의 일반적인 정서이다.

새만금에 대한 새로운 생태문화적 행동들은 먼저 이러한 지역 시민들의 일반적인 정서에 대한 분석과 싸움이 아직 끝나지 않았고 오히려 더 많은 싸움이 기다리고 있다는 것을 알릴 수 있는 기회를 먼저 갖는 것이 필요하다. 지역경제 발전에 기대를 갖는 일반 시민들에게 사실 돌아오는 금전적 혜택이란 거의 없다. 개발에 따른 모든 경제적 이권들은 모두 소수의 개발업자들에게 돌아갈 것이기 때문이다. 싸움이 이제 모두 끝났다라는 현실수용론의 논리와 개발이 되면 지역주민 모두가 잘 살 수 있다는 개발환상주의의 논리를 깨는 것으로 제2의 새만금 생태문화행동은 시작되어야 한다.

새만금 록페스티벌은 끝났지만 개발이 지속되는 한 내년에도 계속될 것이다. 그래서 우리는 새만금 록페스티벌을 기획한 사람들, 또 그 페스티벌에 참여한 뮤지션들의 이름을 똑똑히 기억해야 한다. 겉과 속이 다르고, 명분을 목적과 사욕에 악용하는 사람들이 평생 동안 어떤 윤리와 감성으로 사는지를. 그리고 내년에도 죽음의 굿판이 아닌 생명과 생태를 이야기하는 다른 장소를 향해 살살 페스티벌은 계속되어야 한다. 그곳에는 잘나가는 윤도현밴드나 강산에, DJ DOC와 같은 뮤지션들은 없을 것이지만 새만금에서 태어나고 자라온 마을 주민들과 조금씩 꿈틀거리는 또 다른 생명체들이 있을 것이다. 새만금 방조제가 아닌 새만금 갯벌과 소금기 조금 풀어 헤쳐진 자그마한 마을 어귀에서 새만금의 소중함을 재생할 수 있는 기억술을 발휘해 보자. 다만 올해보다 더 많은 사람들이 수평적으로 참여하고 더 많은 이야기가 소통될 수 있도록 연대의 기술을 발휘해 보자. 새만금을 '두 번' 죽이는 치욕스런 록페스티벌이 아니라 새만금을 조금씩 살리는 우리들의 생태문화 코뮌을 위해.

3부

세대문화의 힘

08

세대문화의 힘과 참여정치의 전망

1. 들어가는 말

2002년 12월 14일, 광화문 밤하늘을 훤히 밝힌 10만개의 촛불은 미군 장갑차에 희생된 효순이, 미선이의 넋을 기리는 혼불이었다. 꽃다운 여중생들의 죽음을 애도하고, 미군들의 무죄판결에 항의하는 평화적 행동은 시민사회단체들의 미대사관 항의방문, 천주교 사제단들의 단식농성, 대중연예인들의 항의삭발, 그리고 시민들의 촛불시위에 이르기까지 추운 날씨를 이겨내며 세종로 공간을 전유하고 있었다. 권위와 억압의 상징이었던 세종로는 평화와 평등을 원하는 시민들의 촛불행렬로 변하고 있다.

우리는 지난 2002년 여름 전국을 붉게 물들게 했던 축제의 시간을 기억할 것이다. 거리응원의 진원지 광화문 일대는 한국 경기가 벌어지는 날이면 수 십만명의 자발적인 시민들로 가득했고, 역사상 처음 경험했던 거리의 카니발은 시민의 힘, 광장의 힘을 새삼 확인했던 시간이었다. 시민들의 자발적인 참여의지를 애써 외면하려 했던 사람들은 월드컵이라는 전지구적 축제가 끝나면 광화문은 다시 권위의 공간, 차들의 공간으로 되돌아갈 것이고, 시민들은 다시 광장에 나올 일 없이 일상의 이기심에 빠져 침묵할 것이라고 말했다. 그러나 '억압된 것이 회귀하듯' 시민들은 미군들의 무죄판결에 분노하고 소파의 전면개정을 외치며 다시 거리로 나오고 있다.

광장이 사건 속에서 문화와 정치 공간으로 교차되는 과정을 통해 우리는 새로운 주체들의 탄생을 선언했고, 이들의 힘은 다시 현실정치의 장에 결집하여 "새로운 정치"의 패러다임을 요구하고 있는 중이다. 세대의 자유로운 감수성이 경직된 기성정치에 균열을 일으킨 것, 극적인 반전과 서스펜스로 막을 내린 '대선'이란 한 편의 드라마를 보며 느낀 개인적인 소감이다. 국민경선과 후보단일화, 그리고 지지철회 사태에서 극적인 승리의 전선을 가로질러간 노무현의 정치적 오디세이는 놀랍게도 관행과 논리로 설명될 수 없는 감수성의 자원을 내장하고 있었다. 사람들은 노무현의 승리를 젊은 세대의 승리, 인터넷의 승리, 소신과 원칙의 승리로 설명한다. 또한 지역주의와 보스정치의 몰락, 관권, 금권정치의 소멸을 앞당겨 새로운 정치개혁의 상징적 사건으로 해석하기도 한다.

그러나 정작 중요한 것은 노무현 승리의 표면적인 요인을 일반화하는 것이 아니라 그 안에 내재된 사회적 에너지의 근원을 밝혀내는 것이다. 우리는 노무현 승리의 요인으로 세대정치와 인터넷정치를 부인할 수 없다. 그러나 노무현 승리의 결정적인 역할을 한 20, 30대가 과연 동일한 정치적 입장과 태도를 가졌다고 말할 수 있을까. '소비의 황태자'요, '혁명의 금치산자'였던 청년세대들이 돌연 정치적 아나키스트로 돌변했다고 볼 수 있을까. 인터넷의 테크놀로지가 네티즌의 유목적인 행동을 곧바로 보장할 수 있을까.

이러한 일반화된 요인들이 노무현 승리의 필요조건일 수는 있어도 충분조건은 아니라고 본다. 386세대가 주를 이룬 '노사모'의 정치개혁 의지와, 변화와 속도로 무장한 디지털 N세대들이 연대를 할 수 있었던 것도 세대적 공감대 때문이 아니라, 현실정치를 산화시키려는 감수성의 정치 때문이다.

정치적 성향이 같다고 볼 수 없는 20, 30 세대가 노무현의 문화전략 안으로 결집될 수 있었던 것도 이들의 강력한 문화적 동화력 때문이다. 물론 노무현식 문화전략의 정치성은 정치적 개혁의 열망을 담고 있기도 하다. 그러나 386세대와 N세대들의 정치적 이질성은 오히려 문화적 공감대를 통해 정치적 선택의 폭을 넓혔다. 정치가 문화에 의해 망각되기보다는 문화를 통해 폭발한 것, 이것이 승리의 비결이었다. 386세대들도 사실 문화적 향수가 강한 세대이며, 이른바 '서태지 세대'라 할 만한 20대 후반의 IT세대들은 1990년대 소비문화 시대의 중심에 있었던 주체들이다. 그리고 본격 디지털문화에 접속된 20대 초반의 N세대는 자유로운 문화적 감각을 향유하는 마니아 세대이다. 386세대가 문화적 향수를 통해 정치적 폭력을 치유받고 싶어했다면, N세대들은 새로운 정치적 연대를 통해 문화적 자유를 확장하고 싶어했다. 결국 문화의 힘이 정치적 선택의 유연함의 원천이 되었던 셈이다.

문화세대들은 서태지와 월드컵과 촛불시위를 거쳐 마침내 동시대 삶의 가치관을 전복시켜버릴지도 모르는 정치적 사건을 일으켰다. 이번 16대 대선에서 보여준 20/30 세대의 연대는 정치의 연대가 아닌 문화의 연대이며, 문화적 힘이 그 자체로 거대한 정치적 힘을 발휘할 수 있음을 보여준 최초의 사건이다. 68년 프랑스 혁명이 청년세대의 문화적 열정에서 비롯되었듯이 낡은 정치패러다임을 바꾸려는 청년세대들의 의지들은 새로운 문화적 감각을 열망하고 있었던 셈이다. 세대의 힘은 문화의 힘이다.

감수성은 몸에서 배어나오는 열정의 에너지이고 감각의 자율성이다. 정치적 이해관계와 예측 가능할 법했던 변절의 꼼수들이 여지없이 무력화한 것은 낡은 몸의 관습들을 바꾸려는 감성의 힘, 욕망의 에너지가 젊은 세대 간에 공감대를 형성했기 때문이다. 그래서 노무현의 승리는 정확하게는 청년세대가 아니라 감수성의 승리이며, 인터넷 테크놀로지가 아니라 그 테크놀로지를 관통하는 주체의 자율성의 승리이다. 문화적 감수성은 정치적 입장의 차이를 조율할 수 있는 힘이다. 문화가 정치에 종속되고, 감수성이 이성적 논리에 의해 미신으로 배제되는 사회는 이제 우리가 탈주해야 할 근대적인 영토이다. 대선에서의 극적인 반전에서 발견되는 우리 사회의 패러다임은 바로 주체의 문화적 감수성의 변화로부터 시작된다.

붉은 악마의 '더러운' 열정에서 국민(시민)주권과 평등을 외치는 광화문 촛불시위로, 다시 정치개혁의 의지로 결집되었던 지난 한 해 우리 사회의 격랑 속에는 결국 '공간과 주체의 새로운 구성'을 요구하는 사건들의 계열이 존재하고 있던 셈이다. 주체는 공간 안에서 어떻게 행동하길 원하는가, 공간은 주체들의 행위를 통해 어떻게 배치되기를 원하는가. 주체의 행동과 공간 배치의 정치학은 우리 시대 새롭게 제기되는 문화정치학의 실천적인 화두가 아닐까. 오늘 이야기를 해보자.

2. 세대론 논쟁의 의미

2002년 16대 대선이 노무현의 극적인 승리로 막을 내린 후 미디어에서는 앞을 다투어 선거결과를 분석하는 특집을 게재했다. 대부분의 언론들은 이번 선거의 특징을 젊은 세대들의 반란으로 보면서, 과거 단 한번도 정치적으로나 문화적으로나 조합된 적이 없던 소위 '2030세대들'이란 신조어를 만들어 이들 영파워의 비밀을 해독하고자 했다. 과거 대선이나 총선이 끝나면 늘 선거결과를 분석하는 모델로 이용되었던 '보혁대결'이나 '지역갈등'이란 용어는 이번 선거에서는 '세대교체'라는 강력한 자장 안으로 용해되어 버린 듯하다.

이른바 "참여정부"를 표방한 노무현 정권 시대를 연 16대 대선의 최대 화두가 "세대교체론"이라는 점에 이의를 제기할 사람은 없겠지만, 그러한 세대교체론에 대한 해석이나 사회적 파장에 대한 진단에는 여전히 다른 시각들이 존재한다. 언론이 주도한 세대론 논쟁은 결과적으로 두 가지 상반된 해석을 보여주었는데, 하나는 세대론, 혹은 세대교체론을 주류론이나 주류교체론으로 변형시켜 주류기성세대들의 기득권 해체에 대한 심리적 불안감을 드러내고 있고, 다른 하나는 선거결과에 큰 영향을 미쳤던 '2030세대들'의 존재를 크게 부각시키면서 단순한 세대교체론을 넘어 우리 사회의 지배적이면서도 동시에 낡은 패러다임에 대한 청산을 기획하고자 한다.

『조선일보』는 대선이 끝난 후 발빠르게 신년기획으로 새로운 세대의 에너지를 집중 조명하는 기획기사들을 연재하면서, 세대교체론의 당위성과 필요성을 주장하기보다는 "기성세대여 기죽지 말라"는 예의 격문과 함께 대선에서 주눅들어 있을 법한 '주류 기성세대'의 방어적 태도를 대변하고 있다.[1] 『중앙일보』는 2002년 12월 21일 "2030 영파워"라는 기사를 통해 젊은 세대들의 참여가 세상을 바꾼다는 취지의 기사를 작성했다가 곧바로 "소외당한 5060세대"라는 기획특집으로 인터넷정치에서 소외된 장년세대들의 한풀이를 대변하고 있고, 『동아일보』는 보수 논객들을 대거 동원해 대선에서의 세대혁명의 의미를 애써 축소하고자 한다.[2] 주류 기성보수 세대의 '심리적 저항선'이 가장 노골적으로 드러난 사례가 송복 연세대 명예교수의 발언이다. 송복 교수는 1월 22일 "제

---

[1] 『조선일보』는 신년기획 <한국사회의 파워이동>을 연재했다. "떠오르는 새 주역들: '산업화 세대'의 자리를 '디지털 세대'가 채운다", "무너지는 권위주의: '낡은 시스템' 곳곳서 흔들린다", "산업화세대" 우리도 할말 있다라는 주제로 기획기사를 다루었는데 결론 부분에 산업화세대, 냉전세대들의 명분을 옹호하고 있다.

[2] 『동아일보』, 2002년 12월 25일자 남시욱씨의 칼럼을 통해 2030세대의 무분별한 민족주의적 성향에 우려를 표하는 글을 실었다.

26회 전국최고 경영자연찬회" 기조연설에서 젊은 세대들을 "사회적 철부지", "앞으로도 설쳐댈 대형사고칠 공범들"로 규정하고 이번 대선 결과의 큰 변수로 등장했던 인터넷 여론정치를 "모든 살인기구가 동원되는 조폭시대의 언어폭력"으로 독설을 퍼부었다.3) 송복 교수처럼 보수논객의 원초적인 '악다구니'가 아니긴 하지만, 정신과 전문의 이시형씨의 진단도 대선 바람몰이의 주역이었던 386세대의 정체성에 대한 '무의식적인' 오독을 통해 개혁세대론에 대한 불편함 심기를 드러냈다. 그는 1월 9일 『동아일보』 칼럼에서 노사모 그룹으로 대표되는 386세대들은 70년대 민주화세대의 아픔과 90년대 후배들의 취업난도 모른 채 "곱게 자라 패배와 좌절을 모르는 시대의 행운아"이자, "승리의 세대"라고 말했다.4) 송복 교수의 "철부지론"이 아마도 인터넷을 즐기는 20대들을 겨냥했다면, 이시형씨의 "승리론"은 386세대를 겨냥한 발언이어서 서로 다른 세대를 비판한 듯해 보이고, 세대론을 진단하는 방식이 대단히 상이해 보이지만, 결과적으로 이번 대선에서 큰 사고를 친 '2030세대'는 불안한 세대여서 심히 걱정된다는 동일한 논지를 피력하고 있다.

이에 반해 세대론을 부각시켜 우리 사회의 지배적 낡은 패러다임을 혁신하려는 시도들은 세대론을 주류교체론의 화두로 전진배치시킨다. 예컨대 "2030대 5060", "빈농의 고졸출신 대 명문가의 서울대 출신", "인터넷미디어 대 보수언론", "탈냉전세대 대 냉전세대", "문자 대 영상", "아날로그와 디지털" 등 대립구도를 설정하고, 우리 사회 주류를 상징하는 "5060, 서울대, 조중동, 냉전, 강남"이란 지배적인 아이콘의 해체를 시도하고 있다. 인터넷 신문 <오마이뉴스>가 가장 적극적인 해체론을 주장하고 있고, 『한겨레21』은 "감성세대의 문화혁명"이란 기획특집을 통해 월드컵, 촛불시위, 대선으로 이어지는 일련의 사건들이

---

3) <오마이뉴스>, 2003년 1월 23일자 참고
4) 이시형, "주역으로 떠오른 386세대들에게", 『동아일보』, 2003년 1월 7일자 참고

개인의 자유로운 욕망의 분출에서 비롯된 문화혁명적인 성격이 강하다고 분석했다. 『문화일보』 역시 "노무현 승리의 주역 영파워"라는 특집 기획을 통해 욕망의 자유로운 흐름을 원하는 노마드적 세대의 문화적 특성들을 거론했고, 『경향신문』은 2030세대의 가치관, 소비, 직장, 결혼 등의 주제에 대해 광범위한 의식조사를 실시했다.

대선을 기점으로 제기된 언론들의 세대론은 물론 언론사의 성향에 따라 특정한 이데올로기를 반영하는 것이겠지만, 90년대 초반 '신세대문화론' 논쟁 이후 다시 한번 세대논쟁을 불러일으킬 만한 다양한 의견들을 제시해놓고 있다. 사실 언론의 세대론은 특정 이데올로기에 의한 왜곡이나, 담론적 포장의 위험성을 배제한다면, 이미 세대문화의 징후들로 지난 몇 년 사이에 쟁점이 되었던 토픽들을 정리하고 주목한 것에 불과하다. 368세대의 참여민주주의, 인터넷·디지털 세대의 자유로운 문화감성, 이른바 '보보스'로 불리어지는 청년소비족들, 그리고 월드컵 이후 거리의 카니발리즘을 즐기는 광장세대들 등의 이야기들은 2000년 4.13 총선 이후 세대정치와 문화정치의 본격 등장을 선언하는 사건들을 내포하고 있다. 언론들은 다만 대선의 결과가 지역정치에 대한 세대정치의 승리로 나타나자, 지난 몇 년 동안 제기되었던 세대와 관련된 문제를 더욱 진지하고 심각하게 다루려 했던 것이고, 이른바 언론권력의 장과 아비투스의 이해관계에 따른 가치평가가 매겨진 듯하다.

따라서 대선 이후 세대문화가 다시 논쟁의 대상이 된 상황에서 우리가 주목해야 할 것은 다음의 세 가지 문제의식이 아닌가 싶다. 첫째는 지난 90년대 초반 신세대론 이후 이른바 청년세대들의 주체형성이 우리 사회의 변화와 어떻게 맞닿아 있는가 하는 것이고, 둘째는 소위 '2030세대'의 정체성이 어떻게 구성되는가 하는 것이고 마지막으로는 세대문화가 대선 이후 한국사회에 어떤 운동적인 효과를 생산하는가이다.

3. 주체형성의 계열과 과정들

90년대 이후 세대문화는 크게 세 가지 사건을 통해서 그 정체성과 사회적 위치상에 변화를 겪었다고 생각한다. 첫 번째 사건은 92년 '서태지와 아이들'의 등장이고 두 번째 사건은 97년을 기점으로 PC, PCS, mp3 등 멀티미디어 디지털 문화의 대중화이고, 세 번째 사건은 2002년 동계올림픽과 월드컵 이후 청(소)년 세대들의 새로운 참여민주주의의 확산이다. 이러한 사건의 연대기적 계열은 청년세대 내부의 정체성의 분할선과 거의 일치하는데, 가령 20대 후반에서 30대 초반에 해당되는 서태지 세대를 통상 정보통신업계의 실무를 주도하는 IT세대라 할 수 있다면, 20대 중반에서 후반까지 디지털문화의 생산과 소비 한가운데 서있는 세대를 N세대라 할 수 있고, 동계올림픽의 온라인 반미시위와 월드컵의 거리반란을 주도한 이른바 10대들을 '광장세대'[5]라 할 수 있다. 첫 번째 사건의 계열은 신세대 담론을 처음 제시했다는 점에서, 두 번째 사건의 계열은 동시대 청년세대들의 문화적 토대가 구체화되었다는 점에서, 세 번째 사건의 계열은 세대문화의 현실적 힘들이 발견된다는 점에서 서로 다른 의미를 가지고 있다.

1992년 '서태지와 아이들'의 등장으로 시작된 당시의 신세대 논쟁은 엄격히 말하자면 본격적인 세대논쟁으로서는 부족한 두 가지 내용상의 공백이 있었다. 하나는 신세대론이 변혁이념의 위기와 현실사회주의권 붕괴로 인한 사회현상을 지적하는 정치적, 이데올로기적 담론의 성격이 강했다는 점이고, 다른 하나는 세대론을 탈이데올로기화 할 수 있는 물적 토대가 제대로 형성되지 않았다는 점이다. 전자의 경우는 현실사회주의식의 거대 변혁이념이 효력을 상실하고, 소

---

[5] 언론에서는 월드컵 이후의 세대들을 일컬어 R세대나 W세대로 명명했는데, 개인적으로 광장세대로 부르고 싶다. 물론 광장세대는 10대만을 한정하는 것은 아니며 다만 주도적 참여나 열정면에서 10대들을 특정하게 지시할 수 있다고 본다.

비자본주의 사회로의 본격 진입을 알리는 실증적인 사건을 신세대의 등장으로 지목하면서, 신세대에 대한 정의를 탈정치적이고 소비지향적인 일탈세대로 대체로 규정하는 듯하다. 신세대는 그런 점에서 오렌지족과 특정 부유층 자녀들로 환원된다든지, 서태지의 파격적인 스타일을 추종하는 일탈아이들로 단정되어 버린다. 신세대 담론은 그래서 정치적 해방의 좌절을 경험한 세대들의 한풀이 내지는, 문화적 아나키즘으로의 급격한 변신을 표상한다.6)

신세대 하면 통상 개성이 강하고, 화려한 스타일을 선호하고, 소비력이 왕성한 세대로 명명되지만, 90년대 초반부터 이들의 정체성을 규정할 만한 문화적인 토대가 안정되게 보장되었다고 보긴 어렵다. 홍대 앞과 신촌 지역에서 형성된 '인디문화'는 96년을 기점으로 붐이 형성되었고, 실험적 형태의 '독립예술제'는 98년에 시작되었다. 이른바 N세대의 출현 이전에 한동안 신세대를 무의미한 기표로 명명하려 했던 X세대니, Z세대니 하는 '유령' 언어들은 이들의 물적 토대, 문화적 토대의 부재에서 비롯된 것이다. '서태지와 아이들' 이후 통상적으로 사용했던 신세대라는 담론이 세대문화 안에서 이데올로기적인 기표로밖에 사용되지 않는 상황에서, 이를 대체할 수 있는 이질적인 단절이 생겨난 것은 90년대 후반 디지털문화의 급격한 확산을 통해서였다. 휴대폰, 인터넷, 온라인게임, 온라인 커뮤니티, mp3, 디지털카메라 등 디지털 테크놀로지는 세계에서 유례가 없을 정도로 불과 3-4년 사이에 새로운 세대들에게 집중투여되었고, 이른바 N세대의 등장은 디지털 소비자만아니라, '생비자'(prosumer)로서 사회적 영향력을 확산할 수 있는 물적, 문화적 토대를 갖추기 시작했다.7) 온라인의 상용화와 디지털

---

6) 대표적인 저서가 『신세대, 네 멋대로 해라』(현실문화연구, 1993)이다. 이 책의 공동저작자들인 미메시스 그룹은 20대 운동권 학생들로 구성되었다.
7) 휴대폰 업계를 양분하고 있는 SK Telecom과 KT는 2002년 10월 현재 각각 1,700만 명과 1,030만 명의 이용자를 거느리고 있는데, 이들 중 청소년 이용자 수가 125만 명과 80만 명에 이른다. 2002년 대비 매출액도 SK Telecom이 6조원을 넘어섰고, KT는 4조원을 넘어섰다. 작년 청소년들이 가장 많이 이용하고 있는 다음커뮤니케이션은 계정 아

기술장비들의 혁신기술개발로 N세대들은 네티즌, 게이머, 이모티콘(emoticon), 유저, 아바타와 같은 온라인 대한 구체적인 자기정체성을 실험하고자 했고, 뚜렷한 세대적인 구별짓기를 시도하고자 했다. 디지털 문화환경에서 세대적인 구별짓기는 감정적이고 정서적인 차원에서의 구별짓기가 아니라 감정의 물적 토대 차원에서의 구별짓기라는 점에서 이전의 신세대와는 다른 정체성을 형성한다.

2002년 동계올림픽과 한일월드컵, 그리고 촛불시위는 한동안 실험의 대상이었던 N세대들의 사이버 상에서의 현실개입효과를 적절하게 시험한 무대였고, 이 사건들을 기점으로 N세대는 광장세대로의 이행지점을 발견하게 된다. 통상 폐쇄적이고 개인주의적인 N세대와 개방적이고 공동체주의적인 광장세대는 외형적으로는 서로 이질적인 주체들처럼 보여 이 둘 사이에 근본적인 단절이 있어 보이지만, 사실은 온라인의 힘이 오프라인으로 이행하는 과정에서 상호간에 문화적 연대감이 형성되었다고 볼 수 있다. 온라인 커뮤니티 안에 갇혀있던 N세대들은 월드컵, 촛불시위, 대선이란 사건을 통해 문화적 연대감을 확인하고 현실참여의 장으로 이행한 것이다. 다만 오프라인에서의 문화적 연대의 힘은 사회변화의 상식적 의지에 기초한 다른 세대들과의 연대를 가능케 했고, 온라인 커뮤니티 운동의 한국적 특수성을 제대로 실천했다는 점에서 디지털결정주의적 성향이 강한 N세대의 단순 정체성과는 거리를 둔다. 광장세대는 그런 점에서 N세대의 디지털의 물적, 문화적 토대들을 인수하면서, 동시에 가상공간과 현실공간, 쾌락과 이해관계, 개인과 공동체 사이를 가로질러가려는 세대라고 말할 수 있지 않을까 싶다.

이디가 이미 1,000만개를 넘었고, 10대와 20대 중심의 커뮤니티 이용자가 하루에 백만 명이 넘고 연간매출액이 1,000억 대에 이른다. 온라인 게임업체인 NS Soft의 경우 <리니지 게임>으로만 연간 4백억 정도의 매출액을 올리고 있고, 각종 게임사이트의 이용자수가 하루에 400만 명을 육박한다.

물론 세대문화에 대한 이러한 지도그리기가 진화론이나 단계론처럼 들릴 수 있을지 모르겠지만 세대문화가 우리 사회의 낡은 패러다임을 혁신시킬 주체로, 새로운 감성 혁명의 주체세력으로 견인될 만한 잠재력을 가지고 있는지를 평가해 본다면, 이제야 비로소 그러한 세대문화의 힘을 가능케 하는 조건이 주어졌다고 해석하고 싶다. 말하자면 본격적인 세대논쟁, 세대적 실천은 이제부터인 셈이다.

4. '2030'세대의 구별짓기와 연대

세대문화는 언제나 이미 하나로 규정될 수 없을 정도로 그 안에 수없이 많은 구별짓기가 이루어지고 있다.[8] 세대문화는 통상 기성세대와 청년세대 사이의 구별짓기를 보편화시키면서 청년세대를 무의식적으로 동질화시키고 있다. 그러나 같은 청년세대라 할 수 있는 10대(구체적으로는 1318세대)와 20대는 더 이상 동질적이지 않으며, 10대 안에서도 13세대와 18세대 사이에 뚜렷한 구별짓기가 이루어진다. 청년세대는 계급, 지역, 성, 성차, 가족에 따라 서로 상이한 구별짓기를 수행하며, 구별짓기의 방식도 경제적인 구별짓기만이 아니라 언어, 스타일, 취향에 따른 문화적 구별짓기도 다양하게 나타난다. 예컨대 청소년 하위문화에서의 구별짓기는 지역과 계급에 따라 심하게 드러나는데, 그 방식은 경제적 방식으로가 아니라 서로 다른 스타일, 언어, 분위기 등에서 나온다.[9] 따라서 세대문화의 정체성은 본질적으로 규정될 수 없을 뿐 아니라 동질화된 실체도 존재하지 않는다.

---

[8] 이동연, 「세대문화를 바라보는 몇가지 관점」, 『대중문화연구와 문화비평』, 문화과학사, 2002, 277-280쪽 참고.
[9] 이동연, 「청소년 하위문화의 공간과 스타일」, 『대중문화와 문화비평』, 316-329쪽 참고.

그런데 더욱 재미있는 것은 20대의 안과 밖에서 일어나는 구별짓기에도 불구하고 이번 대선을 통해서 '2030세대'가 하나의 동질적인 그룹으로 묶여졌다는 점이다. '2030세대'가 동질적인 그룹으로 해석된 데에는 물론 특별한 맥락이 존재한다. 무엇보다도 대선 결과에 강한 영향을 준 유권자를 분류하는 과정에서 기성보수 정치세력에 반대하는 강력한 반발심리가 형성되어 '2030세대'의 투표성향이 같은 지향점을 가졌고, '대선충격'이 단순히 대선만의 문제가 아니라 지난 1년 동안 가해졌던 세대충격의 연속선상에 있었다는 점이 특수하게 고려될 만하다. 더불어 대선충격은 386세대들의 정치개혁의 의지와 297세대들의 문화적 감수성이 동시에 폭발한, 말하자면 문화와 정치가 연대한 사태로 독해할 만한 점도 있다.

어쨌든 정치적 성향이 강한 386세대와 문화적 감수성이 강한 297세대의 "합종연횡"이 사회 각 분야의 기성세대를 무기력하게 만들 정도로 대선충격을 낳았고, 이른바 '5060세대'를 교체할 세력으로 '2030세대'가 한 배에 탄 것이라면, 우리가 눈여겨 볼 것은 '2030세대'를 통한 대선의 정체성이 아니라 대선을 통한 '2030세대'의 정체성일 것이다.

대선을 통해서 본 2030세대의 정체성은 결론적으로 앞서 언급했듯이 하나로 설명할 수 없다. 386세대로 대변되는 30대는 80년대 민주화운동 시기에 대학생활을 했던 주체들이고 싫던 좋던 반제·반파쇼 민주화운동의 기억과 외상이 존재하는 주체들이다. 이들은 90년대 들어와 혁명적 좌절감을 경험한 세대들로서 운동과 현실 사이에서 심한 부침현상을 보인 세대들이다. 이들은 또한 심리적 거리감, 혹은 감정의 깊은 낙차에도 불구하고 사회구성원으로서의 빠른 결단을 강요받기도 했고 그 결과 사회진보의 희망을 완전히 버리지 않은 채 단계적인 사회변화의 계기들에 중요한 의미를 부여하게 되었다. 예컨대 '노사모'와 같은 뜨거운 열정은 변혁에 대한 좌절된 희망을 현실 밖으로 소환하기 위한 희망에서 비롯된 것이다. 이들에게 노무현의 대선승리는 그래서 차선의 승리임에도 불구하고 감동적일 수밖에 없고 극적일 수밖에 없다. 이들에게 궁극적인 혁명은 끊임없이 유보된 채로 부분적인 개혁을 통해 제한적인 '소원충족'을 이룬다.

반면 297세대로 대변되는 20대는 80년대 학생운동이나 민주화운동을 온전하게 체험하지 못한 세대이지만 정치, 경제, 문화적인 측면에서 가장 동요가 심한 세대에 속한다. 이들은 수능세대로서 문민정부의 출범 이후 정치적으로는 안정된 대학생활을 했지만, 졸업과 함께 온 IMF 사태로 학교와 사회를 안정적으로 연계시키지 못하고 일종의 사회적 유예기간을 겪었다. 노동과 생산과정에서 보면 구조적인 청년실업 상태와 IT산업으로의 급격한 전환을 가장 심하게 겪었지만 소비의 과정으로 보면 역으로 명품선호와 다양한 여가문화생활로 인해 수입보다 지출이 많은 반대현상을 보인다.10) 문화적으로 보면 서태지 세대로서 가장 문화적 소비성향이 가장 강한 세대이지만, 속도와 이미지 변환이 강한 10대들로부터 강력한 세대교체의 도전을 받고 있기도 하다.

외형상으로 보면 386세대는 정치적 세대이자 불행한 세대이고, 297세대는 문화적 세대이자 행복한 세대처럼 보이지만, 그 안을 들여다보면 꼭 그렇지 않다는 것을 알 수 있다. 이번 대선에서 '2030세대'가 함께 연대할 수 있었던 것도 어떻게 보면 이질적으로 보였던 '2030세대' 안에 서로 가족적 유사성이 있고, 문화와 정치, 혹은 욕망과 이데올로기가 서로 간에 잠재된 결절점을 주고받지 않았나 싶다. 이 말은 386세대의 정치적 의식 안에 억압된 문화적 무의식이 존재하고, 297세대의 문화적 행동 안에 잠재된 정치적 무의식이 존재한다는 말일

---

10) 경향신문이 최근에 설문조사한 자료에 의하면 2030세대 절반 이상은 자신의 수입보다 과다한 지출을 하고 충동구매의 경험을 갖고 있었다. 또 25% 이상은 한달 평균 신용카드 사용액이 1백만 원을 넘고, 과다한 신용카드 사용으로 인한 신용불량 등 곤란을 경험한 것으로 드러났다. 특히 2명중 1명꼴로 월급 등 자신의 월소득이 생활에 불충분하다고 생각하고, 월 평균 1백만 원 이상이 더 필요하다고 지적했다(『경향신문』, 2003년 1월 19일자 참고).

것이다. 386세대에게 문화란 어찌보면 정치적 의식 때문에 유예된 자신의 욕망을 무의식의 저장소에서 끄집어내려는 향수의 산물일 것이며, 297세대에게 정치란 문화적 행동을 통해 언제 어디서든지 자신의 존재적 모순을 극복하기 위해 폭발가능한 뇌관일 것이다. 문화와 정치가 연대한 사건, 이것이 이번 대선에서 '2030세대'의 '차이 내 연대'의 비밀이 아닐까 싶다.

5. 새로운 세대의 참여정치의 가능성

불평등한 소파개정을 위한 시민들의 평화적인 촛불시위가 전국적으로 확산되는 과정에서 그 출발점은 아마도 솔트레이크 동계올림픽에서 벌어졌던 '오노사건'일 것이다. 10대들이 중심이 된 네티즌들은 오노사건이 일어난 직후에 청년 네티즌들은 곧바로 미국 주요 언론들의 홈페이지를 공격해 서버를 일정 시간 다운시키는 등 사이버 행동을 주도했다. 그리고 작년 2002년 6월 13일 미군장갑차에 깔려 숨진 두 여중생의 죽음을 애도하기 위해 10대 네티즌들은 각종 사이트에 사이버 프로파간다 행동을 적극 벌였고, 7월 17일에는 의정부에 1,000여명이 결집하여 미군의 살인행위와 무죄판결을 규탄하는 학생행동을 날을 개최하기도 했다. 오노사건에서 촛불시위까지 10대들을 포함해 이른바 '신세대반미론'은 다양한 스펙트럼을 보여준다. 어떤 친구는 분명한 정치적 의식을 가지고 사이버공격과 미국상품불매운동을 벌이는가하면, 어떤 친구는 미국에 대한 이유없는 반감, 혹은 힘센 세력에 대한 정서적 '재수없음'을 냉소적으로 표현하고, 또 어떤 친구는 상식에 근거한 가치판단에 따른 행동을 보인다. 어쨌든 오노사건-월드컵-촛불시위로 이어지는 청년세대들의 참여의지는 정치의식과 문화적 감수성의 결합에서 그 에너지를 얻지 않나 싶다.

문화의 힘은 다시 말해 감수성의 혁명적 에너지에서 나온다. 68년 프랑스

혁명의 동기도 청년세대들의 자율성 확보투쟁에서 비롯되었고, 이른바 60년대 신좌파운동의 핵심은 문화와 정치를 결합하여 자율적인 감수성을 극대화하는 것이었다.11)

지금 우리가 이야기할 세대론은 세대교체론이 아니다. 그것은 청년세대가 내장하고 있는 사회적, 문화적 에너지를 극대화하는 실천론이다. 청년세대들의 집단적 행동이 우리 사회의 주류를 바꾸게 만들고, 새로운 사회적 에너지로 승화되고, 그리하여 이른바 W세대니, R세대니, 20/30세대니 하는 기표가 과잉되게 해석되는 과정 속에서 범하게 되는 동일성의 정치학은 사실 우리에게 식상하고 배타적인 세대교체론 그 이상을 이야기하지 않는다. 중요한 것은 이들 세대들의 동일성의 정치가 차이의 정치, 타자의 정치를 통해 구성되었다는 것을 이해하고, 이를 실천적으로 급진화하는 운동이다.

나 역시 그러한 세대를 편의상 '광장세대'라고 했지만, 이 기표가 의미의 논리를 지배하지는 못할 것이다. 다만 광장세대라는 기표는 일반적 기표나 보편적이고 싱거운 말이 아니라 특정한 정치성을 상정한 기표인 것만큼은 틀림없다. 광장세대는 거리를 좋아하는 세대, 싸돌아다니기를 좋아하는 세대라는 기표 그 자체에 대응하는 기의를 담고 있지만, 그 이상의 의미를 가지고 있다. 기표에 일대일로 대응하는 기의의 논리대로라면 지금의 세대는 사실 광장의 세대이기는커녕, 밀실의 세대, 방문화의 세대, 탈정치의 세대라 해야 마땅할 것이다. 광장의 세대라는 기표는 좀 더 특정한 정치성을 담고 있다고 보아야 할 것이다. 내가 생각하기에 그 정치성은 다중의 정치이고, 소수자의 정치이며, 타자의 정치이다. 집단적 행동의 대표적인 사건들 안에서 차이와 타자의 계기들을 발견하는 것이 중요하며, 이는 곧 '월드컵', '촛불시위', '대선'이라는 거대한 사건 안에 광장세대

---

11) 조지 카치아피카스, 『신좌파의 상상력』, 이재원·이종태 옮김, 이후, 1999, 78쪽 참고.

의 주체형성이 얼마나 복합적으로 구성되었는지를 읽는 것에 다름 아닐 것이다. 반미주의, 비미주의, 반 반미평화주의의 이견들. 노사모 386세대들의 민주주의적 희망과, 문화혁명 세대인 IT세대들의 자유주의적 욕망, 그리고 엘리트주의의 혐오와 온라인을 끊임없이 넘나드는 N세대들의 비선형적 참여의 스펙트럼들. 물론 그러한 차이의 정치학이나 타자의 정치학을 가로지르고 교감하는 "분자적 선분"이 없는 것은 아니다. 만일 그것이 없다면 사건의 결과는 더욱 참담했을 것이다. 그 분자적 선분은 바로 감수성의 정치이다. 결국 광장세대를 위한 문화운동은 감수성의 정치이며, 감각적 자율성의 극대화이다. 차이와 타자를 연대하게 만드는 것이 감수성이라면, 우리는 이제부터 사회의 패러다임에 대해 다시 이야기할 때가 오지 않았나 싶다.

결론적으로 세대문화는 과거와는 다른 형태의 참여정치를 실현하는 주체가 될 수 있다고 생각한다. 세대문화는 문화와 정치가 서로 간의 시너지효과를 발휘하면서 문화적인 욕구를 통해 정치적인 문제들을 함께 제안하고, 정치적인 참여를 문화적인 의미로 확대시키는 다양한 실천들을 전개할 수 있다. 그런 점에서 청년세대들의 참여정치는 인터넷 환경을 적극 활용하여 우리 사회의 주요 현안들에 대해 적극적으로 개입하는 역할을 담당할 뿐 아니라 관련 현안들을 해결하고 극복하기 위한 정치적·문화적 아젠다를 형성할 수 있는 현실정치에도 많은 관심을 기울여야 할 것이다.

앞서 언급했듯이 세대문화 안에는 다양한 차이들이 존재한다. 10대들은 10대들 나름의 사회참여적 아젠다가 존재하고, 20대는 20대 대로, 30대는 30대 대로 자신들의 세대적인 문제들을 해결해야 할 차이들이 있다. 10대들은 아직까지도 열악한 수준에 있는 청소년의 인권과 노동, 복지 교육의 권리를 확대할 수 있는 운동에 관심을 기울여야 하며, 20대들 앞에는 청년실업, 대학고등교육, 가족주의, 양성평등 등의 사회적 현안들을 해결할 과제들이 놓여있고, 30대들은 민주화되는 사회의 오피니언 리더로, 사회적 생산의 주체세력으로 부상할 의제들을 안고 있다. 물론 청년세대들이 한반도 반전평화와 사회적 불평등 해소를 위한 우리 사회 전반의 실천적인 과제들이라는 공통의 실천과제들을 안고 있는 것은 사실이다. 세대문화는 이렇듯 세대 안의 문제와 세대 밖의 문제들을 가로질러가면서, 문화와 정치의 장을 가로질러가면서 우리 사회의 진보적인 에너지를 확산시킬 수 있지 않을까 생각한다.

09

청소년은 저항하는가?
— 청소년 주체형성의 다중성 읽기

1. 알레고리로서 '촛불소녀'

작년 2008년 한국사회에서 참여민주주의의 현장을 가장 극적으로 보여준 '촛불시위'의 '촛불'은 누가 먼저 켜기 시작했을까? 1987년 민주화 이후 민주주의 투쟁의 현장을 가로질러 갔던 굵직한 사건들은 대개 '노조'와 '범국본'으로 대변되는 기성 정치조직들에 의해 주도되었다. 1897년 민주화운동을 시민항쟁으로 명명할 수 있다면 지난 20년간 한국사회의 운동은 시민이 아닌 '시민', 혹은 '노동자'를 대변하는 정치적, 시민적 대의조직이 주도했고, 시민들은 일상으로 사라져버렸다. 물론 2002년 한일 월드컵, 노무현 탄핵 정국을 거치면서 다양한 형태의 '개인들의 자유로운 연합'이 시위의 현장에서 발견되긴 했지만, 운동의 조직과 정세를 주도하지는 못했다. 시위의 스타일과 운동의 방향을 결정하는 것은 모두 이른바 '범국본'이란 유령의 몫이었다.

그러나 미국산 쇠고기 수입에 대한 정부의 일방적인 조치에 반대했던 비정형의 '촛불시위'는 전례 없이 기성 조직이 아닌 10대들에 의해 시작되었다. 촛불시위의 파고가 조금씩 높아지자 우리는 그들을 '촛불소녀'라고 불렀다. 주지하듯이 한 네티즌의 제안으로 2002년 미군 장갑차에 희생된 미선이 효순이를 추도하기 위해 시작된 '촛불시위'는 참여 민주주의와 비폭력 평화시위의 한국적 전형을 만들어냈다. 2002년으로 거슬러 올라가자면 '촛불'을 처음 든 건 10대들이 아니었지만, 그 사건의 계기 속에는 또래 희생자를 추모하는 10대들 간 정서적 유대감이 배어 있었다.

10대들에 의해 촉발된 2008년 촛불시위는 우발성의 저항이었나? 어느 날 갑자기 10대들이 촛불을 들고 광화문에 나와 미국산 쇠고기 수입 조치에 반대하는 시위를 벌인 것은 누가 보더라도 생뚱맞은 짓이었다. 도대체 왜 이 아이들이 촛불을 들고 나왔을까? 징후가 있다면 아마도 '팬덤 효과'일 거라는 해석이 당시 압도적이었다. 미국산 쇠고기 수입을 전격 재개하겠다는 이명박 정부의 발표가 있자, 몇몇 아이돌 스타들은 자신들의 홈페이지에 글을 남겨 '정부의 조치가 구리다'는 반응을 보였다. 아이돌 스타들의 반응은 의외로 강하고 '쿨'했다. 팬덤의 지형은 서서히 움직이기 시작했고 오빠들의 반응에 우리가 어떻게든 보답을 해야겠다는 무언의 약속들이 온라인 공간을 통해 확인되기에 이르렀다. 팬덤들은 "오빠들에게 광우병에 걸린 소를 먹이게 할 수는 없지"라는 열혈 충성주의자에서부터, "오빠들 때문에 현실을 깨닫게 되었다"는 각성주의자까지 팬덤들은 촛불을 들 결전의 날을 기다리고 있었던 듯하다. 그리고 그들은 곧바로 '쿨'하게 촛불을 들고 거리에 나왔다.

그러나 정말 그들은 '오빠들'의 무의식적인 호출 때문에 거리에 나왔을까? 내가 보기에 '오빠들'의 무의식적 호출은 10대들의 신체 안에 '억압된 것'이 다시 회귀해서 폭발하게 만든 뇌관과 같은 것이지 않았나 싶다. 그들은 '오빠들'의 무의식적 명령(실제로는 명령하지는 않았지만)에 순종했다기보다는 오빠들로 인해 자신들의 현실적 위치를 발견했다. 말하자면 그들은 그들의 신체와 감성을 결박하고 있는 교육제도와 사회 장치들을 '촛불'로 맞서고 싶었던 것이다. 10대들은 4.15 자율화 조치로 인해 '0교시 부활', '우열반 등장', '방과 후 학습'과 같은 억압적 경쟁이 다시 학교로 들어오는데, 이것들이 정치적 신자유주의에서 파생된 것이라는 사실과, 또 이런 것들이 미친 소와도 연계되어 있음을 막연하게 알고 있었던 것이다.1) 아마도 10대들은 '미국산 쇠고기 수입조치'를 '4.15 자율화 조치'의 알레고리로 감지했을 것이다.

그래서 10대들의 촛불시위의 반란은 팬덤 효과에 의한 직접행동도 아니었을 뿐 아니라 교육적 불만을 해소하려는 제스처는 더더욱 아니다. 아이들이 철없이 오빠들의 발언에 흥분해서 거리로 나왔다느니, 현행 교육제도에 대한 즉흥적인 불만의 표출이라는 식의 판단은 '촛불소녀'의 복합적인 의미를 제대로 파악하지 못한다. "왜 이명박을 뽑으셨나요? 왜 투표를 안 하셨나요? 집 값 오르게 해주고 살던 동네 뉴타운으로 지정만 해주면 그저 다 좋으시죠?"(아이디 'opacity'), "우리 학생들은 대한민국 사람이 아닙니까? 우리 학생들은 미국에서 수입해오는 쇠고기 안 먹게 됩니까?(아이디 '만약')"2)라는 10대들의 날 선 발언들은 미국산 쇠고기 수입 조치를 둘러싼 '촛불정국'이 자신들에게 주어진 현실의 '안과 밖'에 대한 세대적 감성을 표출하는 사건이었음을 알게 해준다. 10대들의 감수성은 교육현실과 미국산 쇠고기 수입이 무관하지 않음을, 그리고 그 복합적 현실을 향한 주체적 발언이 기성세대의 감각에 포섭되지 않음을 보여준다. 촛불집회가 시작된 5월 초와 이후 기성 정치조직이 촛불정국에 결합했던 5월 말의 서로 다른 정서를 현장에서 느꼈던 어느 10대의 기억을 인용해본다.

---

1) 이 책에 함께 수록되어 있는 「촛불집회와 스타일의 정치」 참고
2) 아고라 폐인들 엮음, 『대한민국 상식사전 아고라』, 여우와 두루미, 2008, 68쪽 참고

그 때 저희 반 친구들이 많이 갔어요. 수업 시간에 광우병 얘기가 나와서 갑자기 폭발했다고 해야 하나. 화가 잔뜩 났어요. 3학년만 해도 50명이 갔고 저희 반은 절반, 거의 절반이 갔어요. 보통 청소년들이 집회를 많이 접하지 않잖아요. 저도 그렇고 가니까 사람도 정말 많고 정신없고 그랬는데, 하는 건 별로 없었어요. 그냥 앉아서 구호 외치는데 구호하는 것도 어색해서 목소리 안 나오고 그러다가, 나중에 한두 시간 지나서부터 "동아일보 불 꺼라" 할 때는 신나서 같이 외치고 그랬어요. 첫날은 처음이라는 생각에 자극적이었던 느낌인 것 같아요. 참여하는 사람들도 되게 다양했어요. 교복이 저희 밖에 없을 줄 알았는데 되게 많았고, 연인들도 많았고 어머니가 아이 데리고 와서 같이 하는 것도 있고 사람들이 엄청 많아서 청계천이 꽉 찰 정도였어요.(엠건)

제가 주말마다 나갔다고 했잖아요. 5월 31일에도 있었고 다음 주인가, 6월 10일인가. 그때가 주말이랑 느낌이 정말 달랐거든요. 일주일 사이인데도 깃발 분위기가 5월 31일인가 그땐 별로 없었고요. 그 때 구호도 재미있는 것도 많이 나왔고 새벽 5시, 6시 되니까 날이 밝잖아요. 사람들이 "배고파 죽겠다. 청와대는 아침밥을 내놔라." "청와대 가서 식사하자." 그랬고 도망칠 때도 그랬대요. 전경들한테 "심심하다 놀아 달라" 그랬고 다음주인가 다다음주인가 그랬는데 방송차 하고 깃발 많아지고 그런 때였거든요. 방송차가 있으면 안 좋다고 생각했던 점이 사람들이 구경만 하게 되고 수동적이 되고, 그게 답답하고 싫었어요. 선거 유세할 때 노래 트는 거 있잖아요. 트로트 섞어서 하는 거요. 그런 거 같아서 완전 짜증나고 그랬어요.(엠건)[3]

촛불집회의 흐름을 바라보는 10대 참여자들의 정서는 대체로 이 발언자의 정서와 일치한다. 위 인용문들은 10대들의 자율적인 참여 감성과, 기성 운동조

---

3) 특별좌담, 「깃발을 던지고 확성기를 꺼라!」, 무크지 『문화사회』 3호, 2009 참고.

직에 대한 정서적 반감을 표출하고 있는데, 모두 세대적인 특이성을 표출하는 것이다. 이는 정치적 구별짓기가 아닌 정치적 상황에 대한 세대적 구별짓기라 할 수 있다. 10대들은 'MB', '조중동'으로 대변되는 한국사회의 보수 지배세력에 대한 혐오뿐 아니라, 기존의 시민사회 운동조직의 운동 스타일에 대해서도 혐오감을 갖고 있는 것이다. 전자가 정치적 보수주의에 대한 거부감이라면, 후자는 문화적 보수주의에 대한 거부감이라 할 수 있다.

그러나 이러한 '촛불소녀'의 당당함과 쿨한 개성이 청소년들의 낙관적인 현실을 직관한다고 보기 어렵다. '촛불소녀'의 적극적인 행동과 청소년의 구조적 현실은 같지 않기 때문이다. '촛불소녀'에서 청소년들의 낙관적 현실을 읽어낸다는 것은 오산이다. 그래서 나는 '촛불소녀'라는 언어는 상징이 아닌 알레고리로 작용한다고 말하고 싶다. '촛불소녀'는 10대들의 반란을 상징하는 언어가 아니라 10대들의 반란의 사회적, 문화적, 정치적 맥락을 독해하게 만드는 알레고리의 언어이다. 이는 마치 벤야민이 17세기 독일 비애극과 19세기 보들레르의 시를 분석하면서 알레고리를 "연속적으로 진행하는, 시간과 더불어 흘러가는 극적으로 움직이면서 흘러가는 이념의 모상"[4]으로 정의했듯이 알레고리로서 '촛불소녀'는 단선적이고 단시간에 의미를 획득하는 상징과는 다르게 역사의 시간 속에서 의미의 다중성, 복합성을 발화한다. 벤야민은 "알레고리가 가지고 있는 가장 강력한 동기 중의 하나는 사물들의 무상성에 대한 통찰이며, 이들을 영원으로 구원하려는 욕망"[5]이다. 알레고리로서 촛불소녀는 괴테가 언급했듯이 예외적인 사실에서 보편적인 것을 추구하는 '상징'과는 다르게 반대로 보편적인 것에서 예외적인 것을 발견한다. 즉 '촛불소녀'라는 예외적인 사건을 경험

---

4) 김동훈, 「발터 벤야민의 숭고론-예술비평, 번역, 알레고리, 아우라 개념을 중심으로」, 『미학』 52권, 2007, 94쪽.
5) N. 볼츠·벨렘 반 라이엔, 『발터 벤야민-예술, 종교, 역사철학』, 김득룡 역, 서광사, 2000, 80쪽에서 재인용.

하면서 청소년의 새로운 저항이라는 상징을 읽어내는 것이 아니라 오늘날 청소년들이 처한 보편적인 상황들을 '촛불소녀'라는 예외적인 사건을 통해 독해하는 것이다. 그런 점에서 알레고리로서 '촛불소녀'는 청소년들의 새로운 참여정치의 가능성을 보여준 사건으로만 볼 것이 아니라, 벤야민이 독일 비애극에서 간파했듯이, 오히려 우리 시대 청소년들을 둘러싼 일상의 우울함, 무상성을 보여주기도 한다. "상징에서 몰락의 정화와 더불어 자연의 변용된 표정이 구원의 빛 속에서 순간적으로 드러난다면, 알레고리에서는 역사의 죽은 표정이 응고된 원풍경으로서 관조자의 눈앞에 펼쳐진"다는 벤야민의 지적6)을 고려해본다면, 알레고리로서 '촛불소녀'는 역설적으로 죽음의 역사 앞에 우울하게 배회하는 우리 시대 청소년들의 자화상을 보게 한다. '촛불소녀'는 지극히 우울한 지금 청소년의 현실을 다시 환기시켜 주었기 때문이다. '촛불소녀'의 알레고리적 다중성과 복합성은 우리 시대의 10대, 혹은 청소년의 정체성을 이해하는 데 어떤 의미를 생산하는가?

2. 가설을 해체하기

먼저 중요한 것은 알레고리로서 '촛불소녀'는 저항하는 청소년의 상징이 아니라는 점이다. '촛불소녀'를 저항적인 청소년의 상징으로 보는 것은 복합적인 세대문제를 너무 단순하게 파악하는 것이다. '촛불소녀'는 세대적 알레고리의 징후이다. 말하자면 '촛불소녀'의 사건은 청소년의 주체성이나 청소년의 사회적 자각이 확산되었음을 상징적으로 보여주는 것이 아니라 청소년 주체형성과 청소년으로 대변되는 사회적 문제들이 우리 사회에서 얼마나 복합적으로 생산되

---

6) 발터 벤야민, 『독일 비애극의 원천』, 조만영 역, 새물결, 2008, 217쪽.

고 있는가를 보여주는 것이다. 따라서 우리가 '촛불소녀' 사건에서 주목할 점은 청소년 주체성의 복합적 구성에 대한 인식적 지도그리기이다.

2008년의 '촛불시위'는 1990년대 신세대문화의 등장 이후 동일하게 여겨졌던 세대문화 내의 균열을 본격적으로 드러냈다. 그 중 가장 결정적인 균열이 10대 청소년 세대와 20대 청년 세대 사이의 정치적 균열이 아닐까 한다. 촛불시위의 발화점이었던 10대 청소년들의 '봉기'와 다르게 한국 민주주의 운동의 상징이었던 대학생들의 행동은 민주주의의 도로에서 '역주행'하고 있었다. 청년세대들의 정치적 균열을 상징적으로 보여주는 대립적인 언어가 바로 '촛불소녀'와 '서울대생'이 아닐까 싶다. 시청과 광화문에 10대들이 촛불을 들고 미국산 쇠고기 수입 반대를 외치는 사이 서울대생들은 2008년 5월 축제에 아이돌 그룹 '원더걸스'를 초대했다. 평소 대학축제에 시큰둥하게 반응했던 서울대생들은 이날만큼은 2천명이 넘는 관람자로 인산인해를 이루었다. 과거 선배들이 반독재 민주화를 위해 "출정가"를 부르고 분신을 감행했던 자리에 그들의 후배들은 1천만 원이 넘는 개런티를 지불하고 잘나가는 10대 댄스그룹을 초청해 광란의 파티를 즐긴다. 서울대 도서관 앞에 모인 수십 명의 촛불시위자들은 나약한 서울대 운동권의 자존심을 초라하게 지키고 있었다.

소위 명문대 학생들의 계급의식과 지적 비판성은 과거지사가 되고 말았다. 서울대를 포함해 명문대에 입학한 학생들은 소위 '강남8학군'이 지배하고 있다. 한국사회의 상류층의 자녀들로 구성된 명문대학생들에게 정치적 진보를 요구한다는 것은 애초부터 무리다. 대학생들의 계급적 구성과 20대들 앞에 놓인 신자유주의 정세들은 20대들의 정치적 선택을 퇴행적으로 만들었다. 2008년 대선은 한국사회에서 본격적으로 등장한 청년우파들의 정치적 분기점이 되는 시점이다.

17대 대선 결과에 따른 20대의 정치적 성향에 대한 논란이 없는 것은 아니지만 과거 어느 때보다 보수적인 선택을 한 것은 사실이다. 흥미로운 것은 정치적 세대라 할 수 있는 386세대의 선택이 보수적 성향을 강하게 드러냈다는 것과 이른바 서태지 세대들이라 할 수 있는 현재의 30대들이 진보적인 선택을 하고, 다시 20대들이 보수적인 선택을 했다는 점이다.[7] 10년을 간격으로 정치적 성향의 변화를 예측해보면 40대와 20대, 30대와 10대 사이의 정치적 성향의 동일성을 예상할 수 있다. 물론 대선에서의 지지판도가 세대별 정치적 성향을 모두 대변할 수는 없지만, 흥미로운 결과가 아닐 수 없다.

특히 20대 대학 세대들의 보수적 전환은 1980년대 학생운동의 본격화 이래 처음 있는 현상이라 할 수 있다. 정서적으로 리버럴한 20대 대학생들이 대선에서 민주노동당, 진보신당, 민주당과 같은 진보적 혹은 중도적 정당 대신 왜 한나라당을 더 많이 선택했을까? 이를 두고 몇몇 정치평론가들은 20대 자체의 보수적 성향의 강화보다는 반한나라당 진보진영 후보의 무능 때문이라는 분석을 내린다. 그러나 결정적인 것은 청년세대의 정치적 성향의 변화에 있다. 청년세대가 보수 정치에 정서적인 거부감을 갖는다는 일반적인 통념은 이제 더 이상 유지되기 어렵다. 늘어나는 사회적 양극화와 청년실업, 각종 자격증에 해외 연수에도 불구하고 비정규직으로 내몰릴 수밖에 없는 이른바 88만원 세대들이 선택할 수 있었던 것은 정치적 저항보다는 경제적 순응이었다. 20대들은 자신들의 감성적 영혼을 상실한 채 이명박 후보가 던진 '경제회생론'을 지지하기에 나선 것이다. 이들에게 이러한 선택은 모든 이들을 위한 공공적 복지의 선호보다는 더 나은 삶의 조건을 배타적으로 확보하기 위한 정글의 게임

---

[7] 2007년 17대 대선에서 20대들은 10명 중 6명이 투표를 포기했다. 투표자 중에서는 이명박을 42.5%, 이회창을 15.7% 지지했는데, 흥미롭게도 20대의 이명박 지지율은 30대보다 높았다. 또한 이회창 지지는 어떤 다른 연령대보다도 높은 수치를 보였다(『한겨레신문』, 2008년 5월 14일자 참고). 16대 대선에서 20대들이 노무현 후보를 62% 지지한 것과는 극히 대조적인 결과를 보이고 있다.

법칙을 스스로 선택했다는 점에서 신자유주의의 정치적 신보수주의를 지지한 것이라 할 수 있다.

말하자면 촛불시위를 바라보는 10대와 20대의 견해는 분명한 차이를 드러냈다. 20대 청년 우파들은 미국산 쇠고기 수입이 되더라도 안 먹으면 되는 거고, 대신 핸드폰 수출을 늘려서 더 잘 먹고 살면 된다는 개인주의적 논리에 밝다. 청년 우파들은 부모세대들의 반공주의적 가부장주의적 우파의 성향 대신 경제적 이익과 그것을 관철시키기 위한 국가의 통제를 선호한다. 반면 10대들은 미국산 쇠고기 수입을 일방적으로 결정하고 미국 정부에 저자세로 일관하는 현 정부의 정치적 태도가 자신들의 마음에 맞지 않다. 말하자면 20대들은 상황에 이기적인 반면, 10대들은 '쿨'하다. 이명박 정부와 광우병 쇠고기 수입 조치를 향한 10대들의 재치있는 언어들에서 감성적인 반감의 정치적 효과들을 읽을 수 있다.

이러한 청소년들의 감성적인 에너지는 이들의 문화적 취향과 스타일을 통해서 쉽게 확인할 수 있다. 그러나 우리가 눈여겨볼 점은 부모세대와 구별된 이들만의 스타일의 독특함보다는 그들 내부에서 구별되는 스타일의 차이이다. 청소년의 담론은 간혹 부모세대와 구별되면서 계급, 성차, 지역의 내적 차이를 은폐시키는 경향이 있다. 그것은 청소년의 문화적 취향과 스타일에 대해서도 마찬가지이다. 가령 청소년들은 동일하고 유사한 문화적 취향과 스타일을 가지고 있다는 생각 말이다. 그러나 촛불시위에 참여한 10대들의 문화적 취향은 하나로 설명할 수 없는 내적인 차이와 모순을 가지고 있다. 물론 촛불시위에 대해 관심을 갖고 거리에 나온 10대들에게 어떤 동일한 문제의식과 감수성이 없는 것은 아니지만, 그것은 기성세대와의 대당적인 관계일 때만이 인식 가능한 것이다. 그러나 현실의 장은 다른 맥락을 갖는다. 촛불시위에 등장한 10대들은 하나가 아니라 서로 다른 취향을 가진 이질적인 개인들의 집합이다. 가령 축구 유니폼을 입고 응원가를 개사해서 현 정부의 정책을 조롱하는 청소년 서포터스들이나 실제로 아이돌 스타들의 발언에 한껏 고무된 여성 팬덤들이나 문화적 자율주의에 익숙한 대안학교 청소년들, 그리고 인터넷 카페 활동을 통해서 문제의 심각성을 뒤늦게 깨달은 '평범아'들 모두 우리가 '촛불소녀'로 알고 있는 이질적인 주체들이다.

실제 촛불시위 현장에서 만난 청소년들은 서로 다른 참여 동기와 자기 스타일을 가지고 있었다. FC서울과 FC성남의 유니폼을 입는 10대 서포터스들은 머플러를 흔들며 자신들이 익히 알고 있는 응원가를 개사해서 MB 정부를 비판했다. 문화연대가 2008년 6월 21일 개최한 "힘내자 촛불아" 1박 2일 콘서트에 참여한 10대 청소년들은 촛불시위의 대의에도 동의하면서 동시에 홍대 앞 인디록에 심취한 마니아들이다. 여의도 KBS홀에서 만난 인천의 고3 여고생들은 KBS가 우익 단체들에게 테러를 당하는 것에 분개해서 KBS 사수 촛불시위에 참여하게 되었다고 말했는데, 이들은 이전까지 단 한 번도 시국집회에 참여한 경험이 없었다고 한다. 청소년들의 촌철살인의 피케팅과 교복에서 펑크까지 가로질러 가는 이들의 스타일은 하나의 '청소년문화'로 수렴불가능하다.

또한 동시대 청소년들 모두 촛불시위에 참여한 당사자들이 아님도 인지할 필요가 있다. 촛불시위의 10대 참여 당사자들은 사실 극히 일부에 해당되며, 청소년들의 다수가 정서적 동의를 표명했다 해도 실제 행동으로 옮길 수 있는 가능성은 많지 않다고 볼 수 있다. 청소년들의 문화적 취향들은 서로 경쟁적이고 경합을 벌인다. 이는 1950년대부터 등장한 영국의 청년 하위문화의 스타일이 정치적, 계급적, 성차적 차이를 드러낸 것과 같은 맥락이다. 1950년대 영국의 노동자계급 청년들의 스타일을 대변한 '모드족'과 '테디보이'는 서로 다른 스타일을 드러낸다.[8] 또한 1970년대 청년 하위문화의 스타일을 대변한 '펑크족'과 '글램족' 역시 서로 상이한 문화적 취향을 가지고 있었다. 펑크족이 과격하고 공격적인 스타일을 통해 청년 프롤레타리아트들의 사회적 갈등과 부모세대에 대한 반감을 표출했다면 글램족은 성차적 경계를 허무는 과도한 양성애적 스타일을 통해 중산층 청년계급들의 위기감을 표출한다.9) 결국 청소년들의 문화적 취향과 스타일은 부모세대와 자녀세대의 이분법만으로 결정되지 않는다. 한때 '힙합풍'을 선호하는 '강남의 10대'와 정장의 '복고풍'을 선호했던 '강북의 10대'의 상이한 스타일에서도 그들 안에서의 계급적 구별짓기가 발견된다.10)

청소년 문화 안에서의 구별짓기는 계급적인 층위에서만 있는 것이 아니다. 특히 '촛불소녀'의 언어에서 확인할 수 있듯이 청소년 문화지형 안에서의 성차적 구별짓기도 우리가 주목해야 할 바이다. 청(소)년 문화의 중층결정은 정치적인 심급뿐 아니라 성차적 심급에 의해서도 이루어진다. '촛불소녀'는 청소년 세대문화의 성차적 심급의 중요성을 환기시켜 준다. 촛불을 들고 거리에 나온 10대들 중에서 왜 여성들이 압도적이었을까? '촛불소년' 대신 왜 '촛불소녀'가 발화되었을까? 초기에는 '촛불소녀'가 팬덤의 효과라는 지적이 압도적이었지만, 시간이 지날수록 청소년 내의 성차적 변화를 알게 한 지표라는 점을 눈여겨 볼 필요가 있다. 촛불시위 중 10대 소녀들의 행동은 적극적이고 진취적인 편이었다. 이들의 독창적인 피케팅, 열정적인 사운드 데모, 미디어를 향한 적극적인 제스처들은 같은 또래의 남자 학생들의 내성적인 행동과 비교해볼 때 특이할 만하다. 온라인 테크놀로지를 활용하는 방식 역시 성차적 특이성이 분명하게 드러난다. 10대 청소년들이 주로 PC방에서 온라인 게임을 즐기는 반면, 10대 소녀들은 인터넷 메신저와 온라인 카페활동, 그리고 모바일 문자를 통해 적극적

---

8) 딕 헵디지, 『하위문화—스타일의 의미』, 이동연 역, 현실문화연구, 1998, 5장 참고
9) 이동연, 「청소년 하위문화의 공간과 스타일」, 『대중문화연구와 문화비평』, 문화과학사, 2002 참고
10) 이동연, 「문화부족과 공간의 구별짓기」, 『문화부족의 사회—히피에서 폐인까지』, 책세상, 2005 참고

인 소통을 통해 또래들을 광장으로 불러 모은다. 10대 소녀들의 활발한 커뮤니티 능력과 자매의식은 개별화되어 있는 소년들에 비해 참여의 강도가 높다.

'촛불소녀'의 언어는 어떤 점에서 최근 젊은 여성의 성차적 이니셔티브 현상과도 연계되어 있다. 동시대 '우먼파워'를 상징하는 '알파걸'은 여성을 대당화시키는 포장술에 불과한 면도 있지만, 여성의 사회적 참여와 지위의 성장이라는 관점에서 성차적 균형을 맞추는 데 전략적인 기표이다. 실제로 중고등학교와 대학교에서의 학력이나 주요 고시 합격률 등에서 여성들의 눈부신 활약은 여성들의 능력과 지위에 대한 사회적 인식의 전환을 요청하기에 충분하다. '알파걸' 현상은 사회적 지위를 성취한 뛰어난 개별 여성들 때문에 생겨난 것으로 보이지만, 정작 중요한 것은 여성의 집단지성의 형성과 여성을 지시하는 언표들의 변화이다. 개별능력들의 개별화된 성취보다는 여성들이 사회적 공론의 장에서 공동의 목소리를 어떤 방식으로 발화하고 있는지, 그리고 그러한 여성의 집단지성이 여성들의 언표화에 어떤 변화를 일으켰는지가 '알파걸'의 담론적 실천이다. 따라서 '알파걸' 담론에서 우리가 경계해야 할 것은 남성주류화에 대립하는 여성의 '젠더주류화'에 대한 주장들이다. 주류사회의 장에 여성들이 얼마나 많이 진입했는지에 대한 정량적 평가를 통해 여성의 사회적 역량의 강화를 가늠하는 것은 젠더 내 또 다른 구별짓기의 위험성을 안고 있다.

'촛불소녀'는 젠더주류화로서의 '알파걸' 담론과는 다르게 집단지성의 성차적, 세대적 심급의 의미를 공론화했다는 점에서 여성에 대한 주류 장의 언표들을 해체한다. 촛불시위의 참여민주주의와 집단지성의 의미를 가장 적절하게 의미화한 '촛불소녀'는 '청소년'이란 일방적인 언표를 해체할 뿐 아니라 주류사회와는 다른 감성과 상상력을 보여주었다. 청소년이란 담론은 그 자체로는 부모세대와의 구별짓기를 시도하지만, 성차를 무화한 동일성의 담론이다. 청소년의 담론은 '청소녀'를 세대문화 안으로 환원해서 무의식적으로 동일화한다. '촛불소녀'는 이러한 청소년 담론의 무의식적 동일성의 언표를 해체하고, 그 담론의 자명성에 의문을 품게 만들었다. 청소년의 담론은 성차 문제를 은폐하지만, '촛불소녀'는 문제화한다.

그렇다면 무엇이 어떻게 청소년의 주체성과 그 담론을 자명하게 만들어버리고 있는가? 그것은 청소년 주체성을 구성하는 동일성과 타자성의 대립된 이분법에서 근원한다. 청소년을 자명하게 호명하는 것은 그들을 타자로 코드화하는 표상체제와 지배적 국가장치뿐 아니라 스스로 동일성을 부여하려는 욕망 그 자체에서 비롯되기도 한다. 나는 이 두 문제를 "표상과 장치" 논리와 "동일성의 욕망" 논리로 말하고 싶다.

3. '청소년'의 표상과 장치를 넘어서

청소년을 자명하게 코드화하는 국가장치는 여러 형태로 존재하지만, 그 중에서 청소년을 '미성년'과 '학생'으로 환원하는 법과 교육 장치가 가장 결정적이라 할 수 있다. 어떤 점에서는 청소년은 실체가 없는 허구적 기표에 불과하다. '청소년'에게 실제적인 정체성을 부여하는 것은 활동에 제한을 가하는 '미성년'이란 기표와 교육과 학습을 강제하는 '학생'이란 기표이다. 흥미롭게도 미성년과 학생이라는 법과 제도적 기표들은 청소년이라는 허구적 기표 안으로 수렴되면서 사회적 보호장치로 정당화된다.

'청소년'이란 용어는 공시적으로나 통시적으로나 대단히 정치적인 의미를 가지고 있다. 청소년의 연령을 어떻게 정할 것인가, 그 언표에 해당되는 주체들의 성격을 어떻게 규정할 것인가에 따라 그 용어가 함의하는 의미들은 상당히 다를 수 있기 때문이다. '청소년'이란 용어를 대단히 유동적이고 자의적이라고 볼 수 있는 것은 청소년을 지칭하는 용어나 연령 규정이 모두 제각각이라는 사실에서도 알 수 있다. 영어로 '유스'(youth)에 해당되는 청소년은 가장 보편적으로 사용하는 용어이지만, 상황에 따라서는 보호의 대상으로서 '아동'(children), 성년의 전 단계로서의 '미성년'(under-age), 아동과 성년의 불완전한 과도기적 존재로서의 '청년'(adolescence)으로 지칭된다.

'미성년'은 전적으로 물리적인 연령을 규정하는 법과 제도의 산물이다. 법과 제도에 따라 청소년이 미성년으로 구분되는 방식은 자의적이다. 주지하듯이 이러한 자의적 구분법은 청소년 연령, 선거권, 학제뿐 아니라 결혼, 면허 등 일상생활 전반에 영향을 준다. 주지하듯이 한국에서 청소년의 연령기준은 제각각인데, 그 중 정치적 활동에 대한 연령기준이 가장 보수적이다. 청소년은 만 17세면 주민등록증이 나오고 만 18세면 병역의무를 질 수 있고, 스스로 결혼까지도 할 수 있지만, 유독 선거만큼은 만 20세가 되어야만 가능하다. 1960년에 제정한 만 20세 선거연령은 40년이 넘도록 요지부동이다. 선거연령을 만 20세로 규정한 나라는 한국과 일본을 포함해 4개국에 불과하다. 대부분의 국가들은 선거연령을 20세 미만으로 하고 있고, 그중 18세로 정한 국가는 미국, 독일, 영국을 포함해 93개국이나 된다.

청소년의 정치적 권리에 대한 제한은 제도적인 구분에 의해 결정되지만, 사실 그 안에 수많은 이데올로기적 투쟁들을 야기한다. 정치적 주체로서 소년의 권리를 제한하는 제도적 조치들은 청소년을 '보호'와 '육성'의 주체로 오랫동안 인식한 청소년 정책의 역사를 통해서도 확인할 수 있다. 1961년에 제정된 '미성년자보호법'에 의해 청소년은 도덕적, 윤리적 훈육·보호 대상으로 규정당하게 되고, 한편으로 이듬해 '아동복리법'이 생겨나면서 청소년을 복지의 대상으로 인식하게 되었다. 이 당시에 형성된 청소년 관련 양법 체제가 청소년에서 이른바 '보호'와 '육성'이란 국가의 양분법적 큰 틀을 형성하는 데 기반이 되었다. 이후 미성년자보호법은 1997년 청소년보호법으로 개정되면서 보호 정책화되

<각국의 선거권/피선거권 연령기준>[11]

선거권			피선거권		
연령	국가명	국가수	연령	국가명	국가수
15세	이란	1	18세	캐나다, 호주, 스페인, 헝가리, 독일, 뉴질랜드, 노르웨이, 남아프리카 공화국, 중국	9
16세	니카라구아, 브라질(임의적)	2	21세	싱가포르, 러시아, 룩셈부르크, 영국, 브라질(하원), 이스라엘, 폴란드, 코스타리카, 아일랜드, 니카라과, 멕시코	11
17세	북한, 인도네시아	2	23세	프랑스	1
18세	미국, 독일, 영국, 프랑스, 호주, 뉴질랜드, 캐나다, 인도, 필리핀, 중국 등	93	25세	한국, 일본, 태국, 미국, 이탈리아(하원), 파키스탄, 네덜란드, 그리스, 콜롬비아(하원)	9
19세	오스트리아	1	30세	미국(상원), 일본(참의원), 쿠웨이트	3
20세	한국, 일본, 튀니지, 나우르	4	35세	브라질(상원), 프랑스(상원)	2
21세	파키스탄, 싱가포르, 말리이시아, 피지, 쿠웨이트, 보츠와나, 몰디브 등	16	40세	이탈리아	1
계		119개국			36개국

었고, 1962년에 발효된 아동복리법은 1981년 '아동복지법'으로, 아동복지법은 다시 1987년 '청소년육성법'으로, 청소년육성법은 1991년에 '청소년기본법'으로 재개정되면서 육성정책이 체계화되었다. 어쨌든 청소년정책에서 '보호정책'과 '육성정책'은 서로 다른 법적 근거와 기구에 의해 확연하게 양분되고 있는 상황이며 정책적 연계가 사실상 차단된 상태이다.

이러한 양분화가 청소년 연령을 규정하는 과정에서도 그대로 드러나고 있다.

---

11) 박혜린, 「무엇이 청소년의 정치참여를 가로막고 있는가」, 문화연대/사회당 공동개최 『청소년 정치참여에 대한 공청회 자료집』, 2002년 5월 21일 참고.

UN이 정한 '아동의 권리에 관한 협약'에 의하면 청소년 연령은 18세 미만으로 되어 있다. 그러나 현행 청소년기본법에 의거한 청소년 연령은 9세 이상-24세 이하이며, 청소년보호법에는 19세 이하로 명시되어 있다. 이에 비해 '음반 비디오 및 게임에 관한 법률'에서 청소년연령을 19세로 조정하는 안이 있었으나 종전대로 18세 미만으로 정해졌고, 미성년자 관람 불가에 해당되는 영화등급은 18세 미만, 정치적 참여가 가능한 선거권은 20세로 되어있다. 청소년 연령에 대한 관련법 상의 상당한 차이는 청소년에 대한 정치적, 문화적, 경제적 권리에 대한 상이한 입장에서 비롯되지만, 결과적으로는 청소년은 보호되어야 하며 동시에 육성되어야 하는 주체로 인식하는 데는 동일한 입장을 갖는다. 보호의 담론이든, 육성의 담론이든 국가의 청소년 정책은 청소년을 대상화하고 타자화하는 이데올로기적 일관성을 갖는다.

'보호정책'과 '육성정책'의 낡은 이분법은 결국 이 양자의 개념들을 국가장치가 특정한 이데올로기적 국면 속에서 특정하게 선택해서 사용하는 데서 비롯된다. 말하자면 청소년 관련 문제들이 사회적 쟁점이 될 때마다, 일종의 수습정책으로 보호와 육성에 대한 조치들이 마치 채찍과 당근처럼 제공되고, 그러다보니 청소년에 대한 일관된 정책을 특정한 사건과 무관하게 장기적으로 지속시킬 수 없는 구조적 한계를 갖게 된다. 예를 들어 1983년 대구의 디스코홀 화재(1983. 4. 18)와 이듬해 석관동 맥주홀 화재(1984. 2. 3)에서 청소년들 다수가 사망하면서 청소년들의 일탈에 대한 견제장치의 요구가 높았고, 1996년 청소년 폭력서클인 <일진회> 사건, 1999년 인천호프집 사건, 그리고 작년 열기가 뜨거웠던 김강자 종암경찰서장의 '10대매춘소녀 구하기 작전'과 같은 일련의 사건들이 「청소년보호법」과 「청소년성보호에관한법」의 제정과 그에 따른 규제 강화를 가능케 했다.

어떤 점에서 청소년은 보호의 대상이면서 동시에 육성의 대상이라는 말이 보편적으로 설득력 있게 들려질 수 있고, 국가가 당연히 균형있게 취해야 할 이중의 정책으로 보는 것도 크게 틀리지는 않아 보인다. 그러나 보호와 육성이란 용어 자체는 청소년이란 특정한 시기에 존재하는 주체들의 권리를 현실적인 것으로 보지 않고 유보되며 미래에 보장되는 것으로 왜곡한다(청소년은 미래의 주인이란 말이 대표적이다). 더욱이 보호정책은 청소년들의 다양한 권리들을 보호하는 것이 아니라 사실상 청소년을 불완전하고 미성숙한 존재로 차단·통제하는 정책이며, 육성정책은 개발독재 시대의 낡은 훈육·교화정책의 흔적들을 여기저기서 노출시킨다. 사실 근대자본주의 이후 아동 혹은 청소년들은 철저하게 훈육의 대상이었다. "어린이는 생산 공동체에서 떨어져 나와 보호의 대상이 되며, 학교에서 새로운 규율을 습득하"는 존재들이다. 19세기 중엽 영국의 메리 카펜터는 노동자계급 아이들을 "빈민학교에 보낼 아이들", "공업학교에 보낼 아이들", "소년원으로 보낼 아이들"로 구분하면서 구제할 아이들과 처벌할 아이들을 구별짓고자 했다.12)

청소년에 대한 사회적 자명성을 생산하는 또 하나의 장치가 있다면, 청소년을 학생으로 동일시하는 이데올로기이다. 기성세대의 통념에서 학생이 아닌 청소년은 존재할 수 없다. 학생으로서 청소년은 학습할 권리의 주체로 이해되기보다는 자명하게 학습을 받아야 할 대상으로 이해된다. 따라서 학생으로서 청소년은 이미 주어진 교육 체계와 과정 안에 설계된 프로그램에 의해 학습의 내용이 조절된다. 물론 특정한 대안학교의 청소년들이나 교육프로그램들은 상호작용적이고 자율적인 성격이 강하지만, 공교육이나 대안학교의 교육과정들 모두 청소년의 정체성을 자명하게 전제하는 경우가 많다.

청소년의 주체형성에서 교육 장치가 중요한 것은 국가의 인구통제술로 교육

---

12) 딕 헵디지, 「위협의 자세를 취하기, 그 자세에 충격을 주기」, 이동연 편 『하위문화는 저항하는가』, 문화과학사, 1998 참고.

의 재생산이 가장 핵심적이기 때문이다. 교육의 인구통제술은 청소년의 노동력 재생산을 위한 기술이다. 이는 푸코가 말하는 통치성의 원리와 유사한 것으로 교육의 표준화를 통해서 잠재적 노동인구들을 사회적 역할에 맞게 분류하고 배치하는 기능을 담당한다. 말하자면 교육의 인구통제술은 규율 권력의 가장 중요한 작용지점이다. 폴 월리스의 작업13)에서 알 수 있듯이 규율 권력은 교육을 통해 계급을 재생산한다. 최근 논란이 되고 있는 일제고사, 자립형사립고, 국제중학교, 기부금입학제 같은 제도들은 교육의 다양성을 위한 선택이 아니라 계급의 재생산을 공고하게 하기 위한 강요이다. 교육을 통한 계급 이행의 가능성은 산업근대화 시대보다 훨씬 낮아졌다. 이른바 "강남 8학군"의 교육 블록은 계급의 재생산을 위한 배타적인 장이다. 지리적 위치는 계급 재생산을 위한 교육의 배타적 장으로 번역된다.

그러나 역설적이게도 국가가 주도하는 이러한 소수를 위한 교육적 강제들을 대다수의 청소년들과 그들의 부모들이 욕망한다. 소수를 위한 신자유주의적 경쟁논리에 나머지 다수가 적극적으로 동의하는 것은 교육의 계급재생산의 예외적 가능성을 전유하기 위한 신념체계에서 비롯된다. 주어진 교육 장치에 순응하고 열심히 공부하면 새로운 계급으로 이행할 수 있다는 신념 말이다. 이러한 신념체계가 규율권력을 만드는 교육의 인구통제술의 정치적 효과이다.

청소년을 미성년으로 규정하고 보호와 육성의 대상으로 바라보는 사회제도들과 계급의 재생산을 위한 견고한 교육장치들이 엄존하는 상황에서 우리 시대 청소년들이 과연 주체적인 자신의 정체성을 생산할 수 있을까? 촛불시위에 참여한 적극적인 청소년이 있다 해도 일제고사를 거부한 학생들이 있다 해도 그것을 통해 과연 저항적인 청소년의 가능성을 말할 수 있을까? 아직도 절대 다수의

---

13) 폴 월리스, 『학교와 계급 재생산』, 김찬호 역, 이매진, 2004 참고.

동시대 청소년들은 주류 미디어에서 제공하는 연예 엔터테인먼트에 열광하고 명문대에 가기 위해 경쟁의 정글에 기꺼이 뛰어들기를 원하며 그들의 부모들과 함께 신분 상승을 위해 안간힘을 쓴다. 일시적인 사례들을 거론하며 청소년들이 저항적 주체로 이행하고 있다는 주장은 청소년을 둘러싼 제도적 장치들의 벽이 얼마나 강고한지를 간과하지 못한다. 과연 청소년은 저항하는가?

4. 청소년은 저항하는가?

이 질문에 답하기 위해 앞서 언급했던 폴 윌리스의 작업으로 돌아가보자. 스튜어트 홀, 리차드 존슨, 딕 헵디지와 함께 영국의 대표적인 문화연구자 중의 하나인 폴 윌리스는 영국 중부의 한 작은 공업도시인 헤머타운의 공립실업중등학교에 다니는 12명의 노동자계급 출신 일탈 학생들을 현장관찰기록한 내용들을 『학교와 계급재생산』이란 책에 담고 있다. 그는 이 책에서 노동자계급 출신의 자녀들이 학교에서 어떤 위치에서 활동하고 있는지를 살펴보았는데, 그의 주장에 따르면 노동계급 청소년들이 육체노동이라는 직업을 가지게 될 때 학생들은 일방적으로 수동적이지 않고 그들 나름대로의 저항의 방식을 통해 자신들을 형성해 간다고 말한다. 노동자계급 청소년들에게 육체노동에 대한 주관적 의식이 형성되고 이후 육체노동을 해야겠다는 객관적 결심을 하는 과정에는 이른바 '반학교문화'(counter-school culture)라는 특수한 환경을 갖게 된다고 말한다. 윌리스는 바로 그 속에서 노동자계급의 주체는 "그들 나름의 확고한 맥락에서 각 개인과 집단에 전달되어 그 아이들은 그들의 독자적인 실천 속에서 더 커다란 문화의 여러 면모들을 창의적으로 발전시키고 변형시키며, 재생산하면서 결국 그들도 육체노동직을 선택한다"[14]고 보고 있다.

윌리스는 '반학교문화'의 특징으로 1) 권위에 대한 반항과 순응적인 아이들에 대한 거부, 2) 비공식집단, 3) 개기기, 거짓말하기, 까불기, 4) 익살떨기, 5) 지루함과 신나는 것, 6) 성차별주의, 7) 인종차별주의 등을 지목하고 있다. 그에 따르면 반학교문화란 일종의 권위를 둘러싼 투쟁이며, 공식문화와 비공식문화의 충돌이다. 특히 이들은 노동자계급인 아버지의 인습을 그대로 따라하는 경우가 많은데 가령 이들이 여성이나 소수민족 집단을 배타적으로 대하는 우월감은 가부장주의를 드러내는 것이라 할 수 있다.

그러나 한편으로 이들의 비행이나 일탈적인 행위들은 그들 나름대로 창조적이고 저항적인 의미를 갖고 있다. 이들의 반학교문화에서 드러나는 문화적 일탈행위들은 노동자계급의 일상적인 문화행위들과 맞닿아 있는 경우가 많은데, 이들의 말투, 제스처, 은어, 스타일은 "어떤 살아있는 사회적 힘을 더하는 일종의 태도"가 된다.

윌리스는 노동자계급 청소년들의 일상에는 이러한 반학교문화적인 저항과 이러한 저항을 가로막으려는 억압이 존재한다고 본다. 윌리스는 이 두 가지 대비되는 상황을 '간파'(penetration)와 '제약'(limitation)으로 정의한다. 간파는 "한 문화적 형태 안에 있으면서 그 구성원들이 처한 삶의 조건과 전체사회 속에서의 그들의 위치를 꿰뚫어 보려는 충동"인 반면 제약이란 "그러한 충동의 충분한 발전과 표출을 혼란시키고 방해하는 이런저런 장애요소와 이데올로기적 영향"[15]을 말한다.

청소년들의 삶을 '제약'하는 국가장치들과 그 국가장치의 억압을 '간파'하는 청소년 운동 연합 조직들은 규율과 자율의 상반된 이해관계를 관철시키기 위해 서로 경합을 벌이며 투쟁하고 있다. '촛불소녀'의 등장은 청소년의 정치적 지형이 내적인 투쟁을 벌이고 있음을 잠시 유쾌하게 보여준 사건이었다. 촛불소녀의

---

14) 같은 책, 21쪽.
15) 같은 책, 182쪽.

등장은 역설적이게도 청소년에 대한 국가장치들의 반동적인 공세를 거세게 만들었다. 국가장치는 촛불시위에 참여한 학생들을 색출하여 일벌백계하려 했고, 교사들에게 위협과 징계를 가했으며, 일제고사, 고교등급제와 같은 평가장치들을 강화하여 그 굴레 안에 가두려 한다. 지난번 일제 고사를 거부한 학생들에게 도덕적 비난을 가하고 이들과 함께 연대한 교사들을 강하게 처벌했던 것도 '촛불소녀'의 힘에 대한 국가장치의 반작용에 기인한다.

오늘날 청소년과 연관된 국가장치들의 물리적 공세들은 청소년의 자율성을 심각하게 훼손하고 있다. 청소년 교육은 자율을 가장한 심한 경제체제로 몰아가고 있고, 청소년문화 역시 「청소년보호법」의 강화와 '인터넷 실명제의 도입', '청소년 게임이용 셧다운제 도입' 등 규제 중심으로 재편되고 있다. 청소년 두발, 복장 자율화와 청소년 권리의 확대와 관련된 인권 정책에서도 보수적 입장을 여전히 견지하고 있다.

물론 국가장치의 위협에 대항하는 청소년들의 자율적 연합 조직들도 각기 나름대로의 적극적 행동을 펼치고 있다. 청소년 스스로 인권운동의 주체로 활동하고 있는 '청소년 인권행동 아수나로', 청소년들의 다양한 문화, 역사, 성, TV/방송, 청소년인권 활동을 펼치고 있는 '21세기 청소년공동체 희망', 학생인권법 통과운동, 두발자유, 강제야자보충수업 금지운동을 벌인 '청소년 인권활동가 네트워크', 그리고 청소년의 자율적인 문화활동을 꿈꾸는 '청소년 문화공동체 품' 등 청소년들의 인권, 문화, 교육 분야에서 꾸준히 대안운동을 벌이고 있는 조직들이 다양하게 존재한다. 그러나 이러한 운동들은 전체 청소년 인구 중에서 극히 일부에 불과하다. 대안학교를 선택한 청소년들 역시 전체 청소년 인구 중 1%도 되지 않는다. 청소년의 절대 다수들은 여전히 대안적 청소년 운동을 알지 못하고 국가장치가 기획하는 규율장치에 순응적이고 심지어는 적극적 동의를 표명한다. 입시지옥에서 시달리는 청소년들의 작금의 현실에 대해 부모들은 안

타까워할지 모르겠지만, 정작 자신들의 자녀에 해당되는 현실적인 문제로 다가올 경우에는 경쟁의 소용돌이에 몸을 던진다.

엄한 교육의 현실에도 불구하고 지금 청소년들은 문화적 소비자이자 생산자로 이니셔티브를 가지고 있기도 하다. 청소년들은 달라진 디지털 테크놀로지 환경에서 적극적으로 자신의 라이프스타일을 즐기고 있다. 인터넷 커뮤니티, 상호작용적 모바일과 DMB 환경에서 청소년은 전례 없는 문화적 유희를 즐긴다. 청소년들의 문화적 라이프스타일은 강력한 팬덤의 형태로, 무시할 수 없는 소비계층으로, 그리고 미래의 일상을 먼저 경험하는 문화적 취향의 전위로서 집단적 경향을 드러낸다. 그러나 역설적이게도 이들의 문화적 취향은 전위적이면서도 퇴행적이다. 이들의 문화적 취향은 집단적인만큼 편협하기도 하며 문화적 쏠림 현상으로부터 자유롭지 못하다. 테크놀로지의 활용, 주류문화로부터의 자율성, 새로운 문화적 아방가르드를 경험하기도 전에 이들은 이미 주류 문화자본의 논리에 포섭되어 있다.

그래서 청소년은 저항하지만, 동시에 더 많이 침묵한다. 청소년이 저항하는 현실은 극히 제한적이고 유동적이다. 청소년의 발언은 현존하는 제도적 장치들의 한계와 정서적 통념으로 인해 그 힘을 발휘하기가 어렵다. 청소년의 저항과 침묵의 양면성은 청소년들 스스로의 선택에 의한 것이라기보다는 외부에 의해서 강제된 바가 더 많다. 침묵의 주체로 청소년을 호명하는 국가장치들은 청소년 외부에 있으면서 강한 교육을 통해 자신들의 존재를 자명하게 믿도록 만든다. 따라서 지금 우리에게 중요한 것은 소수 청소년의 저항의 활성화가 아니라 다수 청소년의 침묵에 대한 현실의 간파이다.

10

촛불집회와 스타일의 정치

1. <1박 2일 콘서트>—스타일의 충돌

6월 21일 문화연대가 주최한 <힘내자 촛불아 1박 2일 콘서트>가 서울광장에서 열렸다. 이번 공연은 촛불집회의 장기화에 대비하고 촛불대오에 문화적 활력을 불어넣기 위해 기획되었다. <1박 2일 콘서트>는 문화가 시위의 수단 혹은 도구가 아니라 그 자체로 중요한 표현 양식임을 보여주기 위한 실험이기도 했다. 당초 공연은 오후 3시부터 시작해서 7시 집회에 쉬었다가 다시 밤을 꼬박 새고 새벽 5시까지 진행될 예정이었다. 비록 주류 뮤지션들은 아니었지만 홍대 라이브 클럽에서 활동하고 있는 20여 밴드와 민중 가수들이 뜻을 같이하여 공연에 동참하였다. 1박 2일 공연이 현재 촛불운동의 에너지를 대변한다고 볼 수는 없지만 문화운동의 역사에서 한 번도 시도된 바 없는 최장시간 공연 문화행동이었다.

당초 어느 정도는 예상하고 있었지만, 막상 공연이 시작되자 여기저기서 공연에 대한 이견들이 제기되었다. 공연은 촛불집회 참가자들을 위한 축제였지만, 정작 집회 참가자들 중 일부는 이런 식의 프로그램을 거북하게 생각했다. 공연이 진행되는 동안 수많은 항의가 있었고, 다양한 집단과 개인들의 불만은 공연이 끝난 새벽까지 계속되었다. 공연에 대해 불만을 가진 집회 참가자들의 성향은 대체로 세 가지로 정리될 수 있다.

먼저 사운드의 증폭에 대한 히스테리이다. 공연에 참여한 대부분의 출연진들은 밴드들이었기 때문에 통상 밴드공연에 적절한 사운드가 출력되었다. 그러나 밴드 공연에 익숙한 참가자들을 제외하고는 주변에서 농성을 벌이고 있거나 각자의 공간에서 행사를 벌이고 있던 사람들에게 밴드공연을 위한 사운드 증폭은 거북한 노이즈에 불과했다. 서울광장 주변에서 별도의 프로그램을 진행한 단체들은 자신들의 행사에 방해가 된다며 소리를 줄여줄 것을 요구했는데, 이들 대부분은 밴드 공연에서 사운드 증폭이 왜 불가피한 것인지에 대한 이해가 부재했다. 촛불집회의 단골 참가자들은 시위 현장에서 MR(Music Record)로 노래하는 가수들의 보컬에는 익숙했지만, 전자 악기로 구성되어 사운드의 증폭을 필요로 하는 밴드공연들은 많이 접하지 못했다. 그래서 많은 사람들은 밴드들의 공연에 왜 이렇게 큰 사운드가 필요한지에 대한 감각이 없었던 것이다. 사운드 증폭에 대한 히스테리는 특히 밤이 깊어갈수록 심하게 나타났고 심지어는 사운드의 증폭이 주변 촛불집회 참가자들의 행사를 방해하기 위한 우익단체의 음모로 상상되기도 했다. 어떤 이는 아예 미친 음악, 미친놈으로 매도하기도 했다. 결국 일부 집회 참가자들의 거친 항의로 자정이 넘어서 공연 사운드의 볼륨은 절반으로 줄어들었고, 마지막에는 통상적인 밴드 공연 자체가 불가능할 정도의 아주 작은 사운드로 진행할 수밖에 없었다.

흥미로운 것은 공연에 대한 항의 강도가 공연을 대하는 문화적 취향을 대부분 반영한다는 점이다. 집회 참가자들로부터 가장 많은 항의를 받았던 경우는 여성밴드들의 공연이나 음악적 취향이 급진적인 밴드의 공연 때였다. 사이키델릭 록을 추구하는 밴드 '네스티요나'는 여성이 보컬이었는데, 이들의 공연이 진행될 때 어느 30대 남성은 "그것도 음악이냐, 미친 음악 아니냐"는 짜증스런 반응을 보였다. 민중가수들이나 어쿠스틱 사운드에 대해서는 별다른 항의가 없다가 펑크와 같은 급진적 취향의 음악을 선보일 때는 여지없이 더 많은 항의가 들어왔다. 음악적 취향에 대한 불만은 대체로 젠더적인 편견과 하위문화적 스타일에 대한 거부감이 주를 이루었는데, 이는 촛불집회에서 경험했던 음악적 스타일이 집회 참가자들의 신체에 각인되어 있음을 보여주는 것이다.

그러나 무엇보다도 가장 곤혹스러웠던 것은 공연과 투쟁을 구분하면서 공연 자체를 부정하는 태도를 가진 사람들의 항의였다. 특히 이른바 '명박산성'에 항의해서 '국민토성'을 쌓는 싸움이 격렬해지면서 불만의 강도가 높아졌다. 이들에게 공연은 노는 것이고 토성을 쌓는 것은 투쟁하는 것이다. 공연과 투쟁을 윤리적으로 도덕적으로 절단하려는 정치적 태도는 시위와 투쟁에 대한 일정한 편견을 드러낸다. 공연에 대한 편견은 사실 정치적 급진성에 의해 결정되기보다는 공연에 대한 문화적 태도와 취향에 의해 결정된다. 말하자면 공연에 대한 정치적 비난은 정치적으로 급진적이어서가 아니라 문화적 투쟁에 대한 감성적 이해의 부족 때문이다. 공연 대신 경찰과의 물리적 대치를 요구하는 촛불집회 일부 참여자들의 구별짓기는 사실 정치적 진보와는 아무런 관련이 없다. <1박 2일 콘서트>가 그 자체로 정치적인 문화행동이고, 그 자체로 얼마나 급진적인 의미를 생산할 수 있는지를 현장에서 설득하기에는 시간이 충분하지 않았다.

물론 <1박 2일 콘서트>에 지지와 격려를 했던 개인과 단체도 많았다. 그럼에도 촛불의 문화충전을 위한 <1박 2일 콘서트>는 예상했던 것보다 훨씬 더 강도 높게 비판을 받았고 결국 공연은 예상보다 앞당겨 마무리될 수밖에 없었다. 공연을 연출했던 필자의 입장에서는 예상 밖의 잦은 충돌과 갈등이 불편할 수밖에 없었지만, 공연을 끝내고 시간을 복기하는 과정에서 촛불의 시간과 공간, 그리고 그 좌표를 횡단하는 주체들의 상이함에서 촛불의 문화적 의미들을 새롭게 읽을 수 있었다.

광우병이라는 질병의 공포와 한미FTA의 속박에서 사실상 무장해제당한 이명박 정부의 무능함이 확인된 후 거리로 쏟아져 나온 촛불집회 참가자들의 행동은 개인의 자발성과 집단의 다원성, 그리고 참여의 표현행위들로 인해 하나의 역사적 사건으로 기록되기에 충분하다. 근 100일 가깝게 진행되고 있는 유례없는 직접민주주의 장에서 우리는 무엇을 기록하고 성찰해야 할까? 촛불은 우리에게 어떤 의미로 다가올까? 그동안 많은 지식인들이 촛불집회의 사회적, 정치적, 문화적 의미에 대해 많은 글을 썼지만, 촛불의 시간과 공간 그리고 주체의 의미를 '주체의 스타일의 형성'이라는 관점에서는 별다른 관심을 보이지 않았다. 촛불집회는 참여 민주주의의 성장과 진화를 보여준 사건이지만, 또 눈여겨볼 점은 스타일의 정치라는 점이다. 촛불집회에 참가한 사람들이 구사한 수많은 수사들과 몸으로 표현했던 행동들, 그리고 거리에서 보여준 수많은 저항의 형식들은 새로운 집단행동의 스타일의 정치를 보여준다. 이 글은 촛불집회 속에 등장한 주체들의 다양하고 상이한 스타일을 분석하면서 이것들이 촛불주체의 형성에서 어떤 정치적 함의를 가지고 있는지를 조명해 보고자 한다.

2. 촛불집회의 두 가지 '유산'과 '진화'

알다시피 촛불집회는 이번에만 있었던 것이 아니다. 촛불집회는 2002년 미군 장갑차에 깔려 숨진 미선이 효순이를 추모하기 위해 처음으로 시작되었다. 한 네티즌이 제안해서 시작된 촛불의 힘은 당시 사건의 가해자였던 두 명의 미군이 무죄판결을 받은 것에 항의하는 국민적 저항의 표출이었다. 촛불집회는 이후 노무현 전 대통령 탄핵사태, 한미FTA 반대 운동 등 한국사회에서 굵직한 운동의제가 있을 때마다 시민들의 자발적 참여를 상징하는 시위문화의 상징이 되었다.

촛불집회는 쇠파이프와 화염병 대신 촛불이라는 비폭력 도구를 사용한다는 점에서 2000년 이후 집회 양식의 변화를 대변해왔다. 집회의 도구적 양식으로서 촛불은 비폭력과 평화의 상징으로 독해되는가 하면 정치적 행동의 연성화로 독해되기도 한다. 그러나 촛불집회에서 우리가 중요하게 독해할 것은 촛불이냐 화염병이냐, 폭력이냐 비폭력이냐가 아니라 '촛불'이 우리 사회에 투사하는 상징적 의미이다. 상징적 행위로서 촛불집회는 시위의 형식과 내용의 이분법을 넘어서려는 정치적 스타일의 특이성을 갖고 있다. 촛불을 시위의 도구로 치환하지 않으면서 모든 정치적 행동을 촛불의 형식적 스타일에 응축하지 않는 "의미들의 생성"이 촛불이 우리 사회에 투사하는 상징적인 의미이다.

이미 많은 지적 담론, 혹은 미디어의 논평에서 드러났듯이 촛불의 "의미 생성"은 이른바 '참여민주주의'라는 공식화된 언어로 정의되고 있다. 많은 시민들이 자발적으로 촛불집회에 참여하여 자신들만의 독특한 언어와 행동을 표현하는 촛불집회는 1987년 민주화운동 이래 꾸준하게 성장한 한국적 민주주의의 힘을 확인하는 자리로 평가받는다. '촛불집회 형' 참여민주주의는 광장과 거리로 나오는 "시민들의 자발적 참여"와 촛불로 표현되는 "다양한 참여와 행동의 양식"으로 의미화할 수 있다. 전자는 민주주의에 대한 시민들의 정치적 경험의 축적을, 후자는 '카니발'로서의 거리문화 경험의 축적에서 나온다. 100여일 가까이 진행되고 있는 유례없는 미국산 쇠고기 수입반대 촛불집회는 그런 점에서 한국적 민주주의의 "정치적 유산"과 "문화적 유산"의 접합이라는 의미를 갖는다.

내가 보기에 최근 촛불집회의 상징적 의미 생산은 1987년 민주화항쟁과 2002년 한일월드컵의 유산을 갖고 있다. 1987년 민주화항쟁이 권위주의 정권의 폭력과 억압에 맞서는 시민들의 민주주의 열망을 담은 정치적 사건이라면, 2002년 한일월드컵은 거리에서 축제와 난장의 소중함을 알게 한 문화적 사건이다. 촛불집회는 현상적으로 보면 우연한 사건처럼 보이지만, 민주주의에 대한 "역사적 주름들의 축적"과 거리와 광장의 공포에서 벗어난 문화적 자율성에 대한 "기억의 복귀"가 개인들의 신체에 각인된 자장효과를 생산한다. 촛불집회에서 촛불은 새로운 양식이지만, 촛불의 사건은 마치 억압된 것이 회귀하듯, 민주주의의 시민적 열망과, 거리에서 제도와 권위를 해체하려는 개인들의 카니발적 욕망이 교차하는 기억의 정치이다.

그렇다면 촛불집회의 두 가지 유산이 구체적으로 회귀시키는 기억의 정치는 무엇일까? 그것은 아마도 시청과 광화문으로 표상되는 거리의 기억, 그 거리를 가득 메운 사람들의 기억, "호헌철폐-독재타도"와 "대한민국"을 외친 그 사람들의 집단적 목소리의 기억, 깃발, 배너, 페이스페인팅, 액세서리로 치장한 스타일의 기억이다.

최루탄과 페퍼포그로 자욱해진 시청 도로 중앙을 뚫고 민주주의를 외치는 시위대의 장엄한 질주와 폭력의 공포를 이기고 권위적 도로를 점거한 민중들의 함성들은 지난 6월 21일 광화문 명박산성 앞에서 국민토성을 쌓는 촛불시위대의 대오 속에 각인된다. 인간과 인간을 절단한 권위적인 도로를 촛불의 힘으로 점거하는 자연스러움은 시민들의 신체 안에 배인 거리의 친밀감이 진화된 결과이다. 도로를 점거한 시민들의 집단성은 거대한 시각성을 확보하는데 이 시각성의 경험은 1987년 시민항쟁의 기억에서 비롯된다. 거리 점거를 위해 많은 희생을 감수했던 시민들의 기억들은 도심의 거리가 비폭력적 촛불에 열리는 상황이 공권력의 연성화 때문이라는 공안권력의 주장을 무력화하기에 충분하다. 거리에 나온 시민들의 목소리는 그 발화의 내용도 다르고 저항의 스타일의 형태도 다르지만, 모두 새로운 세상을 향한 사운드 이미지 퍼포먼스이다.

그러나 촛불집회의 거리와 사람과 스타일은 그 재현의 기억과 유산을 갖고 있지만 그것과는 완전히 동일하지 않다. 촛불의 스타일은 그 자체로 진화한다. 시민들의 촛불집회가 정치적이면서도 문화적인 의미들을 동시에 생산하고 있는 것 자체가 운동 스타일의 진화를 예증한다.

촛불집회의 진화는 곧 민주주의의 진화로 말할 수 있다. 이는 공간, 주체, 스타일이라는 세 가지 계열로 분화된다. 1987년 6월 민주항쟁의 성지이자 2008년 촛불집회의 시청광장은 물리적 차원에서 보면 크게 달라진 것이 없다. 다만 달라진 것이 있다면 20년 전 시청광장은 광장이란 이름 없이 시청청사 앞 아스팔트 도로였다면, 지금 시청광장은 '서울광장'이란 이름으로 잔디밭이 되었다는 점이다. 잔디로 덮인 서울광장의 조경은 2002년 한일월드컵에서 시청을 가득 메운 시민 참여문화의 열정을 제도화한 산물이다. 시민들의 참여의 에너지를 이벤트와 조경을 위한 잔디광장으로 물화시키는 지배적 공간정책은 서울시장 재임시절 이명박이 주도했던 공간의 신개발주의 프로젝트의 결과이다. 1987년 민주화항쟁과 2002년 한일월드컵이라는 서로 다른 사건의 상징적 공간인 시청 앞 공간은 아스팔트 대신 잔디로 대체되었지만, 역설적으로 시민들의 자유로운 참여를 제한하는 조경의 공간으로 바뀌었다. 그러나 그러한 흡수정책에도 불구하고 시민 혹은 다중에 의한 광장의 정치가 공간을 통치의 수단으로 흡수하려는 제도정치에 맞서 끊임없이 공간을 전유하려는 자발적 에너지들을 집단적으로 투사하고 있다. 집회를 봉쇄하기 위해 서울광장을 전경차로 둘러싸도 공간을 전유하려는 시민들의 싸움은 언제나 계속된다.

사실 이번 촛불집회가 우리에게 공간의 진화를 일깨우게 해준 것은 오프라인 공간의 전유를 위한 다양한 싸움에서만이 아니라 온라인에서 전개되고 있는 가상공간의 싸움에서이다. 촛불집회의 진원지였던 온라인 '다음' 아고라는 촛불집회의 공간을 오프라인에서 온라인으로 확대하는 데 결정적인 역할을 했다. 토론의 성지 '아고라'는 시청과 광화문이라는 물리적 공간에서 할 수 없는 또 다른 공간의 싸움을 전개했다. 많은 네티즌들이 온라인 소수집단의 커뮤니티를 통해서 자발적 참여를 결의했고, 아고라와 같은 온라인 토론의 공간은 내부에서 수십 개로 세포분열을 일으키면서 오프라인 집회의 전략과 참여의 후일담을 쏟아냈다. 광화문 세종로를 가로막은 '명박산성'에 맞서는 시민들의 참여와 대안공간의 싸움 전략들이 현장보다는 온라인 공간에서 주도적으로 이루어졌다. 아고라와 같은 온라인 공간은 시공간을 초월해서 중단 없는 싸움의 장이자 촛불의 의제를 지키고 확산하는 담론의 상징적 공간이기도 하다.

1987년 민주화항쟁에서 사이버공간의 실천은 상상할 수 없는 것이었다. 광장의 문화적 에너지를 경험적으로 가장 확실하게 보여주었던 2002 한일월드컵에서조차도 사이버공간은 광장과 도심공간의 자생적 진화에서 큰 역할을 하지는 않았다. 공간의 물리적 한계를 뛰어넘으려는 실천들은 오히려 미선이 효순이를 추모하려는 네티즌들의 '사이버 조기 달기' 운동에서 확인할 수 있었다. 촛불집회의 공간의 진화는 온라인과 오프라인의 접속이라는 새로운 현실을 만들어냈다.

'촛불'의 공간은 그 자체로 진화했다기보다는 그 공간에 참여한 주체들에 의해서 진화한 것이고, 역으로 공간의 시간성이 참여 주체들의 진화를 가능케 했다. 공간은 주체들의 참여에 의해 진화되었다가 다시 시민들에 의해 전유된 공간의 특이점에 의해서 주체의 참여형태를 진화시켰다. 촛불의 시각성은 마치 프랑스 사회학자 드 세르토가 말한 '개념도시'의 관점에서는 하나의 일관된 효과를 생산하는 것 같지만, 다양한 주체들이 참여하는 '발화도시'의 관점에서는 시각성의 표상으로 설명할 수 없는 이질성과 차이가 드러난다. 촛불집회 중에서 가장 많은 시민들이 참여했던 6월 10일 6.10 민주항쟁 계승 촛불집회는 참여주체들의 다중성과 이질성을 가장 잘 보여준 날이었다.

촛불집회에 참여하는 수십만의 시민들의 다중성은 미국산 쇠고기 수입을 반대하고, 권위적이고 굴욕적 외교로 일관한 이명박 정부에 대한 국민적 심판이라는 동일한 생각들이 어떤 방식으로 표현되는가에 의해서 결정된다고 할 수 있다. 주체의 다중성은 특히 집회에 참여한 개인들과 집단들의 행동양식들의 다양한 스타일에서 구별되어진다. 1987년 6.10 민주화항쟁과 그해 8월 노동자대투쟁은 호헌철폐와 독재타도, 그리고 노동자 승리라는 단일한 구호와 깃발 아래 모였다. 시위대의 대오와 행진, 구호와 물리적 싸움은 통일된 행동 속에서 이루어졌고 시위대의 수와 상관없이 이른바 '지도부'의 행동 지침이 참여자들에게 강력한 영향력을 행사했다. 그러나 지금 촛불집회는 더 이상 단일대오로 통일된 행동을 하기가 불가능해졌다. 주지하듯이 촛불집회를 주관하는 국민대책위는 집회의 일시적 진행을 위임받았을 뿐, 이후 시위의 의사결정에 있어 지도력을 발휘하지 못할 정도로 참여자들은 분자적으로 행동한다. 과거 전통적인 어법과 지도력으로는 촛불집회의 참여자들을 설득하는 것은 불가능해졌고, 오히려 개인들의 집단적 지성과 의지는 이른바 '대책위'의 조직에 대해 냉소적이다.

참여자들의 자발적 행동과 중앙집권적 지도를 거부하는 냉소주의가 완전히 일치된 맥락을 갖고 있다고 볼 수는 없지만, 모두 문화적 감수성에 따른 것이다. 참여자들의 자발성은 자신들의 참여 스타일이 그대로 드러날 수 있는 사건 속에서 가장 극대화되고, 중앙집권적 조직에 대한 냉소주의는 개인들 혹은 소수집단들이 스스로 의사결정하려는 행동 속에서 나타난다. 촛불집회의 집단의지는 하나로 수렴될 수 있겠지만, 그것을 표현하는 방식은 이미 서로 다른 계기와 커뮤니티를 갖고 있는 개인들에 의해 다르게 선택된다. '10대 촛불소녀'에서 '하이힐 족'까지, '아고라'에서 '안티-이명박'까지, '간호사 카페모임'에서 '대책위'까지 이들이 집회에서 보여주는 다양한 행동들은 바로 다양한 스타일의 양식에서 나타난다. 이들에게 과거 단일대오 식 집회의 엄숙함은 더 이상 '쿨'하지 않은 것이다.

촛불집회의 진화에서 가장 뚜렷했던 운동의 특이점은 스타일의 정치라 할 수 있다. 물론 여기서 말하는 스타일은 하위문화에서 주로 언급되어 왔던 외형적인 스타일만을 의미하지는 않는다. 스타일은 또한 시대의 트랜드를 표상하는 패션과는 다른 맥락을 가지고 있다. 패션이 다양한 개인들의 표현양식을 지배적인 하나의 형태로 수렴하는 것이라면 스타일은 몸에 각인된 감성의 원천을 말한다. 그러한 감성의 원천들은 특정한 사회적 아비투스를 형성하는데, 가령 이러한 아비투스들은 지역별, 세대별, 성별, 계급적 취향에서 비롯된다. 하위문화에서 스타일은 대부분 세대적 감수성이 지배하고 소위 '펑크'나 '글램'과 같은 청년세대들이 사회적 모순들을 마술적으로 해소하려 했던 집단 무의식을 투사)하려

했다면, 촛불집회에 참여한 개인들의 스타일은 자기 존재적 모순의 콤플렉스에서 벗어나 적극적으로 자신을 표현하고 타자를 설득하려는 행동들을 구체화한다. 참여자들의 소수집단성을 표현하는 깃발들의 집합적인 배치나 개인들의 다양한 표현양식들은 적극적이고 구체적이다. 시위의 스타일은 시위에 참여하는 주체들의 분자적 조직화, 시위를 표현하는 문법의 다의성, 그리고 시위와 행동의 정체성을 둘러싼 언어투쟁과 취향의 차이들을 생산한다. 이제 구체적으로 촛불집회의 주체구성과 그 스타일의 의미에 대해서 언급하고자 한다.

3. '촛불'의 주체형성과 스타일의 의미

---

1) 필 코헨, 「하위문화갈등과 노동계급 공동체사회」, 이동연 편역, 『하위문화는 저항하는가』, 문화과학사, 1998 참고

촛불의 주체형성과 스타일의 의미는 크게 보아 세대적, 정치적, 그리고 소수 집단적 특이점을 갖는다. 먼저 이번 촛불집회에서 세대적 특이점은 진보적인 청년세대와 보수적인 기성세대 간 갈등이라는 통념과는 다른 맥락을 생산한다. 촛불집회는 '세대의식'을 통해 정서적 공감대를 공유했던 청년세대 내부의 균열과 갈등을 처음으로 보여준 사건이다. 집회의 기폭제가 되었던 10대 '촛불소녀'의 등장은 한때 저항의 상징이었던 20대 대학생 청년세대와 어떤 차별성을 가질까?

10대와 20대의 세대 내 균열은 우리 사회에서 20대 청년세대들의 신보수화를 단적으로 인지하게 만든다. 20대, 특히 대학에 재학 중인 청년세대들은 정치보다는 경제를 선호하며 사회적 양극화의 구조적 모순에 저항하기보다는 그 양극화의 상위 10% 안에 편입되기 위해 안간힘을 쓴다. 경제적 상승을 위해서는 정치적 좌표를 기꺼이 우회전할 수 있는 실용적 판단에 능하다. 17대 대선 당시 다수의 20대들은 이명박의 영혼이 더럽더라도 경제를 살릴 수만 있다면 지지할 수 있다는 생각을 갖고 있고, 정치적으로 보수를 선택했다. 20대들은 지난 17대 대선에서 10명 중 6명이 투표를 포기했고, 투표자 중에서는 이명박을 42.5%, 이회창을 15.7% 지지했다. 흥미롭게도 20대의 이명박 지지율은 30대보다 높았고, 이회창 지지는 어떤 다른 연령대보다도 높은 수치였다.[2] 16대 대선에서 20대들이 노무현 후보를 62% 지지한 것과는 너무나 대조적인 결과이다.

사실 이명박의 '경제환생론'에 대한 20대들의 기대는 정치적 판단이 거세된 단순한 경제적 손익계산의 논리에 근거한다. 노동과 취업의 불안정 속에서 살면서도 꾸준한 소비활동의 욕구를 충족해야 하는 20대로서는 "쇠고기 수입을 허용하는 대신, 휴대폰을 더 많이 팔면 된다"는 식의 경제적 효율성을 강조한다. 경제적 효율성의 논리는 정치적 신보수화를 대변한다. 20대의 보수화는 냉전의 기억에 사로잡힌 그들의 부모세대들의 '정치적 수구 보수화'와는 다르게 경제적 효율성을 강조하는 개인주의 성향을 갖고 있다. 이들은 또한 냉전문화의 기억으로부터 자유로운 바, 문화적 미국화와 글로벌한 소비주의에 대해 친근한 성향을 드러낸다. 요즘 대학축제에 원더걸스, 소녀시대, 베이비복스, 빅뱅과 같은 상업적인 아이돌 스타들이 최고의 인기를 얻고 있는 것도 20대들의 문화적 신보수주의화와 무관하지 않다.

그러나 20대들의 경제성장에 대한 막연한 기대는 주식시장의 거품만큼이나 환상이고 착각이다. 학력 인플레이션과 IMF의 후유증, 경제적 양극화의 경쟁에 뛰어들어야 하는 20대들은 기대와 착각을 동일시할 정도로 경제주의의 유령에

---

[2] 『한겨레』, 2008년 5월 14일자 참고

호명당하고 있다. 20대와 10대들이 구별되는 지점이 바로 여기다. 10대들은 일종의 경제적 착시 현상으로부터 자유롭다. 10대들에게 20대들의 이기적인 개인주의와 경제적 이해타산은 더 이상 '쿨'하지 않은 것이다.

이른바 '촛불소녀'의 스타일은 자신들 앞에 닥친 문제들에 대해 '쿨'하게 반응하는 감수성을 갖고 있다. 10대들은 4.15 자율화 조치로 인해 'O교시 부활', '촌지금지 지침폐지', '우열반 등장', '방과 후 학습'과 같은 억압적 경쟁이 정치적 신자유주의에서 파생된 것이고 이것이 미친 소와도 연계되어 있음을 막연하게 알고 있었다. 미친 소 사태는 10대들에게 '억압된 것이 회귀'하게 되는 계기를 제공해 주었고, 촛불집회는 이들의 억압된 것이 폭발하는 장소가 되었다. 경제적 논리만을 강조하며 원더걸스에 미쳐있는 서울대생들이나, 이명박을 지지해서 이렇게 고생시키는 부모세대들이나, 자신들의 자발적인 참여를 배후조종당한 것으로 매도하는 보수언론들, 촛불집회에 참석하는 학생들을 불이익 주겠다는 교육부 관계자 모두 10대들의 눈에는 결코 '쿨'하지 않다. "왜 이명박을 뽑으셨나요? 왜 투표를 안 하셨나요? 집 값 오르게 해주고 살던 동네 뉴타운으로 지정만 해주면 그 저 다 좋으시죠?"(아이디 'opacity', 2008. 4. 30), "우리 학생들은 대한민국 사람이 아닙니까? 우리 학생들은 미국에서 수입해오는 쇠고기 안 먹게 됩니까?"(아이디 '만약')[3]라고 물어보는 10대들의 외침은 기성세대로의 성급한 편입을 원하는 20대들과는 달리 사회적 메시지에 대한 개인들의 자기결정의 권리에 충실하다. 자기결정권에 대해 10대들은 엄밀한 정치적 행동보다는 상식에 대한 솔직한 감수성을 표현한다. 10대들에게 감수성은 중요한 소통의 원리이고 특히 온라인을 매개로 하는 '디지털 감수성'은 그들만의 연대와 행동의 자양분이다. 이명박 탄핵을 제안했던 아고라의 10대 네티즌인 '안단테'에 대한 10대들의 지

---

[3] 아고라 폐인들 엮음, 『대한민국 상식사전 아고라』, 여우와 두루미, 2008, 68쪽 참고

지와 연대는 '촛불소녀'의 솔직함, 당당함, 자유분방함에서 비롯된다. 누구도 예상하지 못했던 10대들의 반란은 제도교육의 속박에 대한 무의식의 폭발, 순수한 감수성의 폭발을 야기한 것이다.

촛불집회의 정치적 성향은 이중적이다. 촛불주체들은 어떤 뚜렷한 정치적 성향을 공유하지 않을 만큼 다양한 개별 의지들을 집합적으로 표출한다. 그러나 촛불주체들이 완전히 개인화, 분자화 되었다고 볼 수는 없다. 이미 조직화한 시민 사회운동 단체들을 제외한 촛불주체들은 언제나 '느슨한 연대'를 지향했다. 이들의 연대는 정치적으로 엄격한 이데올로기 대신에 미국의 뻔뻔함과 정부의 무능함에 분노했고, 건강의 자기 권리를 주장했다. '촛불'의 느슨한 연대는 단일 대오에 대한 정서적 거부감을 갖고 있지만, 미친 소 수입에 반대하는 다양한 행동을 서로 지지하고 이해하는 공감대를 갖고 있었다.

그런 점에서 이러한 촛불주체들의 자율적 행동이 탈정치적 성향을 보인다고 판단하기는 어렵다. 촛불의 느슨한 연대가 다양한 의사와 행동으로 분화되어 마치 '촛불정국'에 대한 정치적 주장이 없는 것처럼 보이지만, 실제 촛불집회가 벌어지는 현장에서는 다양한 정치적 지향점이 대립하고 있다. 정치적 지향점에서 보자면 촛불집회에 참여한 주체들은 이명박 탄핵을 요구하는 안티-이명박 그룹, 다양한 위치에서 네티즌들의 자발적 집단지성을 표출하는 아고라 그룹들, 촛불집회의 시민적 힘을 결집하여 노동자 총파업 투쟁으로 연계하려는 노동운동 단체, 광우병 쇠고기 수입 반대 운동을 기점으로 사회적 공공성 사수 운동으로의 확산을 기획하는 사회운동 그룹들, 자발적인 시민들의 참여민주주의를 대변하고자 하지만, 항상 정부와의 협상을 통해 운동 국면에서 일정한 헤게모니를 행사하려는 대책위 그룹들로 구별된다.

이들 그룹은 미국산 쇠고기 재협상이라는 공동의 목표를 갖고 있지만, 실제로는 각자 상이한 정치적 지향점을 갖고 있다. 안티 이명박 그룹은 촛불정국을 활용하여 이명박 탄핵을 목표로 하고 있는데, 이들의 조직적 연대의 기반에는 과거 '노사모'에서 활동한 노무현 지지자들이 핵심 역할을 하고 있다. 반면 네티즌들의 자율적 연합체라 할 수 있는 아고라 그룹은 어떤 동일한 정치적 지향점을 공유하고 있진 않지만, 오프라인 중심의 기성 운동조직들과는 다른 감수성을 갖고 있고, 특히 대의민주주의 정치에 대해 강한 반감을 갖고 있다. 촛불정국을 노동자 파업으로 확산하여 전면적 노동운동을 선언한 '다함께'와 같은 노동운동 그룹들은 노동운동 내에서의 자신들의 급진적 정치성을 촛불집회와 같은 시민적 운동의 장에서 확산시키려는 목표를 갖고 있다. 또한 미국산 쇠고기 수입 결정을 한미FTA의 정치적 효과로 판단하는 사회운동 그룹들은 교육, 의료, 물, 에너지 등 공공자원을 사유화하려는 이명박 신자유주의 정부의 실체를 시민들에게 알리는 사회운동의 확산의 장으로 삼는다. 마지막으로 이른바 '대책위'에서 인적 다수를 차지하고 있는 한국진보연대 그룹들은 자신들을 촛불정국의 대변자로 자처하면서 저항과 협상의 조절자 역할을 통해 일정한 정치적 헤게모니를 행사하고자 한다.

흥미로운 것은 이러한 정치적 차이와 갈등을 표현하는 방식이 단지 구호와 슬로건에서만 확인되지 않는다는 점이다. 정치적 차이들은 시위대들의 언어 문법, 대화방식, 의상 스타일의 차이를 드러낸다. 일례로 안티-이명박의 깃발을 든 사람들의 스타일은 검은 색의 전투적인 복장과 장신구들을 선호하는데 이러한 스타일은 도시의 갱스터적인 분위기를 연출하여 집회 중에 대치중인 전경들과 짝패를 이룬다. 이들의 행동양식은 대체로 직설적이고 과격한 상황을 자주 연출하며 특히 대책위의 의사결정에 가장 강한 거부감을 표출한다. '아고라' 그룹은 안티 이명박 그룹과 유사하게 기성 정치조직체가 아니고 네티즌들의 연합이지만, 안티 이명박 그룹과는 다르게 지적인 판단과 강렬한 현장 토론을 선호한다. 이들의 시위 방식은 유목적이고 리좀적이다. '아고라'는 하나의 깃발로 수렴되는 것이 아니기 때문에 다양한 행동의 편차가 존재하지만, 대체로 '386 세대'의 정치적 정서와 이른바 젊은 '네티즌 세대'의 감수성이 연합한 형태로 볼 수 있다. 안티-이명박 그룹과는 다르게 철저하게 비폭력 시위를 주장한다. 반면 전통적인 노동운동 조직들은 거대한 깃발과 상식적인 구호와 문구로 일관하여 시각적으로 강렬한 인상을 주지 못한다. 촛불집회의 시위 현장에서 도심의 스펙터클을 압도하는 시위대의 시각성은 그 자체로 정치적이다. 거대한 빌딩과 거대한 도로에 맞선 거대한 깃발과 즉물적인 언어로는 도심의 스펙터클에 저항할 수 없다. 깃발들은 각양각색의 모양으로 분화되고 온갖 수사학적 은유와 풍자가 난무하는 거리에서의 난장이야말로 시각성의 정치를 실현할 수 있다. 그런 점에서 전통적인 운동단체들의 스타일은 너무나 진부하고 낡았다.

촛불집회의 주체형성에서 간과할 수 없는 것이 바로 소수집단들의 적극적인 행동이다. 촛불집회에 나온 소수집단들은 대체로 인터넷에서 동종 직업이나 동일한 문화적 기호를 선호하는 동호회 그룹들로 구성된다. '82쿡 닷컴', '마이클럽' 등 어린 아이들을 기르는 인터넷 주부들의 모임들은 유모차를 이끌고 촛불시위에 참여했고, 자녀들을 키우는 주부들도 아이들의 먹거리를 걱정하며 '앞치마 연대'라는 이름으로 참여하고, 인도주의를 외치는 의사들, 간호사들, 미용 직업을 가진 인터넷 동호회 회원들도 촛불집회에 기꺼이 참여한다. 예비군 복장 그대로 집회에 나와 '시위하는 예비군'이라는 30대들의 발랄한 참여도 있고, 수원 삼성, 성남 일화 등 프로축구 서포터스들이 연합하여 이명박을 조롱하는 응원 구호를 외치기도 한다. 홍대 라이브 클럽에서 활동하고 있는 밴드 소속 수십 명도 늦은 밤까지 명박산성 앞에서 즉석 거리공연을 연다. 소수집단들의 연합으로서 촛불주체들은 마치 2002년 한일월드컵 때 세종로와 시청에 쏟아져 나온 주체들의 다중성과 차이의 원칙과 유사하다.4) 소수집단들은 시위를 가장 즐겁고 재미있게 만드는 그룹들이며 그래서 시위를 축제처럼 즐기려는 그룹들이다. 이들은 '인터넷 커뮤니티' 연대라는 말이 어울릴 정도로 온라인 조직체들이지만, 따지고 보면 모두 오프라인 공간에서 일정한 직업적, 문화적 취향을 공유하고 있다. 그런 점에서 소수집단들의 연대는 스타일과 취향으로서의 연대가 가장 강하게 드러나는 경우라 할 수 있다. 지금까지 촛불집회의 주체형성에서 중요하다고 생각된 세 가지 토픽에 대해서 언급했다. 이제 마지막으로 '촛불집회'에서 우리가 발견했던 스타일의 정치가 어떤 상상력을 꿈꾸고 있는지를 언급하면서 글을 맺겠다.

4. '촛불'—상상력의 언어와 그 이상의 것

지구화를 둘러싸고 일어났던 다양한 항의운동들의 수행적이고 축제적인 성격을 인식하는 것은 쉽다. 심지어 그것들이 격렬히 전투적일 때조차도 그 시위들은 대단히 연극적이고 거기에는 거대한 인형들, 의상들, 무용들, 익살스러운 노래들, 슬로건 등등이 어우러진다. 다시 말해 시위들은 거리 축제들이기도 한 것이어서 거기에서는 시위자들의 분노가 축제적인 환희와 공존한다. 하지만 항

---

4) 이동연, 「'붉은 악마'와 주체형성—내셔널리즘인가 스타일의 취향인가」, 『문화부족의 사회—히피에서 폐인까지』, 책세상, 2005, 250-259쪽 참고.

의들이 축제적인 것은 그 분위기에서뿐만 아니라 그 조직화에서도 마찬가지이다. 바로 여기에서 바흐친이 등장한다. 내레이션에서처럼 정치적 조직화에 있어서 다양하고 특이한 주체들 사이에 항상적인 대화가 존재하며, 그 주체들의 다성적 구성이 존재하고, 이러한 공통적인 구성을 통한 각 주체의 전반적인 풍부화가 존재한다. 운동하는 다중은 새로운 주체성들과 새로운 언어들을 생산하는 일종의 내레이션이다.[5]

러시아의 문학비평가 미하일 바흐친이 『도스토예프스키 시학의 문제들』이라는 책에서 언급했던 '다성성'(polyphony)의 의미를 거리 시위의 축제성의 개념으로 간파한 네그리의 상상력은 운동의 언어와 화법의 중요성을 간파한다. 단성적이고 독백적인 톨스토이 류의 소설을 비판하기 위해 언급했던 바흐친의 다성성 개념은 도스토예프스키의 비극적 서사를 역설적이게도 축제의 언어로 번역하는 데 있어 중요한 수사학이다. 네그리는 바흐친의 이러한 역설적인 의미로서의 다성성을 "인간의 열정의 힘을 나타내기 위해"[6] 사용한 것으로 말한다. 100일 가까이 진행된 촛불집회의 힘은 바로 바흐친이 말한 다성성의 의미, 네그리가 해석한 역설적 축제의 힘이라 할 수 있다.

촛불집회는 광우병 쇠고기 수입을 일방적으로 결정한 이명박 정권에 맞서는 수많은 상상력의 언어들이 결합한 사건이다. "2MB, BJ(Broadcasting Jockey), 다인삼촌, 고대녀, 닭장차투어, 명박산성, 쥐박이, 아고라 CSI" 등 촛불집회 내내 개발된 수많은 언어들은 촛불주체들의 다성적 스타일을 그대로 보여준다. 촛불의 언어들은 상상력의 언어들이다. 정부가 컨테이너로 광화문 일대를 봉쇄할 때, 참가자들은 그것을 명박산성이라 불렀고 그 앞에서 토성 쌓기 퍼포먼스를 벌였다. 경찰 지휘부가 마이크를 잡고 해산 명령을 내릴 때, 시위대들은 "노래

---

5) 안토니오 네그리, 『다중』, 조정환 외 역, 세종서적, 2008, 260쪽.
6) 같은 책, 259쪽.

해'라고 연호한다. 유인촌 문화체육관광부 장관이 촛불을 끄고 일터로 복귀하라고 말할 때 촛불 참가자들은 당신이나 '양촌리'로 돌아가라고 말한다. 촛불집회에 참가하는 청소년을 조종하는 배후세력이 있다고 검찰과 조종동이 말할 때 수많은 개인들이 자신이 바로 배후이니 잡아가라고 나선다. 이러한 모든 언어들은 중세 봉건시대로 회귀하려는 이명박 정권을 조롱하고 풍자하는 웹 2.0 시대의 상상력을 표현한다. 물론 감성적인 상상력이 권력에의 저항에 있어 급진적 전투성을 담지 못할 수 있고, 풍자와 조롱이 갖는 예의 언어적 한계로 그칠 수 있다. 그러나 명박산성에 대항하는 국민토성이 정말로 그 산성을 넘어서 무슨 일을 하려고 하는 것이 아니듯이, 배후세력에 대한 자진 자수가 권력에의 투항이 아니듯이 상상력은 그 자체로 운동하는 주체들에게 또 다른 행동의 길을 알려준다. 웹 2.0 시대 '와이브로'의 힘으로 촛불집회를 인터넷 생중계를 하면서 사이버 공간에서 함께 연대할 수 있는 장을 마련한 것은 그 자체로 상상력이 가져다준 행동의 진화이다. 촛불의 상상력은 작용과 반작용의 진화가 끊임없이 이루어지면서 개인들에게 새로운 행동을 요청한다.

이는 어찌 보면 40년 전 유럽에서 일어났던 68혁명의 상상력과 맞닿아 있다. 1968년 혁명은 많은 정치적 한계에도 불구하고 저항의 상상력, 스타일의 감수성을 집단적으로 감지한 사건이다. 68혁명은 "인습에서 섹슈얼리티를 해방시키고, 일상을 변혁하며 새로운 감수성을 창조하려는 시도는 정당했다"는 지적[7]과 "꿈, 상상력, 쾌락원칙과 같은 기성의 문화와는 완전히 다른 문화적 코드들이 68운동을 전후하여 독일과 프랑스를 중심으로 한 유럽의 일상생활에 관철된다"는 지적[8]은 역사적 사건의 특이점이 일상생활의 혁명에 어떤 변화를 줄 수 있고,

---

7) 리하르트 파버 외, 『상상력에 권력을?―1968 혁명의 평가』, 정병기 역, 메이데이, 2008, 36쪽.
8) 오제명 외, 『68 · 세계를 바꾼 문화혁명』, 길, 2006, 210쪽.

또한 어떤 상상력을 가능하게 만드는지를 짐작케 한다. 촛불집회와 촛불주체들의 다른 상상력의 힘은 촛불정국이 사라지더라도 일상생활에 새로운 변화를 가져다줄 수 있는 원천이 될 것이다. 한국의 민주주의 운동의 역사에서 이렇듯 운동의 스타일이 다양했던 적이 있었던가?

그러나 68혁명의 상상력이 무정부주의적 청년 히피들의 개인화와 폐쇄적인 코뮌 소수 공동체로 전화했듯이 촛불의 상상력의 언어도 운동의 진화 없는 형식적 수사로 그칠 수 있다. 촛불의 상상력은 언어의 수사학 그 이상의 행동, 미친 소 반대 운동 그 이상의 행동을 필요로 한다. 촛불정국은 이미 '미친 소' 사태에서 방송의 공영성 파괴, 교육의 신자유주의화, 사회적 서비스의 사유화 국면으로 전환되고 있다. 촛불집회가 상상력의 투쟁이었다면 그 상상력의 언어는 미친 소에 맞서는 저항에서 방송, 교육, 에너지, 사회적 서비스의 사유화에 대한 저항으로 이행할 수 있을 것이다. 촛불의 상상력이 형식적인 스타일의 표출과 언어의 수사학적 과잉이 아닌 그 이상의 것을 기획할 수 있다면 그것은 촛불이 투사하는 다른 현실, 다른 사회적 상황에 대한 직접 행동을 통해서이다.

4부

대안문화와 감수성의 정치

11

'문화적 다중'의 출현과 대안 문화행동

1. 문화적 다중의 출현: '촛불주체'에서 '붉은 악마'로의 회귀적 시공간

2008년 6월 10일, 6.10 민주화항쟁 21주기를 맞아 한미 쇠고기협상 반대를 위한 100만 촛불대행진 집회가 예정된 날, 세종로 이순신 동상 앞에 2단 높이의 컨테이너박스로 만든 바리게이트가 출몰했다. 시위대가 청와대로 진입할 것을 대비해 세종로 16차선을 막은 컨테이너 바리게이트에는 시위대의 '월담'을 차단하고자 그리스가 칠해졌고, 그 양쪽에 대형 태극기가 걸려있었다. 도심 새벽에 출몰한 이 유령 같은 바리게이트는 1871년 3월, 느슨하고 권태롭기까지 했던 파리 코뮌들의 바리게이트를 조롱하듯 땅바닥에 쇠 징을 박고, 컨테이너와 컨테이너를 단단하게 용접했다. 19세기 파리 바리게이트를 완벽하게 패러디한 21세기 세종로 바리게이트를 두고 누리꾼들은 '명박산성'이라 불렀다.

'초월적' 유비쿼터스 시대를 순식간에 초월한 이 중세적 상상력은 놀랍게도 시민들의 수많은 비난과 외신의 비웃음을 감수하면서 촛불의 화력을 물리적으로 진화한 '진정한' 바리게이트의 임무를 완수했다. 촛불시위대는 명박산성을 넘기 위해 국민토성을 쌓고, 그 앞에서 7시간의 릴레이 토론회를 벌이고, 예술인은 노래를 부르고 춤을 추고, 종교인은 기도를 하며 십 수 일을 대치했지만, 그 누구도 시위대 앞에 버티고 서있는 이 물리적 명박산성을 넘지 못했다. '명박산성' 앞에서 촛불의 행동은 오로지 이 바리게이트라는 물리적 공간을 넘어설 것인가 아니면 그 물리적 공간을 지워버리고, 상징적 투쟁으로 전환할 것인가를 놓고 논쟁을 벌였다. 전자는 1980년대 민주화 운동 때 우리가 경험했던 물리적 싸움의 확장을, 후자는 우리가 할 수 있는 자율적인 행동을 통해서 명박산성의 정당성을 소멸시키자는 주장이었는데, 역설적이게도 이 두 주장은 모두 '명박산성'이란 이 유치한 상징게임에서 패하고 말았다. 명박산성의 물리적 현존과 부재에 대한 정의는 모두 '명박산성'의 담론적 수행성의 구성요소가 된다. 명박산성의 상징적 게임의 주체는 촛불 시위대가 아닌 바로 정권의 헤게모니였던 것이다.

   촛불시위의 반전은 바로 명박산성에서 시작되었다. 시위대는 명박산성을 혐오하면서 동시에 그것의 존재에 공포감을 갖는다. 명박산성이란 중세적 바리게이트는 오히려 촛불시위대 행동의 가이드라인이자, 촛불 행동의 자유를 허용해주는 지침서 같다. 역설적이게도 시위대는 명박산성을 넘고 싶으면서도 권력의 헤게모니가 정해 놓은 명박산성이란 가이드라인에서 안주하길 원한다. 시위대는 명박산성 아래에서 노래를 부르고 춤을 추고 이야기하고, 토론한다. 이곳만 넘지 않으면 보장되는 시위의 자유, 그것은 물리적 바리게이트가 상징적 바리게이트로 전환되는 시공간이다.

   그런 점에서 촛불 시위에서 우리가 발견했던 수많은 문화적 사건과 그 사건을 만들었던 수많은 문화적 다중의 출현은 역설적이게도 명박산성이란 '이데올로기 장치'에 의해 호명당한 것은 아닐까? 나는 촛불집회에 참여하면서 참여의 분화와 분열을 목격했다. 명박산성이 출몰한 그날 자정, 청계광장에는 FC서울, 성남일화, 수원삼성 등 축구의 장에서는 서로 대립각을 날카롭게 세웠던 서포터들이 한데 모여 자신들이 축구장에서 불렀던 노래와 구호를 패러디해 MB 정권을 조롱했다. 세종로 사거리 명박산성 옆에는 홍대 인디밴드들이 모여서 악기를 무기로 자유로운 영혼의 '랩소디'를 부르고 있었다. 촛불 시위대는 함께 원을 그리며 편한 자세로 앉아 이들의 노래를 따라 부르며 치열한 시위의 치열한 현장을 마치 1960년대 시골의 어느 한적한 곳으로 옮겨놓은 듯 히피들의 코뮌을 상상케 한다. 또 명박산성 아래에는 아프리칸 젬베 동호회들의 즉석 연주가 벌어지고, 아마추어 풍물동아리의 장구 장단에 맞춰 시위대는 흥겹게 춤을 춘다. 6.10 항쟁 21주년을 기념했던 그 날 시위대는 새벽 늦도록 시청에서 광화문까지 단일대오의 기억을 지워버리고, 자신들의 문화적 취향과 스타일의 계열에 따라 행동하며 즐거운 난장을 벌였다. 바야흐로 광장에 기괴하게 서있는 명박산성에 저항하는 문화적 다중이 출현한 것이다.

문화적 다중은 1987년 민주화항쟁의 시민주체로 상징되는 '넥타이 부대'를 곧바로 대체하지는 않았다. 그것은 정치적 광장의 기억을 문화적 광장의 힘으로 전환시킨 이른바 2002한일월드컵 '붉은 악마'로 대변되는 광장주체들로 우회하여 탄생했다. '2002한일월드컵'에서 벌어진 거리응원은 1987년 민주화운동으로 형성된 한국의 정치적 민주주의가 문화적 민주주의로 이행되는 과정을 상징적으로 보여준 사건이다. 그것은 제도적 민주주의가 감성적 민주주의로 이행하는 과정이기도 하다. 평소 권위적이고 삭막하기까지 했던 세종로 일대가 거리응원을 위해 몰려온 시민들로 인산인해를 이루고, 시위를 위해 점거했던 도로는 응원을 위한 난장의 공간으로 바뀌었다. 도시를 조망하는 자의 시선에서는 거리의 난장은 '붉은 색'과 '대한민국'이라는 동일한 코드로밖에 표상되지 않겠지만, 도시에 직접 참여하는 자의 시선에서는 '붉은 악마'라는 주체들은 상상된 공동체이기 이전에 서로 다른 스타일과 욕망을 가진 소수집단들이다. 문화부족으로서 '붉은 악마'는 "화려한 축제의 공간을 즐기기 위해 평소에는 엄두도 내지 못했던 각양각색의 스타일을 선보이고" "이전에는 경험하지 못했던 문화적 열정이 잠재해 있다."[1] 거리에 나온 '붉은 악마'의 성향도 상이한데 가령 전통적인 서포터스 성격이 강한 축구마니아에서 특정한 상황에 매료되어 일시적으로 '붉은 악마'의 스타일을 동일시하는 집단, 그리고 심야의 '폭주족'처럼 축구 자체에 대한 관심보다는 일탈의 공간에서 자신들의 평소 행동을 과장되게 표출하고 싶은 집단들에 이르기까지 '붉은 악마'의 주체 형성은 다양하다.[2]

2002년 '붉은 악마'의 거리문화 사건은 참여정부 탄생의 밑거름이 되었다가, 이후 '한미자유무역협정' 반대 국민행동과 미국산 쇠고기 수입 반대를 위한 '촛불시위'의 감성적인 토대가 되기도 했다. '촛불집회'는 1987년 민주화항쟁의 정치적 유산과 2002년 한일월드컵 거리응원의 문화적 유산을 물려받았다는 점에서 '문화정치적' 함의를 갖는다. '촛불집회'에 참여한 혹은 발견된 주체들은 그 유산으로 존재했던 두 사건의 경험과 인식의 차이에 따라, 정치적인 행동과 문화적인 행동의 차이를 드러내지만, 공간을 전유하고, 참여를 표현하는 흐름들은 기존에 볼 수 없었던 '문화정치적' 함의들을 갖는다. 촛불집회는 국민들의 건강을 위협할지도 모르는 미국산 쇠고기를 둘러싼 정부의 안이한 협상태도에 대한 시민들의 분노에 기인한다. 그러나 촛불집회가 급속히 확산되는 계기가 된 '팬덤의 개입'과 참여자들의 다양한 스타일은 문화적 효과를 생산한다. 나는 이러

---

1) 이동연, 「'붉은 악마'의 주체형성: 내셔널리즘인가 스타일의 취향인가」, 『문화부족의 사회: 히피에서 폐인까지』, 책세상, 2005, 243쪽.
2) 같은 글, 256-257쪽.

한 일련의 현상을 주도하거나 단일대오로 대변되는 정치적 행동에 새로운 균열을 일으키는 주체들 혹은 집단들을 '문화적 다중'이라고 정의하고 싶다. 문화적 다중은 정치적 다중, 경제적 다중, 디지털 다중과 같은 개별 다중들의 한 분파로 정의되기보다는 다중 자체의 특이성에 대한 언표적 정의이다. 문화적 다중은 노동과 정치로부터 분리될 수 없으면서도 지성과 감정의 복합적 특이성을 내재화한다. '다중'의 성격은 파울로 비르노의 언급대로 정치사상의 중심 범주이고, "노동, 행위, 지성으로 세분된 인간경험의 위기를 자신의 배경으로 삼는"[3])다. 자연과의 유기적 교환으로서 노동과 사회적 관계들에 개입하는 정치적 행위, 그리고 고독하고 비가시적인 본성을 가진 지성의 엄격한 경계선은 포스트포디즘 시대에는 해체되었다. 비르노는 "포스트-포드주의적 노동의 세계가 정치적 세계의 무수히 많은 전형적 특징들을 흡수했다"(82)고 지적하는데, '문화적 다중'은 그러한 포스트포드주의적 노동 세계의 조건들, 즉 노동, 정치, 문화의 경계가 해체되는 상황에 직면했다는 점에서 결코 문화적일 수만도 없으며 정치적일 수만도 없다.

군이 이론적 검토를 하지 않아도 '문화적 다중'으로서 촛불주체, 혹은 촛불 소수집단은 1987년 넥타이 부대의 정치적 유산과 2002년 붉은 악마의 문화적 유산을 동시에 계승한다는 점에서 정치적이면서 동시에 문화적이다. '넥타이부대'-'붉은악마'-'촛불시위대'로 이어지는 문화적 다중의 유산과 계열은 정치에서 문화로 다시 문화정치로의 이행을 내재화한다. 촛불주체들은 정치적 실천과 문화적 실천을 하나의 행동으로 접합한 최초의 다중이라 볼 수 있다. 그런 점에서 여기서 정의하는 다중은 '문화정치적' 함의를 가진 다중이라 할 수 있다. 그렇다면 문화적 다중은 구체적으로 어떻게 개념화할 수 있는 것일까?

---

3) 파울로 비르노, 『다중』, 김상운 역, 갈무리, 2004, 80쪽. 이후 이 책에서의 인용은 본문에 그 쪽수를 표시한다.

2. 다중의 발생원리

사회적 개인들의 총체로서 다중이란 개념은 개별적인 것과 사회적인 것의 양가성을 지닌 새로운 주체성을 의미한다. 이는 통일된 집단들의 총체로서 민중 개념과 상이한 의미를 가진다. 파울로 비르노가 다중과 민중의 개념을 스피노자와 홉스의 이론을 비교하면서 설명하고 있듯이, 다중은 사회 이전의 자연적 상태에서의 개인들의 개체성을 강조한다면 민중은 국가의 실존과 긴밀하게 연관된 사회적 조직체계 안에 존재하는 단일한 집단을 강조한다. "스피노자에게 물티투도(multitudo)는 공적인 무대에서 집단적 행동에서, 공동체의 사태를 처리하는 데 있어서 하나(Un)로 수렴되지 않은 채, 운동의 구심적인 형태 내부에서 소멸하지 않은 채, 그 자체로 존속되는 다원성"(38)을 가리킨다면, 홉스에게 민중은 "국가의 실존과 밀접하게 연관되어 있고", "국가의 반향이자 반영"(40)이다.

정치체제가 성립되기 이전의 자연 상태로 존재하는 것으로 본 홉스의 다중 개념은 국가와 제도로 수렴되는 근대 정치사상에서는 실체성이 없는 것으로 인식되었지만, 개인들의 창조적인 역능의 집합체로서 탈근대 시대의 다중은 개인과 집단의 중간에 위치한다.(44) 비르노는 현대의 다중의 양가성을 다음과 같이 언급한다.

> 현대의 다중은 '시민들'로 구성된 것도, '생산자들'로 구성된 것도 아니다. 그것은 '개인'과 '집단' 사이의 중간 지대를 차지한다. 그러므로 다중의 경우 '공'과 '사'의 구별은 결코 적합하지 않다. 그리고 그렇게 오랫동안 명백하게 주장되어온 이러한 용어의 짝이 와해되었기 때문에, 우리는 국가의 통일성으로 수렴되는 민중에 관하여 더 이상 말할 수 없다. 포스트모던하다는 딱지가 붙은 불협화음으로 가득 찬 후렴구("다양체는 좋으며, 통일은 경계해야 할 재앙이다")를 부르고 싶지는 않으나 다중이 일자(l'Un)와

대립하지 않고 오히려 재정의한다는 점을 인정해야만 한다. 심지어 다수가 통일의 형태를, 하나(un Un)의 형태로 필요로 할 때도 말이다. 즉 이러한 통일은 더 이상 국가가 아니라 언어, 지성이며, 인간이라는 유(類)의 공통적인 능력들이다.(44-45)

다중은 그런 점에서 개인적이기도 하면서 집단적이고, 개체적이면서 전(前)개체적이기도 하다. 다중은 지속적인 사회적, 정치적 실존 형태로서의 민중의 강제적인 통일과 대립된 것으로서 다수성의 존재이면서 개별자들의 연결망으로 이루어져 있다.(127) 개별자들의 연결망은 개체화에 선행하는 전-개체적인 실체성을 의미하는데, 이는 "공통적이고 보편적이며 미분화된 어떤 것"(127)과 연관되어 있다. 비르노는 이러한 전-개체적 실체성을 감각기관, 운동기능 장치, 지각능력들로 대변되는 유의 생물학적인 토대, 몇몇 공동체의 모든 화자들에 의해 공유된 역사적-자연적 랑그, 그리고 "포이에시스적, '정치적', 인지적, 감정적 관계의 총체로서의 생산력 총체"(131)인 지배적 생산관계로 설명한다. 개체적 단위를 넘어서는 보고 느끼고 만지는 신체적 감정과 공적 지성, 혹은 일반지성으로 존재하는 역사적-자연적 랑그의 환경, 지각과 언어 정서를 동원하는 현대의 노동과정들은 다중의 개체성을 '유'적으로 파악하게 하는 전-개체성의 특성이다. "현대의 다중은 개체화된 개체 즉 이러한 전-개체적 실재성을 가지고 있는 그러한 개체들로 이루어져 있다."(131)

다중의 개체성의 유적 원리는 노동과 삶의 의미에 대한 재해석을 통해서도 확인할 수 있다. 비르노는 푸코의 삶-정치 개념을 노동 역능[4] 개념으로 재해석하면서 이 문제를 구체화하고 있다. 맑스는 『자본론』 1권에서 노동역능을 "물질적 형태에서 존재하는 그러한 정신적이고 물리적인 능력의 총합, 즉 살아있는

---

[4] 본래 번역문에는 역량으로 되어 있지만, 필자는 스피노자의 개념에 더 적합한 번역은 '역능'으로 판단되어 본문에서는 모두 역능으로 쓰고자 한다.

인격성, 인간존재의 총합"(138쪽에서 재인용)으로 정의한다. 비르노는 맑스의 노동역능을 능력, 재능, 가능태 등 생산할 수 있는 모든 역능으로 간주하고, 노동 실제성 현재성만이 아닌 잠재성도 중요시했다. 노동역능은 푸코가 말하는 삶-정치의 전제가 된다. 다음의 인용문을 보자.

> 살아있는 신체가 통치의 대상이 되는 것은 이것이 지닌 고유한 가치 때문이 아니라 정말로 중요한 유일한 것—극히 다양한 인간능력(말할 수 있는 능력, 사고능력, 기억능력, 행위 능력 등등)의 총합으로서의 노동역능—의 근본토대이기 때문이다. 삶은 정치의 한가운데에 자리하지만, 쟁점은 비물질적인 (그리고 그 자체로는 비현재적인) 노동 역능이다. 이런 이유 때문에, 그리고 오로지 이런 이유 때문에, '삶-정치'에 대해 말하는 것이 정당하다.(141)

다중은 그런 점에서 노동 역능에서 삶의 정치를 발견하는 집단적 주체성을 의미한다. 노동 역능을 다양한 인간 능력으로서의 총합으로 간주할 수 있다면, "존재능력의 연속적인 변이"[5]로서의 스피노자의 정동(affect)과 정동적 노동의 한 형태인 비물질적 노동의 개념은 삶의 정치의 성격을 이해하는 데 단초를 제공할 수 있을 것이다. 들뢰즈는 스피노자의 『에티카』에서 언급하는 정동(affect)은 비재현적인 모든 사유양식이며, 존재의 변이라고 말한다. 무언가를 재현하는 사유의 양식으로서 관념과는 달리 정동은 존재가 특정한 양식에 의해 재현되지 않은 채로 연속적인 변이를 생산한다. "정동은 관념들의 지적인 비교로 환원될 수 없다. 정동은 살아있는 추이, 즉 어떤 정도의 완전성에서 또 다른 정도의 완전성으로의 살아있는 이행에 의해 구성된다"(32)는 지적은 정동이 재

---

5) 질 들뢰즈, 「정동이란 무엇인가?」, 질 들뢰즈·안또니오 네그리 외, 『비물질 노동과 다중』, 서창현 외 옮김, 갈무리, 2005, 31쪽. 이후 인용은 본문에 쪽수를 표기한다.

현에 포획되지 않는 삶의 정치의 생성의 에너지임을 간파한다.

'삶-정치'는 정동적 노동을 통해서 구현된다. 정동적 노동은 전지구적 자본주의가 재생산하려는 핵심 능력이면서 동시에 전복적이고 자율적인 구성을 향한 혁명적인 잠재력을 가진 것이다. 정동적 노동은 "서비스, 지식, 소통과 같은 비물질적 재화를 생산하는 노동"[6)]으로 정보와 상징 감성과 관련된 것들이다. 정동적 노동은 곧 비물질적 노동으로 "상품의 정보적, 문화적 내용을 생산하는 노동"[7)]이다. 그것은 노동의 두 가지 상이한 측면을 지시하는데, 하나는 상품의 정보적 내용과 관련하여 사이버네틱스와 컴퓨터 통제기술의 노동을 말한다. 다른 하나는 상품의 문화적 내용으로서 통상 산업사회에서는 노동으로 간주하지 않았던 "문화적 예술적 표준들, 유행들, 취미들, 소비규범들"(182)로서의 노동이다. 이러한 설명에 의하면 정동적 노동이나 비물질적 노동들은 컴퓨터, 인터넷 사이버네틱스, 로보틱스와 같은 기술 환경의 변화에 따른 노동행위의 변화에 주목하고, 인간의 감성에 근거한 미적 행동의 가치를 강조한다고 볼 수 있다. 다중은 정동적 노동, 즉 임금노동을 넘어서 삶의 창조적 능력을 활성화하는 '테크놀로지와 미학'의 힘을 가진 탈근대적 주체라 할 수 있다. 다음의 인용은 삶의 다양한 능력과 잠재력을 보유하고 있는 다중적 주체로서 다중의 의미를 엿볼 수 있게 한다.

> 삶능력이란 정동적 노동의 잠재성을 의미한다. 삶능력은 삶을 창조하는 능력이다. 이는 집단적 주체성, 사회성, 그리고 사회 그 자체의 생산이다. 정동들에 그리고 정동들을 생산하는 네트워크들에 초점을 맞추면 그러한 사회구성과정들이 드러난다. 정동적 노동의 네트워크들에서 창조되어지는 것은 '삶의 형식'(form-of-life)이다.[8)]

---

6) 마이클 하트, 「정동적 노동」, 『비물질 노동과 다중』, 147쪽.
7) 마우리찌오 랏짜라또, 「비물질적 노동」, 『비물질 노동과 다중』, 182쪽.

지금까지 언급한 다중의 성격을 고려하면 다중에 대한 담론은 주체보다는 주체성에 대한 담론이라 할 수 있다. 그것은 다중이 노동자에 대한 담론이 아닌 노동에 대한 담론이며, 정치적 주체에 대한 담론이 아니라 정치적 주체성에 대한 담론인 것과 마찬가지다. 다중의 성격을 말할 때 중요한 것은 물질노동과 비물질 노동, 임금노동과 정동적 노동, 노동주체와 정치주체, 그리고 문화주체들 사이의 구분이 아닌 그 경계에 존재하는 개인들의 실재적 능력과 잠재적 힘의 상태이자 그것의 연속적인 변이이다. 다중은 노동역능의 '정동적 가치'와 정동적 가치의 '노동역능'을 내재화한다는 점에서 노동, 정치행위, 그리고 문화적 감성이 분리되지 않는 "집합적" 주체성을 갖는다. 안토니오 네그리와 마이클 하트는 이러한 집합적 주체성의 원리를 "공통적인 것의 특이성"[9]으로 말했다. 공통적인 것은 공동체와 공적인 개념과는 다른 의미를 가진다. "공동체라는 용어는 종종, 인구들의 상호작용 위에 주권적 권력으로서 군림하는 도덕적인 통일체를 지칭하는 데 사용되는"(252) 반면 공통적인 것은 "특이성들 사이의 소통에 기초를 두고 있으며, 생산의 집단적인 사회적 과정을 통해 나타나며", "공통된 것 속에서 특이성은 사라지지 않고 스스로를 자유롭게 표현한다."(252) 그것은 국가의 통제 속에서 추상화되지 않고, 오히려 사회적인, 삶정치적인 생산 속에서 협력하는 특이성들에 의해 재전유된 일반 이익이며", "주권의 새로운 형태, 즉 민주적인 주권을 나타낸다."(254)

---

8) 마이클 하트, 「정동적 노동」, 153쪽.
9) "다중은 환원 불가능한 다양성이다. 다중을 구성하는 특이한 사회적 차이들은 항상 표현되어야 하며, 결코 동일성, 통일성, 정체성, 또는 무차별로 평준화될 수 없다. 다중은 그저 파편화된 그리고 분산된 다양성이 아니다…그렇지만 근대적인 정체성들의 파열은 특이성들이 공통적으로 행동하는 것을 막지는 못한다. 공통적으로 행동하는 특이성들―이것이 우리의 논의의 출발점이었던 다중의 정의이다"(안토니오 네그리·마이클 하트, 『다중』, 조정환 외 역, 세종서적, 2008, 141쪽). 이후 인용은 본문에 쪽수로만 표시한다.

개별적인 것의 자율성, 공통적인 것의 특이성을 생산하는 다중은 민주화 체제 이후 한국사회에서 다양한 주권, 혹은 새로운 형태의 주권을 가진 주체들의 출현을 지시하는 가장 적절한 개념 중의 하나이다. 수동적인 소비자를 거부하고 새로운 문화주체로 부상한 탈학교 청소년들, 금기와 편견을 넘어 자기애의 배려를 소중히 생각하는 성적 소수자들, 온라인 공간에서 현실운동과 지속적으로 접속하려는 누리꾼들, 자율적 지식공동체를 꿈꾸는 코뮌주의자들, 그리고 개인들의 삶 속에서 문화적 취향을 분출하는 문화부족들은 모두 새로운 형태의 주권을 가진 다중들로 파악할 수 있다. 이들은 국가나 단일조직으로 수렴되는 민중 주체나 재현을 목적으로 하는 관념적인 인식을 거부하고 자율적 집합들로서 공통적인 것의 가치를 추구하고, 자신의 실재성을 끊임없이 연속적인 잠재성의 상태로 위치지우기를 희망한다.

글의 서두에서 언급했듯이 우리는 이러한 다중의 실재성을 2002년 한일월드컵 때 광장으로 몰려든 '붉은 악마'와 2008년 다시 광장의 밤을 밝혔던 '촛불 주체'의 사건을 통해서 발견할 수 있다. 계급과 민족으로 환원되지 않고, 전통적인 혁명적 노동계급과 구별되지만, 한국사회의 중심에 있던 정치적, 문화적 사건에 대응해 적극적으로 행동에 옮기는 소수집단들은 참여의 구성방식과 행동의 양식에 있어 단일대오와 통일적인 구호, 목적의식적인 결속감을 보이던 기존의 시위집단과는 다른 감성적이고 지성적인 특이성을 생산한다는 점에서 문화적 성격을 더 많이 체화하고 있다.

한국사회에서 다중의 정체성을 문화적 관점으로만 파악할 수 없지만, 다중이론의 핵심인 비물질적 노동, 정동적 노동, 주체의 연속적 변이와 잠재성, 삶정치와 공통적인 것(the commons)의 특이성이란 관점에 기초한다면, 다중은 사건의 현장에서 문화적 실천을 가장 왕성하게 펼치고 있다. '블로깅'과 '넷 캐스팅' 기술로 가상공간의 현장개입을 높인 온라인 네트워커, 퍼포먼스와 급진적 스타일로 현장에 개입하는 문화행동가, 기술적 진화 속도의 실시간 체험을 통해서 주체의 변이를 시도하는 디지털 테크노부족들, 전문가들보다 더 전문적인 지식으로 무장한 집단지성들, 공통적인 것의 전유를 통해 문화적 취향을 삶의 정치로 전환하고자 하는 실천적 팬덤들은 다중의 비물질적 노동, 혹은 정동적 노동의 원리에 근거한다. 사실 다중이론에서 언급하고 있는 노동역능이나 비물질적 노동은 임금노동의 소외로부터 벗어난 자발적이고 자기만족적인 행위이자 체화된 욕망과 취향을 드러내는 문화적 행동을 활성화한다. 문제는 그러한 다중의 문화적 성격이 노동과 정치의 문제들을 어떻게 투사하고 교접하는가에 있다.

문화적 다중의 분류체계

한국사회 문화적 다중의 형태들은 크게 네 가지로 분류될 수 있다. 먼저 자신들의 문화적 취향과 스타일을 '삶-권력'으로 체화하는 문화부족들이다. '삶-권력'의 주체성을 생산하는 문화부족은 라이프스타일의 형성에서 두 가지 특성을 가진다. 하나는 '스타일로서의 삶'이고, 다른 하나는 '세력권'으로서의 삶이다. 문화부족들에게 스타일은 단지 외형적인 포장을 시각적 권위나 주류 문화 트랜드를 표상하는 패션의 형식과는 다르게 신체에 각인된 정동과 같은 것이다. "문화부족들은 자신들의 문화적 취향에 따라 서로 다른 소통체계와 기호체계를 가지고 있고, 그 결속력이 혈연관계 이상으로 강하며, 특정한 행동을 할 때, 배타적인 입장을 취한다."[10] 다중의 스타일은 특정한 문화적 산물을 공유하는 사람들의 삶의 태도와 사회적 실천 감각을 발산하는 문화적 아비투스와 같다. 부르디외는 아비투스를 개인들의 성향체계로 명명했는데, 이는 오랫동안 개인들의 삶의 체계 안에서 신체에 각인된 사회적 감각체계를 의미한다. 스타일이 삶의 기

---

10) 이동연, 『문화부족의 사회: 히피에서 폐인까지』, 22쪽.

호를 표상하기보다는 그 자체로 삶의 형식이라는 점에서, 그것은 부르디외가 의미하는 문화적 아비투스의 성향체계를 구성하는 요소이다. 가령 특정한 클럽의 색깔과 구호 및 응원가를 선호하는 축구 서포터의 스타일은 그들의 삶의 유산을 체화하고 동시에 '삶의 형식'(form of life)을 결정한다.

영국 프로축구 역사상 '맨체스터 유나이티드'와 함께 가장 많은 우승을 일구어낸 '리버풀'의 서포터 'The Kop'의 스타일에는 자신들의 삶의 유산이 고스란히 배어있다. 극심한 경제 불황과 파업에 시달리던 리버풀 노동자들에게 '엔필드 구장'의 골대 뒤쪽 입석 응원석은 해고와 공장 폐쇄라는 어려운 시절을 견디어낼 수 있었던 삶의 발전소와 같은 것이었다. 그들이 응원하기 위해 입고 있는 전통의 붉은 유니폼과 엠블럼은 단순한 기호가 아니라 삶의 형식을 결정하는 상징적 자산이다. 그들이 경기 전에 부르는 응원가 "You will never walk alone"은 리버풀 지역의 역사와 애환, 선수들에 대한 끝없는 애정, 그리고 두 번의 끔찍한 참사[11]로 죽은 서포터스에 대한 애도를 표현하는 삶의 형식이다. 한국의 대표적인 서포터 그룹인 수원 삼성 서포터 '그랑블루'와 FC 서울 서포터 '수호신' 사이의 전통의 라이벌 매치가 진행되면 '푸른색'과 '붉은 색'의 스타일 전쟁이 치러진다. 서포터에게 스타일은 자신이 속한 집단의 동질감을 형성하고 다른 서포터 집단을 구별하는 가장 원초적인 심리를 표상하는 것이다.

문화부족의 삶-권력은 또한 자신들만의 일정한 세력권을 형성함으로써, 집단적 정체성을 드러낸다. 특정한 세력권을 형성하려는 문화부족의 현상 중에서 가장 대표적인 것이 팬덤 그룹들이다. 팬덤은 자신들이 좋아하는 스타를 기점으

---

11) 리버풀 서포터의 120년 역사 중에서 가장 비참한 두 번의 사건이 있는데, 그것이 1986년 '리버풀'과 '유벤투스' 간의 챔피언스리그 결승전이 열렸던 벨기에 헤이셀 구장 사건이고, 다른 하나는 1989년 영국 FA컵 준결승 '리버풀'과 '노팅엄 포리스트'와의 경기가 열렸던 힐스보로 참사이다. 두 참사 모두 서포터들의 광적인 응원과 미숙한 행정 때문에 벌어진 사건으로 헤이셀 참사는 총 39명 사망에 454명 부상자를, 힐스보로 참사는 96명 사망과 760명의 부상자가 날 정도로 세계 축구사에서 끔찍한 사건이었다.

로 결속해서 다른 팬덤과 구별되는 세력권을 형성하길 원한다. 팬덤의 세력권은 앞서 언급한 자신들만의 독특한 스타일로 시각적인 구별짓기를 시도하는 것뿐만 아니라 스타산업과 연관된 상품소비 시장과 연예제작 시스템에 직간접적으로 개입하는 적극적인 문화소비자 운동을 펼치거나, 경우에 따라서는 자신이 좋아하는 스타의 사회참여 활동에 적극적으로 동참하는 강력한 문화개혁 세력으로 등장하기도 한다. 일례로 문화연대가 2000년에 시작한 가요순위프로그램 폐지운동에 서태지 팬덤, 블랙홀 팬덤, 이승환 팬덤 등이 동참했고, 2001년 그룹 god의 체조경기장 공연이 공연장 보수 문제로 잠실올림픽 주경기장으로 이전할 때, 팬들이 관람환경과 음향 하드웨어 문제로 대거 보이콧운동을 전개했으며, 'HOT' 해체 사태나 '동방신기' 3인의 멤버들이 전속계약무효 가처분 신청을 냈을 때, 팬들이 소속사 SM엔터테인먼트를 상대로 해체반대 시위를 벌이고 불매운동을 벌였다. 이 경우들은 문화현장에 개입하는 팬덤의 결속감과 세력권의 힘을 보여준다. 팬덤의 권력은 스타덤과의 관계 속에서만 제한적으로 행사되는 것이 아니라 그들의 일상적 삶 전체의 과정에 행사된다. 2008년 촛불집회의 시발점이 되었던 10대 팬덤의 '감성적 봉기'에서 간파할 수 있듯이, '삶-권력'으로서 팬덤은 '팬덤의 삶'과 '사회적 삶'의 잠재적 연결의 가능성을 목도하게 만든다.

두 번째, 많은 다중이론가들이 언급하고 비물질적 노동으로서 다중의 '삶-정치'를 가장 적절하게 실천하고자 하는 집단들이 온라인 네트워커이다. 한국에서 온라인 네트워커는 하나로 정의하기 어려울 정도로 다양한 문화적 태도와 정치적 입장을 가지고 있다. 하루 종일 인터넷 게시판에서 댓글놀이를 즐기는 네티즌, 자신이 좋아하는 취미 분야들과 관련된 정보들을 전문가 이상의 능력으로 정기적으로 업데이트 시키는 파워 블로거, 커뮤니티의 명시적인 기능성을 다의적인 잠재성으로 전화하여 독특한 라이프스타일을 즐기는 온라인 폐인들, 그리고 온라인에 대한 온라인 문화행동을 통해 새로운 어소시에이션을 기획하고자 하는 '메타 네트워커'가 온라인에서의 '삶-정치'를 꿈꾸는 자들이다. 이들은 주로 온라인에서 소통하고 오프라인과 일정한 단절된 삶을 살기도 하지만, 대부분 자신의 온라인 활동을 오프라인과 연계하려는 확장된 '삶-정치'를 기획하고자 한다.

한국에서 온라인 네트워킹은 리좀적이고 유목적이다. 가령 미국식 세컨드라이프(second life)가 오프라인과 단절된 온라인 공간에서 완전히 새로운 정체성을 이식하는 놀이를 즐긴다면, 한국의 온라인 놀이공간은 오프라인과 지속적인 피드백을 통해 진화하는 특성을 갖고 있다. 온라인 네트워커는 다른 온라인 공간에 참여해 참견하고 의사를 표명하는 것에 익숙하고 오프라인과 연계된 프로그램을 구성하기를 즐긴다. 가령 한국적인 세컨드 라이프라고 명명할 수 있는 '사이월드' 미니홈피는 미국의 세컨드 라이프스타일과는 다르게 온라인 정체성의 자기생성의 에너지를 온라인 정보 그 자체에 두기보다는 그 정보에 의해 연결 가능한 네트워크에 대한 자기만족을 기반으로 한다. '사이월드'와 같은 온라인 '삶-정치'는 사적인 정보의 놀이를 통해 '개인적인 것들의 어소시에이션'에 기반을 둔 오프라인 정체성의 가상적 확장 팩을 지향한다.

온라인 네트워크의 '삶-정치'는 정보와 라이프스타일의 혼합을 통해서 삶의 만족을 느끼는 적극적인 정보생산을 목적으로 한다. 대표적인 사례가 파워블로거들이다. 파워블로거는 블로그에 담긴 정보가 전문적이면서도 유익한 내용을 담고 있어 대중적 관심이 대단히 높다는 것과 그 정보적 관심이 대체로 자신의 취미생활이나 문화적 선호를 드러내는 일상적 라이프스타일의 취향으로 확산된다는 특성을 가진다. 예컨대 한국의 세계적인 피겨스케이터 선수인 김연아에 대한 관심을 드러내는 개인 블로거들은 피겨 전문가들은 아니지만, 전문가들보다 훨씬 폭넓고 광범위한 지식을 쏟아낸다. 그들은 김연아 선수의 경기 장면을 시퀀스별로 일일이 분석하고 각각의 기술들의 특성과 장점들을 다른 라이벌 선수와 비교하면서 그들만의 독특한 관전법을 제시한다. 간혹 김연아에 대한 일반 블로거들의 평가가 올라가면 그 정보에 대한 전문적인 비판과 조언을 해주고, 다른 사람들이 궁금해 하거나 자신만의 정보권력을 행사하기 위한 김연아와 관련된 수많은 정보들을 분류하고 체계화한다. 파워블로거의 또 다른 특성은 그 정보의 참고체계 수준이 시장에 직접 영향을 줄 정도로 강력한 정보적 힘을 가지고 있다는 점이다. 가령 요리에 관한 다양한 정보를 올리고 있는 블로거들 중에서 전문 요리사보다 상당한 인지력을 보유하고 있는 일반 가정주부들이 많고, 여행, 종교, 영화, 만화, 레포츠, 지역, 도시 등에 대한 해박한 정보제공으로 해당 분야의 공식시장에서 영향력을 행사하는 블로거들이 많이 등장했다. 이러한 파워블로거들의 인지도가 높은 이유는 이들의 정보가 실제로 전문가들보다 훨씬 더 유익한 측면이 있기 때문이기도 하지만, 전문가들이 정보를 생산하고 유통하는 방식과 다른 친밀성을 갖고 있기 때문이다. 파워블로거의 인지도는 개인의 사회경력이나 학력자본의 우위와는 관계없이 오로지 온라인 공간에 올린 정보의 유용성에 기반한다. 말하자면 파워블로거로서의 인지도는 개인들 그 자체에 있다기보다는 개인들의 정보의 양과 질에 의해 결정된다.

　온라인 네트워커의 '삶-정치'는 정보의 공유와 연대를 통해 동질적인 문화적 취향을 드러내는데, 커뮤니티의 특성에 따라 자생적인 소통체계와 언표 행위를 배타적으로 수행하는 데 익숙하다. 그들의 '삶 정치'는 언어의 정치이며 라이프스타일의 정치이다. 예컨대 'DC 인사이드'는 온라인 네트워크의 독특한 라이프스타일을 생산한다. 알다시피, 'DC 인사이드'는 디지털 카메라를 좋아하는 사람들의 정보 공유 사이트이고, 지금도 그 기능을 주되게 수행하고 있지만, 사이트의 기능적 역할과는 직접 관련 없는 독특한 언어사용체계로 온라인에서의 소통방식을 차별화하고 있다. 이들의 언어적 라이프스타일은 의고적 대화체를 사용해서 디지털 기계의 유통 공간을 낭만적으로 전환시키고, 랑그의 문법 체계를 파괴하는 역설적 초연함으로 그들만의 언어시장을 형성한다. 이른바 "아햏햏"과 "~하오"체의 스타일은 컴퓨터 언표 행위의 작용과 반작용의 역설적인 심리를 반영하고 있다. 컴퓨터 언어 체계 안에서 우연하게 형성된 "아햏햏"의 언어는 실제로 기존에 존재하는 언어가 아닌 인터넷에서 상호 접속하는 대화의 장에서 형성된 수행적인 언어라 할 수 있다. "~하오"체는 디지털 문화의 화용론에 적합하지 않은 고전적인 대화체 사용을 통해 'DC 인사이드'의 라이프스타일을 역설적으로 만든다. 'DC 인사이드'의 역설적인 화용론은 표준 문법체계와 일상어의 관습을 무너뜨리는 10대들의 인터넷 화용론과는 다르게 의고적이고 회귀적인 성향을 드러내는데, 이들의 디지털 마인드 속에 역설적으로 드러나는 우발적이고 의고적인 상상력은 민주주의의 화용론에 대한 새로운 문법을 실험한 것이라 볼 수 있다. 가령 이들이 이라크파병반대 집회나, 촛불집회에 "개죽이"라는 이름의 깃발 아래 모여 민주주의의 정당성을 외치는 방식은 민주주의의 기표와 기의, 형식과 내용의 관습적인 대당관계를 해체하려는 그들만의 화용론이다. 'DC 인사이드'의 '삶-정치'는 그런 점에서 유쾌한 온라인 언어의 정치화라 할 수 있다.

세 번째, 문화적 다중은 대의민주주의의 대변의 정치를 거부하고 직접 민주주의의 '대화적 상상력'을 꿈꾸는 집단지성으로 존재한다. 다중의 특이성은 재현의 존재가 아닌 표현의 주체로, 서로 이질적인 것들의 집합으로 정의될 수 있다. 다중의 특이성은 '단일하다'는 번역어가 표상하는 것과 반대로 사실은 집합적인데, 이 집합성은 언제나 다른 특이점과 맺는 관계 속에서 이웃한다는 점에서 집합적이며, 그 특이점들의 분포가, 반복하여 출연한다는 점에서 결코 '단독적'이지 않다.[12]

다중의 특이성이 갖는 정동적인 생산과 집합적 배치는 지적인 담론 공동체를

---

[12] 고병권·이진경 외, 『코뮨주의 선언—우정과 기쁨의 정치학』, 교양인, 2007, 158-159쪽.

직접민주주의의 행동으로 요청하는 집단지성의 중요한 원리이다. 한국에서 직접민주주의의 행동을 요청하는 집단지성이 출현한 구체적인 사례가 지난 촛불집회 때 등장한 다음의 '아고라'이다. '아고라'는 촛불집회를 주도한 집단지성의 대표적인 집합적 공동체이다. '아고라'의 상상력은 오프라인에서의 민주주의의 결핍과 권력의 반지성을 온라인에서 채우고 지성화하는 다중의 행동이다. 인터넷 포털 사이트 다음의 토론방인 '아고라'는 고대 그리스 도시에서 시민들이 모여 다양한 토론과 대화를 나눈 공론장이었던 '역사적 아고라'의 온라인 현현체이다. 아고라의 기능은 토론, 이야기, 즐보드, 청원으로 구분되는데, 주로 사회적 이슈에 대한 토론과 청원이 주를 이룬다. 사회적 이슈에 대한 토론과 청원은 대개 연계되어 직접 민주주의의 요청으로 이루어진다. 특히 "안단테"라는 이름의 고등학교 2학년 학생이 청원한 이명박 대통령 탄핵안은 '아고라'를 중심으로 급속하게 확산되어 모두 130만 명 이상이 탄원 서명에 참여하는 강력한 직접 민주주의의 사건을 보여주었다.

아고라의 청원운동을 지식인이 주도한 것이 아니라 일반 시민들이 주도했다는 점은 집단지성의 주체성의 성격을 그대로 보여준다. "아고라는 전문가 집단이 초기부터 나온 건 아니다. 전문가 집단이 아고라를 끌고 갔다면 그렇게 성공하지 못했을 것이다. 처음에는 개인들의 사소한 이야기들이 등장했는데, 그런 글들이 베스트에 오르고 메인화면에 노출되었다. 꼬리말, 답글이 쇄도하고, 조회 수가 몇 만 건이 넘어서면서 눈팅만 하던 사용자들이 의견을 낼 수 있었다. 그것이 바로 아고라가 많은 사람들을 끌어 모을 수 있었던 힘이다"라는 언급[13]은 집단지성으로서 아고라의 주체 구성이 일반지성의 원리와 개인들의 자발적 의사표명의 힘에서 비롯된 것임을 짐작케 한다. 아고라는 미디어와 네티즌들로

---

13) 아고라 폐인들 엮음, 『대한민국 상식사전 아고라』, 여우와 두루미, 2008, 51쪽.

부터 "시민들의 학습의 장", "전혀 새로운 네트워크 민주주의 출현", "조직도 모임도 아닌, 여론 그 자체", "인터넷 토론광장", "지도부 없는 집단지성", "촛불집회의 숨은 원동력"이라는 평가4)를 받으면서 이론이 아닌 현실의 집단지성으로 존재하는 다중의 가장 구체적인 사례로 각인된다. '아고라'의 토론 토픽들은 우리 사회의 공식화된 공론장에서 배제된 '공론적인 것'에 대한 참여민주주의의 오픈 소스로 기능한다. "서비스 여성 노동자들에게 의자를 제공하라", "갈 곳 없는 천 마리의 동물들을 도와 달라", "우리 교과서가 재생종이로 만들어지도록 도와주세요", "야간자율학습 및 0교시 수업 폐지하라"는 다양한 아고라 청원들은 대의민주주의의 대변의 정치가 실제로 대변하지 않는 자(것)들을 다시 공론의 장으로 복원하는 것이다.

마지막으로 문화적 다중의 성격을 논의할 때 빠질 수 없는 것이 '테크놀로지의 주체성'이다. 테크놀로지의 주체성은 다중의 비물질적 노동, 노동역능의 새로운 감수성을 내재화한 것이다. 앞서 다중의 중요한 성격으로 언급한 온라인 네트워크와 라이프스타일, 온라인 공론장으로서 '아고라'의 감수성은 개인들의 주체성의 역능 안에 내재한 테크놀로지의 자유로운 활용과 배치에 기반한다. 다중들에게 테크놀로지는 개인들의 개별적 역능과 공동체의 집합적 역능을 연계시키는 장치로 사용된다. 그것은 그 자체로 목적이기보다는 매개 장치이며 과정이다. 디지털 유비쿼터스 시대에 과학기술과 공학적 진보는 개인들의 삶의 양식과 내용, 방법을 획기적으로 전환시켰다. 테크놀로지는 문화의 수단이기보다는 그 자체로 문화의 양식으로 전환되고, 과학기술에서 문화는 기술적 진화를

---

14) 같은 책, 55쪽. 아고라에 대한 다른 설명을 보자. "디지털 시대, 더 정확히는 웹2.0시대의 새로운 광장이다. 대의민주주의의 한계를 뛰어넘는 참여민주주의의 새로운 실험장이다. 온라인/오프라인, 아날로그/디지털의 경계를 허물고 현실을 새롭게 발견하는 창이다. 아고라가 싫어하는 것: 계몽, 간섭, 지도⋯아고라가 좋아하는 것: 연대, 지혜, 토론⋯어디로 나아갈지 아무도 모르는, 새로운 유전자를 지닌 생명체이다"(같은 책 62쪽).

재현하는 참고체계가 아니라 그 자체로 과학이며 기술이다. 디지털 테크놀로지의 혁신적인 발견들은 표현과 재현으로서 문화의 감각체계와 작업과 과정으로서 테크놀로지의 공학체계의 거리를 소멸시켰는데, 인간과 기술의 상관관계에 대한 탐구는 로봇의 미학적 인간화의 간극을 탐구하는 '언캐니밸리'(uncanny valley)와 같은 미학적 논쟁을 낳기도 했다.

테크놀로지의 주체성은 기술에 대한 인간의 태도와 감정, 즉 기술의 '삶-정치'를 조절하고 배치하는 것을 의미한다. 그런 점에서 '테크놀로지 주체'와 '테크놀로지의 주체성'은 구별되어야 한다. 전자는 테크놀로지의 진보가 아닌 진화에 친숙하고 기계적으로 대응하는 기술결정론자로서, 예컨대 기술의 사용에 대한 편집증에 빠져있는 '얼리-어답터'(early adapter)와 같은 개인들을 지칭한다. 기술과 개인은 대당관계이며 기계적인 진화론에 기반한다. 반면에 테크놀로지의 주체성은 테크놀로지를 통한 개인들의 사회적 활동의 역능을 확장하는 감수성을 갖는다. 예컨대 지난 촛불집회에서 촛불의 시위현장을 온라인을 통해 중계한 인터넷 넷 캐스터와 개인들의 '오픈 캐스팅' 활동으로 구성된 <아프리카>와 같은 'P2P 인터넷 방송공간'은 테크놀로지 그 자체의 실험을 넘어서는 테크놀로지의 삶-정치를 구현하는 주체성을 갖는다. 오픈 캐스터는 '월드와이드웹'이란 인터넷 공간과 'DMB'라는 뉴미디어를 연결하는 주체로서 현실공간과 가상공간의 실시간 피드백을 통해서 양자의 역능을 배가시키는 '주체성'을 갖는다. 촛불시위를 중계하는 넷 캐스터는 자유롭고 유목적이며 자신의 방송을 듣는 네티즌들에게 현실공간의 정보를 제공하며 현실공간의 부족함을 동시에 요청한다. 시간과 공간의 소멸은 넷 캐스터에게는 다양한 실험과 참여행동을 가능케 하는 배경이 된다. 동시대 지구에서 존재하는 모든 기술적 조건들을 활용해서 테크놀로지 그 이상의 사회적 역능을 발휘하고 상상력을 극대화하는 것이 테크놀로지의 주체성이다.

지금까지 언급한 문화적 다중들의 성격들에 대한 언급은 현실적인 상태에 대한 설명이면서 동시에 잠재적인 가능성에 대한 현실의 결핍을 함께 설명한 것이다. 그런 점에서 문화적 다중에 대한 해석과 전망은 한국사회에 존재하는 다중들의 가능성과 한계를 동시에 설명한 것이다. 새로운 문화부족의 출현, 온라인 네트워커들의 라이프스타일, 집단지성들의 반란, 그리고 테크놀로지 주체성의 현실개입과 같은 사례에서 우리는 새로운 혁명적 주체로서, 즐거운 혁명의 과정에서 가능성과 그 한계를 발견하게 된다. 그렇다면 문화적 다중들의 한계를 어떻게 설명할 수 있을까? 그리고 그것을 넘어서는 또 다른 주체와 집단의 상상은 가능한가?

3. 다중을 넘어선 대안문화행동

다중은 비물질적 노동에 근거한 탈근대적 노동주체이면서 대의민주주의와 국민-국가의 한계를 넘어서려는 정치주체이고 삶의 일상에서 새로운 감각을 생산하고 표현의 자유를 극대화하려는 문화적 주체이다. 다중은 소외, 대변, 반영이란 근대적 노동, 정치, 문화의 패러다임으로부터의 탈주를 기획한다. 다중은 노동-정치-문화적 삶의 집합적 배치를 기획한다는 점에서 안토니오 네그리와 마이클 하트가 언급하는 생체정치적 생산자들이다. 근대적 통제사회에서 생체권력은 근대적 장치에 의해서 훈육된다. 훈육사회를 작동시키고, 사회의 배제와 포섭의 메커니즘에 복종하게 만드는 것은 "사회적 지향"을 구조화하고 훈육의 "이성"에 적합한 논리를 제공하는 훈육제도들(감옥, 공장, 보호시설, 병원, 대학, 학교 등)을 통해 수행된다"[15] 네그리와 하트는 자본주의의 강력한 훈육제

---

15) 안토니오 네그리·마이클 하트, 『제국』, 윤수종 역, 이학사, 2001, 52쪽. 이후 인용은 본문에서 쪽수 표시.

도들이 개인들의 이데올로기와 의식뿐 아니라 신체 그 자체를 통제한다는 푸코의 '생-정치학'의 담론을 강조하면서 그러한 훈육으로부터 벗어날 수 있는 새로운 사회적 존재들의 생산에 주목한다. 자본주의적 훈육장치로부터 벗어날 수 있는 길은 비물질적 노동과 대량화된 지적 노동, 일반적 지성과 같은 새로운 생산력의 형태를 통해 생체정치적 생산의 잠재성을 인식하는 것이다. 생체 정치적 삶을 생산하는 신체는 "생산이자 재생산이고 구조[토대]이자 상부구조이다. 왜냐하면 그것은 가장 완전한 의미에서 삶이고, 적절한 의미에서 정치학이기 때문이다."(63)

다중의 '노동-삶-정치학'의 구도에서 한국에서 출현한 다중들은 잠재성을 현실성으로 전환하는 과정에서 노동과 정치의 행동이 소멸된 문화적, 감성적 주권의 특화로 존재하는 경우가 많다. 앞서 분석한 문화적 다중의 사례들은 다중의 자율적 욕망을 현실 노동과 정치의 문제로 이행시키지 못한다. 새로운 문화부족들과 온라인 네트워커들, 탈중심적인 집단지성 주체들은 한국사회에서 생겨난 문화적 사건들과 정치적 사건들의 현장에 '현상적으로' 개입하지만, 그 사건들의 실체를 구성하고 있는 근본적인 모순들, 예컨대 신자유주의적 자본의 독점과 노동의 양극화, 인권과 인종과 섹슈얼리티가 착취당하는 현장에 좀 더 직접적으로 개입하지 않는다. 다중은 새로운 계급주체이기보다는 사회적 주체들의 자기 역능의 혁신을 요청하는 '주체성'의 존재들을 의미한다. 그런 점에서 다중은 노동계급과 시민계급을 대체하는 새로운 계급의 실체성을 보유하기보다는 현존하는 주체들의 역능을 활성화하는 '재번역된 계급의 존재'를 강조한다. 비물질적 노동과 정동적 노동은 어디까지나 물질적 노동과 사회적 노동의 모순들 안에서 존재할 때만 맑스가 말하는 "사회적 존재"의 주체성을 내재화할 수 있다.

한국에서 다중은 조합주의적 노동운동에 매몰된 노동조직들의 관료적인 행동과 소비자본주의에 포섭된 일반 노동자들의 욕망의 증대로 인해 계급적 연대가 이루어지기 어려운 조건에 있다. 또한 지난 촛불집회의 주체구성 방식에서 알 수 있듯이 대의적 의제를 중심으로 행동하는 시민운동의 정치적 한계와 경직된 이데올로기적 의식으로 인해 시민운동 역시 다중과 유리되는 상황을 목도했다. 다중은 노동운동과 시민운동의 자기 목적적인 운동의 관행으로 인해, 정서적 연대뿐 아니라 현실 정치적 연대에서 이탈했다. 사회운동 조직 역시 개인들의 자유로운 연합으로서 다중의 실체에 대해 부정했다. 다중은 현상적으로 출현했지만, 노동운동, 시민운동, 사회운동의 내파 없이 그 지반에 발을 딛지 못한 채, 촛불집회 이후 하나의 유령처럼 떠돌았다. 한국에서 다중의 현상과 감성은 존재하지만, 노동자 없는 다중, 시민 없는 다중, 그리고 인권과 생명이 없는 다중이 현실적으로 존재할 수 있을까? 도대체 한국에서 다중은 어떤 실체성을 갖는 것일까? 아래의 다중에 대한 이행론의 관점은 센세이셔널한 현상과 일시적 사건에 근거한 과도한 믿음을 담고 있다.

> 이내 산업사회적 상상력을 해체하는 새 시대의 역동성이 화두로 떠오르고, 세상을 편집해온 언론의 서열이 네티즌의 손으로 재편되기 시작했다. 정부가 나서서 물타기를 하지 않을 수 없었다. 오프라인에서 교사, 교육청, 경찰로 연결되는 협박이 감행되면 온라인에서 곧장 방비책이 나왔다. 난적, 난제를 풍자로 무력화시키는, 오직 최강자만이 선택할 수 있는 방법을 '아고라'는 끝없이 찾아냈다. …프랑스 언론은 초반에 이미 핵심을 읽었다. "이 운동은 끊임없이 확산되면서 뚜렷한 조직이 없다. …참가자들 스스로 자신을 규정하지 않고, 단 하나의 정치적 요구 말고는 (단일한) 정체성을 가지고 있지도 않다. …가장 급진적인 형태의 투쟁임에 틀림없다." 도덕과 힘의 압도적인 우위, 오직 이것이 아니고서는 가능해 보이지 않는 일이 어떻게 해서 그렇게 날마다 출몰할 수 있는가? 우리 사회를 이끄는 힘이 순식간에 '대중에서 다중'으로,

'공간 공동체에서 시간 공동체로', '정치에서 문화로', '지도와 계몽에서 집단지성으로' 이동한 것을 밝히지 않고서는 이 경이로운 풍경을 설명할 길이 없을 것이다.16)

다중으로서 촛불 주체들은 위의 인용문대로 탈중심적이고 자율적이며 다성적인 정체성을 가지고 있지만, 탈중심적이고 다성적인 정체성의 실체가 근본적인 사회주체들과 사회구성체의 이행을 단정할 정도로 결정적이라고 보기는 어렵다. 촛불의 국면에서 다양한 맥락 하에서 출현한 다중의 적극적인 참여 현상들은 명박산성이란 강력한 물리력의 출몰 이후 국가의 폭력적인 규율장치 안으로 퇴각했고, 불과 6개월 이후 발발한 용산참사와 같은 급진적인 현장에서 사라졌다. 다중의 설명대로라면 용산 현장에 존재하는 다중은 사회운동조직들과 진보적 종교주의자들이었을까? 다중의 이행론이 관념적인 것은 신자유주의체제에서 발발했던 수많은 사회적 사건들에서 다중이 출몰한 것은 극히 제한적이기 때문이다. 다중은 계급과 정치의 이행론을 확인할 수 있을 만큼 연속적이고 일관된 주체들, 혹은 집합들이라기보다는 신자유주의체제를 넘어설 수 있는 새로운 계급과 정치의 행동을 정의할 수 없는 상황에 대한 반동적인, 역설적 현상을 내포한다. 다중은 그런 점에서 존재하는 계급, 혹은 주체라기보다는 새로운 계급의 등장, 새로운 주체의 등장의 부재를 암시하는 현상이자, 그것의 잠재적 주체성을 예시하는 현상적인 존재에 불과하다.

한국에서 다중의 성격이 계급적, 정치적인 면보다는 문화적 성향이 강한 것도 연속적이고 일관된 정치적 행동으로의 확산에 대한 부족을 보여준다. 문화적 다중은 다중의 문화적 성격을 지시하는 것인데, 문화적 취향과 감수성 안에 내재된 계급적, 정치적 동기화를 발견하기에는 문화적 다중은 탈정치화되어 있다.

---

16) 아고라 폐인들 엮음, 『대한민국 상식사전 아고라』, 12쪽.

물론 다중의 문화적 취향이 그 자체로 정치적 구성물임에는 분명하지만, 정치적 구성물이 아닌 정치적 직접행동의 능력을 활성화하는 집단들의 문화행동은 부족하다. 앞서 언급했던 문화부족은 말할 것도 없고, 온라인네트워커와 사이버펑크주의자, 집단지성, 테크놀로지 주체성은 다중의 현존과 부재를 동시에 설명해주는 토픽들이다. 문제는 문화부족이나 집단지성, 온라인 네트워커들의 '일반성'이 아니라 그들의 '특이성'과 '연속성'의 실천들에 있다.

다중에 대한 이론적, 실천적 구성에 대한 현실의 다른 번역과 해석이 문화좌파들이 제시하는 코뮌주의와 어소시에이션이다. 다중이론 역시 민주주의의 변이와 계급-정치의 사회적 특이성을 강조한다. 네그리와 하트는 사회적 특이성이 다중들의 정치적 삶을 통해 자신들의 재화와 서비스를 통제할 것이며 이것이 공적인 것에 기반을 둔 국가에서, 공통적인 것에 기반을 둔 코뮌으로의 이행을 일구어낼 것이라고 말한다.17) 그러나 이들의 이러한 주장은 다중의 구체적인 실천에 대한 해석이라기보다는 하나의 전망에 의존하고 있다. 국가의 공공성에서 다중의 코뮌으로의 이행은 다중이론의 토대가 되고 있는 비물질적 노동, 정동적 노동의 '삶-정치'만으로는 실체성을 확보하기가 어렵다. 문제는 다중에서 코뮌으로의 이행이고, 이때 코뮌으로서의 주체성은 다중이론에서 기각하거나 배제한 물질적 노동, 자본에의 근본적인 착취, 감성적 공동체의 집단적 행동에 대한 회복을 통해서 가능할 것이다. 그리고 무엇보다도 중요한 것은 다중의 운동이 벌어지고 있는 물질적 토대에 대한 내파를, 그리고 그러한 물질적 토대에 대한 자명한 전제로부터의 단절이 필요하다.

2000년 이후 한국사회에 보여주었던 다양한 실천적 사건들의 현상을 넘어서는 문화적 다중의 대안문화행동들은 다음과 같은 실천 속에서 가능할 것이다.

---

17) 안토니오 네그리・마이클 하트, 『다중』, 254쪽.

먼저 신자유주의체제와 문화자본의 발생 원리와 구조를 폭로하는 담론적 실천이 중요하다. 다중의 문화적 행동이 다양한 형태로 등장할 수 있었던 것은 역설적이게도 신자유주의체제 하에서의 문화자본의 안정적 토대구축 때문이다. 다중의 비물질적 노동과 문화활동은 신자유주의 하에서의 노동환경의 변화와 디지털, 멀티미디어, 엔터테인먼트 문화자본의 대량독점이란 조건을 기반으로 한다. 신자유주의체제 하에서 문화자본은 오히려 비물질적 노동을 활용하고, 개인들의 라이프스타일의 감정들을 상품화해서 독점력을 높이고 있다. 대중음악산업은 몇몇 연예기획사의 자본력에 의해 독점화되어 있고, 자본의 규모가 더 큰 이동통신시장에 완전히 잠식당했다. 영화산업 역시 국가 간 문화적 다양성 차원으로 보면 스크린쿼터 생태계가 위기를 맞았을 뿐 아니라 국내 영화제작 시장 안에서도 '수직계열화'로 인하여 극심한 자본의 독점화 현상이 가속화되고 있다.[18] 디지털 기술의 급속한 발전에 힘을 입어 대중들의 일상을 견고하게 조직하고 있는 이동통신과 인터넷 포털 사이트 등 '비물질적 자본들'은 다중의 온라인 네트워크 공간을 일부 허용해주지만 그만큼 자본의 능력을 더욱 강화하고 있다. 따라서 다중은 다양한 문화적 활동과 온라인 네트워크 행동을 하기 이전에 그 활동의 물질적 토대가 독점화되고 있는 자본과 기술의 환경에 먼저 개입하는 것이 필요하다. 다중은 신자유주의적 국가장치와 이데올로기에 대해서는 적극적으로 행동하는 반면, 자신의 행동의 물질적 토대가 되고 있는 문화자본의 독점화에 대해서는 별다른 대응을 하지 않는다. 과도한 이용 폭리를 취하고 있는 이동통신 자본에 대한 직접행동, 다양한 문화적 볼 권리를 제한하는 문화산업 시장의 유통 체계에 대한 급진적인 문화소비자 운동, 온라인 콘텐츠를 조절 통제하는 배타적 저작권에 반하는 '공정-이용'의 적극적 요구, 독립적인 온라인

---

[18] 이에 대한 자세한 설명은 이동연, 「한국의 문화자본은 어떻게 형성되는가」, 『문화자본의 시대: 한국 문화자본의 형성 원리』, 문화과학사, 2010 참고.

코뮌들을 구성하려는 집단적 행동 등이 요구된다.

다중의 문화행동은 1980년대 시위 현장에서 볼 수 있었던 '문화선전대'의 도구적 기능과는 다른 그 자체로 자율적이고 독자적인 실천의 의미를 갖는다. 그것은 지휘를 받을 중심이 없고, 자신들의 자발적 계기에 의해서 신체를 현장에 각인시킨다. 그것은 정치적 행동의 선전선동의 수단이 아닌 정치적 효과를 생산하는 카니발이다. 다중은 다양한 표현과 스타일로 현장에서 새로운 언어와 담론을 만들어낸다. 다중의 카니발적인 행동에 대한 네그리와 하트의 다음의 언급은 다중의 문화적 특이성을 잘 설명한다.

> 지구화를 둘러싸고 일어났던 다양한 항의운동들의 수행적이고 축제적인 성격을 인식하는 것은 쉽다. 심지어 격렬히 전투적일 때조차도 그 시위들은 대단히 연극적이고 거기에는 거대한 인형들, 의상들, 무용들, 익살스러운 노래들, 슬로건들 등등이 어우러진다. 다시 말해 시위들은 거리축제들이기도 한 것이어서 거기서는 시위자들의 분노가 축제적인 환희와 공존한다. 하지만 항의들이 축제적인 것은 그 분위기에서 뿐만 아니라 그 조직화에 있어서도 마찬가지이다. 바로 여기에 바흐친이 등장한다. 내레이션에서처럼 정치적 조직화에 있어서 다양하고 특이한 주체들 사이에 항상적인 대화가 존재하며, 그 주체들의 다성적인 구성이 존재하고 이러한 공통적인 구성을 통한 각 주체의 전반적인 풍부화가 존재한다. 운동하는 다중은 새로운 주체성들과 새로운 언어들을 생산하는 일종의 내레이션이다.19)

그러나 네그리와 하트의 언급은 다중의 문화적 행동의 형식-스타일의 구성양식에 대한 설명일 뿐, 다중이 어떠한 사건에 참여할 것인가에 대한 실천 대상

---

19) 안토니오 네그리·마이클 하트, 『다중』, 260쪽.

을 결여하고 있다. 다중의 내레이션은 형식-실체, 내용-표현이라는 언표행위들의 집합적 배치로 구성된다. 즉 어떤 형식의 내레이션인가도 중요하지만, 무엇을 위한 내레이션인가 역시 중요하다. 다중의 문화행동이 광우병 쇠고기나 촛불집회와 같은 대중적인 운동 이슈에 적극적으로 참여하여 축제의 시위를 주도하는 것과는 다르게, 우리 사회의 좀 더 급진적이고 미시적인 사건에 개입하는, 소수자를 위한 투쟁에는 정치적 한계를 드러내기도 한다. 다중의 문화행동이 실제로 더 필요한 곳은 촛불집회가 아닌 강력한 개발과 공권력의 폭력이 결합된 용산참사 사건과, 주목받지는 못했지만 오랫동안 노동과 참여의 권리를 주장했던 '콜트콜텍 투쟁'과 같은 문화현장이다. 용산참사는 신자유주의의 공간개발의 논리에 의해 배제당하는 자들의 아픔과 그 개발의 이익을 변호하는 공권력의 과도한 행사가 어떻게 충돌하고 있는지를 보여준 사건이다. 용산참사에 대한 문화행동은 사건의 재현이나 선전 방식의 수준을 넘어서는 그 현장에서 배제당한 자들의 삶의 권리와 인권을 위한 것이었다. 그것은 또한 공권력의 행사 방식의 정도와 상관없이 가능한 모든 주장과 행동의 최대 공약수를 찾기 위한 싸움이다. 촛불의 현장을 뒤덮었던 다중의 생기 있는 스타일과 넷 캐스팅은 용산의 현장에서는 실종되었다. 용산참사 투쟁에 참여한 문화행동은 문화운동과 사회운동의 토픽을 가로질러가며 용산현장에서 문화적 퍼포먼스와 거리예술 프로그램을 전개하였고, 공연, 집회, 시위의 현장에서 수많은 예술가들을 거리로 불러냈다. 용산에서의 문화행동은 기존의 민중문화운동이나 다중의 개별화된 문화실천과는 다르게 정치와 문화, 공간과 주체, 감수성과 인권의 연대가 공권력의 폭력에 맞서 사회운동의 최전선을 구성하고 있다.

용산참사에 개입하는 문화행동이 촛불집회 이후 강화된 공권력에 대응하는 문화실천을 구성한다면, 콜트콜텍 기타 노동자들의 오랜 투쟁에 동참하는 문화적 연대는 사회적 소수자들을 위한 싸움이다. 전세계 음악마니아들이 선호하

용산참사 현장에서 젊은 문화행동가들이 기획한 <망루전>

는 '팬더'와 같은 제품의 기타를 제조하는 업체인 콜트콜텍 한국 본사 노동자들은 사용자의 위장 폐업에 대항해 1000일간 투쟁을 벌이고 있다. 위장취업을 고발하고, 원상 복직을 요구하는 콜트콜텍 노동자들의 외로운 투쟁은 기타를 만드는 문화노동자들임에도 불구하고 문화운동 진영에서도 초창기에는 적극적으로 개입하지 않았다.

그러나 콜트콜텍 노동자들과 문화연대 활동가들과의 연대는 국지적이고 소수집단의 노동파업의 문제에 문화행동으로 직접 결합하는 사건을 낳았다. 기타 노동자들에게 삶의 권리를 부여하기를 요청하는 다양한 문화행동들, 예컨대

일본 요코하마에서 열린 2009뮤직메세에서
콜트콜텍 노동자들과 문화단체 활동가들의
사운드 데모와 일인시위

홍대클럽 '빵'에서 열리는 수요 공연은 작년 2008년 12월부터 시작해서 지금까지 정기적으로 진행되고 있다. 콜트콜텍의 부당한 사용자 권한 행위를 고발하기 위해 올해 베를린과 동경에서 개최된 '뮤직메세' 행사에 문화활동가들이 참여해 다양한 시위와 퍼포먼스를 선보이며, 문화노동자들을 위한 국제연대를 강화했다. '콜트콜텍 투쟁'은 사실 "노동-정치-감성"이란 다중이론의 핵심적인 토픽들을 모두 암시하고 있어 다중 그 이상의 다중의 주체성과 실천의 원리를 갖는다. 그러나 역설적이게도 '콜트콜텍의 투쟁'은 비물질적 노동과는 맥락이 다른 소수집단의 현장에서 가장 물리적인 싸움을 장시간 유지했고, 문화행동가들 역시 문화적 형식과 그 외부에 있는 현실 노동의 문제를 연결하는 '문화-노동-삶' 운동을 전개했다.

마지막으로 문화적 어소시에이션과 이를 매개로 한 문화코뮌을 장기지속시킬 수 있는 토대를 형성하는 것이 다중을 넘어선 대안문화행동의 궁극적인 목표 지점이 아닐까 싶다. 사실 앞서 언급했던 문화자본의 독점화에 대항하는 이데올로기적 싸움은 담론적 실천 그 이상을 넘어서기가 어렵다. 가라타니 고진이 언급하는 '소비자-노동자' 운동으로서 어소시에이션 운동은 "상품교환을 통해 공동체에서 나온 개인들에 의해 형성되는 자발적인 교환조작"[20]으로서 자본주의 화폐 교환 이윤의 논리에서 해방될 수 있는 가능성을 보여주지만, 자본주의적 문화소비의 구조에서 독립된 생태적 코뮌을 구성하는 데 제약이 뒤따른다. 문화적 어소시에이션 운동은 개인들의 능력을 활성화하고, 호혜와 평등의 원칙에 기반한 문화소비의 대안을 발견하고, 생태적 삶으로 전환하기 위한 독점적 소비자본의 시스템과는 다른 독립적이고 자율적인 소비-교환 시장을 실행에 옮기는 것도 고려할 수 있다. 그것은 신자유주의체제가 강화하는 소비자본주의의 라이프스타일과는 다른 독립적이고 자생적이면서 생태적인 자율성을 갖는 문화적 코뮌을 지향한다. "대중이 새로운 삶의 방식을 스스로 구성하고 그것을 지속할 수 있는 자기-조직 또한 자기-규제의 능력을 생산하는 '코뮨주의'[21]의 정치적 전망에다 공통의 물질성을 확보하기 위한 집합적인 연대와 문화적 자율성을 가미한 어소시에이션 운동을 결합시키는 적극적인 문화행동이 요청된다. 가령 "개인들이 소유하고 있는 문화상품들과 자원들, 그리고 지적능력들을 공유할 수

---

20) 가라타니 고진, 『트랜스크리틱』, 송태욱 역, 그린비, 2005, 48쪽.
21) 고병권, 이진경 외, 『코뮨주의 선언』, 109쪽. 여기서 언급하는 '코뮨주의'는 수유+너머에서 주장하는 개념인 만큼 구별해서 사용하고자 한다.

있는 사회화 프로그램들을 계획하여 소규모, 소집단 문화생활조합을 구성할 수 있다. 지역 라디오공동체, 자발적 지역 여가 생활을 위한 협동조합, 지역미디어 연합과 같은 문화행동의 네트워크를 통해 문화비용들을 절감하고 공통자본들을 확보하기 위한 공공투쟁을 강화"[22]할 수 있다. 문화적 다중의 상상력을 좀 더 급진적으로 현실운동과 연계하고, 다중의 물질적 토대에 대한 내적인 비판과 그 영토에서 벗어날 수 있는 대안문화행동의 구상이 어느 때보다 절실하다.

---

[22] 이 책에 같이 실린 「문화사회로의 전환과 생태문화코뮌 만들기」 참고.

12

'표현의 자유'를 다시 생각한다

1. 신검열 체제의 등장

'촛불집회'에서 '용산참사'까지 이명박 정부의 계속되는 과잉진압은 한국 민주주의의 시계바늘을 30년 전 유신체제로 되돌리기에 충분하다. 정권 초기부터 시작된 과도한 공권력 투입과 일방적인 시위진압을 보고 있으면, 현 정권을 '퇴행적인' 신공안정국으로 부를 법하다. 복고적이면서도 새로운 통제 스타일을 추구하는 지금의 공안정국은 흥미롭게도 전임 정부와 가장 대척점에 섰던 공안검사들이 주도하고 있다. 실제로 작년 촛불집회에서 광화문에 '명박산성'이 등장한 이래 시위자 대거 연행과 과도한 구속집행이 잇달았던 것을 상기하면, 이미 공안정국의 분위기는 오래 전부터 감지되었다고 볼 수 있다. 강내희는 이러한 이명박 정부의 이데올로기적 성격을 '보수적 신자유주의'[1]로 규정했는데 최근의 공권력이 정치적 극우파들의 파시즘과 상층 계급들의 경제적 신자유주의의 지원 아래 행사되고 있다는 점에서 일리있는 주장이다.

과거 억압적 경찰국가를 떠올리게 하는 일련의 과잉진압 사례들은 집회와 시위에 대한 시민들의 기본 권리를 박탈하는 위험한 통치술인데, 사실 이보다 더 위험하고 끔직한 것이 있다면 개인들의 자유로운 의사를 전방위로 통제하려는 새로운 검열기제의 등장이다. 2008년 7월 국방부가 작성한 불온서적 리스트 사건 이후 본격화하기 시작한 표현의 자유에 대한 국가의 검열은 최근 인터넷 경제논객 '미네르바' 구속사건에 이르기까지 강도 높게 강화되고 있다. 1990년대 말부터 2000년대 초반에 있었던 영화, 만화, 대중음악 분야에서의 표현의 자유 논쟁이 다시 본격화되고 있는 것이다.

표현의 자유에 대한 검열은 출판, 음반, 방송, 영상물과 같은 문화적 표현물에서부터 집회 시의 개인적인 발언과 인터넷 댓글에 이르기까지 실로 광범위하게 포괄하고 있는데, 문제는 법적 규제의 근거가 지나치게 자의적이라는 데 있다. 앞서 언급했듯이 국방부는 불온서적 20여권을 지정해서 군내에 반입을 금지하겠다는 발표를 하였는데, 국방부에서 지정한 불온서적 저자들 중에는 세계적인 언어학자 노엄 촘스키, 영국에서 활동하는 한국인 경제학자 장하준 교수, 그리고 소설가 현기영 등 대부분 학술적 가치나 문화적 가치들을 인정받고 있는 책들이 상당수 포함되어 있었다. 국방부의 이러한 조치들은 한총련 소속 학생들이 군부대에 도서 반입운동을 벌이겠다고 말한 직후에 계획된 것이어서 저서의 학술적 가치에 대한 면밀한 점검 없이 다분히 낡은 이념의 잣대 속에서 나온 시대착오적인 대응일 가능성이 높다.

또한 2007년 대선부터 강화되기 시작한 인터넷실명제 도입 조치 역시 인터넷상에서의 개인의 의사 표현의 자유를 제한할 소지가 높아 도입 때부터 논란을

---

1) 강내희, 「현 단계 문화운동의 방향과 과제」, 『신자유주의 시대 한국문화와 코뮌주의』, 문화과학사, 2008 참고.

불러일으키기도 했다. 2004년 3월 12일에 개정 공포된 「공직선거 및 선거부정 방지법」에 의하면 선거에 관한 의견을 인터넷 언론사의 게시판에 게시할 때 반드시 주민등록번호의 일치 여부를 확인하는 기술적 조치를 의무화하도록 되어 있다. 특히 제17대 국회의원총선거와 2007대선에서 불법적인 선거운동을 막겠다는 취지에서 실명제 도입을 강화하였지만, 실명제 도입은 선거 기간뿐 아니라 일상적인 주제와 사건 모두에 걸쳐서 통제할 수 있는 여지를 안고 있다. 인터넷실명제 도입이 이른바 '악플'을 차단하는 일시적인 효과를 볼 수 있을지 모르겠지만, 사이버공간에서의 다양한 토론문화를 의도적으로 억제할 수 있는바, 인터넷 민주주의에서의 개인의 표현의 자유를 침해할 소지를 안고 있다. 최근 배우 최진실의 사망으로 인터넷실명제 논란이 인터넷에서의 '악플문화 근절'로 이동하면서 '사이버모욕죄'를 법제화하려는 정치적 작업으로 진행되고 있다. 소위 '최진실법'으로 알려진 '사이버모욕죄' 신설 논란은 제재방식은 인터넷실명제와 다르지만, 인터넷공간에서의 개인의 의사표현 활동에 일정한 제재를 가한다는 점에서 유사한 맥락을 갖고 있다. 또한 여당에서 추진하고자 하는 인터넷 종량제 역시 인터넷 사용에 대한 개인적인 선택과 권한을 제도적, 물리적으로 제한하겠다는 의도를 갖고 있는바, 인터넷을 둘러싼 다양한 경로에서의 법적 제재가 일반화할 태세이다.

    인터넷에 대한 개인들의 의사통제는 미네르바의 구속에서 절정에 도달했다. 미네르바 사건은 인터넷 공간 속에서 개인들의 자유로운 지적 담론의 사회적 파급효과를 자의적으로 판단하여, 그것이 마치 경제위기의 주범인 것처럼 간주하는 새로운 국가 통제술이라 할 수 있다. 특이한 것은 대체로 전기통신법 위반 적용이 사적인 영역에서 개인들의 명예훼손에 연관된 경우라면, 미네르바 사건은 극히 일부를 제외하고는 금융위기에 대한 타당성 높은 지적인 담론을 통제한 사례라는 점이다. 물론 '미네르바'의 구속 사유인 허위사실유포에 따른 국가신

인도 하락은 아직도 법률적인 논쟁이 되고 있지만, 법적 적용 이전에 현재의 정국에 대한 공권력의 과잉대응의 맥락으로 읽을 필요가 있다. 역설적이게도 미네르바에 대한 처벌은 겉으로는 허위사실 유포로 포장하고 있지만, 속으로는 진실에 대한 공론화의 공포에서 비롯된다. '미네르바의 구속'은 최근 경제정책의 혼선을 바라보는 민심에 대한 정권의 히스테리가 작용한 결과다.

표현의 자유에 대한 포괄적 통제는 매체를 향유하는 개인의 취향까지 포괄한다. 일례로 청소년들의 게임 이용에 대한 셧다운제를 도입하기 위한 '청소년보호법 법률 개정안'도 현재 입법 예고 중이다. 개정 법률안은 일정시간(밤12시-새벽6시)에는 청소년들이 온라인게임을 할 수 없도록 차단한다는 내용을 담고 있다. 개정 법률안을 발의한 한나라당 김재경 의원은 "최근 청소년들의 온라인 게임 이용시간이 과도하게 증가하면서 인터넷중독, 사이버폭력 등 사회적 문제가 심화되어 가고 있으나 가정 및 학교차원의 자율적 감독만으로는 이러한 문제에 대한 효율적인 대처가 어려운 실정이며", "또한 2007년 1월 「게임산업진흥에 관한 법률」의 개정으로 '게임과몰입의 예방 등'에 관한 조항이 신설되었으나 청소년의 과도한 온라인 게임 이용 방지에 적절한 대책이 되지 못하고 있어서 심야의 특정시간대에는 청소년에게 온라인게임을 제공할 수 없도록 함으로써 청소년이 온라인 게임에 중독되지 않고 건전한 인격체로 성장할 수 있도록 하려는 것"이라는 의견을 피력했다. 그러나 이러한 취지를 법으로 제정하기 위해 필요한 객관적 연구와 조사가 과연 얼마나 내실있게 진행되었는지가 의문스럽고 반대로 온라인 게임에 대한 일정한 시간 규제를 통해서 온라인 게임을 강력하게 하고 싶은 청소년들의 문화적, 심리적 욕구를 조절할 수 있겠는가 하는 의문이 든다.

최근에는 음반과 영상물에 청소년 유해매체 판정이 강화되고 있다. 청소년보호위원회는 작년 2008년 말부터 2009년 초까지 음반에 대한 청소년 유해매체

고시를 강화했는데, 이 중에는 가수 비, 동방신기, 백지영의 노래가 포함되어 있다. 비의 "레이니즘"은 가사 중 'magic stick'과 'body shake'가 성행위를 연상케 한다는 이유로, '동방신기'의 "미로틱"도 일부 가사가 선정적이라는 이유로, 백지영의 "입술을 주고"는 청소년들에게 선정적이고 불건전한 만남을 조장한다는 이유로 청소년 유해매체로 고시되었다. 청소년보호위원회는 최근 몇 달 사이에 200여건이 넘는 곡을 청소년 유해매체로 고시하는 등 청소년보호를 명분으로 문화적 표현물에 대해 과도하게 내용규제하고 있다. 영화에 대한 내용 규제 역시 과거 정부보다 그 기준이 훨씬 보수화되고 있다. 최근 영화 <작전>은 청소년들이 주사조작과 같은 영화 속 장면을 따라할 소지가 있다는 이유로, <핸드폰>은 선정적인 폭력을 모방할 수 있다는 이유로 모두 청소년 관람 불가 판정을 내렸다. 또한 영상물 등급위원회는 헌법재판소가 2008년 8월에 「영화 및 비디오물 진흥법」의 '제한상영가 등급' 조항에 대해 헌법불합치 결정을 내렸음에도 불구하고 제한상영가 등급제를 현행 유지하겠다고 발표했다.

　이상과 같이 표현의 자유에 대한 총괄적인 규제 혹은 검열 강화는 모든 매체물과 개인의 발언 전체에 개입한다는 점에서 검열의 정치적인 지형 변화를 감지할 수 있다. 1990년대 말에 쟁점이 되었던 표현의 자유 규제 논쟁은 보호주의적 관점에서 보수성을 드러낸 일종의 보수적 시민운동의 효과였다면 최근 일련의 사건들은 신보수적 국가주의로의 후퇴와 국가 검열기제의 전면배치의 효과라는 점이 특징이다. 그런 점에서 최근 문화적 표현물에 대한 과도한 심의 기구들의 규제결과들은 최근 공안정국의 정세와 무관해 보이지 않다. 이는 "국가의 감시와 통제기능을 강화하기 위함이며, 신자유주의가 자본의 자유강화를 위해 축소하는 데 그치지 않고 사회적 배제, 공공성의 약화들에 반발하는 세력의 억압을 위한 조치"[2)]로 볼 수 있다. 문화적 보수주의와 정치적 통제주의, 그리고 경제적 신자유주의의 연합이 최근의 표현의 자유와 관련된 사건들의 맥락을 복잡하게 만드는 요인이다. 이것이 신검열 체제 등장의 요점이라 할 수 있다. 신검열 체제에서 표현의 자유 문제는 창작자들의 문화적 권리, 개인들에 대한 일상의 통제, 사회적 담론 형성의 규제, 정치적 이데올로기 통제술이 함께 얽혀있는 복잡한 쟁점을 생산한다.

따라서 표현의 자유를 수호하는 문화운동 역시 이러한 복잡한 정세를 고려해서 새로운 문제의식이 필요한 시점이다. 2000년대 초반 표현의 자유 수호운동은 주로 창작자들의 창작 권리를 옹호하고, 이들의 문화적 표현에 대한 사회적 인식의 확대라는 협소한 관점에서 이루어졌다면, 이제는 다양한 요소들을 고려할 단계에 이르렀다. 새로운 검열체제에 대응하기 위해서는 기존의 표현의 자유 운동에 대한 반성적 성찰과 그에 따른 새로운 실천 토픽들이 모색되어야 한다. 개인적으로는 새로운 검열체제에 저항하기 위한 인식적 지도는 다음 세 가지 토픽이 중요하다고 생각한다.

2. 팬옵티콘적 통제술

과거 표현의 자유가 주로 성표현물과 창작자들과 관련된 것이었다면, 지금 논란이 되고 있는 것은 개인들의 자유로운 의사표명에 관한 것이다. 표현의 자유는 이제 창작자에 국한된 특수한 문제가 아니라 일반 시민들에게 해당되는 보편적인 문제가 된 것이다. 특히 온라인공간에서 개인들의 자유로운 의견들은 법적 규제의 표적이 되고 있다. 정부는 「인터넷실명제」와 「전기통신기본법」 등의 현행 법률을 적용하여 온라인에서 개인들의 자유로운 의사를 통제하고 있다.

---

2) 같은 책, 345쪽.

인터넷실명제라는 통제 조치는 가장 많은 대중들을 대상으로 한 것이다. "인터넷실명제"나 "사이버모욕죄"는 모두 게시판에 댓글을 남길 때 책임있는 네티즌들의 자세를 촉구하는 명분을 가지고 있다고 말한다. 사이버 윤리의식, 도덕적 책임감에 대한 네티즌들의 경각심을 불러일으키려는 취지로 만들어졌다는 인터넷실명제는 명시적으로는 악플러를 처벌하기 위한 근거 마련을 목적으로 하고 있지만 암묵적으로는 네티즌들의 자유로운 토론문화에 대한 일정한 제재를 가하기 위한 목적을 가지고 있다. 그렇다면 실명제가 악플 방지를 위해 구체적으로 어떤 효과를 갖고 있을까? 생각해보면 실명으로 글을 남기게 되면 자신의 신분이 노출되는 상황에서 악플을 달지 못할 것이라는 예상을 할 수 있다. 또한 실명에 의한 성찰적 행동에 대해 기대할 수도 있다. 물론 실명제가 상대방에 대한 근거 없는 비방을 삼가는 데 일정한 효과를 거둘 수도 있다고 보지만, 악플의 생성원리에 대한 근본적인 예방책으로 작용하기에는 부족하다. 부족할 뿐 아니라 인터넷 문화의 원리상 바람직해 보이지도 않는다. 실명제는 인증제와도 다르게 인터넷에서 댓글을 게시하는 본인의 실명을 그대로 밝히는 것이기 때문에 토론에 참여하는 네티즌들의 심리를 크게 위축시킨다. 이른바 로그인 자체가 실명이 아닌 가상의 이름인데, 로그인 한 상태에서 다시 실명으로 전환하는 방식은 심리적 방어기제가 강하게 나타날 수밖에 없다. 사실 악플 문화는 실명제와 익명제의 문제에서 발생하는 게 아니라 악플을 권하는 사회적 문제에서 비롯된다. 또한 인터넷에 대한 문화교육의 부재에서 비롯된 것이 크며 이는 실명제와는 근본적으로 무관한 문제이다. 물론 실명제가 악플로 인한 선의의 피해자를 줄일 수 있고 잠재적 가해자를 사전에 예방하는 효과가 전혀 없다고 말할 수는 없다. 그러나 실명제를 전면도입하기에는 그 부작용이 너무 많고 인터넷에서의 비판적 토론문화의 위축을 일으킬 여지가 더 많다. 온라인공간에서 벌어지는 다양한 토론문화는 대화에 참여한 개인의 가상 정체성을 기초로 한다.

말하자면 토론에 참여하는 네티즌의 아이디는 단순한 기표가 아니라 온라인 공간에 참여한 개인의 가상 정체성과 문화적 취향을 보유한 기호체이다. 따라서 온라인 커뮤니티에서 실명제는 담론적 정의를 구현하는 차원을 넘어서 온라인 문화의 가상 정체성을 부정하는 것으로, 온라인 '생체성'을 거세하는 것과 다르지 않다. 인터넷실명제는 개인의 담론 정체성의 확인이 아닌 거세 효과를 생산한다.

한 연예인의 자살 사건이 추동시킨 '사이버모욕죄'의 도입은 인터넷실명제보다 한 단계 진화한 온라인 감시 체계이다. 모욕죄라는 용어가 자의적인 판단이 많이 개입되고, 이것이 온라인공간에서 적용된다는 점에서 사이버모욕죄는 개인에 대한 일상적이고 무의식적인 감시를 강화한다. 사이버모욕죄는 인터넷에서 개인을 비방하고 모욕하는 행위에 대한 처벌인데, 특징은 친고죄가 아닌 '반의사불벌죄'를 택하고 있으며 처벌기준이나 피해배상 규정을 대폭 강화하고 있다는 것이다.

전세계적으로 명예훼손에 대한 법률적 규정을 최소화하고 있는 상황에서 이보다 더 추상적인 온라인공간에서의 '모욕죄'를 세계 최초로 신설하려는 조치들은 표현의 자유에 대한 개인들의 의사를 감시하고 사회적 비판을 자의적인 기준으로 처벌하려는 정치적 의도를 갖고 있다. 한국은 모욕과 명예훼손에 대한 형사상의 처벌과 민사상의 손해배상에 대한 모든 처벌을 법으로 정하고 있는 반면, 국제법의 일반적인 수준은 오직 명예훼손의 허위사실에 대해서만 부분적으로 처벌하고 있다. 친고죄가 아닌 '반의사불벌죄' 형태의 사이버모욕죄가 도입될 경우 민주주의의 기본 토대라 할 수 있는 개인의 자유로운 의사표현의 원칙들은 정치적 의도와 기획에 의해 붕괴될 위험에 직면한다.

이외에 최근 한나라당과 뉴라이트 계열의 단체들이 추진하려는 이른바 'MB 악법 시리즈들'은 모두 온라인과 오프라인에서의 참여민주주의에 재갈을 물리려는 의도를 공공연하게 표명한다. 현행 집시법 개정 법률안은 시위도중 복면착용 금지, 질서유지선 위반 강화, 소음규제 등 집회와 시위의 기본적 인권을 무시하는 내용을 담고 있고, '불법집단행위에 관한 집단 소송법'은 시위 도중 발생할 수 있는 재산상의 피해를 가정해서 시위 집단에 대한 법률적 처벌을 강화하여 시위의 정치적 저항을 시민들 간의 재산상의 갈등으로 치환하려고 하며, '군의문사진상규명 등에 대한 특별법 폐지법안'은 진상규명을 통한 개인의 인권 회복을 원천적으로 막으려는 군사적 권위주의의 부활 혐의를 가진다. 이렇듯 최근 개인들의 표현의 자유에 대한 국가의 전면적인 통제술은 최진실 자살사건과 같은 특정한 국면을 이용해서 개인의 의사와 행동 일체를 24시간 감시하고 처벌하겠다는 팬옵티콘적인 국가 지배전략이다.

팬옵티콘적인 국가 통치술은 문화 소비마저도 국가가 통제하려는 목적을 가진다. 서두에 언급했듯이 '청소년 게임이용 셧다운제 도입'이 대표적인 사례이다. 청소년 게임이용 셧다운제는 청소년이 온라인 게임을 할 경우 밤 12시에서 새벽 6시까지 자동으로 차단되는 제도인데, 국가가 개인의 문화 소비 시간을 강제적으로 통제하겠다는 의도를 분명히 드러낸다는 점에서 유해매체물을 분류하고 고시하여 이용을 차단하겠다는 방식과는 다른 차원의 통제술이다. 문화적 표현물의 등급제는 매체의 내용을 통제하는 방식이라면 청소년 게임이용 셧다운제는 매체이용 시간을 자동적으로 통제하는 방식이다. 청소년들이 이용할 수 있는 게임 콘텐츠라 하더라도 일정한 시간이 되면 청소년들은 게임을 이용할 수 없게 된다. 물론 일정한 시간이 되면 게임이용이 자동적으로 차단되는 대상자들은 청소년에게 국한되어 있다. 또한 청소년 게임이용 셧다운제를 게임 과몰입에 빠져있는 청소년들에게 자제력을 키우고, 성장기에 있는 청소년들에게 충분한 수면을 취할 수 있도록 하는 사회적 관리 장치로 이해할 수도 있다. 그러나 통제의 대상과 매체를 고려해보면 이는 마치 노동력을 재생산하기 위한 근대적 규율권력을 연상케 한다. 청소년이 밤에 공부를 하는 것은 용인되고 게임을 이용하는 것은 왜 통제되어야 하는가? 그리고 성년이 밤에 게임을 이용하는 것은 용인하고 청소년이 밤에 이용하는 것은 왜 통제하는가? 오프라인 게임은 통제의 대상이 아닌 반면 온라인 게임은 대상이 되어야 하는 근거는 무엇인가?

<연령대별 게임이용시간>[3]

구분	평균게임시간		주말게임시간	
	평균(분)	응답자(명)	평균(분)	응답자(명)
10대	105.71	222	178.20	255
20대	179.39	304	217.89	328
30대	155.44	87	210.70	93

위의 표에서 알 수 있듯이 심야에 청소년들이 온라인 게임을 이용하는 빈도가 다른 연령에 비해 높지 않다는 것도 알 수 있다. 문제는 청소년들이 심야에 공부를 하지 않고 온라인 게임을 하는 것에 대한 사회적 편견이 셧다운제를 만들었다. 만일 청소년들이 이 시간대에 공부를 한다면 어떻게 해야 할까? 신체발육을 위해 공부 그만하고 수면을 취하라고 말할 수 있을까? 공부는 되고 게임은 안 되는 이유는 무엇일까? 이러한 의문들은 결국 공부와 게임 자체의 내재적인 원인 때문이 아니라 공부와 게임을 사회적으로 규정하는 논리에 있다.

이는 잠재적 노동 주체인 청소년의 자율적 행동과 개별적 취향을 국가가 관리하겠다는 것인데, 더 더욱 문제는 청소년 여부와 관계없이 개인의 문화적 권리와 취향의 선택이 법에 의해서 통제를 받는 방식이 아주 당연시되고 있다는 점이다. 국가의 통제술이 사회적 합의와 토론의 과정 없이 필요와 계기에 의해

---

[3] 김성윤, 「화폐경제와 게임세계, 아이템 현금거래의 문화」, 문화사회연구소 주최 <게임문화이론강좌>, 2008년 7월 참고.

서 자의적으로 법장치를 생산하는 방식이야말로 법적 장치를 통제의 수단으로 활용하여 정치적 의도를 일방적으로 관철하겠다는 것이다. 청소년 게임이용 셧다운제 역시 특정한 주체와 매체에 대한 예외적 관리 방식의 논리를 넘어서 인터넷실명제나 사이버모욕죄처럼 국가에 의한 대중통제술의 일반적 원리를 가지고 있다. 또한 극히 실효성이 낮은 이 제도를 도입하려는 것은 청소년보호의 논리와는 다른 차원에서 온라인에서의 개인들의 자유로운 활동을 통제하려는 다른 통제의 목적을 드러낸다. 온라인공간에 대한 국가의 팬옵티콘적인 통제술은 결국 미시권력에 대한 통제이다.

3. 문화자본의 논리

창작자들과 개인들의 표현의 자유와 이를 제한하려는 국가의 통제술은 분명한 대립적인 위치에 있지만, 표현의 자유와 문화자본의 관계는 이보다 훨씬 복잡한 문제를 낳는다. 통상 문화적 표현물에 대한 표현의 자유를 옹호할 때 항상 논쟁이 되는 지점은 그것이 상업적 목적을 위한 것과 어떤 근거에서 차별적인가 하는 점이다. 2000년 초반에 문화연대에서 표현의 자유 수호운동을 전개할 때 '청소년보호론'을 주장하는 보수적 시민단체들이 항상 제기했던 것은 그것이 문화자본가의 상업적 목적에 이용당한다는 것이다. 오랫동안 문화적 표현물에 대한 감시활동을 해왔던 '기독교윤리실천운동'(이하 기윤실)은 자신의 활동을 청소년보호운동으로 규정할 뿐 아니라 '문화소비자 운동'으로 규정하려는 것도 이런 맥락 하에서이다. '기윤실'은 1990년대 말에서 2000년 초반까지 이현세의 『천국의 신화』, 장선우의 <거짓말>, 박진영의 "게임"을 모두 음란물로 검찰에 고발했는데, 그 근거에는 청소년보호론과 함께 성표현물을 상업적으로 이용하는 문화자본가에 대한 반대도 포함되었다. '기윤실'의 논리대로라면 성표현물을 표현의 자유 관점에서 옹호하는 행동도 결과적으로는 문화자본가의 상업적 이익의 목적에 기여하는 것이 된다. '기윤실'이 문화연대의 표현의 자유 수호운동을 놓고 문화산업의 상업적 이익 논리를 묵인하고 있다고 비판하는 것도 이런 이유에서이다.

당시 문화연대가 '기윤실'과 표현의 자유를 놓고 벌인 많은 논쟁 중에서 "문화자본의 논리"에 대해 충분한 토론과 고민이 있었던 것은 아니다. 문화연대의 입장에서는 '기윤실'의 이러한 주장이 종교적 성향이 강한 보수적인 시민단체에서 자신들의 청소년보호운동 명분을 찾기 위한 구실에 불과했던 것으로, 혹은 엄연히 존재하는 대중문화시장 자체를 부정하는 원리주의적 반발 정도로 대응했다. 또한 갈수록 커지는 대중문화의 위력에 밀려 주도적 기능을 상실하는 교회의 문화적 역할을 회복하기 위한 이데올로기적 공세로 판단하기도 하였다. 그래서 '기윤실'의 문화소비자 운동을 전적으로 대중문화 밖에서 문화시장 자체를 부정하려는 종교적 발언으로 규정했던 것이 사실이다.

여기서 '표현의 자유'와 '문화자본 논리'의 관계를 다시 생각해 보면 표현의 자유를 위해 문화자본의 논리가 묵인되거나 별개의 문제로 생각해서는 안 된다는 진전된 문제의식을 갖게 된다. 물론 '기윤실'의 주장은 대중문화의 산업적 메커니즘에 대한 원천적인 부정과 청소년보호론에 입각한 자신들의 강력한 매체운동을 관철시키기 위한 무리한 근거로 문화자본의 논리를 내세운다. 가령 이들은 문화자본가들이 흥행을 위해 표현의 자유 논쟁을 일부러 일으킨다는 음모론을 주장한다. '기윤실'의 주장에 동의할 수 없지만, 표현의 자유와 문화자본의 논리가 충돌하는 지점은 특히 대중매체를 중심으로 한 표현의 자유 운동에 대한 새로운 반성을 일으킨다.

사실 표현의 자유는 창작의 수준이나 상업적 이해관계보다 우선시되어야 하는 국민의 가장 기본적인 권리이다. 창작의 완성도가 낮거나 상업적인 의도가 의심되는 표현물이라 하더라도 표현의 자유는 보장되어야 한다. 그것은 어떤 점에서 청소년보호보다 우선적으로 보호되어야 할 상위 원칙이다. 물론 표현의 자유가 아무런 제약 없이 보호되어야 하는 것은 아니다. 표현의 자유에 대해 관대한 유럽의 경우에도 인종차별이나 나치즘이나 파시즘을 노골적으로 선동하는 표현물은 온전하게 보호하지는 않는다. 청소년보호의 경우 아동 착취 경향을 공공연하게 드러내는 경우에는 엄격한 제한을 가한다. 이러한 경우를 제외하고는 표현의 자유가 제약을 받는 경우는 극히 드문 것이 일반적인 상식이다.

그러나 표현의 자유가 문화자본의 논리에 우선하는 인간의 기본적인 권리라 해도, 그것이 문화자본의 축적에 어떤 구성적 역할을 할 수 있는지에 대한 내재적인 비판은 필요해 보인다. 특히 2000년 초반 논란의 대상이 되었던 통속적인 성표현물에 대한 표현의 자유 옹호론은 주장의 기본 원칙이나 정세적 불가피성에도 불구하고, 문화자본의 논리에 개입할 수 있는 여지를 충분히 만들지 못했다. 이는 표현의 자유 수호운동을 포함해 문화연대가 지속적으로 개입했던 대중문화 개혁운동의 성과에도 불구하고 대중문화의 환경은 오히려 더욱 독점화되고 있는 현실의 상황과 맞닿아 있다. 표현의 자유의 기본 인권을 주장하고 청소년들의 문화적 자유와 권리를 옹호하던 담론들이 본래의 의도와는 다르게 자유주의적 상업주의의 합리적 근거로 변형되는 현실을 발견할 수 있게 된다. 청소년들이 즐겨 사용하는 사이월드 미니홈페이지의 배경음악의 다운로드 매출누계가 2005년을 기준으로 이미 1조원을 돌파했고, 대중음악시장은 아이돌 스타들을 '훈육하는' 소수의 주류 기획사에 권력이 넘어간 지 오래다.[4] TV의 연예 오락프로그램은 소위 '표현의 자유'의 암묵적 동의 아래 상업적 의도를 노골화하거나 여성차별적 상황과 가학적·피학적 연기들을 특별한 제재 장치 없이 재연한다.

---

[4] 대중문화 산업의 독점화 논리에 대해서는 이동연, 「대중문화산업의 독점화와 대안문화행동」, 『문화자본의 시대: 한국 문화자본의 형성 원리』, 문화과학사, 2010 참고.

표현의 자유 수호와 문화자본 비판을 다른 층위에 있는 별개의 토픽으로 볼 수도 있지만, 표현의 자유를 위해 문화자본의 논리를 묵인하거나 표현의 자유가 상업적 수단으로 왜곡되어 이것이 마치 보편적인 문화적 취향으로 표상되는 것을 방관할 수는 없을 것이다. 이것이 2000년 초반에 진행한 표현의 자유 수호운동의 국면과 지금의 운동이 다른 지점 중의 하나일 것이다. 이미 이러한 문제의식은 표현의 자유 수호운동의 초기에도 없었던 것은 아니다. 예를 들어 문화연대가 표현의 자유에 대한 기본적 권리를 내세워 박진영의 음반 <게임>을 옹호한 것이 과연 정당한가에 대한 문제제기는 논쟁의 당사자였던 '기윤실'이 아닌 문화운동 내부의 의견이기도 했다. 일각에서는 박진영의 <게임>과 같은 특정한 작곡자이자 제작자의 음악적 취향을 옹호하는 것은 결국 의도하지 않더라도 상업적 이해관계에 연루될 것이라는 우려를 표명했다.

2008년 문화연대가 주최한 표현의 자유 관련 토론회[5])에서 한 게임비평가는 '청소년 게임이용 셧다운제'에 대한 비판적 발언을 했던 필자의 발제에 대해 논평을 하면서 필자의 주장이 게임산업계의 상업적 이익을 논리적으로 옹호하는 발언으로 이용될 위험성을 경고했다. 한국의 게임이용의 특성상 '시간소비'(time consuming)의 성향이 강한 환경에서 '청소년 게임이용 셧다운제'를 반대하는 주장은 의도와는 상관없이 게임산업의 시장 논리를 옹호하는 발언이라는 것이다. 이는 비단 게임뿐 아니라 인터넷 포털 매체에도 동일하게 적용될 수 있다는 게 논평자의 주장이다. 흥미로웠던 것은 이러한 문화자본의 논리가 현재의 신자유주의 정부의 권력 재생산에 기여할 수 있다는 식의 주장이다. TV 프로그램의 연성화와 인터넷 포털 사이트들의 상업적 포퓰리즘이 그 근거라는 것이다. 이 주장을 단순하게 정리하면 표현의 자유를 옹호하는 발언들은 문화자본의 논리

---

5) 문화연대 문화정책센터 월례정책포럼, '표현의 자유와 문화적 권리를 말하다', 2008년 10월 15일자 참고

를 옹호하고 결과적으로는 신자유주의 정권의 권력 재생산에 기여할 수 있다는 말이 된다.

물론 이러한 주장이 논리적 비약에 근거한 바가 크고, 설사 그럴 가능성이 있다 해도 표현의 자유 운동의 타당성을 무화시키지는 않지만, 최근 이명박 정부의 전면적인 국가 통제술이 강화되는 국면을 고려해 본다면 눈여겨볼 점이 많다. 말하자면 국민의 정부나 참여정부 시절 표현의 자유 수호운동과 지금의 이명박 정부 시절 표현의 자유 운동은 그 맥락과 국면이 다르다는 점을 인식할 필요가 있는 것이다. 따라서 경제적 신자유주의와 정치적 권위주의가 결합된 현 정부의 이데올로기적 성격이 노골적으로 드러나는 국면에서 표현의 자유 수호운동은 보수적 청소년보호론에 대한 비판뿐 아니라 독점 문화자본의 논리와 그것의 정치적 변용에 대한 비판도 동시에 수행해야 한다. 현재 표현의 자유 수호운동이 윤리적 감성의 실천만이 아니라 정치적 무의식에 대한 해체가 필요한 것도 이런 이유에서이다.

4. 정치적 무의식―'공포'의 귀환

이명박의 보수적 신자유주의 정부 이전까지 한국에서 표현의 자유의 정치적 국면은 크게 세 시기로 구분된다. 첫 번째 시기는 전근대적인 풍속과 상식에 근거한 검열의 단계인데, 시기적으로 보자면 1970년대 초반까지라고 볼 수 있다. 이 단계는 근대적 산업주의가 본격화되기 이전이며, 문화적 공공성이 대단히 취약해서 문화적 표현물의 상징들을 모두 실제 사실로 동일시하려는 검열을 수행했다. 예컨대 「풍기단속법」 등의 법률이 강제되던 시절로 볼 수 있다. 양희은의 "이루어질 수 없는 사랑"이 사랑의 결말을 부정적으로 노래했다는 이유로 금지되거나, 이미자의 "동백꽃 아가씨"의 멜로디도 왜색이 짙다는 이유로 역시 금지되었다. 두 번째 시기는 표현의 자유가 민주주의의 구현, 독재정권의 타도, 분단체제의 해체라는 정치적 문제에 영향을 받은 이념적 , 정치적 검열의 단계로서 1980년대 말까지의 지배적인 문화검열의 경향이다. 김지하의 『오적』에서부터 황석영의 『객지』, 박노해의 『노동의 새벽』, 신학철의 <모내기>, 홍성담의 걸개그림 등 표현의 자유가 심각하게 침해당했던 창작물들 중 대부분이 정치적, 이념적 내용을 담았던 창작물이었다. 소위 '이념의 검열'은 한국사회 변혁운동의 중요한 부분을 차지했던 민족문학과 민중문학 운동을 억제하려는 국가의 방어수단으로 사용되었고, 파시즘적 독점자본주의 생산관계를 재생산하고, 분단체제를 유지하기 위한 대중을 향한 정서적 검열로 확장되었다. 이른바 「국가보안법」에서 적시하고 있는 반국가단체 찬양고무죄, 이적표현이란 조항들은 상징적, 은유적, 창작표현 들을 자의적으로 억압하는 절대기제로 작용하고 있다. 세 번째 단계는 표현의 자유가 정치적 이념적 표현의 자유에서 성표현의 자유로 이행되었다고 볼 수 있다. 1990년대 들어 표현의 자유가 다양한 형태로 표출되면서 직접적인 정치적 검열은 상대적으로 위축되고 특히 성표현물에 대한 검열이 강화되었다. 마광수의 『즐거운 사라』, 장정일의 『내게 거짓말을 해봐』, 장선우의 <거짓말>, 이현세의 『천국의 신화』, 박진영의 "게임", 그리고 김인규 교사의 나체사진까지 이때 검열은 소위 '음란물'에 대한 검열이었다. '섹슈얼리티의 검열'로 집약될 수 있는 검열은 '청소년보호'를 명분으로 성표현의 진보적 재현에 대해 정치적 규제를 가하는 것이라 할 수 있다.6)

그렇다면 현재 이명박 정부 하에서 행해지고 있는 표현의 자유에 대한 새로운 검열체제는 어떤 정치적 무의식을 갖고 있는 것일까? 표현의 자유에 일정한 제재를 가하려는 입장들은 과거 군사적 폭력을 전면에 내세우는 관행과는 달리

---

6) 이동연, 「표현의 자유와 문화전쟁」, 『대중문화연구와 문화비평』, 문화과학사, 2002 참고

성적 보수주의, 종교주의, 군사주의, 가부장주의 이데올로기를 매체의 검열을 통해서 다양하게 표출하고 있어 보인다. 이러한 태도는 문화적인 무지를 떠나서 그동안 별다른 제지 없이 자신들의 이념과 윤리관을 유지할 수 있었던 전근대적 지배집단의 공포심과 위기의식을 반영하는 것이다. 성적 표현물이 청소년들을 망치게 할지도 모른다는 공포심, 한반도의 분단체제가 급속도로 해체되어 자신들의 반공이념과 기득권이 무너질지도 모른다는 공포심, 가부장제에 대한 여성들의 도전이 갈수록 거세져 남성중심 사회 체제를 혼란에 빠뜨릴지 모른다는 공포심 등이 문화적 표현물들에 대한 정치적 강박증을 가중시킨다.

최근 강화되고 있는 개인의 표현의 자유에 대한 권력의 통제는 이러한 표현의 자유를 침해한 세 가지 역사적 공포증이 한꺼번에 표출된 느낌이다. 특히 개인의 문화적 활동에 대한 권리를 통제하려는 조치들은 문화환경의 변화에 따른 것일 수도 있지만, 정치적 환경의 변화에서 비롯된 바가 크다. 인터넷실명제나 청소년 게임이용 셧다운제 도입 문제는 참여정부 시절에도 제기된 적이 있었지만, 충분한 문화적 토론 없이 무리하게 정치적 의사결정으로 해결하려는 시도는 과감하게 하지 않았다. 또한 국방부의 불온서적 리스트 작성은 지난 정부에서는 시도되지 않은 권위주의 정부시절의 검열방식이어서 전반적으로 일련의 표현의 자유에 대한 침해사례들은 정치적 의도가 개입되어 있음을 알 수 있다.

앞서 말했듯이 국방부의 불온서적 리스트, 인터넷실명제(혹은 사이버모욕죄), 청소년 게임이용 셧다운제는 모두 창작자들에 대한 통제가 아닌 수용자, 이용자에 대한 통제의 의미를 담고 있다. 그러나 각각의 사례는 각기 다른 정치적, 문화적 맥락을 갖고 있어 보인다. 국방부의 불온서적 리스트는 "안보이데올로기의 호명 원리"를 이해할 수 있게 해준 사례이다. 사실 이번 사례는 한총련 학생들이 벌인 군내 도서반입운동에 대한 대응으로서 벌인 국방부의 해프닝에 불과할 수도 있지만, 이른바 국방부의 안보론이 평소에 어떤 생각을 갖고 있는지를 확인해볼 수 있었던 계기가 되었다. 흥미롭게도 국방부의 불온서적 리스트가 발표되고 나자 리스트에 오른 책들이 적지 않은 상업적 홍보의 덤을 얻게 되어 판매에 긍정적인 영향을 받았다. 모 인터넷 서점에서는 국방부 불온서적 리스트를 별도로 섹션화해 판매에 열을 올리기도 하였다. 이 중 장하준 교수의 『나쁜 사마리아인』은 상당한 판매효과를 보기도 했다. 일부 출판업자들은 우스갯소리로 리스트보다 더 강한 불온서적이 포함이 안 된 것을 의아해하면서 혹시 국방부와 출판사 사이에 모종의 거래(?)가 있는 것은 아닌가 하는 의심을 하기도 했다. 국방부의 불온서적 리스트는 세간에 화제가 되었고 이들의 시대착오적인 생각이 새로운 유형의 "안보상업주의"만을 부추겼다는 네티즌들의 냉소적 비난을 들을 수밖에 없었다. 그렇다면 국방부는 이러한 생각들을 미리 예상하지 않았나? 아니 이들이 의도했던 것은 무엇인가?

사실 국방부의 이러한 조치들은 아주 명료한 이유를 가지고 있다. 먼저 불온서적에 대한 리스트를 작성하든 안하든 국방부의 안보론자들은 언제나 이미 체제를 비판하는 책은 모두 불온서적이라는 일반적인 생각을 갖고 있다. 다만 그것이 겉으로 드러나는가 여부에 달려있는데, 과거 군부정권 시절에는 국방부가 굳이 나서서 불온서적 리스트를 직접 만들 필요는 없었다. 흥미로운 것은 간행물윤리위원회도 하지 않는 일을 출판에 대한 전문성이 없는 국방부가 불온서적 리스트를 직접 작성했다는 점이다. 그렇다면 국방부가 불온서적 리스트를 직접 작성할 만큼 상황이 급박했다고 볼 수 있을까? 불온서적에 대한 일상적 통념의 잠재성을 지금 이 시점에서 현실화한 이유가 무엇일까? 개인적인 생각으로 정황을 정리하면 국방부의 불온서적 리스트의 맥락은 다음과 같다. 1) 한총련 행동에 대한 대응차원, 2) 정권교체에 따른 국방부의 안보이데올로기의 강화 차원, 3) 촛불정국을 포함한 정치적 상황에 대한 외부적 효과 차원.

불온서적 리스트를 보면 이 조치들이 정확한 기준과 검토에서 비롯된 것이 아니라는 것을 알 수 있다. 또한 선정의 모호함과는 달리 선정된 리스트를 보면 과거 불온서적 리스트의 선정방식과는 다르다는 것을 알 수 있다. 예컨대 맑스-레닌의 원전들은 하나도 없고, 대신 최근 신자유주의나 세계화에 반대하는 서적들이 눈에 띈다. 한미관계, 대북관계 관련 서적들이 포함되는 것 못지않게 세계화, 자본주의체제를 비판하는 학술서적들도 비중있게 포함되어 있다. 또한 문화적 예술적 특수성과 의미들을 고려하지 않은 채 책 제목이나 외형적인 취지만을 가지고 판단한 사례들도 눈에 띈다. 말하자면 이 정도 수준의 책들이 불온서적으로 선정되었다면 사실 과거보다 훨씬 더 검열이 강화되었다고도 말할 수 있거나 아니면 선정 기준 자체에 어떤 전문적인 기준이 결여되었다고 볼 수 있다. 국방부의 불온서적 리스트 사건은 국방부 내에서는 실제 진행되고 있는 하나의 조치로 존재하지만, 외부에서는 하나의 해프닝으로 이해된다. 그러나 이 사례를 특정한 개인들을 대상으로 한 검열로도 볼 수 있지만, 다른 한편으로는 여기서 안보이데올로기가 호명하는 무의식을 읽을 수 있다. 안보이데올로기의 무의식은 검열의 기준, 상황, 시기의 합리성을 언제나 무력화할 수 있다.

앞서 언급했듯이 최근 표현의 자유에 대한 제재가 과거와 다른 점이 있다면 창작자의 창작표현에 대한 검열이 아니라 수용자들의 문화적 권리를 제한한다는 데 있다. 국방부의 불온서적 리스트도 창작자에게 일정한 제재를 가하는 방식이 아니라 군복무를 하는 병사들에 대한 책에 접근할 권리를 박탈하는 것이고, 인터넷실명제와 사이버모욕죄 역시 익명의 네티즌들을 대상으로 벌이는 통제방식이다. 청소년 게임이용 셧다운제 역시 게임이용자들에 대한 통제를 주된 목적으로 하고 있다 창작자에서 수용자로 표현의 자유에 대한 통제가 이동한 것은 검열과 통제의 대상이 이동했다는 것을 의미한다. 특정한 소수의 창작자들의 표현의 자유를 통제하는 방식이 아니라 일상적으로 문화를 자기 결정대로 향유할 일반 시민들의 권리를 통제하는 방식이기 때문에 새로운 검열 체제는 개인들의 일상의 문화권리와 인권을 침해하는 더 심각한 문제를 야기할 수 있다.

개인과 일상의 검열 강화는 전자 감시사회의 자생적 진화와 함께 보수적 신자유주의 정권의 새로운 통제술이다. 보수적 신자유주의 정권은 작년 촛불시위를 통해서 대중들의 자발적 행동과 온라인 커뮤니티가 강력한 집단지성을 형성할 수 있다는 것을 위협으로 느꼈다. 그들은 대중을 통제하는 방식에 대한 전면적 기술이 재고되지 않고서는 자신들의 생산관계를 재생산할 수 없다는 점을 절감했을 것이다. 「청소년보호법」의 강화와 인터넷 통제장치의 강화는 이러한 집단지성에 대한 권력의 무의식적 공포를 스스로 거세하기 위한 응급조치 처방술이다. 따라서 이러한 권력의 무의식적 공포를 의식 밖으로 호출하기 위한 표현의 자유 수호운동은 그 어느 때보다도 중요한 문화실천이 되고 있다. 새로운 검열 체제의 시대에 표현의 자유 운동은 청소년보호 이데올로기의 해체와 문화자본 논리에 대한 비판, 그리고 권력의 정치적 무의식의 공포를 폭발시키는 새로운 실천을 급박하게 필요로 하고 있고, 이 시기가 바로 그런 때이다.

13

대중음악의 대안은 가능한가?
— 대중음악 지형을 읽는 세 가지 토픽들

1. '한국대중음악상'의 가능성과 딜레마

지난 2008년 3월 5일 성균관대 600주년 기념관 새천년 홀에서 제5회 한국대중음악상 시상식이 열렸다. 지상파 방송사의 연말 가요시상식의 폐해를 극복하고 순수하게 음반의 음악성만을 평가해서 시상하는 한국대중음악상은 2004년부터 시작해 해를 거듭할수록 대안적 음악시상식으로 자리를 잡아가고 있다. 한국대중음악상은 선정위원회의 일정한 심사를 통해 시상하는 수많은 시상식 중의 하나지만, 방송권력 안에 포획된 대중음악에 새로운 흐름을 불어넣고자 시도한, 일종의 대중문화운동으로서의 특이성을 갖고 있다. 2000년부터 대중음악개혁운동의 일환으로 시작된 '가요순위프로그램 폐지운동', '연예오락프로그램 개혁운동', '지상파 방송 연말 가요시상식 폐지운동'이 네거티브한 문화운동의 성격이 강했다면, 한국대중음악상은 시상식이란 이름으로 대중음악의 종 다양성과 음악적 창작력을 복원하기 위한 포지티브한 문화운동이라 할 수 있다. 전세계에 수많은 대중음악시상식이 존재하지만 대중음악의 대안적 흐름을 생성하기 위해 문화운동의 맥락에서 만들어진 시상식은 아마도 한국대중음악상이 유일하지 않을까 싶다.

주지하듯이 전세계에서 가장 권위를 인정받고 있는 시상식은 1957년에 시작된 '그래미어워드'(Grammy Awards)이다. '그래미어워드'는 1만 3천명의 '전미 레코딩 예술과학 아카데미' 회원들의 투표와 앨범 판매량 등으로 100개가 넘는 부문에서 시상하고 있다. 그래미상이 음악성을 비중있게 다룬다면 '아메리칸뮤직어워드'(AMA)는 일반 음악팬들의 투표에 의해서 선정하는 가장 상업적인 음악상 중의 하나이다. 이밖에 뮤직비디오를 중심으로 시상하는 MTV 뮤직비디오어워드, 미국 대중음악 잡지인 빌보드사에서 시상하는 '빌보드 뮤직어워드'가 미국의 주요 대중음악 시상식이다. 영국에는 그래미상에 견줄 만한 시상식으로 영국음반협회에서 음악관계자들이 선정하는 '브릿어워드'(Brit Awards)가 있다. 1992년에 만들어진 '머큐리 뮤직 프라이즈'(Mercury Music Prize)는 브릿 어워드에 대한 대안시상식으로 영국의 국제적인 음악평론가인 사이먼 프리스(Simon Frith)가 주도해서 만든 시상식이다. 이외에도 영국의 라디오 채널 VH1에서 시상하는 'VH1 어워드' 등이 있다. 일본에는 일본음반협회가 주최하는 '일본골드디스크상', 일본작곡가협회가 주최하는 '일본레코드어워드상', MTV 일본에서 주최하는 'MTV 비디오 뮤직어워드 재팬' 등이 있다. 주요 국가들의 음악시상식들은 한국처럼 지상파방송사가 주되게 관여하는 방식에서 음악 산업계에서 자생적으로 만든 것들이 많다. 한국대중음악상도 '한국적 그래미상'이란 목표를 가지고 지상파방송사의 '1등뽑기 쇼'에서 탈피해 음악적 완성도의 평가와 음악

장르의 균형적 성장이라는 미션을 꿈꾸고 있다.

대중음악시상식은 대개 동시대 주류 음악시장의 헤게모니를 대변하는 상징적 장의 기능을 담당하지만, 한국대중음악상은 주류 음악 신에 대한 대항헤게모니적인 문화행동의 의미를 갖는다. 대중적인 인기나 객관적인 음악판매량이 아닌 음반의 완성도를 40여명의 음악 전문가들이 평가하여 시상하는 한국대중음악상의 독특한 원칙은 사실 주류 대중음악 시장의 창작력의 부재 현실을 극복하기 위한 문화적 의도를 담고 있다. 한국대중음악상이 주류 뮤지션들을 의도적으로 배제하고 있다는 부적절한 혐의를 받는 것도 선정을 위한 평가 원칙들이 현재 한국대중음악 시장이 안고 있는 창작력의 빈곤을 의도적으로 겨냥하고 있기 때문이 아닐까 싶다.

이런 연유로 한국대중음악상은 초기에 주류 뮤지션들을 역차별한다는 비판을 받으며 '인디음악상'이란 누명에서 자유로울 수 없었다. 실제로 한국대중음악상에서 주요 부분을 시상한 뮤지션들은 대체로 일반 음악팬들에게 이름이 잘 알려지지 않았거나, 알더라도 대중적인 지명도가 낮은 경우가 대부분이었다. '더더', '두번째 달', '마이앤트매리', '스왈로우' 등 4회까지 시상식의 꽃이라 할 수 있는 '올해의 음반'을 수상한 뮤지션들은 소수 마니아들에게 지명도가 있을지는 몰라도, 일반 음악팬들에게는 익숙한 사람들이 아니다. 이들이 과연 올해의 음반상을 수상할 만한 객관적인 능력과 공감대를 가질 수 있을까 하는 대중적 의구심들은 한국대중음악상의 주류-비주류 논쟁으로 번지기도 하였다. 사실 지상파 방송의 연말 가요시상식에서 대상을 받았던 가수들이나 항상 약방의 감초 격으로 방송 무대를 화려하게 수놓았던 아이돌 스타들은 한국대중음악상에서 일부 후보에 오른 적은 있으나 수상의 영예를 얻은 경우는 거의 없었다.(최근 '빅뱅'이 댄스일렉트로닉 분야에서 네티즌상을 받은 것이 유일하다.)

이른바 아이돌 스타 배제론, 인기가수 배제론은 제1회 시상식 때부터 줄곧

<제1회 한국대중음악상 수상자들>

논쟁거리였고 수상자들은 선정위원회의 음악적 엘리트주의의 전리품이라며 대중적 비난을 받기도 하였다. 그러나 주류-비주류 논쟁에서 한국대중음악상은 늘 비주류의 편에서만 평가되지는 않았다. 흥미로운 것은 한국대중음악상을 비난하는 그룹들에는 소위 '빠순이', '빠돌이'로 명명되는 10대 팬클럽뿐만 있는 것이 아니라, 주류음악에 대한 경멸감을 갖고 있는 급진적인 인디록 마니아 그룹들도 있다는 것이다. 인디록 마니아들은 한국대중음악상이 음반의 창작력에 대한 온전한 평가보다는 주류의 대중성에 영합해서 주류와 비주류를 적절하게 타협시키는 위험한 줄타기를 하고 있다고 비난한다. 또한 해가 거듭될수록 한국대중음악상 선정위원회는 시상식의 인지도를 높이기 위해 주류 뮤지션들에게 더 많은 수상의 기회를 부여하고 있어서 대중성과의 타협을 더 노골적으로 드러낸다는 비판을 보였다. 이번 제5회 한국대중음악상에서 이적이 주요 부분을 포함해 4관왕을 차지한 것을 두고 인디록 마니아들은 명백한 주류와의 타협이라

고 규정한다.

그러나 인디록 마니아들의 불만에도 불구하고 한국대중음악상의 정체성은 여전히 10대 팬들이나 일반 음악 팬에게는 여전히 비주류 음악인들의 잔치로 인식되고 있다. 심지어는 제4회 한국대중음악상 올해의 앨범 상을 수상한 '스왈로우'가 네이버 메인 뉴스에 소개되자, 많은 네티즌들이 '스윗 소로우'의 오기로 보았을 정도다. 사실 본격 음악 마니아들에게 한국대중음악사의 주류-비주류 논쟁은 일반 음악팬들에게는 모두 비주류 논쟁으로 이해되기 십상이다. 한국대중음악상을 수상했던 이른바 주류 가수라 할 수 있는 빅마마, 휘성, 거미, 이승철, 윤도현밴드, 조피디, 이적 등은 동방신기, 슈퍼주니어, 원더걸스, 빅뱅 간의 우열을 가리려는 10대 음악팬들의 시각에서는 모두 낯선 뮤지션들이기 때문이다. 10대 음악팬들에게 절대적인 지지를 받는 아이돌 그룹들은 한국대중음악상에서 거의 후보에조차 오르지 못했다. "도대체 한국대중음악상에서 말하는 '대중음악'이 뭐냐"는 아이돌 스타 팬덤들의 질문에는 일종의 대중음악에 대한 자명한 판단이 스며들어 있고, 그래서 대중음악과 대중성을 혼동하는 관습들이 존재한다.

한국대중음악상의 대중적 기준이 무엇인지를 판단한다는 것은 음악팬들의 음악적 입장에 따라 가변적일 수밖에 없다. 그런 점에서 도대체 한국대중음악상은 어떤 대중성을 가져야 할까라는 질문은 우리가 통상 생각하는 가장 인기 있는 가수들 혹은 대중적인 음악 스타일이라는 일반적 정의와는 다른 차원의 문제들을 고민할 수밖에 없게 한다. 그 중의 하나가 바로 대중성과 음악성을 혼동하는 일반적인 편견에 대한 교정이다. 사실 대중성과 음악성은 서로 대립되는 동일한 수준의 대당이 아니다. 대중성과 음악성을 대립적인 대당관계로 설정할 경우 대중성은 음악성과 상반되고, 반대로 음악성은 대중성을 배제한다는 이상한 전제가 성립되기 때문이다. 대중적이면서도 동시에 음악성이 뛰어난 뮤지션들은 얼마든지 있고, 반대로 대중적이지 않다고 해서 무조건 음악성이 뛰어나다고 말할 수 없다.

대중성과 음악성에 대한 불필요한 논쟁은 사실 대중음악에서의 대중성이 음악적인 성취와는 거리가 먼 엔터테인먼트적인 인기도로 동일시되는 데서 비롯된다. 대중성은 듣기 쉽고 멜로디가 아름다운 음악적 스타일을 추구한다거나, 아니면 동시대에 가장 지배적인 음악장르를 선호하는 방식이 아닌 뮤지션의 인기도에 따라 결정된다. 한국대중음악상에 대해 다수의 음악팬들이 '대중음악'에 대한 시상식인가를 의문시하는 것도 음악에서 대중성을 인지도, 혹은 인기도로 동일시하기 때문이다.

물론 대중음악에서 대중성은 뮤지션의 연예기질과 인기도를 무시할 수 없다. 다수의 대중들이 좋아하고 즐겨듣는 음악 안에서 대중성이 발생하는 것이 일반적인 원리인 것도 사실이다. 그러나 한국 대중음악에서 대중성은 지나치게 뮤지션의 인기도로 제한되는 경우가 많아 대중적 지명도가 음악적 대중성을 결정하는 경우가 지배적이다. 가령 TV에 출연하지 않거나, 인기가요 프로그램에서 상위순위에 들어가지 못하면 그 음악은 대중적이지 않다는 자명한 전제가 깔려있다.

그러나 한국대중음악상에서 고민하는 대중성은 적어도 이러한 대중성과는 다른 의미를 갖고 있다. 대중성은 음악을 다양하게 듣고 즐기는 환경에 따라서 그 폭이 넓어질 수 있는 가능성을 내포하고 있다. 음악을 수용하는 문화 환경의 변화에 따라 대중성의 폭은 훨씬 넓어질 수 있다. 가령 록과 재즈처럼 대중적인 음악장르가 아니더라도, 음악을 들려줄 수 있는 기회가 많아지면 대중성을 확보할 수 있는 가능성은 충분하다. 다양한 음악장르들이 균형있게 소개되고, 그 과정에서 대중음악의 대중성이 폭넓은 시야를 확보할 수 있다면, 자연스럽게 음악성, 혹은 창작성에 대한 고려가 대중성의 중요한 구성 요인이 될 수 있을 것이다.

그런 점에서 창작능력이 대중성에 대한 새로운 인식의 기본 전제가 된다는 주장도 일리있는 말이다. 1980년대 대중음악에서 대중성은 적어도 음악성, 창작성을 전제로 하는 사례들이 많았고, 뮤지션들의 인기도와도 비례하는 경우도 많았다. 음악적 성취를 통한 대중성의 새로운 이해는 대중성과 배리되지 않으면서 음악성의 성취라는 질적 발전을 가능케 한다. 이는 '대중음악'과 '대중적인 음악'을 혼동하고, 대중성과 음악성을 대립적으로 구별하려는 현재의 대중음악 환경을 넘어설 수 있는 단초를 제공해 준다.

한국대중음악상이 음악성의 재평가를 통한 대중성 확대라는 목적을 견지하고 있지만, 현저히 낮은 현재의 인지도로는 그 목적을 현실화하기 어렵다. 여기서 한국대중음악상의 딜레마가 존재한다. 한국대중음악상이 한국을 대표할만한 공정하고 객관적인 시상식일 수 있는가? 그리고 동시에 현재의 대중음악상과는 달리 분명한 대안적 의미를 가질 수 있을까? 한국대중음악상이 과연 대안적 음악시장의 형성을 위한 대안이 될 수 있는가?

이 질문은 실제 한국대중음악상이 안고 있는 핵심적인 전망과 연관되지만, 실제로 가능한 성과를 얻기에는 많은 난관이 도사린다. 2000년 초반 가요순위프로그램이 한국대중음악의 균형 있는 발전을 저해하여, 가요 순위프로그램이 폐지되면 대중음악은 비약적으로 발전할 것이라는 지적이 있었다. 그러나 가요순위 프로그램이 모두 폐지되고 난 후에도 한국대중음악은 질적인 발전은커녕 오히려 양적인 몰락을 경험했다. 이는 가요순위 프로그램의 폐지가 대중음악 발전의 전제가 될 수 없었음을 보여주는 것이다. 물론 가요순위 프로그램의 폐지가 대중음악 몰락의 원인은 아니지만, 역으로 몰락하는 대중음악을 구원해줄 결정적인 요인도 아니라는 것도 사실이다.

한국대중음악상도 지상파 방송의 연말 가요시상식의 대안으로 시작되었고, 그런 점에서 한국대중음악상이 대중음악의 새로운 부활에 한 몫을 담당해야 한다는 희망을 현실화할 수 있어야 한다. 그러나 이러한 주장의 정당함에도 불구하고 지난 5년간 계속된 한국대중음악상은 대중음악의 대안을 위한 계기를 충분히 마련했다고 보기 어렵다. 무엇보다도 한국대중음악상이 방송과 연예산업에서 얼마나 독립하여 자생적으로 성공할 수 있는가가 관건이다. 작년에 지상파 방송은 연말 가요시상식을 포기하고 각기 다른 방식으로 대중음악의 한 해를 결산하는 비경쟁 프로그램을 만들었다. 수상자 선정에 대한 잡음과 방송사 간 출혈 경쟁, 다수 뮤지션들의 불참으로 시상식 본래 틀이 유지되기 어려운 데 따른 것이다. 지상파방송의 연말 가요시상식이 사라진 상황에서 한국대중음악상은 한국을 대표할 수 있는 시상식으로 위상을 갖출 수 있는 기회를 맞았지만, 과연 대중적인 인지도를 얼마나 확보할 지가 미지수이다. 이번 제5회 시상식에서 이적이 4관왕에 오르면서 음악성과 대중성의 균형이 잘 맞춰진 결과를 얻었지만 이 역시 방송 위주의 뮤지션에 길들여져 있는 일반 음악팬들에게는 낯선 결과로 보일 수 있을 것이다.

무엇보다도 한국대중음악상이 음반의 음악적 완결성을 주요한 선정기준으로 삼고 있기 때문에 시상식 이후 음반판매에 있어 일정한 반향을 일으키는 것이 필요하겠지만, 결과적으로 수상자들의 음반들이 획기적인 판매고를 기록한 경우는 그렇게 많지 않은 실정이다. 한국대중음악상의 수상자들에 대한 대중들의 선호도가 올라가고, 뮤지션들의 활동이 활발해지고 그래서 한국 대중음악의 장르적 다양성이 살아날 수 있는 계기들이 한국대중음악상을 통해서 만들어질 수 있는 가능성에 대한 희망은 여전히 유효하지만 아직까지는 이러한 음악적 성과를 이루어내지는 못하고 있다. 한국대중음악상은 시상식 그 자체에 목적이 있는 것이 아니라 시상식을 통한 한국 대중음악의 새로운 체질개선을 목적으로 하기 때문에 앞으로 이에 대한 문화적 고민들이 필요한 시점이다. 한국대중음악상이 소멸해가는 음반시장을 구하기 위한 마지막 몸부림이 될지, 주류 대중음악의 흐름을 바꿀 수 있는 대안적 실천의 물꼬를 틀지는 앞으로의 활동에서 결정될 것이다.

2. 온라인 음악시장의 지배구조

현재 한국 대중음악의 난맥상을 가장 극명하게 보여주는 것이 있다면 아마도 온라인 음악시장의 지배구조이지 않을까 싶다. 온라인 음악시장은 음원저작권이 제대로 정립되지 않았던 1990년 후반부터 저작권법 재개정으로 음원저작권을 보호받아 양성화되는 현재까지 복잡한 지배관계와 분배구조로 인해 많은 갈등과 동요를 겪고 있다. 2000년 초반 P2P가 온라인 음악 수용의 지배적인 방식으로 등장했을 때 '한국음반산업협회'와 '한국연예제작사협회'는 음반 산업을 위축시킨 주범으로 저작권을 무단으로 사용하는 '소리바다' 사이트를 지목했다. 이들은 '소리바다'로 인해 음반 산업이 2,000억 원 이상 손실을 보았다며 온라인 저작권이 보호되지 않는 한 대중음악산업은 붕괴될 것이라고 경고했다. 그러나 '소리바다'가 뜨거운 감자로 논쟁의 중심에 있었을 당시 개인 컴퓨터에 저장된 음원을 온라인으로 연계해주는 터미널 역할만을 했던 '소리바다'가 저작권법을 위반했는지에 대한 법리적, 문화적 논쟁이 존재했다. '소리바다'는 자체적으로 음원 서버를 관리하고 있는 미국의 '냅스터'(napster)와는 다르게 전적으로 음원 공유의 터미널 역할만을 담당했기 때문에 '소리바다'를 저작권을 침해한 당사자로 간주하기가 분명하지 않기 때문이었다. 실제로 저작권을 위반한 당사자는 '소리바다'가 아닌 '소리바다'를 통해 음원을 무료로 복제한 네티즌으로 보는 게 정확하다.

그러나 이러한 복잡한 법리적 논쟁들은 음반산업의 극심한 퇴조로 인해 불필요한 것이 되어버렸고, 주류 매체에 의해 '소리바다'는 음악산업 몰락의 주범으로 도덕적 비난을 면하기 어렵게 되었다. 그 결과 '소리바다'를 저작권 위반으로 단죄할 만한 법적 방어가 필요했고, 음반업계는 '음악산업의 정상화'라는 가치를 내걸고 2005년 음원의 전송에 음원제작자의 권리를 인정하는 저작권법 개정을 이끌어냈다. 저작권법에서 전송권의 확대는 저작인접권을 폭넓게 인정하는 것으로 사용방식과 목적과는 상관없이 네티즌들의 음원사용 일체에 대한 저작권 적용을 강화했다. 가령 자신의 미니홈페이지에 걸어두는 음원이나 각종 온라인 카페에서의 배경음악, 음악적 커뮤니티들의 상호공유와 연구를 위한 그 어떤 음원도 저작권료를 지불해야 한다.

저작권법 개정으로 법적으로 완전한 보호를 받게 된 음원제작자들은 이제 네티즌들과의 싸움에서 다른 싸움의 단계로 이행하였다. 온라인 저작권을 놓고 벌이는 저작권 이해 당사자들은 저작권 보호에서 저작권 분배로 싸움의 장을 이동하였다. 저작권 분배를 둘러싼 일련의 힘겨루기는 음원을 사용하는 네티즌들을 배제시키고, 음원을 공급하는 저작권자와 음원을 유통하는 중계업체 간의 주도권 싸움이 되었다. 음원저작권의 공급방식과 분배방식은 오프라인보다 훨씬 복잡한 양상을 띠고 있는데, 이를 도표로 정리하면 다음과 같다.

먼저 음원을 제공하는 단계는 크게 저작권자와 저작인접권자가 음원을 제공하는 단계로 구분된다. 음원을 공급하는 저작권자는 곡을 직접 창작하는 작사-작곡가, 음원을 만드는 데 기여하는 가수-연주자, 그리고 음원을 제작하는 데 기여한 음원제작자로 구분된다. 작사-작곡가는 통상 저작권자로 분류되고, 연주자와 음원제작자는 저작인접권자로 분류된다.

현재 저작권법에 따르면 모든 저작권은 저작권자 개인이 징수하지 못하고 저작권 징수를 신탁 받은 기관만이 징수하게 되어 있다. 따라서 작사-작곡가의 저작권은 '한국음악저작권협회'가, 가수-연주자의 저작인접권은 '한국예술실연자단체연합회'가 대리로 저작권 신탁 징수 및 분배를 담당한다. '한국음악저작

<음원저작권의 공급과 분배 방식>

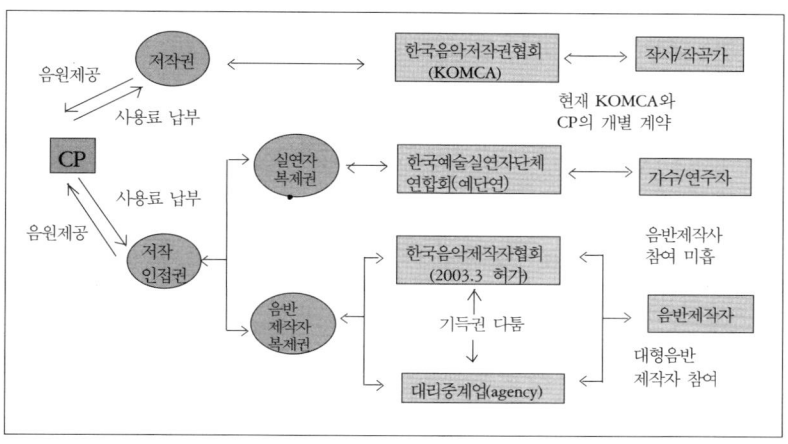

출처: 한국문화콘텐츠진흥원, 『2005 음악산업백서』, 2006

권협회'와 '한국예술실연자단체연합회'가 저작권자와 저작인접권자들을 대신하여 음악저작권을 필요로 하는 서비스 기관에 음악을 제공하고 저작권을 징수하여 수익을 분배하는 것이 음원저작권이 본격화되기 전의 통상적인 방식이었다.

그러나 디지털음원 서비스가 다각화되면서 음원의 징수와 분배에 대한 지배구조에 새로운 양상이 나타나게 되었다. 현재 디지털음원 서비스의 지배구조를 결정하는 두 축은 음원을 소유한 음원제작자와 음원을 유통하는 이동통신 기업이라 할 수 있는데, 이 두 축은 초기에는 음원 시장의 확대를 위해 상호보완적 관계를 유지하다, 저적권법 개정 이후 음원서비스 시장이 정상화되면서 갈등 관계로 변화하였다. 초기 음원제작사들은 음원저작권의 신탁관리기관인 '한국음원제작자협회'의 대표성과 신뢰성에 불만을 제기하였다. 위의 그림에서 알 수 있듯이 디지털 음원 저작권은 음원을 신탁 관리하는 '한국음원제작사협회'와 대형음원제작사들이 직접 음원을 서비스하는 대리중계업체로 양분되어 있다. 현재 문화체육관광부의 음악저작권 관리 정책은 단일 신탁기관에 의한 '집중관리 제도'를 선택하고 있기 때문에 '한국음원제작사협회'로 음원저작권을 단일화해야 하는 상황이다. 그러나 대형 음악제작자들은 한국음원제작사협회의 음원징수의 투명성과 사업능력에 의문을 제기하며 협회 가입을 거부하고 독자적으로 비즈니스 풀을 형성하려는 입장을 분명히 했다.

음원저작권의 신탁이냐, 직접 서비스냐를 놓고 음악 산업계가 분쟁을 벌이는 사이에, 실제 절대 다수의 음원서비스 유통을 담당하는 이동통신사는 이미 유리한 협상 환경을 구축하고 음원서비스의 헤게모니 싸움에서 유리한 고지를 선점했다. 스트리밍, 벨소리, 온라인 음악서비스 등에서 이동통신사가 확보하는 음원 수익률은 평균 35% 이상인데, 이는 음원 서비스할 때 발생되는 인프라 구축 비용을 상당부분 제외한 것이다. 일본의 경우 이동통신사의 음원수익 배분율이 9%이고, 중국이 17%인 점을 감안하면 한국에서 이동통신사의 음원수익 독점은 과도하다고 말할 수 있다.[1]

현재 한국 대중음악 시장은 이미 음반시장에서 음원시장으로 이동한 점을 감안했다. 이 점을 감안하면 음원시장 서비스 유통의 헤게모니를 장악하고 있는 이동통신시장이 사실상 한국 음악시장의 운명을 좌우지할 수 있음을 짐작할 수 있다. 실제로 한국 최대의 이동통신사인 SK텔레콤은 국내 대표적인 음반사인 '서울음반' 인수 시작과 함께 음원서비스 사이트인 '멜론'을 오픈하였다. SK텔레콤은 한국영화 최대 흥행작 <괴물>의 영화제작사 '청어람'의 최대주주가 되어 문화콘텐츠 서비스를 강화하였다. 'LG텔레콤'은 음원 저작권 확보를 위해

---

[1] 이동연, 「대중문화산업의 독점화 논리와 대안 문화행동」, 『문화자본의 시대: 한국 문화자본의 형성 원리』, 문화과학사, 2010 참고.

'한국음악산업협회'에 100억 원의 '음악발전기금'을 지원하기로 합의하면서 2005년 6월까지는 무료 음원서비스를 제공하였다. 그리고 바로 직후, 2005년 7월부터는 '뮤직온'이라는 브랜드로 유료 음원체제로 전환하였다. KTF도 도시락이라는 음원 포털사이트를 개설하여 총 100만곡의 음원을 확보하고, 2005년부터 스트리밍과 다운로드 서비스를 시행하고 있다.

　음원시장의 확대에 따른 이동통신시장의 시장독점 강화가 심화되고, 음원징수와 분배를 둘러싸고 음악산업계가 분열조짐을 보이면서 온라인 음악시장의 지배구조는 철저하게 소비자, 이용자들을 원천적으로 배제하는 방향으로 가고 있다. 적어도 음반제작이 활성화되던 1990년대 말까지는 음악소비자들의 선택권은 음악제작에 직간접적으로 영향을 미쳤다. 그러나 온라인 음원시장의 지배구조는 음원의 질적 향상에는 별다른 고민 없이 음원의 징수와 분배에만 집중함으로써 결과적으로는 음악소비자들의 음악적 선택권을 유통구조 안으로 가두어 버렸다. 온라인 음악시장은 음악팬들이 언제 어디서나 음악을 들을 수 있는 기술적 용이함을 제공해 주었지만, 정작 제대로 된 음악을 듣고, '음악을 위한 음악'의 수용환경을 만들어가는 경로를 차단해 버렸다. 음악을 듣는 사람들은 단지 음원을 소비하는 사람에 불과하며 모바일이나 mp3를 통해 듣는 음악의 소비성향은 음악을 생산하는 과정에도 부정적인 영향을 미쳤다.

　통신시장이 장악한 음원시장의 확대는 음악시장의 확대를 가져올 수 있을지 모르겠지만, 음악의 창작능력과 음악적 다양성에 역행할 수 있는 역효과를 낳을 것이다. 음원으로 음악을 듣는 태도가 일반화될 경우 과연 음악에 대한 창작적 평가들이 얼마나 고려될지가 의문이며, 유통 중심의 지배구조가 결국은 음악적 자원들의 획일화로 이어질 위험을 안고 있다. 이러한 음원시장의 지배구조에서 벗어나기 위해서는 음악을 온라인의 감옥에서 탈주시켜 공연 현장에서 찾고 듣는 능동적 행동들이 요구된다.

3. '온라인 음악'로부터의 탈주, 공연현장에서 유목하기

음악소비자, 혹은 팬들이 대중음악을 살리기 위해서는 어떤 행동을 하는 것이 좋을까? 온라인 음원시장이 대중음악산업의 대세라고 하지만, 앞서 설명했듯이 음원시장의 지배구조가 이동통신시장 중심으로 재편되고, 음악제작자들 간의 음원 분배 싸움이 계속되는 한, 온라인 음악시장은 대중음악의 미래의 대안이 될 수 없다. 음악의 소비가 모바일이나 인터넷, DMB와 같은 디지털 매체를 통해서 이루어진다면, 완결된 형태로 음악을 감상할 수 있는 기회가 그만큼 줄어들기 때문이다.

그렇다면 대중음악의 미래를 위해 지배적 음원시장 대신 음반시장의 활성화가 그 대안이 될 수 있을까? 물론 현재 극심한 퇴조를 보이고 있는 음반시장을 어느 정도 정상화하는 것이 대중음악의 미래를 위해서 필요한 과제인 것은 분명하지만, 다시 음반시장이 중심이 되는 과거의 방식으로 회귀는 실제 가능하지 않을 것이다. 아래 표에서 알 수 있듯이 음반시장의 퇴조와 음원시장의 증가로 그 시장규모가 갈수록 벌어지고 있어 음원시장이 음반시장을 2005년에 2배, 2006년에 4배 이상 앞지르고 있다.

그러나 음반시장의 정상화는 사실 음악시장의 균형적 성장이라는 의미뿐 아니라 음악적 창작력의 강화라는 더 중요한 목적을 갖고 있다는 점에서 아무리 음원시장이 대세라 해도 우리 시대에 관철해야 할 긴요한 과제인 것은 분명하다. 음악을 듣는 매체의 환경이 이미 디지털 시대로 접어든 상황에서 음반시장의 정상화가 쉬운 과제는 아니지만 공연 활성화와의 연계를 통한 음반시장의 동반 상승을 시도하는 실천 전략은 그 나름의 유의미성을 갖고 있다.

사실 한국에서 대중음악 공연시장 역시 음반시장 만큼이나 열악하기 때문에 공연활성화의 과제는 별도의 숙제이기도 하다. 물론 한국 대중음악의 황금기인

<2000년 이후 음반-음원 시장 규모>

단위: 억 원

구분	2000	2001	2002	2003	2004	2005	2006
음반시장	4,104	3,733	2,861	1,833	1,338	1,087	848
음원시장	450	910	1,345	1,850	2,014	2,468	3,562

출처: 『2005 음악산업백서』, 『2006 음악산업백서』 (한국문화콘텐츠진흥원)에서 재구성

1980년대보다도 지금 라이브 공연 시장의 규모는 훨씬 늘어난 것이 사실이다. 참고로 2004년에 국내에서 개최된 대중음악 콘서트는 629건으로, 국내 아티스트의 단독 공연이 418건(서울 지역 188건, 서울 외 지역 230건), 국내 아티스트 연합 공연이 158건(서울 지역 85건, 서울 외 지역 73건), 해외 아티스트 내한 공연이 53건(서울 지역 41건, 서울 외 지역 12건)으로 집계될 정도이다.[2] 2005년 기준으로 라이브공연의 전체 티켓 판매 수입은 1,451억, 2006년에는 1,887억 원으로 해가 거듭될수록 시장규모는 증가하고 있다.[3]

그러나 공연시장의 티켓 수익의 증가 못지않게 공연제작비도 수직상승하여 순수 공연을 통해서 뮤지션들이 안정적인 수익을 확보하기가 쉽지 않게 되었다. 뮤지션들이 독립적인 공연을 기획하지 않고 주로 각종 축제와 문화행사의 게스트로 참여해 쉽게 돈을 벌려고 하는 것도 이런 이유 때문이다. 공연제작비의 과다는 뮤지션뿐 아니라 공연을 기획 제작하는 사람들에게도 힘겨운 부담이 된다. 그렇다면 왜 한국에서는 공연제작에 많은 비용이 드는 것일까?

공연제작비의 과다는 두 가지 원인 때문이다. 하나는 공연에 필요한 극장 인프라가 실제 공연에 적합한 시설을 갖추고 있지 못한 관계로 공연에 필요한 하드웨어 시스템을 매 공연마다 갖추어야 한다는 점이다. 한국에서 대중음악

---

[2] 한국문화콘텐츠진흥원, 『2005 음악산업백서』, 2006 참고.
[3] 『스포츠서울』, 2008년 5월 5일자 참고.

공연은 전문공연장에서 하기보다는 체육시설이나 일반 문화시설에서 하는 경우가 대부분이다. 대중음악 공연만을 전문적으로 대관하는 공연장은 국내에는 손꼽을 정도로 부족하다. 이러다보니 공연을 할 때마다 음향, 조명, 무대제작, 특수효과, 전력시설 등등의 공연 인프라에 많은 예산을 지불할 수밖에 없다.

두 번째는 공연에 부과되는 조세가 지나치게 과도하다는 점이다. 한국에서 공연을 하기 위해서는 기본적으로 공연 티켓 판매의 10%에 해당되는 공연부가가치세를 지불해야 한다. 그리고 공연 수익에 대한 종합 소득세 4% 정도를 지불해야 한다. 여기에 공연제작에 필요한 모든 장비들의 구입과 대여에 세금이 부과되는 것을 감안하면 실제 공연제작의 수익과 지출 분야에서 세금으로 빠져나가는 것은 대략 25-30% 정도라 할 수 있다. 지금은 폐지되었지만 과거에 '문예진흥기금'에 '체육진흥기금'까지 내면 공연에서 30%이상의 수익을 남겨도 실제로는 벌어들인 돈이 거의 없을 정도였다.

한국 공연문화의 위기는 비단 공연제작비의 과다 지출 때문만은 아니다. 공연 규제와 극장 규정 중심의 현행 '공연법'으로는 갈수록 선진화하는 공연환경의 추세를 따라잡을 수 없으며, 각종 방송에서 이렇게 많은 가수들이 출연하여 연예 오락프로그램을 도배하는 상황이 반복될 경우에도 공연문화는 단 한 걸음도 진전할 수 없다. 공연장을 포함해 공연에 필요한 제반 인프라를 문화공공영역에서 해결해주지 못한다면, 공연의 시장적인 기능은 기대하기 어렵다.

문화연대는 공연시장이 직면한 이러한 문제들을 해결하기 위해서 2003년부터 대중음악공연활성화 캠페인을 벌이고 공연활성화를 위한 정책보고서 작성, 공연활성화를 위한 '올댓라이브' 공연을 추진한 바가 있다.

라이브공연활성화 캠페인은 특히 대중음악 팬덤 그룹들과 연대해서 대중음악전문공연장 설립과 공연법개정을 위한 서명운동도 벌였고, 인디음악클럽들의 활성화를 위한 사랑의 티켓 도입을 문화체육관광부에 제안하기도 하였다. 또한

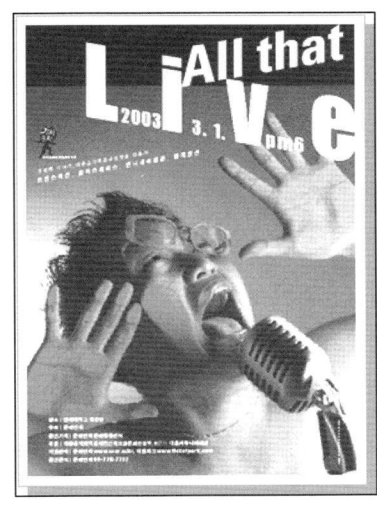

문화연대가 2003년부터 시작한
라이브공연 활성화 캠페인

 세 차례의 공연도 기획하여 대중적인 관심을 이끌어내기도 했지만, 정작 당사자들인 뮤지션들의 참여가 그리 활발하지는 않았다. 실제로 대중음악 공연 환경에 대해 지속적인 문제의식을 갖고 있는 뮤지션들은 그렇게 많지 않은 것이 솔직한 현실이다. 현재 공연을 통해서 대중음악의 새로운 흐름을 만들고자 하는 뮤지션들은 여전히 열악한 공연장 인프라와 너무 비싼 제작비용, 과도한 공연관련 세금으로 골머리를 앓고 있다. 결국 이 재정적 부담을 관객들에게 전가시키기 위해 티켓 가격은 천정부지로 올라가고, 그로 인해 관객들은 최대

피해자가 된다.

　공연을 통해서 대중음악의 새로운 흐름을 만들고자 하는 대안은 틀리지 않다. 또 그것이 음반시장에 일정한 영향을 주어 음원시장과 균형을 맞추게 하고, 음악의 창작적 질을 향상하는 수준으로 이행할 수 있다. 다만 그러한 대안의 구상이 현실화되기 위해서는 공연환경에 대한 제도적 보완을 요청하는 문화행동이 필요하다. 그리고 이러한 대중적 에너지를 기반으로 왜곡되어 있는 음원시장의 지배구조에서 소비자들의 권리를 주장하는 문화행동으로 연계되는 것이 중요하다. 현재 한국대중음악은 시장 자본의 논리에 의해 블랙홀에 빠져 있다. 주류 방송매체, 이동통신시장, 열악한 공연환경에 저항하는 '창작자-소비자' 공동체의 행동을 구체화할 때가 지금이 아닐까.